MOSAIK 2

German Language and Culture

VISTA®
HIGHER LEARNING

Boston, Massachusetts

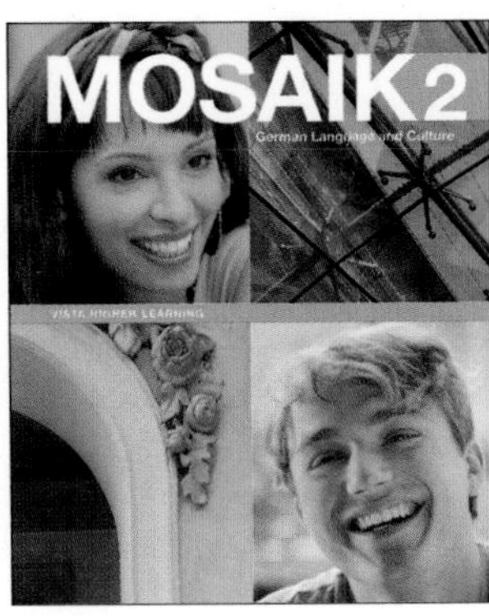

Publisher: José A. Blanco

President: Janet Dracksdorf

Vice President, Editorial Director: Amy Baron

Managing Editor: Elvira Ortiz

Senior National Language Consultant: Norah Lulich Jones

Editorial Development: Judith Bach, Deborah Coffey, Aliza B. Krefetz, Thomas Kroy, Katie Van Adzin

Project Management: Maria Rosa Alcaraz, Cécile Engeln, Sharon Inglis

Technology Editorial: Darío González, Egle Gutiérrez, Paola Ríos Schaaf

Design and Production Director: Marta Kimball

Senior Creative Designer, Print & Web/Interactive: Susan Prentiss

Production Manager: Oscar Díez

Design and Production Team: Liliana Bobadilla, María Eugenia Castaño, Michelle Groper, Mauricio Henao, Jhoany Jiménez, Fabián Darío Montoya, Erik Restrepo, Sónia Teixeira, Andrés Vanegas, Nick Ventullo

Printed in the United States of America.

Student Edition ISBN-13: 978-1-61857-184-7
Teacher's Annotated Edition (TAE) ISBN-13: 978-1-61857-187-8
Library of Congress Card Number: 2013930655

4 5 6 7 8 9 WC 17 16

MOSAIK 2

German Language and Culture

Table of Contents

Überblick

Kontext / Fotoroman

KAPITEL 1 — Feiern

KAPITEL 2 — Trautes Heim

Kultur	Strukturen	Weiter geht's
Im Fokus Das Oktoberfest .... 24 **Porträt** Die Sternsinger 25	**1A.1** The **Perfekt** (Part 1) .... 26 **1A.2** Accusative pronouns .... 30 **1A.3** Dative pronouns .... 32 **Wiederholung** .... 34 **Zapping** *Shopping in München* 35	**Panorama:** Bayern .... 56 **Lesen:** Deutschland heute .... 58 **Hören** .... 60 **Schreiben** .... 61 **Wortschatz** 62
Im Fokus Deutsche Modewelt .... 42 **Porträt** Rudolf Moshammer 43	**1B.1** The **Perfekt** (Part 2) .... 44 **1B.2** **Wissen** and **kennen** .... 48 **1B.3** Two-way prepositions .... 50 **Wiederholung** 54	
Im Fokus Fribourg .... 70 **Porträt** César Ritz 71	**2A.1** The **Präteritum** .... 72 **2A.2** **Da-**, **wo-**, **hin-**, and **her**-compounds .... 76 **2A.3** Coordinating conjunctions .... 80 **Wiederholung** .... 82 **Zapping** *Hausarbeit* 83	**Panorama:** Die Schweiz und Liechtenstein .... 102 **Lesen:** Schweizer Immobilien .... 104 **Hören** .... 106 **Schreiben** .... 107 **Wortschatz** 108
Im Fokus Haushaltsgeräte .... 90 **Porträt** Johanna Spyri 91	**2B.1** **Perfekt** versus **Präteritum** .... 92 **2B.2** Separable and inseparable prefix verbs in the **Perfekt** .... 96 **Wiederholung** 100	

Kultur

Strukturen

Weiter geht's

THE *FOTOROMAN* EPISODES

Fully integrated with your textbook, the **MOSAIK Fotoroman** contains 8 dramatic episodes—one for each lesson of the text. The episodes relate the adventures of four students who are studying in Berlin.

The **Fotoroman** dialogues in the printed textbook lesson are an abbreviated version of the dramatic episode featured in the video. Therefore, each **Fotoroman** section can be used as preparation before you view the corresponding video episode, as post-viewing reinforcement, or as a stand-alone section.

As you watch the video, you will see the characters interact using the vocabulary and grammar you are studying. Their conversations incorporate new vocabulary and grammar with previously taught language. At the conclusion of each episode, the **Zusammenfassung** segment summarizes the key language functions and grammar points used in the episode.

THE CAST

Learn more about each of the characters you'll meet in **MOSAIK Fotoroman**:

George

is from Milwaukee, Wisconsin.
He is studying Architecture.

Hans

is from Straubing, in Bavaria.
He studies Political Science and History.

Meline

is from Vienna.
She is studying Business.

Sabite

is from Berlin.
She studies Art.

ANCILLARIES

- **Student Activities Manual (SAM)**

  The Student Activities Manual consists of three sections: the Workbook, the Video Manual, and the Lab Manual. The Workbook activities provide additional practice of the vocabulary and grammar for each textbook lesson. The Video Manual section includes activities for the **MOSAIK Fotoroman**, and the Lab Manual activities focus on building your listening comprehension, speaking, and pronunciation skills in German.

- **Lab Program MP3s**

  The Lab Program MP3 files, which are available on CD or online, contain the recordings needed to complete the activities in the Lab Manual.

- **Textbook MP3s**

  The Textbook MP3 files contain the recordings needed to complete the listening activities in **Kontext**, **Aussprache und Rechtschreibung**, **Hören**, and **Wortschatz** sections. The files are available on the **MOSAIK** Supersite or on CD.

- **FOTOROMAN DVD**

  The **Fotoroman** DVD comes with optional German and English subtitles for every episode. All episodes are also available on the **MOSAIK** Supersite.

- **WebSAM**

  Completely integrated with the **MOSAIK** Supersite, the **WebSAM** provides access to the online Workbook, Video Manual, and Lab Manual activities with instant feedback and grading. The complete audio program is online and features record-submit functionality for select activities.

- **MOSAIK Supersite**

  The Supersite (**vhlcentral.com**) gives you access to a wide variety of interactive activities for each section of every lesson of the student text, including: auto-graded activities for extra practice with vocabulary, grammar, video, and cultural content; reference tools; the **Zapping** TV commercials and short films; the **Fotoroman** episodic videos; the Textbook MP3 files, the Lab Program MP3 files, and more.

Each section of your textbook comes with activities on the **MOSAIK** Supersite, many of which are auto-graded with immediate feedback. Plus, the Supersite is iPad®-friendly, so it can be accessed on the go! Visit **vhlcentral.com** to explore the wealth of exciting resources.

KONTEXT
- Talking Picture for **Kontext** illustration followed by audio activities
- Additional activities for extra practice
- **Aussprache und Rechtschreibung** presentation followed by record-compare activities
- Textbook activities
- Partner Chat and Virtual Chat activities for conversational skill-building and oral practice

FOTOROMAN
- Streaming video for all 8 episodes of the **Fotoroman** with teacher-controlled options for subtitles
- Textbook activities
- **Zusammenfassung** section where key vocabulary and grammar from the episode are called-out
- Partner Chat activities

KULTUR
- Culture reading
- Internet search activity
- Textbook activities
- Partner Chat activities

STRUKTUREN
- Grammar presentations
- Virtual Chat and Partner Chat activities for conversational skill-building and oral practice
- **Zapping** streaming video of TV clip
- Textbook activities
- Additional activity for extra practice
- **Wiederholung** Partner Chat and Virtual Chat activities

WEITER GEHT'S

Panorama
- Map with statistics and cultural notes
- Textbook activity
- Internet search activity

Lesen
- Audio-sync reading
- Partner Chat activities
- Textbook activities

Hören
- Textbook activities
- Additional activities for extra practice
- Partner Chat activities

Schreiben
- Submit your writing assignment online

WORTSCHATZ
- Audio recordings of all vocabulary items
- Vocabulary flashcards with audio

Plus! Also found on the Supersite:
- All textbook and lab audio MP3 files
- Communication center for teacher notifications and feedback
- A single gradebook for all Supersite activities
- WebSAM online Workbook/Video Manual and Lab Manual
- **vText** online, interactive student edition with access to Supersite activities, audio, and video

ONLINE TOOLS

facilitate effective instruction

- Enhanced auto-feedback for increased comprehension
- A gradebook for rosters, assignments, and grades
- Time-saving grading options, including randomized spot-checking and voice commenting
- Online assessment with time limits and password protection
- Composition grading tool for in-line comments and corrections via text or voice
- A communication center for announcements, notifications, and responding to help requests
- Live Chat (video or audio) and instant messaging
- Voiceboards for oral assignments, group discussions, and projects
- Tools to personalize your course:
  - Create Partner Chat and open-ended activities
  - Add your own notes to existing content
  - Add video and outside resources
- Single sign-on LMS integration for Blackboard
- Reporting tools for summarizing student data

The following icons appear throughout the Student Edition, and reference activities or tools on the Supersite that support and enhance the program.

Icons legend	
Online activity or tool	**Write & Submit activity**
Audio MP3 online	**Record & Submit activity**
Streaming video online	**Chat activity**

ICONS AND *RESSOURCEN* BOXES

Icons

These icons in **MOSAIK** alert you to the type of activity or section involved.

Icons legend	
Listening activity/section	Content found on the Supersite: audio, video, and presentations
Activity on the Supersite	Information Gap activity
Pair activity	Worksheet activity
Group activity	Recycling activity

- The Information Gap activities and Worksheet activities require handouts that your teacher will give you.
- The listening icon indicates that audio is available. You will see it in the **Kontext**, **Aussprache und Rechtschreibung**, **Hören**, and **Wortschatz** sections.
- The Supersite icon appears on pages for which there is online content, such as audio, video, or presentations.
- The recycling icon tells you that you will need to use vocabulary and/or grammar learned in previous lessons.

Ressourcen Boxes

Ressourcen boxes let you know exactly which print and technology ancillaries you can use to reinforce and expand on every section of each lesson in your textbook. They include page numbers, when applicable.

Ressourcen boxes legend			
SAM WB: pp. 29–30	Workbook	SAM VM: pp. 5–6	Video Manual
SAM LM: p. 17	Lab Manual		MOSAIK Supersite vhlcentral.com

ACKNOWLEDGMENTS

On behalf of its authors and editors, Vista Higher Learning expresses its sincere appreciation to the teachers nationwide who reviewed materials from **MOSAIK**. Their input and suggestions were vitally helpful in forming and shaping the program in its final, published form.

We also extend a special thank you to the contributing writers of **MOSAIK** whose hard work was central to the publication.

REVIEWERS

Andreas Aebi
California Institute of Technology

Inge Baird
Anderson University

Julia Baker
Tennessee Technological University

John Beatty
Brooklyn College

Dr. E. Berroth
Southwestern University

Iris Bork-Goldfield
Wesleyan University

Cordula Brown
Seattle University

Anita Campitelli
University of North Carolina at Greensboro

Gisela Chappelle
College of the Redwoods

Siegfried Christoph
University of Wisconsin—Parkside

Albrecht Classen
University of Arizona

Richard DCamp
University of Wisconsin Oshkosh

Sandra Dillon
Idaho State University

Dr. David L. Dysart
Stetson University

Prof. Beate T. Engel-Doyle
Franciscan University of Steubenville

Angela Ferguson
Samford University

Sonja Fritzsche
Illinois Wesleyan University

Margarete Froelicher-Grundmann
Armstrong Atlantic University

Marion Gehlker
Yale University

Mary M. Gell
University of Michigan

Kathie Godfrey
Portland State University

Andrea Golato
University of Illinois at Urbana-Champaign

Beatrice Haase-Dubuis
Missouri Southern State University

Brenda Hansen
Bob Jones University

George E. Harding
Francis Mairon University

James W. Harrison
Southern Utah University

Deborah Horzen
University of Central Florida

Cornelius G. House
Purdue University Calumet

James Jones
Central Michigan University

Christa Keister
Lafayette College

Eric Klaus
Hobart and William Smith Colleges

Dr. Seth Knox
Adrian College

Kathy Krause
University of Missouri—Kansas City

Doreen Krueger
Concordia University Wisconsin

Dr. Ute S. Lahaie
Gardner-Webb University

Stephen Della Lana
College of Charleston

Uta Larkey
Goucher College

Thomas Leek
University of Wisconsin—Stevens Point

Dr. William Lehman
Western Carolina University

Enno Lohmeyer
Case Western Reserve University

Barbara Merten-Brugger
University of Wisconsin

Jean-François Mondon
Minot State University

Dr. David E. Nagle
Oklahoma Baptist University

Vince Redder
Dakota Wesleyan University

Sunka Simon
Swarthmore College

Regina Smith
Grand Valley State University

Jane Sokolosky
Brown University

Maria Grazia Spina
University of Central Florida

Luke Springman
Bloomsburg University of Pennsylvania

Tim Straubel
Western Kentucky University

Dr. Amy Kepple Strawser
Otterbein University

Martin Sulzer-Reichel
University of Richmond

Theodore N. Thomas
Milligan College

Kevin Walton
Fort Lewis College

Carl Wiltse
Southern Methodist University

Lidia Zhigunova
Tulane University

Gesa Zinn
University of Minnesota—Duluth

Überblick

INHALT

KOMMUNIKATIONSZIELE

I will be able to:

- **Identify myself and others**
- **Discuss everyday activities**
- **Make plans and invitations**

1A.1 Gender, articles, and nouns

	MASCULINE	FEMININE	NEUTER
DEFINITE ARTICLES	der **Tisch**	die **Tür**	das **Fenster**
INDEFINITE ARTICLES	ein **Tisch**	eine **Tür**	ein **Fenster**

- The definite article **die** is used with all plural nouns, regardless of gender.

die **Tische** die **Türen** die **Fenster**

- There is no plural form of the indefinite article.

Er ist **ein Mann.** ⟶ Sie sind **Männer.**

- Two or more simple nouns can be combined to form a compound noun.

die Nacht + **das Hemd** ⟶ **das Nachthemd**

1A.2 Plurals

ACHTUNG

The gender and number of a compound noun is determined by the last noun in the compound; das Haus + die Aufgabe ⟶ **die** Hausaufgabe

- There are five main patterns for forming plural nouns in German.

notation	singular	plural
-	das Fenster ⟶	die Fenster
-¨	die Mutter ⟶	die Mütter
-e	der Freund ⟶	die Freunde
-¨e	der Stuhl ⟶	die Stühle
-er	das Kind ⟶	die Kinder
-¨er	der Mann ⟶	die Männer
-n	der Junge ⟶	die Jungen
-en	die Frau ⟶	die Frauen
-nen	die Freundin ⟶	die Freundinnen
-s	der Park ⟶	die Parks

1A.3 Subject pronouns, *sein*, and the nominative case

sein (*to be*)			
singular		plural	
ich **bin**	*I am*	wir **sind**	*we are*
du **bist**	*you are* (inf.)	ihr **seid**	*you are* (inf.)
Sie **sind**	*you are* (form.)	Sie **sind**	*you are* (form.)
er/sie/es **ist**	*he/she/it is*	sie **sind**	*they are*

- The grammatical subject of a sentence is always in the nominative case (**der Nominativ**). The nominative case is also used for nouns that follow a form of **sein**, **werden**, or **bleiben**.

Das ist **eine gute Idee**. Wir bleiben **Freunde**.

1 **Was ist das?** Ergänzen Sie die Tabelle. Schauen Sie sich das Beispiel an.

der Computer ein Computer	____ Problem	____ Frage
____ Hemd	____ Junge	____ Tisch
____ Note	____ Prüfung	____ Zeugnis
____ Taschenrechner	____ Lehrbuch	____ Frau
____ Rucksack	____ Stunde	____ Mädchen
____ Fenster	____ Bleistift	____ Tafel

2 **Wer ist das?** Wählen Sie das Pronomen, das am besten passt.

1. 
2. 
3. 

4. 
5. 
6. 

1. ____ (Sie / Du) sind froh.
2. ____ (Wir / Du) sind Tänzer.
3. ____ (Sie / Es) ist ein Fahrrad.
4. ____ (Ihr / Ich) seid in der Bibliothek.
5. ____ (Du / Er) ist mein Onkel.
6. ____ (Du / Sie) bist müde.

3 **Freunde in Deutschland** Sie sprechen mit Freunden in Deutschland. Ergänzen Sie die Sätze mit dem richtigen bestimmten Artikel (**der/die/das**).

1. Wann ist ________ Prüfung? Sie ist am Montag.
2. Wo ist ________ Student? Er ist hier.
3. Wie ist ________ Ergebnis? Nicht schlecht.
4. Was ist ________ Problem?
5. Wo ist ________ Stuhl?
6. Hier ist ________ Wörterbuch.
7. ________ Foto ist prima!
8. ________ Computer ist ziemlich gut.

4 **Das Verb sein** Ergänzen Sie die Sätze mit der richtigen Form von „sein".

1. Das Wörterbuch ________ neu.
2. Wir ________ Freunde.
3. Ich ________ Amerikaner.
4. Sie ________ Studenten.
5. Valeria ________ in der Schule.

5 **Der Nominativ** Ergänzen Sie die Sätze mit der richtigen Form vom unbestimmten Artikel (**ein/eine/ein**).

1. Das ist ________ Lehrbuch.
2. ________ Prüfung ist im Dezember.
3. Entschuldigung, wo ist ________ Papierkorb?
4. Das ist ________ großes Fenster.
5. ________ Mann im Hotel spricht etwas Englisch.

6 **Wo sind sie?** Klara sucht ihre Mitstudenten. Sie fragt Herrn Koch. Ergänzen Sie das Gespräch mit der richtigen Form von „sein".

KLARA Guten Tag, Herr Koch. Entschuldigen Sie, wo (1) ________ Herr Wagner und meine Klassenkameraden?

HERR KOCH Herr Wagner (2) ________ zu Hause. Die Studenten (3) ________ in der Bibliothek.

KLARA Dankeschön!

HERR KOCH (4) ________ du Klara?

KLARA Ja, ich (5) ________ Klara.

7 **Fragen** Beantworten Sie die Fragen schriftlich. Suchen Sie dann einen Partner um das Gespräch zu führen. Stellen Sie Suggestivfragen. Präsentieren Sie Ihre Resultate der Klasse.

BEISPIEL

S1: *Ist deine Mutter New Yorkerin?*
S2: *Nein, sie ist Schweizerin.*

1. Ist deine Mutter/Vater (*from another city/state*)?
2. Wo sind deine Bücher?
3. Bist du in einer Sportmannschaft?

8 **Beschreibungen** Schreiben Sie eine kurze Beschreibung von Ihnen und ihrer Deutschklasse. Wie heißen Sie? Wo sind Sie zu Hause? Wer ist Ihr Deutschlehrer? Wie ist der Unterricht?

1B.1 *Haben* and the accusative case

haben (*to have*)			
ich **habe**	*I have*	wir **haben**	*we have*
du **hast**	*you have* (inf.)	ihr **habt**	*you have* (inf.)
Sie **haben**	*you have* (form.)	Sie **haben**	*you have* (form.)
er/sie/es **hat**	*he/she/it has*	sie **haben**	*they have*

- A noun that functions as a direct object is in the accusative case.

definite and indefinite articles				
	masculine	**feminine**	**neuter**	**plural**
nominative	der/ein Stuhl	die/eine Tür	das/ein Fenster	die/- Notizen
accusative	den/einen Stuhl	die/eine Tür	das/ein Fenster	die/- Notizen

1B.2 Word order

- In German, the verb is always the second element in a sentence. The first element is often the subject, but it can also be a time expression or a prepositional phrase.

Ich **habe** heute Abend viele Hausaufgaben.
Viele Hausaufgaben **habe** Ich heute Abend.

- To turn a statement into a yes-or-no question, move the verb to the first position.

Die Professorin **ist** nett. ⟶ **Ist die professorin** nett?
Jetzt **habt** Ihr einen Computer. ⟶ **Habt Ihr jetzt** einen computer?

1B.3 Numbers

numbers 0–99							
0	null	**10**	zehn	**20**	zwanzig	**30**	dreißig
1	eins	**11**	elf	**21**	einundzwanzig	**31**	einunddreißig
2	zwei	**12**	zwölf	**22**	zweiundzwanzig	**40**	vierzig
3	drei	**13**	dreizehn	**23**	dreiundzwanzig	**45**	fünfundvierzig
4	vier	**14**	vierzehn	**24**	vierundzwanzig	**50**	fünfzig
5	fünf	**15**	fünfzehn	**25**	fünfundzwanzig	**60**	sechzig
6	sechs	**16**	sechzehn	**26**	sechsundzwanzig	**70**	siebzig
7	sieben	**17**	siebzehn	**27**	siebenundzwanzig	**80**	achtzig
8	acht	**18**	achtzehn	**28**	achtundzwanzig	**90**	neunzig
9	neun	**19**	neunzehn	**29**	neunundzwanzig	**99**	neunundneunzig

mathematical expressions					
+	**plus**	×	**mal**	=	**ist (gleich)**
-	**minus**	÷ or :	**geteilt durch**	%	**Prozent**

25,4 **fünfundzwanzig Komma vier**
4,99 € **vier Euro neunundneunzig**
1.960.000 **eine Million neunhundertsechzigtausend**

3 · 3 = 9 **Drei mal drei ist gleich neun.**
20 : 5 = 4 **Zwanzig geteilt durch fünf ist vier.**

1 **Wer hat was?** Ergänzen Sie die Sätze mit der richtigen Form von „haben".

1. Er ________ ein Lehrbuch.
2. Wir ________ eine Deutschstunde.
3. Ich ________ eine Frage.
4. Die Universität ________ eine Mensa.
5. ________ ihr heute eine Prüfung?
6. Du ________ ein schönes Foto.
7. Frau Müller ________ ein Lehrbuch für Mathematik.
8. Monika und Sabine ________ Freunde in Berlin.

2 **Was haben sie?** Ergänzen Sie „haben" in der richtigen Form und den unbestimmten Artikel im Akkusativ.

1. Wir ____________ Lehrer aus Deutschland.
2. Die Professorin ____________ Taschenrechner.
3. Die Klasse ____________ Hausaufgabe.
4. Du ____________ Uhr.
5. Die Ergebnisse ____________ Problem.
6. Der Bleistift ____________ Radiergummi.

3 **Ein paar Fragen** Verändern Sie die Sätze in Entscheidungsfragen.

1. Ich habe viele Hausaufgaben.
   ____
2. Die Professorinnen haben viele Fragen.
   ____
3. Die Schülerin hat einen neuen Lehrer.
   ____
4. Die Bibliothek hat eine schöne Tür.
   ____
5. Du hast den Rucksack.
   ____

4 **Im Klassenzimmer** Bilden Sie Fragen. Achten Sie auf den richtigen Satzbau.

▶ **BEISPIEL**

die Schüler / die Bücher / haben
Haben die Schüler die Bücher?

1. Tische / die Schüler / haben
2. der Lehrer / hat / eine Klasse
3. Computer / die Schüler / haben
4. die Lehrerin / eine Karte / hat
5. einen Terminkalender / die Lehrerin / hat
6. die Schüler / haben / Bleistifte

5 **Zum Besprechen** Stellen Sie Ihrem Partner / Ihrer Parnerin die Fragen in Augabe 4. Beantworten Sie die Fragen mit **Ja** oder **Nein**. Präsentieren Sie Ihren Dialog der Klasse.

BEISPIEL

S1: *Haben die Schüler die Bücher?*
S2: *Ja, die Schüler haben die Bücher.*

6 **Mathespaß** Bitte ergänzen Sie die Sätze.

1. Siebzehn ____________ drei ist vierzehn.
2. Neunundzwanzig plus vierzehn ist ____________.
3. Sechzig ____________ zwanzig ist achtzig.
4. Neunhundert geteilt durch zehn ist ____________.
5. Fünfundzwanzig ____________ vier ist einhundert.
6. Vierundfünfzig minus achtzehn ist ____________.
7. Achtundneunzig minus sechzehn ist ____________.
8. Zwölf geteilt durch drei ist ____________.

7 **Die Zahlen** Bitte schreiben Sie die Zahlen und mathematischen Gleichungen (*math equations*).

1. 1949
   ____
2. 317
   ____
3. 2.013
   ____
4. 0,8
   ____
5. 67 + 4 = 71
   ____
6. 213 · 3 = 639
   ____
7. 24 : 4 = 6
   ____
8. 91 – 6 = 85
   ____

8 **Was ist da drin?** Diskutieren Sie mit einem Partner / einer Partnerin, was im Klassenzimmer ist. Präsentieren Sie Ihren Dialog der Klasse.

BEISPIEL

S1: *Was hat das Klassenzimmer?*
S2: *Das Klassenzimmer hat eine Karte und viele Bücher.*
S1: *Haben wir Computer?*
S2: *Ja, wir haben Computer.*

2A.1 Regular Verbs

	studieren (*to study*)		wandern (*to hike*)	
ich	studiere	*I study*	wandere	*I hike*
du	studierst	*you study*	wanderst	*you hike*
Sie	studieren	*you study*	wandern	*you hike*
er/sie/es	studiert	*he/she studies*	wandert	*he/she hikes*
wir	studieren	*we study*	wandern	*we hike*
ihr	studiert	*you study*	wandert	*you hike*
Sie	studieren	*you study*	wandern	*you hike*
sie	studieren	*they study*	wandern	*they hike*

- Regular verbs whose stems end in *-d* or *-t* add an e before the endings *-st* or *-t* for ease of pronunciation.

finden ⟶ du findest; er/sie/es findet; iht findet

arbeiten ⟶ du arbeitest; er/sie/es arbeitet; iht arbeitet

- Verbs whose stems end in *-gn* or *-fn* also add an *-e* before the endings *-st* and *-t*.

Es **regnet** morgen. **Öffnest** du das Fenster?

- If a verb stem ends in *-s*, *-ß*, *-x*, or *-z*, the *-s* is dropped from the second person singular ending.

Er **reist** oft in die Schweiz. Du **heißt** Sabine.

2A.2 Interrogative words

ACHTUNG

The form of **welcher** depends on the gender and number of the noun it modifies.

Welche Professorin lehrt Mathematik? **Welches Seminar** macht Spaß?

interrogatives			
wann?	*when?*	wie?	*how?*
warum?	*why?*	wie viel?	*how much?*
was?	*what?*	wie viele?	*how many?*
welcher/welche/welches?	*which?*	wo?	*where?*
wen?/wem?	*whom?*	woher?	*where (from)?*
wer?	*who?*	wohin?	*where (to)?*

2A.3 Talking about time and dates

ACHTUNG

Use the 24-hour clock when talking about train schedules, movie listings, and official timetables.

18.45 Uhr = **achtzehn Uhr fünfundvierzig**

- To ask *What time is it?*, say **Wie spät ist es?** or **Wie viel Uhr ist es?**

Es ist **zwanzig nach** vier. Es ist **halb zehn.**
Es ist **Viertel vor** elf. Es ist **Mitternacht.**

ordinal numbers					
1.	erste	**8.**	achte	**31.**	einunddreißigste
2.	zweite	**9.**	neunte	**55.**	fünfundfünfzigste
3.	dritte	**10.**	zehnte	**69.**	neunundsechzigste
4.	vierte	**11.**	elfte	**93.**	dreiundneunzigste
5.	fünfte	**12.**	zwölfte	**100.**	hundertste
6.	sechste	**19.**	neunzehnte	**1000.**	tausendste
7.	siebte	**20.**	zwanzigste		

1 Alle studieren die Konjugation. Bitte ergänzen Sie „studieren" mit der richtigen Endung.

1. Wir ________ Online.
2. Peter ________ in Magdeburg.
3. Maria und Sebastian ________ Mathematik.
4. Ich ________ in Potsdam.
5. Du ________ doch in Wien, oder?
6. Ihr ________ Physik.
7. Annabelle ________ in Wittenberg.

2 Konjugation Bitte ergänzen Sie die Verben in Klammern mit der richtigen Endung.

1. Wir ________ (brauchen) Fahrräder.
2. Die Professorin ________ (korrigieren) die Prüfung.
3. Die Klasse ________ (spielen) Fußball.
4. ________ (finden) du Biologie interessant?
5. Das Restaurant ________ (öffnen) um 11 Uhr.
6. Ich ________ (wohnen) in Weimar.
7. Wann ________ (antworten) du auf meine E-Mail?
8. ________ (hören) ihr gern deutsche Musik?

3 Wortschatz Wählen Sie das richtige Verb.

1. Angelika und Rosa (wandern / spielen) Volleyball.
2. Du (kaufst / wartest) die Bücher.
3. Ihr (geht / macht) jetzt die Hausaufgaben.
4. Jürgen (belegt / reist) Architektur.
5. Wir (bedeuten / verstehen) nicht alle Fragen.
6. Meine Freundin (träumt / grüßt) von Bayern.
7. Ich (baue / liebe) deutsche Filme.
8. Die Professoren (wiederholen / warten) das Thema.

4 Fragen Sie! Wählen Sie das richtige Fragewort.

1. –________ (Woher / Welche) kommst du?
   –Ich komme aus Nürnberg.
2. –________ (Warum / Wo) belegst du Informatik?
   –Ich denke, das ist interessant.
3. –________ (Wie / Wann) hast du die Prüfung?
   –Am Montag.
4. –________ (Wie viele / Welche) Schüler sind hier?
   –Achtzehn.
5. –________ (Wen / Wie) kennst du?
   –Ich kenne einen Professor für Chemie.
6. –________ (Wer / Wo) ist der Dozent?
   –Dr. Bebel ist der Dozent.

5 Wie spät ist es? Bitte schreiben Sie diese Uhrzeiten.

1. 5.30 ____________________
2. 7.10 ____________________
3. 5.45 ____________________
4. 19.40 ____________________
5. 23.30 ____________________
6. 15.15 ____________________

6 Welcher Tag ist es? Bitte ergänzen Sie die Sätze mit den richtigen Informationen.

1. Valentinstag ist am (14.) ________ Februar.
2. Heilige Drei Könige ist am (6.) ________ Januar.
3. St.-Patricks-Tag ist am (17.) ________ März.
4. Weihnachten ist am (25.) ________ Dezember.
5. Neujahrstag ist am (1.) ________ Januar.

7 Mein Geburtstagskalender Notieren Sie die Geburtstage von sechs Klassenkameraden und Mitgliedern Ihrer Familie. Schreiben Sie dann Sätze wie die Beispiele.

BEISPIEL

Mein Geburtstag ist am dritten März.
Susis Geburtstag ist am achtzehnten Oktober.

8 Fragen im Dialog Stellen Sie Ihrem deutschen Gesprächspartner sechs Fragen mit verschiedenen Fragewörtern.

BEISPIEL

S1: *Wohin reist ihr?*
S2: *Wir reisen an die Ostsee.*
S1: *Wie viel kostet die Karte?*
S2: *Die Karte kostet zwölf Euro.*

1. Welcher Tag ist heute?
2. Wann hast du Geburtstag?
3. Wann ist dein Lieblingsfeiertag (*favorite holiday*)?
4. Wie spät ist es?
5. Um wie viel Uhr ist die Deutschvorlesung vorbei?
6. Wann hast du die Veranstaltung?

2B.1 Stem-changing verbs

- Certain irregular verbs use the regular endings but have changes to their stem vowels in the **du** and **er/sie/es** forms. Most stem-changing verbs follow one of four patterns in the present tense.

	schlafen a ⟶ ä	laufen au ⟶ äu	sprechen e ⟶ i	lesen e ⟶ ie
ich	schlafe	laufe	spreche	lese
du	schläfst	läufst	sprichst	liest
er/sie/es	schläft	läuft	spricht	liest
wir	schlafen	laufen	sprechen	lesen
ihr	schlaft	lauft	sprecht	lest
Sie/sie	schlafen	laufen	sprechen	lesen

- Besides an **e ⟶ i** vowel change, **nehmen** (*to take*) and **werden** (*to become*) have additional changes in the **du** and **er/sie/es** forms.

nehmen ⟶ du n**immst**; er/sie/es n**immt**
werden ⟶ du w**irst**; er/sie/es w**ird**

2B.2 Present tense used as future

- The adverbs **heute** (*today*), **morgen** (*tomorrow*), and **übermorgen** (*the day after tomorrow*) are commonly used with the present tense to express future ideas.

Morgen gehen wir einkaufen. **Heute Nachmittag** gehe ich schwimmen.

- Use **am** with **Morgen, Vormittag, Mittag, Nachmittag, Abend, Wochenende,** or the days of the week to specify when something will occur.

Am Sonntag gehen wir angeln. **Am Freitagnachmittag** gehe ich zum Arzt.

- Use **im** with months and seasons (**Frühling, Sommer, Herbst, Winter**).

Im Frühling gehe ich wandern. **Im Februar** fahre ich Ski.

- When both the day of the week and the time of day are specified, they form a compound noun: **Dienstagmittag, Mittwochabend.**

2B.3 Negation

- In negative statements or questions, place **nicht** after the subject, conjugated verb, direct object, and definite time expressions, but before other sentence elements.

Ich gehe heute **nicht** in die Sporthalle. Brauchst du den Fußball **nicht**?

- **Kein** is the negative form of the indefinite article **ein.** Use **kein** to negate a noun preceded by an indefinite article or by no article.

–Spielen Sie Tennis? ⟶ –Nein, wir spielen **kein** Tennis.
–Hat er Hobbys? ⟶ –Nein, er hat **keine** Hobbys.

- The conjunction **doch** has no exact equivalent in English. Use it to contradict a negative question or statement.

–Ich habe **keine** Freunde. ⟶ –**Doch**, du hast viele Freunde!

1 **Ich und du** Bitte ersetzen Sie in den folgenden Sätzen „ich" durch „du".

1. Ich esse gern Bratwurst. ________________
2. Ich nehme das Fahrrad. ________________
3. Ich fahre im Winter oft Ski. ________________
4. Ich werde Chemiker. ________________
5. Ich laufe in die Bibliothek. ________________
6. Ich schlafe nie in der Deutschstunde. ________________

2 **Was fehlt?** Bitte ergänzen Sie die Verben in Klammern in der richtigen Form.

1. Renate ________ (lesen) ein Buch über Tennis.
2. Frank ________ (sehen) einen Film über Berlin.
3. Die Klasse ________ (fahren) im Sommer nach München.
4. ________ (Helfen) du deiner Mutter?
5. Der Dozent ________ (vergessen) die Vorlesung.
6. ________ (Geben) du mir deine Telefonnummer?
7. Monika ________ (treffen) Theresa im Stadion.
8. ________ (Fangen) Michael den Ball?

3 **Wortschatz** Wählen Sie das richtige Verb.

1. Rosa (empfiehlt / spielt) Volleyball.
2. Du (kaufst / wartest) die Bücher.
3. Ihr (geht / macht) jetzt die Hausaufgaben.
4. Jürgen (belegt / reist) Architektur.
5. Wir (bedeuten / verstehen) nicht alle Fragen.
6. Meine Freundin (träumt / grüßt) von Bayern.
7. Ich (baue / liebe) deutsche Filme.
8. Die Professoren (wiederholen / warten) das Thema.

4 **Zeitangaben** Bitte schreiben Sie die richtige Zeitangabe für die Antwort. Suchen Sie dann einen Partner um das Gespräch zu führen. Präsentieren Sie Ihre Resultate der Klasse.

1. —Wann klettert ihr? (*weekend*)
   —Wir klettern *am Wochenende*.
2. —Wann regnet es viel? (*fall*)
   —____________ regnet es viel.
3. —Wann beginnt die Vorlesung? (*midmorning*)
   —Die Vorlesung beginnt ____________.
4. —Wann siehst du den Film? (*evening*)
   —Ich sehe den Film ____________.
5. —Wann besuchen die Studenten Berlin? (*next week*)
   —Die Studenten besuchen ____________ Berlin.
6. —Wann gehst du zum Arzt? (*this afternoon*)
   —Ich gehe ____________ zum Arzt.

5 **Präsens als Zeitform der Zukunft** Bitte bilden Sie Sätze.

1. du / gehen / heute Nachmittag / Ski fahren
   ____
2. nächste Woche / Volleyball / spielen / die Mannschaft
   ____
3. reisen / übermorgen / Antje / nach Österreich
   ____
4. ihr / im Frühling / Fahrrad / fahren
   ____
5. Karin / kochen / heute Abend / Schnitzel
   ____
6. mehr / ich / schreiben / morgen
   ____
7. nächsten Freitag / wir / im Wald / wandern
   ____
6. fahren / Ursula / Ski / im Februar
   ____

6 **„Kein" oder „nicht"?** Bitte verneinen Sie richtig.

1. Das sind Studentinnen.
   ____
2. Ich verstehe dich.
   ____
3. Manuela trainiert im Stadion.
   ____
4. Hast du Freizeit?
   ____
5. Am Wochenende fahren Thomas und Ute in die Berge.
   ____
6. Nächste Woche haben wir Vorlesungen.
   ____

7 **Was ist nur mit Holger los?** Finden Sie mindestens fünf Gründe, warum Holger unglücklich ist. Schreiben Sie Sätze mit „kein" oder „nicht".

3A.1 Possessive adjectives

personal pronouns and possessive adjectives		
personal pronouns	**possessive adjectives**	
ich	mein	*my*
du	dein	*your* (sing., inf.)
er	sein	*his*
sie	ihr	*her*
es	sein	*its*
wir	unser	*our*
ihr	euer	*your* (pl., inf.)
Sie	Ihr	*your* (sing./pl., form.)
sie	ihr	*their*

- The endings of the possessive adjectives change according to the gender, case, and number of the object possessed.

Mein Großvater liebt **seine** Schwester. Tobias liebt **seinen** Bruder.

3A.2 Descriptive adjectives and adjective agreement

- Use an adjective with no added endings after the verbs **sein**, **werden**, and **bleiben**.

Mein Bruder ist **klein**. Seine Mutter bleibt **sportlich**. Deine Schwester wird **groß**.

- Adjective endings depend on the case, number, and gender of the noun they modify, and whether they are preceded by a **der**-word, an **ein**-word, or neither.

Sie lieben ihren **jungen** Sohn. Das kleine Baby hat blaue Augen.
Gudrun ist ein **junges** Kind. **Altes** Brot schmeckt nicht so gut.

- If multiple adjectives precede the same noun, they all take the same ending.

Ist das **kleine, rothaarige** Mädchen deine Schwester? Sie hat einen **großen, gut aussehenden** Bruder.

- Some adjectives ending in -**er** or -**el**, such as **teuer** and **dunkel**, drop the **e** in the stem when an ending is added. Dropping the e in **teuer** is optional.

Das ist ein **teu(e)res** Buch. Das ist ein **dunkles** Foto.

3A.3 *Gern* and *nicht gern*

- To say that you like or dislike to do something, use the conjugated verb with the adverb **gern**.

Ich schwimme **gern**. Meine Schwester liest **gern** Bücher.

- In an affirmative sentence, place **gern** after the verb it modifies. Note that any direct or indirect objects are placed after **gern**.

Dein Bruder spielt **gern** Fußball. Katzen trinken **gern** Milch.

- To express dislike for an activity, use **nicht gern** after the verb.

Mein Vater arbeite **nicht gern** spät. Thomas isst **nicht gern** Kuchen.

1 Possessivpronomen Bitte ergänzen Sie die deutschen Possessivpronomen im Nominativ.

1. ________ (*Your* – informal) Idee ist ziemlich gut.
2. ________ (*Our*) Universität hat eine gute Mensa.
3. ________ (*My*) Freund studiert Geschichte.
4. ________ (*His*) Freundin kommt aus Potsdam.
5. ________ (*Her*) Hobby ist Klettern.
6. Wo ist ________ (*your, pl.*) Vorlesung?
7. Wer ist ________ (*your, formal*) Professor für Psychologie?
8. Was ist ________ (*its – when talking about* das Schwimmbad) Adresse?

2 Mein or meine? Bitte ergänzen Sie die richtige Form des Possessivpronomens „mein" im Nominativ.

1. ________ Großmutter kommt aus Leipzig, ________ Großvater aus Berlin.
2. ________ Verwandten besuchen sie oft, denn ________ Großeltern sind schon über achtzig Jahre alt.
3. ________ Onkel ist Rechtsanswalt, ________ Tante ist Journalistin.

3 unser / unsere Bitte ergänzen Sie die richtige Form des Possessivpronomens „unser" im Nominativ.

1. ________ Eltern sind seit zwanzig Jahren verheiratet.
2. Sie sind stolz auf ________ tolles Haus.
3. ________ Hund heißt Max.
4. ________ Katze ist sehr intelligent und dynamisch.
5. Morgen spielt ________ Mannschaft in Stuttgart.
6. Ich glaube, ________ Dozent ist krank.
7. ________ Hausaufgaben sind wirklich schwierig.

4 Was braucht Matthias? Matthias ist der Dozent für Mathematik. Bitte schreiben Sie, was er braucht. Benutzen Sie das Possessivpronomen „sein" im Akkusativ.

1. Matthias braucht ____________.
2. Matthias braucht ____________.
3. Matthias braucht ____________.
4. Matthias braucht ____________.

5 euer / eur... Jetzt sprechen Sie mit Ute und Rosi. Benutzen Sie die richtige Form des Possessivpronomens „euer".

1. Wo wohnt ________ Familie?
2. Kennt ihr ________ Architekten gut?
3. Braucht ihr ________ Wörterbuch im Moment?
4. Spielt ________ Fußballmannschaft am Wochenende?
5. Nehmt ihr ________ Hund mit zum Wandern?
6. Kocht ________ Oma morgen Schnitzel?

6 Gern oder nicht gern? Bitte schreiben Sie, was jede Person gern oder nicht gern macht.

1. das Paar / kochen
2. Jens / schwimmen
3. die Frau und der Hund / spazieren gehen
4. Inge und ihr Mann / sehen / Talkshows

7 Adjektive Bitte ergänzen Sie das Adjektiv im Nominativ.

1. Die ________ (schlank) Frau dort ist meine Professorin für Geschichte.
2. Der ________ (ledig) Mann heißt Müller.
3. Ein ________ (freundlich) Schüler hilft gern.
4. Die ________ (interessant) Vorlesung ist heute langweilig.
5. Das ist wirklich ein ________ (lustig) Film!
6. Du bist ein ________ (fleißig) Mädchen.
7. Das ________ (hell) Zimmer ist unser Klassenzimmer.
8. Josefine ist eine ________ (toll) Musikerin.

8 Meine Verwandten und Freunde Beschreiben Sie, was Ihre Verwandten oder Freunde gern oder nicht gern machen. Schreiben Sie mindestens sechs Sätze.

BEISPIEL *Mein Onkel und meine Tante tanzen gern, aber sie reisen nicht gern.*

3B.1 Modals

- Modals express an attitude towards an action, such as permission, obligation, ability, desire, or necessity. *May*, *can*, and *must* are examples of English modals.

modals in the present tense					
	dürfen	**können**	**müssen**	**sollen**	**wollen**
ich	darf	kann	muss	soll	will
du	darfst	kannst	musst	sollst	willst
er/sie/es	darf	kann	muss	soll	will
wir	dürfen	können	müssen	sollen	wollen
ihr	dürft	könnt	müsst	sollt	wollt
Sie/sie	dürfen	können	müssen	sollen	wollen

- When you use a modal to modify the meaning of another verb, put the conjugated form of the modal in second position. Put the infinitive of the other verb at the end of the sentence.

Ich **muss** Französisch **lernen**. **Willst** du Wasser **trinken**?

3B.2 Prepositions with the accusative

prepositions with the accusative					
bis	*until, to*	**für**	*for*	**ohne**	*without*
durch	*through*	**gegen**	*against*	**um**	*around; at (time)*

Der Besitzer kommt **durch die Tür**. Was hast du **gegen meinen Freund**?

- **Pro** is also an accusative preposition. The object it precedes takes no article.

Der Kellner verdient 300 Euro **pro Woche**. Das Auto fährt 130 Kilometer **pro Stunde**.

- The accusative is also used with objects that precede **entlang**.

Wir gehen **den Fluss entlang**. Ich fahre **die Straße entlang**.

3B.3 The imperative

ACHTUNG

The verb **sein** has irregular imperative forms.

Sei lieb!

Seid discret!

Seien Sie mutig!

Seien wir realistisch!

the *Imperativ* conjugation	
Indikativ	**Imperativ**
du kaufst	kauf(e)
ihr kauft	kauft
Sie kaufen	kaufen Sie
wir kaufen	kaufen wir

Mach deine Hausaugaben!
Fahren Sie nicht so schnell!
Öffnen Sie bitte Ihren Rucksack.
Esst das Gemüse, Kinder!

Antworte auf die Frage!
Hör keine laute Musik.
Gehe nach Hause, bitte.
Lernt für dir Prüfung.

1 Satzbau mit Modalverben

Bitte bilden Sie Sätze, achten Sie auf den richtigen Satzbau.

1. müssen / wir / machen / viele Hausaufgaben
   ____
2. heute / nicht schwimmen / darf / Sybille
   ____
3. will / helfen / meiner Schwester / ich
   ____
4. können / wir / empfehlen / den Fisch
   ____
5. sollt / ihr / spielen / leise
   ____
6. lernen / musst / du / für die Prüfung
   ____

2 Konjugation der Modalverben

Bitte ergänzen Sie die Verben in Klammern mit der richtigen Endung.

1. Wir ________ (können) Thomas am Stadion treffen.
2. Die Mannschaft ________ (müssen) noch viel trainieren.
3. Die Klasse ________ (wollen) an die Nordsee reisen.
4. ________ (dürfen) ich etwas fragen?
5. Du ________ (dürfen) die Hausaufgaben nicht vergessen.
6. Hans ________ (können) sehr gut Ski fahren.
7. ________ (wollen) ihr in die Bibliothek gehen?
8. ________ (sollen) ich einen Arzt rufen?

3 Fragen mit Modalverb

Bilden Sie Fragen mit Modalverb.

1. 2. 3. 4.

1. Kuchen essen / wollen / ihr
   ____
2. lernen / jetzt / müssen / du
   ____
3. Sabine / dürfen / Fußball spielen
   ____
4. Musik hören / dürfen / wir
   ____

4 Einladungen

Beantworten Sie die Fragen schriftlich. Suchen Sie dann einen Partner um das Gespräch zu führen. Präsentieren Sie Ihre Resultate der Klasse.

BEISPIEL

S1: *Willst du morgen Tennis spielen?*
S2: *Ich kann morgen nicht Tennis spielen, ich muss in die Bibliothek gehen.*

1. Willst du morgen Schach spielen? (ich / Französisch lernen)
2. Wollen wir Karten spielen? (wir / für unsere Bekannten kochen)
3. Wollt ihr übermorgen in die Bibliothek gehen? (wir / Vorlesung besuchen)

5 Präpositionen

Wählen Sie die richtige Präposition.

1. (Ohne / Bis) meinen Freund gehe ich nicht in das Kino.
2. Meine Freunde spielen (durch / bis) 19 Uhr Volleyball.
3. Jürgen braucht ein Geschenk (um / für) seine Bekannten.
4. Der Sportler muss (gegen / entlang) den Wind laufen.
5. Sie geht immer (für / durch) den Park zur Universität.
6. Die Journalistin arbeitet heute (durch / bis) Mitternacht.

6 Präpositionen mit dem Akkusativ

Benutzen Sie die richtige Präposition mit dem Akkusativ.

1. Das Geschenk ist ________ Freund aus Trier. (*for the*)
2. Am Abend gehen wir oft ________. (*along the river*)
3. Ich bin ________ Monat in Österreich. (*until next*)
4. Wir dürfen jetzt nicht ________ Bibliothek gehen. (*through the*)
5. Der Architekt läuft ________ Haus. (*around our*)
6. Die Kellnerin verdient 8 Euro ________. (*per hour*)

7 Was sollen wir machen?

Bilden Sie Sätze im Imperativ.

1. Du öffnest dein Buch. ____________________
2. Ihr geht in die Bibliothek. ____________________
3. Du nimmst ein Schnitzel. ____________________
4. Sie sprechen mit der Journalistin. ____________________
5. Ihr schreibt an die Tafel. ____________________
6. Du bist nicht gierig. ____________________

8 Der neue Schüler

Ein neuer Schüler kommt in Ihre Klasse. Bitte schreiben Sie ihm/ihr auf, was wichtig ist. Benutzen Sie Sätze im Imperativ. Präsentieren Sie die Liste dann der Klasse.

BEISPIEL

Sei pünktlich! Arbeite leise!

4A.1 The modal *mögen*

mögen (*to like*)			
ich mag	*I like*	wir mögen	*we like*
du magst	*you like*	ihr mögt	*you like*
er/sie/es mag	*he/she/it likes*	Sie/sie mögen	*you/they like*

Die Kinder **mögen** diesen Joghurt. **Magst** du Zwiebeln und Knoblauch?

möchten			
ich möchte	*I would like*	wir möchten	*we would like*
du möchtest	*you would like*	ihr möchtet	*you would like*
er/sie/es möchte	*he/she/it would like*	Sie/sie möchten	*you/they would like*

Ich **möchte** Fußball spielen. **Möchten Sie** Pasta oder Reis?

4A.2 Adverbs

- When an adverb modifies a verb, it generally comes immediately after the verb it modifies. Adverbs of time or place can also come directly before the verb.

Ich esse **täglich** Gemüse. **Morgens** trinken wir immer Kaffee.

- If there is more than one time expression in a sentence, general time references are placed before adverbs of specific time.

Samstag morgens um 11 Uhr esse ich Frühstück mit meinem Vater.

- When there is more than one adverbial expression in a sentence, adverbs of time come first, followed by adverbs of manner, then adverbs of place.

Ihr kocht **am Wochenende zusammen zu Hause**. Sie essen **morgen Abend bestimmt woanders**.

- In sentences with adverbial expressions, the negation **nicht** usually *precedes* general expressions of time, manner, and place, but *follows* adverbs of specific time.

Wir kaufen Fleisch **nicht oft** im Supermarket. Ich möchte **am Montag nicht** in die Schule gehen.

4A.3 Separable and inseparable prefix verbs

ACHTUNG

Move the infinitive of the separate prefix verb to the end of the sentence when using a modal with a separable prefix verb.

Die Mädchen **möchten** morgen Abend **ausgehen.**

Ich **soll** mit meinen Hausaufgaben **anfangen.**

separable prefix verbs	
anfangen	mitbringen
ankommen	mitkommen
anrufen	vorbereiten
aufstehen	vorstellen
ausgehen	zuschauen
einkaufen	zurückkommen
einschlafen	

Jakob **verkauft** sein Fahrrad.

Ich **kaufe** im Supermarket **ein.**

inseparable prefix verbs	
bestellen	verkaufen
besuchen	überlegen
bezahlen	wiederholen
erklären	

Wir **bezahlen** die Rechnung.

Ich **komme** nicht **zurück.**

1 Im Restaurant

Bitte schreiben Sie die richtige Form von „möchten“.

1. Was ________ Sie essen?
2. ________ du Eis mit Himbeeren?
3. Ich ________ bitte bezahlen.
4. Wir ________ einen Tisch am Fenster.
5. ________ ihr vielleicht zuerst eine Suppe?
6. Meine Freundin ________ noch ein Stück Kuchen.

2 Zum Abendessen gehen

Bitte bilden Sie Sätze mit der richtigen Form von „möchten.“

Wir Meine Freunde Ich Du Ihr Meine Eltern Ihre Großmutter	möchten	*(the menu)* *(a napkin)* *(desserts)* *(a fork)* *(no appetizer)* *(the check)* *(beef with rice)*

3 mögen

Bitte wählen Sie die richtige Form von „mögen“.

1. Wir (mögen / magst) Knoblauch.
2. Sie (mag / mögt) Schweinefleisch.
3. Sie (mögt / mögen) Pilze.
4. Ich (mag / mögt) Brötchen.
5. Er (magst / mag) Hähnchen.
6. (Mögt / Magst) du Würstchen?

4 Adverbien

Bitte bilden Sie Sätze. Achten Sie auf den korrekten Satzbau.

1. schmeckt / wirklich / Schnitzel / ausgezeichnet
   ____
2. er / selten / kauft / Thunfisch
   ____
3. scharf / immer / kocht / seine Mutter
   ____
4. wir / jetzt / zusammen / zum Lebensmittelgeschäft / fahren
   ____

5 Trennbare Verben

Bitte kombinieren Sie immer den zweiten Satz in der richtigen Form.

1. der Unterricht / anfangen / um 7 Uhr
   Wir müssen uns beeilen! *Der Unterricht fängt um 7 Uhr an.*
2. Frau Müller / einkaufen / jeden Donnerstag / Lebensmittel
   Sie ist nicht zu Hause. ________________________
3. ich / einschlafen / fast
   Es ist so langweilig! ________________________
4. mitkommen / ihr?
   Wir gehen ins Restaurant. ________________________
5. morgen / aufstehen / er / schon / um 5.30 Uhr
   Er geht schon ins Bett. ________________________.

6 Trennbare und untrennbare Verben

Bitte beenden Sie die Sätze in der richtigen Form.

1. (vorstellen / uns seine Freunde)
   Der Schüler ________________________.
2. (erklären / den Gästen die Rechnung)
   Die Kellnerin ________________________.
3. (verkaufen / unser Auto)
   Meine Eltern ________________________.
4. (mitkommen / nach Dresden)
   Mein Bruder ________________________.
5. (ausgehen / fast jedes Wochenende)
   Unsere Klassenkameraden ________________________.
6. (zuschauen / beim Fußballspiel)
   Die Gäste ________________________.

7 Was magst du so?

Suchen Sie einen Partner. Erzählen Sie Ihrem Gesprächspartner unter anderem, was Sie mögen, sehr gern mögen, nicht so sehr mögen und gar nicht gern mögen. Präsentieren Sie Ihre Resultate der Klasse.

Hey! Ich **mag** das! Danke.

BEISPIEL

S1: *Was magst Du zum Frühstück?*
S2: *Ich mag Brötchen mit Marmelade.*
S1: *Mögen deine Freunde Kaffee?*
S2: *Nein, meine Freunde mögen keinen Kaffee.*

4B.1 The dative

- An object in the dative case indicates to whom or for whom an action is performed.

Ich bringe **dem Lehrer** einen Apfel. Zeig **der Professorin** deine Arbeit.

dative				
	masculine	**feminine**	**neuter**	**plural**
definite articles	dem Kellner	der Kellnerin	dem Kind	den Kindern
indefinite articles	einem Kellner	einer Kellnerin	einem Kind	keinen Kindern
possessive adjectives	meinem Koch	meiner Köchin	meinem Kind	meinen Kindern

- The endings for possessive adjectives are the same as the endings for the indefinite articles.

Der Kellner bringt **meiner Frau** einen Salat.
Peter empfiehlt **seinen Freunden** das Restaurant.

- When using plural nouns in the dative case, add **-n** to any noun whose plural form does not already end in **-n** or **-s**.

die Teller → den Tellern die Esslöffel → den Esslöffeln

- In the dative case, an adjective preceded by an **ein**-word or an **der**-word always ends in **-en**.

Anna kauft **dem kleinen** Jungen ein Eis. Ich gebe **meiner kleinen** Schwester eine Banana.

- Adjectives in the dative that are not preceded by an article have endings similar to the definite article endings.

Ich biete **guten** Freunde**n** immer gutes Essen an.
Die Lehrerin hilft **neuen** Studenten gern.

- Use the dative question word **wem** to ask *to whom*?

Wem gehört diese Tasse? Sie gehört **meinem** Opa.

4B.2 Prepositions with the dative

prepositions with the dative			
aus	*from*	**nach**	*after; to*
außer	*except for*	**seit**	*since; for*
bei	*at; near; with*	**von**	*from*
mit	*with*	**zu**	*to; for; at*

- The prepositions **bei**, **von**, and **zu** can combine with the definite article **dem** to form contractions. The preposition **zu** also forms a contraction with the definite article **der**.

Wir kaufen oft **beim** Supermarket ein. Tina fährt **zur** Universität.

1 Dativ von weiblichen Substantiven
Bitte ergänzen Sie im Dativ.

1. Mein Vater spricht mit _____ (die) Kellnerin.
2. Peter, kannst du bitte _____ (die) Dozentin meine Hausaufgaben geben?
3. Melanie dankt _____ (eine) Studentin aus Kanada.
4. Ich schreibe _____ (meine) Mutter eine E-Mail.
5. Der Kellner empfiehlt _____ (deine) Schwester bestimmt das Hähnchen.
6. Helft ihr _____ (unsere) Nachbarin?
7. Anja zeigt _____ (ihre) Ärztin den Arm.

2 Nettigkeiten
Bitte ergänzen Sie im Dativ.

1. Wir zeigen _____ (das) Kind das Schwimmbad.
2. Die Professorin gibt _____ (mein) Freund das Zeugnis.
3. Kannst du _____ (unser) Sohn einen Ball bringen?
4. Meine Mutter dankt _____ (der) Kellner und gibt ihm ein Trinkgeld.
5. Ich kaufe _____ (mein) Großvater das Buch.
6. Die Studenten helfen _____ (der) Verkäufer im Lebensmittelgeschäft.
7. Die Köchin bringt _____ (der) Gast das Rezept (*recipe*).

3 Dativ in Singular und Plural
Bitte beantworten Sie die folgenden Fragen.

1. Wem antwortet Angelika? Sie antwortet __________. (ihr Lehrer)
2. Wem helfen die Nachbarn? Sie helfen __________. (meine Verwandten)
3. Wem schickst du die Fotos? Ich schicke sie __________. (meine Oma)
4. Wem kauft Jürgen die Blumen? Er kauft sie __________. (seine Freundin)
5. Wem bringen wir die Wörterbücher? Wir bringen sie __________. (die Schüler)
6. Wem zeigt die Journalistin ihren Artikel? Sie zeigt den Artikel __________. (die Köchin)

4 Geburtstagsgeschenke
Bitte beschreiben Sie, was Sie Ihren Verwandten und Freunden zum Geburtstag schenken, kaufen, geben oder schicken. Achten Sie auf den Dativ. Schreiben Sie mindestens acht Sätze.

BEISPIEL

*Ich schicke **meiner** Tante eine Karte. Ich gebe **meinem** Opa einen Fußball. Ich schenke **meiner** Freundin ein Fahrrad. Ich kaufe **meiner** Mutter einen Kuchen.*

5 Adjektive im Dativ
Bitte beantworten Sie. Achten Sie auf den Dativ.

1. Wem schenkst du das Auto? (der kleine Junge)
   ____
2. Wem schreibst du eine E-Mail? (meine gute Freundin)
   ____
3. Wem empfiehlt der Kellner die Suppe? (eine alte Dame)
   ____
4. Wem gehört der Rucksack? (die schlanke Frau dort hinten)
   ____
5. Wem hilft die Rechtsanwältin? (der spanische Musiker)
   ____
6. Wem zeigen wir unsere Stadt? (die österreichischen Geschäftsleute)
   ____

6 Wer, wen oder wem?
Schreiben Sie die richtigen Fragewörter.

1. _______ kommt aus Hamburg?
2. _______ kennen Sie gut?
3. _______ hilft die Köchin?
4. _______ gehört dieses Messer?
5. _______ fotografiert die Journalistin?
6. _______ interessiert sich für die Speisekarte?
7. _______ besucht ihr morgen?
8. _______ gibst du das Geburtstagsgeschenk?

7 Ortsangaben: Präpositionen mit dem Dativ
Ergänzen Sie die Sätze mit der richtigen Form des Dativ.

1. Ich komme jeden Tag um 15 Uhr aus __________. (die Schule)
2. Morgen fährt er mit __________ (das Fahrrad) in die Schule.
3. Er kommt aber erst um 17 Uhr von __________. (sein Training)
4. Der Lehrer ist heute bei __________. (seine Kinder)
5. Dieser Schinken ist aus __________. (der Schwarzwald)
6. Ich mag diese Vorlesung seit __________. (der erste Tag)

8 Meine Freizeit
Beantworten Sie die Fragen schriftlich. Suchen Sie dann einen Partner um das Gespräch zu führen.

1. Wo sind Sie gern?
2. Mit wem sind Sie am Wochenende zusammen?
3. Wohin gehen Sie?
4. Woher kommen Sie um 15 Uhr?

9 Kurze Gespräche Bitte ergänzen Sie den Dialog.

1. —________ (Was / Welches) ist da drin?
   —Lehrbücher. Sie ________ (sind / ist) von Torsten.
2. —________ (Wem / Wo) sind Ulrich und Sabine?
   —Sabine kommt ________ (aus der / auf die) Bibliothek. Ulrich hat ________ (eine / einen) Vorlesung.
3. —________ (Wohin / Wie viele) Touristen sind dort?
   —Hmm... Da sind ________ (einundzwanzig / dritte) Touristen.
4. —________ (Woher / Was) kommt Gudrun?
   —Gudrun kommt aus ________ (die / den) Vereinigten Staaten.

10 Fragewörter Bitte vervollständigen Sie.

1. —________ heißt die Professorin?
   —Die Professorin heißt Schneider.
2. —________ lernst du so viel?
   —Ich habe eine Prüfung.
3. —________ Fächer sind einfach?
   —Biologie und Chemie sind einfach.
4. —________ ist Mathematik?
   —Mathematik ist um 10 Uhr.
5. —________ kommst du?
   —Ich komme aus Bern in der Schweiz.
6. —________ studiert Hugo?
   —Hugo studiert Medizin.

11 Wie spät ist es? Bitte schreiben Sie diese Uhrzeiten.

1. 3.40 ____________________
2. 8.30 ____________________
3. 21.17 ____________________

12 Befehle Geben Sie Befehle in der **Sie**-Form.

BEISPIEL anfangen
Fangen Sie an.

1. überlegen ____________________
2. nicht mitkommen ____________________
3. zurückkommen ____________________
4. einkaufen ____________________
5. zuschauen ____________________
6. anrufen ____________________
7. nicht ausgehen ____________________
8. aufstehen ____________________
9. bezahlen ____________________
10. nicht einschlafen ____________________

13 Was fehlt? Ergänzen Sie die Sätze.

1. Ich habe einen ________ (groß) Bruder.
2. Mein ________ (groß) Bruder spielt Fußball.
3. Er hat einen ________ (klein) Hund.
4. Der ________ (klein) Hund hat sehr ________ (kurz) Beine.
5. Seine ________ (kurz) Beine sind auch sehr ________ (dünn).
6. Hast du auch so einen ________ (klein), ________ (schön) Hund?

14 Was machen diese Leute? Bilden Sie Sätze und achten Sie auf den korrekten Satzbau.

1. in die Konditorei / gehen / morgen / wir
   ____
2. immer / Brötchen / zum Frühstück / möchten / meine deutschen Freunde
   ____
3. kann / ich / dir / nicht / leider / helfen
   ____
4. lesen / Klara / am Wochenende / möchten / gern
   ____

15 Was ist richtig? Bitte wählen Sie den richtigen Satz.

1. A. Ich wünsche dir einen guten Rutsch ins neues Jahr.
   B. Ich wünsche dir ins neues Jahr einen guten Rutsch.
2. A. Meine Freundin überall sucht roten Paprika.
   B. Meine Freundin sucht überall roten Paprika.
3. A. Der Ober spricht viel zu schnell.
   B. Der Ober spricht zu schnell viel.
4. A. Ich bestelle in diesem Restaurant eine Nachspeise immer.
   B. Ich bestelle in diesem Restaurant immer eine Nachspeise.

16 Der Wochenplan Entscheiden Sie, was Sie diese Woche machen wollen. Suchen Sie andere Studenten in der Gruppe, die das Gleiche machen wollen und finden Sie eine Zeit, wann Sie das machen können.

BEISPIEL

S1: *Willst du diese Woche einkaufen gehen?*
S2: *Ja, ich will diese Woche einkaufen gehen.*
S1: *Können wir zusammen einkaufen gehen?*
S2: *Ja, gern.*
S1: *Hast du am Mittwoch Zeit?*
S2: *Nein, am Mittwoch habe ich keine Zeit.*

Communicative Goals

You will learn how to:

- talk about celebrations
- talk about life events

Feste feiern

Talking Picture
Audio: Activities

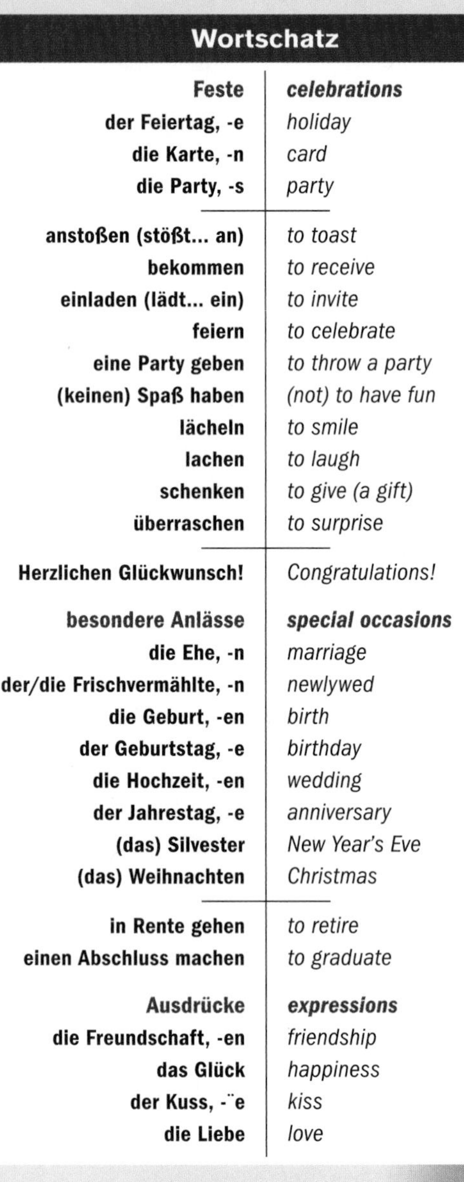

Wortschatz	
Feste	***celebrations***
der Feiertag, -e	*holiday*
die Karte, -n	*card*
die Party, -s	*party*
anstoßen (stößt... an)	*to toast*
bekommen	*to receive*
einladen (lädt... ein)	*to invite*
feiern	*to celebrate*
eine Party geben	*to throw a party*
(keinen) Spaß haben	*(not) to have fun*
lächeln	*to smile*
lachen	*to laugh*
schenken	*to give (a gift)*
überraschen	*to surprise*
Herzlichen Glückwunsch!	*Congratulations!*
besondere Anlässe	***special occasions***
die Ehe, -n	*marriage*
der/die Frischvermählte, -n	*newlywed*
die Geburt, -en	*birth*
der Geburtstag, -e	*birthday*
die Hochzeit, -en	*wedding*
der Jahrestag, -e	*anniversary*
(das) Silvester	*New Year's Eve*
(das) Weihnachten	*Christmas*
in Rente gehen	*to retire*
einen Abschluss machen	*to graduate*
Ausdrücke	***expressions***
die Freundschaft, -en	*friendship*
das Glück	*happiness*
der Kuss, -¨e	*kiss*
die Liebe	*love*

der Gast, -¨e
der Gastgeber, -
die Gastgeberin, -nen
das Eis
die Torte, -n
der Keks, -e
die Süßigkeiten (*pl.*)
der Sekt
das Gebäck
der Eiswürfel, -

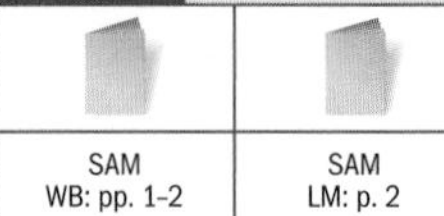

SAM WB: pp. 1-2 | SAM LM: p. 2

vhlcentral.com

ACHTUNG

Use the preposition **zu** to say *on Christmas* or *on New Year's Eve*: **Zu Silvester feiern wir bei meinem Bruder.**

Anwendung

1 Was passt zusammen? Welche Wörter in der linken Spalte (*column*) passen am besten zu den Wörtern in der rechten Spalte?

____ 1. der Geburtstag	a. der Kuchen
____ 2. der Gast	b. die Karte
____ 3. die Ehe	c. das Silvester
____ 4. die Torte	d. die Gastgeberin
____ 5. das Weihnachten	e. die Liebe
____ 6. der Kuss	f. die Frischvermählten

2 Feste und Feiertage Ergänzen Sie die Sätze.

1. An nationalen ________ müssen die meisten Leute (*most people*) nicht arbeiten.
2. An Halloween kommen Kinder an die Haustür und man gibt ihnen ________.
3. An Weihnachten legt man die ________ unter einen Tannenbaum (*Christmas tree*).
4. An Silvester stößt man um Mitternacht mit ________ an.
5. Nach 25 Ehejahren feiert man die silberne (*silver*) ________.
6. In Deutschland geht man normalerweise mit 67 Jahren in ________.

3 Eine Party für Max Hören Sie den Dialog an und markieren Sie dann die richtigen Aussagen.

	richtig	falsch
1. Max hat nächsten Monat Geburtstag.	☐	☐
2. Max braucht ein bisschen Spaß.	☐	☐
3. Max plant seine Geburtstagsparty selbst.	☐	☐
4. Max spielt in der Basketballmannschaft.	☐	☐
5. Zum Geburtstag kommen zehn Personen.	☐	☐
6. Die Party ist bei Emil.	☐	☐
7. Die Freunde kaufen das Geschenk zusammen.	☐	☐
8. Zum Geburtstag bekommt Max einen Baseball.	☐	☐

4 Satzsalat Bilden Sie Sätze mit den diversen Elementen.

BEISPIEL *Die Eltern bereiten eine Geburtstagsparty vor.*

die Eltern	anstoßen	die Kinder
die Gäste	bekommen	eine Geburtstagsparty
der Gastgeber	einladen	eine Geburtstagstorte
das Geburtstagskind	mitbringen	ein Geschenk
die Verwandten	vorbereiten	mit einem Getränk

1. ______________________
2. ______________________
3. ______________________
4. ______________________

Practice more at **vhlcentral.com.**

Kommunikation

5 **Besondere Anlässe** Was feiern die Personen auf den Bildern? Bilden Sie (*Create*) mit Ihrem Partner / Ihrer Partnerin zusammen einen Satz zu jedem Bild.

Matthias

BEISPIEL

Matthias hat heute Geburtstag.

1. Lena

2. Kerstin und Simon

3. Frau Hartmann

4. Andreas und seine Freunde

5. Herr Aydin

6. Martin

6 **Eine Einladung** Lesen Sie Kiaras Einladung an ihre Verwandten und beantworten Sie mit Ihrem Partner / Ihrer Partnerin die Fragen zum Text.

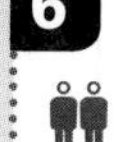

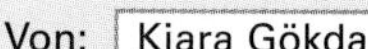

Von: Kiara Gökda

An: Familie Özer; Familie Celik; Murat Gökda; Familie Gökda; Ela Cengiz; Kenan Cengiz; Alik Aymaz; Familie Yilmaz

Betreff: Feier für meine Eltern

Hallo an alle,

im Mai feiern unsere Eltern ihre silberne Hochzeit. 25 Jahre – unglaublich! Mein Bruder Murat und ich planen eine Feier für sie am Samstag, dem 5. Mai, im Restaurant „Zum Alten Markt" hier in München. Unsere Idee ist, dass wir alle, wir beide und ihr, ihnen eine Reise (*trip*) nach Marokko schenken. Die Reise ist für eine Woche und kostet 520 Euro pro Person.

Wir hoffen, ihr könnt kommen und macht bei dem Geschenk mit.

Kiara

1. Warum schreibt Kiara die E-Mail?
2. Wie lange sind die Eltern verheiratet?
3. Was wollen sie den Eltern schenken?
4. Von wem ist das Geschenk?
5. Wie viel Geld braucht Kiara für das Geschenk?
6. Wann und wo ist die Feier?

7 **Sieben Unterschiede** Finden Sie die sieben kleinen Unterschiede auf den Bildern, die Sie von Ihrem Professor / Ihrer Professorin bekommen.

BEISPIEL

S1: *Auf meinem Bild sind fünf Personen. Wie viele Personen sind auf deinem Bild?*
S2: *Auf meinem Bild sind sechs Personen.*

8 **Feiern wir!** Sie planen eine Party für nächstes Wochenende. Beraten Sie (*Discuss*), wo Sie die Party machen wollen, wen Sie einladen, was Sie alles brauchen, wer Essen macht, wer die Getränke kauft, welche Musik Sie hören möchten und so weiter.

BEISPIEL

S1: *Bei wem wollen wir die Party machen?*
S2: *Bei Hanna? Sie wohnt bei den Eltern, und ihr Haus ist ziemlich groß. Und wen wollen wir einladen?*
S3: *Wir können unsere Freunde vom Basketball einladen.*

Aussprache und Rechtschreibung

Audio: Presentation
Record & Compare Activities

The consonantal *r*

To pronounce the German consonant **r**, start by placing the tip of your tongue against your lower front teeth. Then, raise the back of your tongue toward the roof of your mouth. Let air flow from the back of your throat over your tongue creating a soft vibrating sound from the roof of your mouth.

Rock **rot** **Brille** **Freund** **Jahrestag**

Note that the consonant **r** sound always precedes a vowel.

Orange **frisch** **fahren** **Rucksack** **Paprika**

When the German **r** comes at the end of a word or a syllable, it sounds more like a vowel than a consonant. This *vocalic* **r** sound will be discussed in **Lektion 9A**.

1 Sprechen Sie nach Wiederholen Sie die Wörter, die Sie hören.

1. Rente
2. rosa
3. reden
4. Schrank
5. schreiben
6. sprechen
7. Sprudel
8. Straße
9. gestreift
10. frisch
11. Bruder
12. tragen
13. grau
14. Haare
15. Amerika
16. studieren

2 Artikulieren Sie Wiederholen Sie die Sätze, die Sie hören.

1. Veronika trägt einen roten Rock.
2. Mein Bruder schreibt einen Brief.
3. Rolf reist mit Rucksack nach Rosenheim.
4. Regensburg und Bayreuth liegen in Bayern.
5. Warum fahren Sie nicht am Freitag?
6. Marie und Robert sprechen Russisch.
7. Drei Krokodile fressen frische Frösche.
8. Im Restaurant bestellt die Frau Roggenbrot mit Radieschen.

3 Sprichwörter Wiederholen Sie die Sprichwörter, die Sie hören.

Rede, so lernst du reden.[1]
Der Krug geht so lange zum Brunnen, bis er bricht.[2]

[1] You learn how to do something by doing it. (lit. *Speak, if you want to learn how to speak.*)

[2] If you overdo it, you'll wear yourself out. (lit. *The pitcher goes to the well until it breaks.*)

Ressourcen

SAM LM: p. 3

vhlcentral.com

Frohes neues Jahr!

Meline und Sabite wollen Silvester feiern, aber Torsten und Lorenzo haben andere Pläne. Da klingelt es plötzlich an der Tür...

1
SABITE Torsten! Es ist Silvester! Aber es sind Weihnachtsferien! Die Uni fängt erst wieder in zwei Wochen an. Warte mal.

2
MELINE Niemand lernt an Silvester. Man geht auf Partys und hat Spaß. Du hast eine wunderschöne Freundin, Torsten. Verlange nicht von ihr, das neue Jahr ohne dich zu beginnen. Bist du ihr immer noch böse?

3
SABITE Torsten? Dir auch ein frohes neues Jahr!

4
MELINE Lorenzo ist in der Stadt. Wir gehen später am Abend essen und danach gehen wir zu einer Party am Brandenburger Tor.
SABITE Schön, dass du Silvester mit ihm feierst.
MELINE Wir haben Spaß zusammen. Wieso kommst du nicht mit uns mit? Es sind bestimmt eine Million Leute da.
SABITE Ich mag keine Menschenmassen. Danke für die Einladung.

5
MELINE Sind Hans und George schon aus Bayern zurück? Wo ist Lorenzo?
SABITE Er ist nicht da! Es wird langsam spät.
MELINE Voicemail.
SABITE Nur die Ruhe, Meline.
MELINE Lorenzo!

6
GEORGE UND HANS Frohes neues Jahr!!!!
GEORGE Wir haben die Party einfach zu euch gebracht!
HANS George hat das Licht in eurer Wohnung gesehen.
GEORGE Hans hat Meline schreien gehört.
MELINE Ich habe nicht geschrien.
HANS Wo ist Lorenzo?
MELINE Ha, ha, ha, Hans. Wo ist denn deine neue Freundin?

ÜBUNGEN

1 **Richtig oder falsch?** Entscheiden Sie, ob die folgenden Sätze richtig oder falsch sind.

1. Torsten will Silvester lernen.
2. Lorenzo ist in der Stadt.
3. Meline und Lorenzo wollen ins Kino gehen.
4. Es sind eine Million Leute am Fernsehturm.
5. George und Hans haben Licht in der Wohnung gesehen.
6. Hans hat Meline singen gehört.
7. George und Hans sind auf einer Party in Kreuzberg gewesen.
8. Meline möchte, dass Hans und George zurück zur Party gehen.
9. Hans hat Kekse gebacken.
10. George möchte mit seinen Freunden anstoßen.

PERSONEN

George

Hans

Meline

Sabite

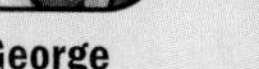

HANS Gut, dann gehen wir eben zurück zur Party in Kreuzberg.
SABITE Ah, ah! Geht nicht. Ich bin so froh, dass ihr hier seid. Frohes neues Jahr, Hans, George.
MELINE Bitte geht nicht. Ich habe Sekt.

HANS Ich habe einen Stollen für uns gebacken.
SABITE Oh, sieht lecker aus. Bitte schön.
HANS Danke. Hier, reich mal rüber.
MELINE Oh, Hans, er schmeckt genau wie der von meiner Mutter!

MELINE Es ist Mitternacht! Frohes neues Jahr!

GEORGE Ich möchte gern mit euch anstoßen, meine neuen Freunde. *Happy New Year!*
SABITE *Mutlu yillar.*

Nützliche Ausdrücke

- **Silvester**
  New Year's Eve
- **die Weihnachtsferien**
  winter break
- **Die Uni fängt erst wieder in zwei Wochen an.**
  Classes don't begin for two weeks.
- **wunderschön**
  gorgeous
- **Bist du ihr immer noch böse?**
  Are you still mad at her?
- **Frohes neues Jahr!**
  Happy New Year!
- **die Menschenmassen**
  crowds
- **Nur die Ruhe!**
  Relax!
- **Hans hat Meline schreien gehört.**
  Hans heard Meline yelling.
- **Reich mal rüber!**
  Hand it over!

1A.1

- **Ich habe einen Stollen für uns gebacken.**
  I baked a stollen for us.

1A.2

- **Verlange nicht von ihr, das neue Jahr ohne dich zu beginnen.**
  Don't make her start the new year without you.

1A.3

- **Schön, dass du Silvester mit ihm feierst.**
  It's great that you're celebrating New Year's with him.

2 **Zum Besprechen** Planen Sie zu dritt eine Silvesterparty. Machen Sie eine Einkaufsliste und eine Gästeliste. Soll die Party ein Motto (*theme*) haben? Müssen sich die Gäste verkleiden (*wear costumes*)?

3 **Vertiefung** Finden Sie heraus (*Find out*), warum der letzte Tag im Jahr in der deutschsprachigen Welt **Silvester** heißt. Woher kommt der Name? Seit wann heißt der Tag so?

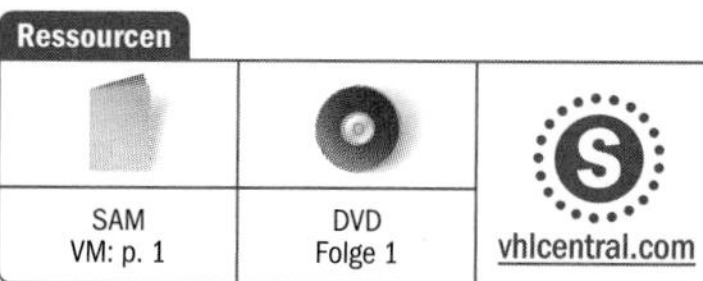

Das Oktoberfest

Reading

AM 12. OKTOBER 1810 HEIRATET KRONprinz Ludwig (der spätere König Ludwig I. von Bayern) Prinzessin Therese. Vor den Toren Münchens° feiern Menschen aus ganz Bayern die königliche Hochzeit auf einem Feld. Dieses Feld heißt heute noch Theresienwiese. Viele Menschen nennen es einfach die Wiesn, ein Wort aus der bayerischen Umgangssprache°. 1810 kann man Pferderennen° auf der Theresienwiese sehen und in den nächsten Jahren wiederholt man diese Pferderennen. Das ist der Anfang des Oktoberfests.

Im Jahr 1818 gibt es das erste Karussell° beim Oktoberfest. Heute findet man neben Karussells und Festzelten° auch Willenborgs Riesenrad° und einen Flohzirkus° für Kinder. In den nächsten Jahren beginnt das Oktoberfest aus Wettergründen° bereits im September. Traditionell ist der erste Tag immer der erste Samstag nach dem 15. September. Der Oberbürgermeister° Münchens zapft° das erste Bierfass° an und sagt dann: „O'zapft is!" Das ist Bayerisch und bedeutet „Es ist angezapft!" Der letzte Tag ist der erste Sonntag im Oktober. In über 200 Jahren findet das Oktoberfest 24-mal wegen° Cholera oder Kriegen° nicht statt°.

Das Oktoberfest	
Erstes Oktoberfest:	1810
Ort:	Theresienwiese
Fläche:	0,42 km² (Quadratkilometer)
Besucher:	mehr als 6 Millionen Gäste
Festzelte:	14 große und 15 kleine
Schweinswürste:	119.302 Paar
Schweinshaxen°:	69.293
Abfall°:	678 Tonnen
Verlorene Gegenstände°:	260 Brillen° und 200 Handys

QUELLE: offizielles Stadtportal für München

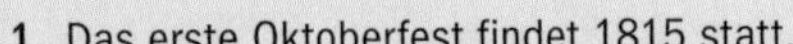

den Toren Münchens *the gates of Munich* **bayerischen Umgangssprache** *Bavarian vernacular* **Pferderennen** *horse races* **Karussell** *merry-go-round* **Festzelten** *pavilions* **Riesenrad** *Ferris wheel* **Flohzirkus** *flea circus* **aus Wettergründen** *due to weather concerns* **Oberbürgermeister** *mayor* **zapft... an** *taps* **Bierfass** *beer barrel* **wegen** *due to* **Kriegen** *wars* **findet... statt** *takes place* **Schweinshaxen** *pork knuckles* **Abfall** *garbage* **Verlorene Gegenstände** *Lost items* **Brillen** *eyeglasses*

ÜBUNGEN

1 Richtig oder falsch? Sind die Aussagen **richtig** oder **falsch?** Korrigieren Sie die falschen Aussagen mit einem Partner / einer Partnerin.

1. Das erste Oktoberfest findet 1815 statt.
2. Die Menschen feiern die Hochzeit von Kronprinz Ludwig und Prinzessin Therese in Nürnberg.
3. In der bayerischen Umgangssprache heißt die Theresienwiese „Wiesn".
4. Das erste Karussell gibt es 1815.
5. Für Kinder gibt es heute auch einen Flohzirkus.
6. Der erste Tag des Oktoberfests ist immer der erste Sonntag nach dem 15. September.
7. Der Münchener Oberbürgermeister zapft das erste Bierfass an.
8. In über 200 Jahren findet das Oktoberfest 20-mal nicht statt.
9. Mehr als 10 Millionen Gäste besuchen das Oktoberfest jedes Jahr.
10. Zu den verlorenen Gegenständen gehören 260 Brillen und 200 Handys.

Practice more at **vhlcentral.com.**

DEUTSCH IM ALLTAG

Herzlichen Glückwunsch

Alles Gute zum Geburtstag!	*Happy birthday!*
Ein gutes neues Jahr!	*Happy New Year!*
Frohe Ostern!	*Happy Easter!*
Frohe Weihnachten!	*Merry Christmas!*
Gute Besserung!	*Get well!*
Hals- und Beinbruch!	*Break a leg!*
Viel Glück!	*Good luck!*

DIE DEUTSCHSPRACHIGE WELT

Weihnachten

Am 6. Dezember besucht Sankt Nikolaus Kinder in vielen Gegenden° Deutschlands, Österreichs und der Schweiz. Brave° Kinder bekommen Schokolade, Nüsse° und andere Süßigkeiten. Manchmal bringt der Sankt Nikolaus einen Partner mit. Diese zweite Person heißt Krampus im Süden und Knecht Ruprecht im Norden. Er soll böse° Kinder erschrecken°.

Die Weihnachtsfeiertage sind der 25. und 26. Dezember. Geschenke bekommen Kinder aber schon am 24. Dezember, dem Heiligen Abend. Das Christkind, ein blonder Engel°, bringt Geschenke, und Familien öffnen sie am gleichen Abend.

in vielen Gegenden *in many areas* **Brave** *Well-behaved* **Nüsse** *nuts* **böse** *naughty* **erschrecken** *scare* **Engel** *angel*

PORTRÄT

Die Sternsinger

Vor allem in Bayern und Österreich sind die Sternsinger ein sehr bekanntes Brauchtum°. Drei Kinder oder junge Leute verkleiden sich° als die Heiligen Drei Könige° Caspar, Melchior und Balthasar. Sie gehen zwischen dem 27. Dezember und dem 6. Januar, dem Tag des Dreikönigsfestes, von Haus zu Haus. Sie singen Lieder in den Häusern, sprechen ein Gebet° und sagen ein Gedicht° auf. Dann schreiben sie mit Kreide° einen Segen° über° die Haustür. In Deutschland sammeln° die Sternsinger seit dem 16. Jahrhundert Geld für wohltätige Zwecke°, vor allem für Kinder in Not°. Die Aktion Dreikönigssingen ist weltweit° die größte organisierte Hilfsaktion von Kindern für Kinder. Alleine im Jahr 2005 sammeln die Sternsinger 47 Millionen Euro.

Brauchtum *tradition* **verkleiden sich** *dress up* **Könige** *kings* **Gebet** *prayer* **Gedicht** *poem* **Kreide** *chalk* **Segen** *blessing* **über** *over* **sammeln** *collect* **wohltätige Zwecke** *charitable purposes* **in Not** *in need* **weltweit** *worldwide*

IM INTERNET

Welche anderen Feste und Festivals werden in Deutschland, Österreich und der Schweiz gefeiert?

For more information on this **Kultur**, go to **vhlcentral.com**.

2 **Was fehlt?** Ergänzen Sie die Sätze.

1. Sankt Nikolaus besucht Kinder am ____________.
2. Brave Kinder bekommen ____________, Nüsse und andere Süßigkeiten.
3. Weihnachtsgeschenke bringt in Deutschland, Österreich und der Schweiz ____________.
4. Zwischen dem 27. Dezember und dem ____________ gehen Sternsinger von Haus zu Haus.

3 **Wie feiern Sie zu Hause?** Wählen Sie mit einem Partner / einer Partnerin einen Feiertag in Ihrem Land. Was feiert man an diesem Tag, wie feiert man den Tag, wann feiert man und welche regionalen Variationen gibt es? Präsentieren Sie Ihre Beschreibung den Klassenkameraden. Die Mitstudenten müssen den Feiertag erraten (*guess*).

Ressourcen

1A.1 The *Perfekt* (Part 1)

Startblock In English, there are several ways of talking about events in the past: *I ate, I have eaten, I was eating.* In German, all of these meanings can be expressed with the **Perfekt** tense.

Wir **haben** die Party einfach zu euch **gebracht**.

QUERVERWEIS

In **2A.1** and **2B.1**, you will learn about the **Präteritum**, a past tense used mainly in writing.

The *Perfekt* tense

- To form the **Perfekt**, use a present tense form of **haben** or **sein** with the *past participle* of the verb that expresses the action.

Ich **habe** zu viel Kuchen **gegessen**.
*I **ate** too much cake.*

Wir **haben** den Kindern Geschenke **gekauft**.
*We **bought** the kids presents.*

QUERVERWEIS

Most verbs form the **Perfekt** with **haben**. You will learn about forming the **Perfekt** with **sein** in **1B.1**.

Forming past participles

- German verbs can be grouped into three main categories, based on the way their past participles are formed.

Ich **habe** eine Torte **gemacht**.
*I **made** a cake.*

Wir **haben** Kekse **gegessen**.
*We **ate** cookies.*

Er **hat** eine CD **gebrannt**.
*He **burned** a CD.*

- Most German verbs are *weak*. Form the past participle of a weak verb by adding **ge-** before the verb stem and **-t** or **-et** after the stem.

ACHTUNG

The **-et** ending is added to verb stems ending in **-d**, **-t**, or a consonant cluster, to make pronunciation easier: **Es hat geregnet.**

common weak verbs			
infinitive	**past participle**	**infinitive**	**past participle**
arbeiten	gearbeitet	lernen	gelernt
feiern	gefeiert	öffnen	geöffnet
hören	gehört	sagen	gesagt
kaufen	gekauft	spielen	gespielt
lachen	gelacht	tanzen	getanzt

Haben Sie eine Flasche Sekt **gekauft**?
***Did** you **buy** a bottle of champagne?*

Ich **habe** mit den Gästen **geredet**.
*I **chatted** with the guests.*

- Verbs ending in **-ieren** are almost always weak. Their past participles end in **-t**, but omit the **ge-** prefix.

Der Lehrer **hat** die Hausaufgaben **korrigiert**.
*The teacher **corrected** the homework.*

Wie lange **habt** ihr in Deutschland **studiert**?
*How long **did** you **study** in Germany?*

- To form the past participle of a *strong* verb, add **ge-** before the verb stem and **-en** after. Strong verbs may be regular or irregular in the present, but verbs that have a stem change in the present tense are almost always strong verbs in the **Perfekt**.

Wir **haben** unsere Freunde **gesehen**.
*We **saw** our friends.*

Ich **habe** meinen Eltern **geholfen**.
*I **helped** my parents.*

- Note that many strong verbs have a stem change in the past participle.

common strong verbs			
infinitive	**past participle**	**infinitive**	**past participle**
essen	gegessen	schlafen	geschlafen
finden	gefunden	schreiben	geschrieben
geben	gegeben	sprechen	gesprochen
heißen	geheißen	tragen	getragen
helfen	geholfen	treffen	getroffen
lesen	gelesen	trinken	getrunken
nehmen	genommen	waschen	gewaschen

Habt Ihr den Bus nach Hause **genommen**?
***Did** you **take** the bus home?*

Sie **hat** viele Bücher **geschrieben**.
*She's **written** a lot of books.*

- There is a small group of verbs called *mixed* verbs. The past participles of mixed verbs have a **ge-** prefix and end in **-t** like weak verbs, but they have irregular stems like many strong verbs.

common mixed verbs	
infinitive	**past participle**
brennen (*to burn*)	gebrannt
bringen	gebracht
denken	gedacht
nennen (*to name*)	genannt
rennen (*to run*)	gerannt

Habt ihr an die Hochzeit **gedacht**?
***Were** you **thinking** about the wedding?*

Sie **haben** ihr Kind Elisabeth **genannt**.
*They **named** their child Elisabeth.*

ACHTUNG

You cannot tell which category a verb belongs to by looking at the infinitive. You must learn the past participle of a verb along with its present tense forms.

QUERVERWEIS

See **Appendix A** for a complete list of past participles for all strong and mixed verbs taught in this book.

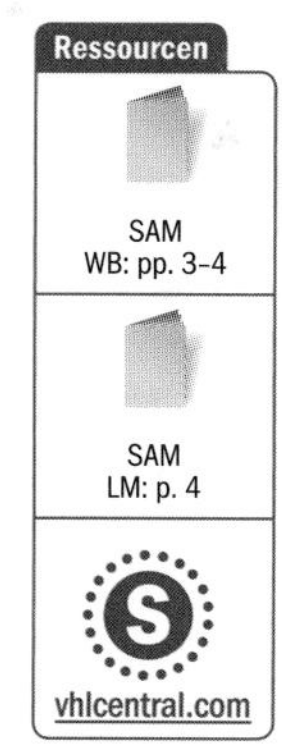

Jetzt sind Sie dran! **Ergänzen Sie die Sätze mit den richtigen Formen der Hilfsverben und der Partizipien.**

1. Wir *haben* Monikas Geburtstag *gefeiert*. (feiern)
2. Die Kinder ________ viel Milch ________. (trinken)
3. Unsere Freunde ________ viel Spaß ________. (haben)
4. Jens ________ mit seinen Geschenken ________. (spielen)
5. Ich ________ am Montag ________. (arbeiten)
6. Peter ________ vier Jahre an der Uni ________. (studieren)
7. Die Gäste ________ dem Geburtstagskind viele Geschenke ________. (geben)
8. ________ ihr die Bücher ________? (lesen)
9. ________ du an die Pläne ________? (denken)
10. Wir ________ sehr viel ________. (lachen)
11. ________ ihr Süßigkeiten ________? (essen)
12. Meine Freundin ________ einen Hund ________. (adoptieren)

Anwendung

1 Was passt zusammen? Welche Verben in Spalte 1 entsprechen (*match*) den Partizipien in Spalte 2?

____ 1. essen	a. gebracht
____ 2. finden	b. geholfen
____ 3. helfen	c. gegessen
____ 4. schreiben	d. genommen
____ 5. bringen	e. geschrieben
____ 6. nehmen	f. gefunden

2 Das Perfekt Setzen Sie die Verben ins Perfekt.

BEISPIEL tanzen (ich)
ich habe getanzt

1. kaufen (du)
2. lernen (wir)
3. feiern (er)
4. arbeiten (Sie)
5. hören (ihr)
6. regnen (es)
7. kochen (sie, *sing.*)
8. denken (ich)

3 Was haben sie gemacht? Ergänzen Sie die Sätze mit der richtigen Form von **haben** und dem passenden Partizip.

1. Ich __________ einen neuen Rucksack __________. (kaufen)
2. Julius __________ seine Freunde __________. (treffen)
3. __________ ihr das Fußballspiel mit Paul __________? (diskutieren)
4. Der Koch __________ die Zwiebeln __________. (waschen)
5. __________ du gestern mit deinem Bruder __________? (sprechen)
6. Petra __________ ihre Tochter zum Friseur __________. (bringen)
7. Kiara __________ eine Party __________. (geben)
8. Professor Schulz, __________ Sie meine Arbeit __________? (korrigieren)

4 Am Wochenende Was haben diese Personen am Wochenende gemacht? Schreiben Sie zu jedem Foto einen Satz im Perfekt.

BEISPIEL
meine Eltern und ich
Meine Eltern und ich haben Karten gespielt.

1. Herr Peters
2. Erik und Rolf
3. Jessica
4. Dana
5. Hasan
6. Sara und Max

Practice more at **vhlcentral.com.**

Kommunikation

5 Letzten Sommer Fragen Sie Ihren Partner / Ihre Partnerin, was er/sie letzten Sommer gemacht hat.

1. Hast du viel geschlafen?
2. Hast du viel gegessen?
3. Hast du gearbeitet? Wo?
4. Hast du Deutsch gelernt?
5. Hast du Sport gemacht?
6. Hast du oft Freunde getroffen?
7. Hast du etwas gekauft? Was?
8. Hast du viele Filme gesehen? Welche?

6 Auf Dieters Geburtstagsparty Sehen Sie mit einem Partner / einer Partnerin das Bild (*picture*) an. Was haben die Personen auf Dieters Geburtstagsparty gemacht?

BEISPIEL

S1: *Jutta hat Karaoke gesungen.*
S2: *Ja, und ihre Freunde haben viel gelacht.*

7 Im Deutschkurs Fragen Sie Ihre Klassenkameraden, was gestern (*yesterday*) im Deutschkurs passiert ist (*happened*). Vergleichen Sie die Antworten in Ihrer Gruppe.

BEISPIEL

S1: *Habt ihr gelesen?*
S2: *Ja, wir haben gelesen.*
S3: *Wer hat gelacht?*
S1: *Rolf hat gelacht!*

antworten	schlafen
diskutieren	schreiben
essen	singen
lachen	spielen
lernen	sprechen
lesen	trinken

8 Meine Großeltern Erzählen Sie den Studenten/Studentinnen in Ihrer Gruppe, was Ihre Großeltern gemacht haben, als sie jünger waren (*when they were younger*).

BEISPIEL

S1: *Mein Großvater hat immer viele Geschenke für seine Kinder gekauft.*
S2: *Meine Großmutter hat jeden Tag Kuchen oder Kekse gebacken.*
S3: *Meine Großeltern haben beide (both) oft Karten gespielt.*

1A.2 Accusative pronouns

Startblock Just as nouns in the nominative case can be replaced by nominative pronouns, nouns in the accusative case can be replaced by accusative pronouns.

personal pronouns				
	nominative		**accusative**	
singular	ich du Sie er/sie/es	*I* *you* (inf.) *you* (form.) *he/she/it*	**mich** **dich** **Sie** **ihn/sie/es**	*me* *you* (inf.) *you* (form.) *him/her/it*
plural	wir ihr Sie sie	*we* *you* (inf.) *you* (form.) *they*	**uns** **euch** **Sie** **sie**	*us* *you* (inf.) *you* (form.) *them*

Wer hat **die Torte** gebacken?
*Who baked **the cake**?*

Ich habe **sie** gebacken.
*I baked **it**.*

- Direct objects are always in the accusative case. An accusative pronoun replaces a noun that functions as a direct object.

Er hat **mich** überrascht.
*He surprised **me**.*

Hast du **ihn** geküsst?
*Did you kiss **him**?*

- A pronoun that follows an accusative preposition must be in the accusative case.

Wir haben eine Überraschung **für dich**.
*We have a surprise **for you**.*

Ihr fahrt **ohne mich** zur Hochzeit.
*You're going to the wedding **without me**.*

- In simple sentences, accusative pronouns go directly after the conjugated verb. If the sentence has a modal verb, the accusative pronoun goes after the conjugated modal verb.

Ich sehe **euch** jeden Tag.
*I see **you** every day.*

Ich muss **es** heute machen.
*I have to do **it** today.*

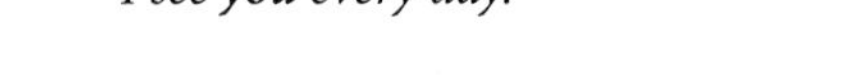

- In the **Perfekt**, place the accusative pronoun directly after the conjugated helping verb.

Sie haben **uns** zur Party eingeladen.
*They invited **us** to the party.*

Wir haben **sie** mit einer Torte überrascht.
*We surprised **them** with a cake.*

- In sentences with inverted word order, such as yes-or-no questions, place the accusative pronoun after the subject.

Siehst du **sie** oft?
*Do you see **her** often?*

Morgen rufe ich **dich** an.
*I'll call **you** tomorrow.*

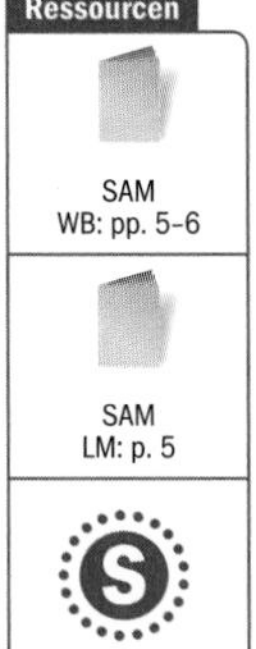

Jetzt sind Sie dran! **Wählen Sie die richtigen Pronomen.**

1. Das Buch? Du sollst (es / ihn) lesen.
2. Die Ballons? Siehst du (sie / uns) nicht?
3. Ihr müsst ohne (uns / euch) ins Kino gehen.
4. Ich finde Peter süß und habe (uns / ihn) geküsst.
5. Anne und dich? Wir finden (euch / sie) nett.
6. Sonja, warte! Ich habe eine Karte für (dich / ihn).
7. Die große Liebe? Gibt es (uns / sie)?
8. Uta, liebst du (mich / dich)?

Anwendung und Kommunikation

1 **Bei meinen Eltern** Ersetzen Sie (*Substitute*) die unterstrichenen Wörter mit Akkusativpronomen.

BEISPIEL Ich sehe Peter.
Ich sehe ihn.

1. Ich rufe meinen Freund an.
2. Mein Freund besucht mich und meine Familie.
3. Mein Bruder kocht das Essen für uns.
4. Mein Vater isst die Suppe gern.
5. Meine Schwester kauft die Erdbeeren auf dem Markt.
6. Mein Freund sagt: „Ich besuche dich und deine Eltern gern."

2 **Sätze bilden** Bilden Sie logische Sätze mit den angegebenen Wörtern. Ersetzen Sie die Wörter in Klammern (*parentheses*) mit Akkusativpronomen.

BEISPIEL (die Erdbeeren) essen wollen
Ich will sie essen.

1. (das Buch) lesen müssen

2. (Lisa) einladen wollen

3. (der Film) sehen möchten

4. (das Auto) kaufen sollen

5. (Hausaufgaben) machen müssen

3 **Die Überraschungsparty** Ihr Partner / Ihre Partnerin fragt Sie über die Party am Samstag bei Max. Beantworten Sie die Fragen und benutzen Sie Akkusativpronomen.

BEISPIEL **S1:** *Ruft ihr Emil und Martina an?*
S2: *Ja, wir rufen sie an.*

1. Ist es eine Party für Max?
2. Lädst du Erik ein?
3. Kommt Erik ohne seine Freundin?
4. Hast du das Geschenk schon gekauft?
5. Bringst du deine CDs mit?
6. Soll ich den Salat schon vorher (*beforehand*) machen?
7. Können wir dort laute Musik hören?
8. Überraschen wir Max?

4 **Der Computer** Erstellen Sie ein Gespräch mit den angegebenen Wörtern. Benutzen Sie Akkusativpronomen.

BEISPIEL der Computer

S1: *Meine Eltern haben ihn für mich gekauft.*
S2: *Ohne ihn kann ich nicht lernen.*
S3: *Ich finde ihn schlecht.*

das Eis	das Geschenk
der Gastgeber	die Karten
der Geburtstag	die Kekse

Practice more at **vhlcentral.com.**

1A.3

Dative pronouns

Startblock In **1A.2**, you learned that you can replace nouns in the accusative case with accusative pronouns. Use dative pronouns in place of dative nouns to indicate *to whom* or *for whom* an action is done.

- Indirect objects are always in the dative case. When the indirect object is a pronoun rather than a noun, use a dative pronoun.

personal pronouns			
	nominative	**accusative**	**dative**
singular	ich du Sie er/sie/es	mich dich Sie ihn/sie/es	**mir** **dir** **Ihnen** **ihm/ihr/ihm**
plural	wir ihr Sie sie	uns euch Sie sie	**uns** **euch** **Ihnen** **ihnen**

Musst du **ihr** eine E-Mail schreiben?
Do you have to write ***her*** *an e-mail?*

Wir wollen **euch** die Stadt zeigen.
We want to show ***you*** *the city.*

- In German, some verbs always take an object in the dative case.

danken	*to thank*	glauben	*to believe*
folgen	*to follow*	gratulieren	*to congratulate*
gefallen (gefällt)	*to please*	helfen	*to help*
gehören	*to belong (to)*	passen	*to fit*

Das gefällt **mir** sehr gut.
I *like that a lot.*

Ich glaube **dir** nicht.
I don't believe ***you***.

- When one object is a noun and the other is a pronoun, place the pronoun first.

Gib **mir** einen Kuss!
Give ***me*** *a kiss!*

Zeig **es** dem Lehrer!
Show ***it*** *to the teacher!*

- When a sentence has both a direct and an indirect object and both are pronouns, place the dative pronoun after the accusative pronoun.

Ich habe **dem Kind das Geschenk** gegeben.
I gave ***the present*** *to the child.*

Ich habe **es ihm** gegeben.
I gave ***it*** *to him.*

ACHTUNG

Be careful when deciding whether the pronoun you need is a direct or an indirect object.

Ich sehe ihn.
[direct object]

Ich gebe ihm das Buch.
[indirect object]

ACHTUNG

You have learned that certain prepositions are always followed by the dative case. If a dative preposition is followed by a pronoun, use a dative pronoun: **mit mir**, **von ihnen**, **bei uns**.

Ressourcen

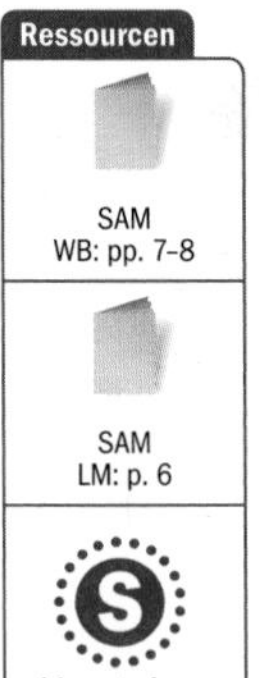

SAM
WB: pp. 7–8

SAM
LM: p. 6

vhlcentral.com

Jetzt sind Sie dran! **Wählen Sie den richtigen Fall (*case*) für die unterstrichenen Wörter: Nominativ (N), Akkusativ (A), oder Dativ (D).**

D 1. Er hat ihr eine Blume gegeben.
___ 2. Wir bringen Wein und Käse zur Party mit.
___ 3. Hast du sie zu Weihnachten besucht?
___ 4. Kannst du mir beim Backen helfen?
___ 5. Ich danke euch für die Fotos von der Hochzeit.
___ 6. Vielleicht glaubt seine Mutter ihm nicht.
___ 7. Gabi besucht dich am Wochenende, nicht?
___ 8. Das Geschenk ist von ihr.

Anwendung und Kommunikation

1 Meine Tante Marie Ersetzen Sie die Dativobjekte mit Dativpronomen.

BEISPIEL Sie hat mit meiner Mutter telefoniert.
Sie hat mit ihr telefoniert.

1. Ich habe viel von meiner Tante Marie gelernt.
2. Ich habe oft bei Tante Marie und Onkel Hans geschlafen.
3. Sie haben immer mit mir und meinem Bruder gespielt.
4. Mein Onkel hat meinem Bruder oft geholfen.
5. „Tante Marie, kann ich bei dir und Onkel Hans wohnen?“

2 Wählen Sie Wählen Sie in jedem Satz das richtige Pronomen.

1. Wir haben (ihr / sie) das Geschenk gegeben.
2. Gehören (euch / ihn) die Karten?
3. Hast du (ihn / ihm) zum Geburtstag gratuliert?
4. Haben die Gäste mit (sie / ihnen) angestoßen?
5. Wer hat außer (dir / dich) Kuchen gegessen?
6. Und das Baby? Habt ihr (ihm / es) auch gesehen?
7. Wann feiert ihr die Hochzeit? Feiert ihr (sie / ihr) im Sommer?
8. Lädst du (mich / mir) auch ein?

3 Alles Gute zum Geburtstag! Erzählen Sie Ihrem Partner / Ihrer Partnerin, was Sie diesen Personen zum Geburtstag schenken.

BEISPIEL

Ihre Mutter

S1: *Was schenkst du deiner Mutter zum Geburtstag?*
S2: *Ich schenke ihr einen kleinen Hund! Und deiner Mutter?*
S1: *Meine Mutter mag Hunde nicht. Ich schenke ihr einen Computer.*

1. Ihr Bruder
2. Ihre Großeltern
3. Ihre Schwester
4. Ihre Katze
5. Ihr Vater
6. Ihr Professor / Ihre Professorin

4 Danke schön! Erfinden Sie mit Ihren Klassenkameraden eine Geschichte (*story*) über die Personen auf dem Bild.

BEISPIEL

S1: *Die junge Frau ruft ihre Schwester an.*
S2: *Sie dankt ihr für das Geburtstagsgeschenk.*
S3: *Nein! Sie gratuliert ihr zu ihrem Abschluss...*

anrufen	einladen	gratulieren (zu)
antworten (auf)	gefallen	helfen
danken (für)	gehören	kaufen
einkaufen	glauben	schreiben

 Practice more at **vhlcentral.com.**

Wiederholung

1 **Auf der Party** Wer hat dieses Essen gemacht und diese Geschenke gekauft?

BEISPIEL

S1: *Wer hat den Apfelsaft gekauft?*
S2: *Anja hat ihn gekauft.*

backen	kaufen
bringen	machen
gehören	schenken

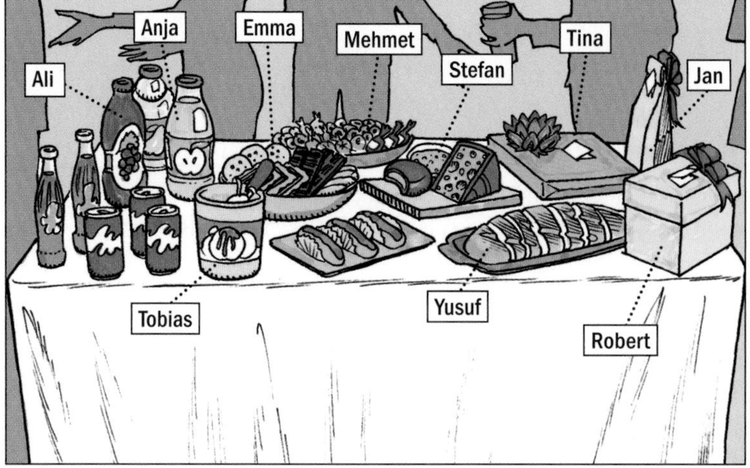

2 **Was isst du gern?** Was isst Ihr Partner / Ihre Partnerin gern? Benutzen Sie die Wörter aus der Liste.

BEISPIEL

S1: *Isst du gern Garnelen?*
S2: *Nein, ich esse sie nicht gern.*

Auberginen	Pilze
Eis	Schinken
Gebäck	Schweinefleisch
Kekse	Süßigkeiten
Knoblauch	Torten
Meeresfrüchte	Trauben
Pfirsiche	Würstchen

3 **Hast du...?** Wer hat in Ihrer Klasse diese Aktivitäten gemacht? Schreiben Sie die Namen der Klassenkameraden auf. Fragen Sie dann weiter nach mehr Informationen.

BEISPIEL

S1: *Hast du zu viel gegessen? Wann?*
S2: *Ich habe an Thanksgiving zu viel gegessen.*

4 **Geschenke** Was haben Sie und Ihr Partner / Ihre Partnerin Freunden und Familie zum Geburtstag oder zu Weihnachten geschenkt?

BEISPIEL

S1: *Was hast du deiner Mutter zum Geburtstag geschenkt?*
S2: *Ich habe ihr einen schönen Terminkalender geschenkt.*

5 **Lara auf der Party** Sie und Ihr Partner / Ihre Partnerin bekommen unterschiedliche Blätter mit Bildern von einer Party. Beschreiben Sie mit Ihrem Partner / Ihrer Partnerin Laras Aktivitäten.

BEISPIEL

S1: *Erst hat Lara mit einem Mann gesprochen.*
S2: *Dann hat sie gesungen.*

6 **Und Sie?** Was haben Sie auf der letzten Party gemacht? Was haben die anderen in der Gruppe gemacht?

BEISPIEL

S1: *Auf der Party am Freitagabend habe ich getanzt. Und du? Hast du auf der letzten Party getanzt?*
S2: *Nein, ich habe nicht getanzt. Aber ich habe auf der Party am Samstagabend Musik gehört. Das mache ich gern.*

Geschenke kaufen
essen
(keinen) Spaß haben
Musik hören
kochen
lachen
mit Freunden reden
tanzen

Video: TV Clip

Shopping in München

Die Leopoldstraße und die Maximilianstraße sind zwei wichtige Straßen in München. Hier kaufen Münchner und Touristen ein und genießen die Stadt. Die Leopoldstraße beginnt am Siegestor. Hier kann man bummeln°, einkaufen, in Straßencafés sitzen und Kunst bewundern°. Die Maximilianstraße ist eine sehr elegante und luxuriöse Straße. Hier kann man einen einzigartigen° Architekturstil und elegante Geschäfte sehen. Neben internationalen Modeläden° kann man auch das Kaffeehaus Dallmayr besuchen.

In der Leopoldstraße gibt es bekannte° Modeketten° und kleine Boutiquen.

Auch für Kunstliebhaber° hat die Leopoldstraße einiges zu bieten°.

Alle internationale Topmarken° gibt es in der Maximilianstraße.

bummeln *stroll* **bewundern** *admire* **einzigartigen** *unique* **Modeläden** *fashion stores* **bekannte** *well-known* **Modeketten** *chain stores* **Kunstliebhaber** *art-lovers* **bieten** *offer* **Topmarken** *top brands*

 **Verständnis** Beantworten Sie die Fragen mit den Informationen aus dem Video.

1. Was kann man in beiden Straßen machen?
   a. das Siegestor sehen b. Kaffee trinken
   c. Weißwurst essen
2. Was beschreibt nur die Leopoldstraße?
   a. Luxuslabels b. 3,6 km lang c. Juweliere

Diskussion Diskutieren Sie die folgenden Fragen mit einem Partner / einer Partnerin.

1. In welcher der zwei Münchner Straßen möchten Sie am liebsten ein paar Stunden verbringen und warum? Was möchten Sie dort machen?
2. Gibt es in Ihrer Stadt oder Ihrem Land Straßen wie die Leopoldstraße oder die Maximilianstraße? Wie sind sie ähnlich (*similar*) oder anders (*different*)?

Communicative Goals

You will learn how to:

- describe clothing
- talk about shopping

Kleidung

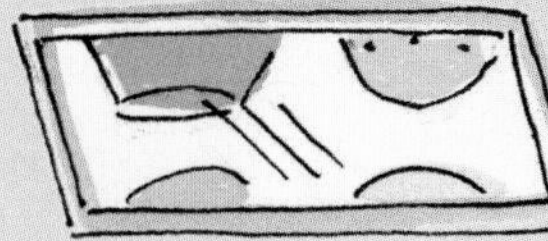

Wortschatz

Kleidung	***clothing***
die Bluse, -n	*blouse*
die Brille, -n	*glasses*
der Handschuh, -e	*glove*
die Jeans, -	*jeans*
der Mantel, -¨	*coat*
der Pullover, -	*sweater*
die Socke, -n	*sock*
der Stiefel, -	*boot*
das Sweatshirt, -s	*sweatshirt*
das Trägerhemd, -en	*tank top*
das T-Shirt, -s	*T-shirt*
die Unterwäsche	*underwear*
Einkaufen	***shopping***
die Baumwolle	*cotton*
die Farbe, -n	*color*
die Kleidergröße, -n	*size*
das Leder	*leather*
die Seide	*silk*
der Verkäufer, - / die Verkäuferin, -nen	*salesperson*
die Wolle	*wool*
im Angebot	*on sale*
dunkel	*dark*
einfarbig	*solid colored*
eng	*tight*
gestreift	*striped*
hell	*bright; light*
kurzärmlig	*short-sleeved*
langärmlig	*long-sleeved*
weit	*loose; big*
anziehen (zieht... an)	*to put on*

ACHTUNG

You can add the prefix **hell** (*light*) or **dunkel** (*dark*) to any color word, to form a compound adjective: **dunkelbraun**, **hellblau**.

der Hut, -¨e

der Badeanzug, -¨e

Er ist teuer.

die Krawatte, -n

der Gürtel, -

das Kleid, -er

das Hemd, -en

die kurze Hose (*pl.* die kurzen Hosen)

die Turnschuhe (*m., pl.*)

Er trägt einen Anzug (*pl.* -¨e). (tragen)

die Handtasche, -n

gelb

grün

lila

rosa

grau

orange

schwarz

blau

braun

rot

weiß

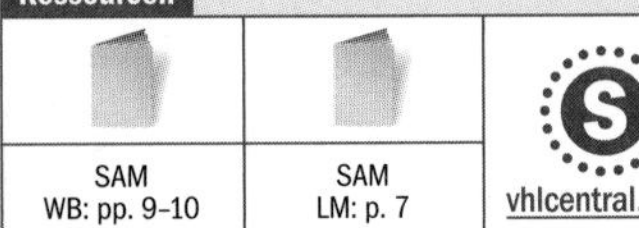

Ressourcen
SAM
WB: pp. 9–10
SAM
LM: p. 7
vhlcentral.com

ACHTUNG

Note that the adjectives **lila** and **rosa** are invariable: they do not vary in case, number, or gender to match the noun they modify. **Ich mag den lila Hut.**

Anwendung

1 Was passt nicht? Welches Wort passt nicht zu den anderen?

BEISPIEL lila, grün, (hell)

1. die Unterwäsche, der Mantel, die Jacke
2. teuer, billig, langärmlig
3. das Leder, die Seide, die Farbe
4. die Schuhe, die Halsketten, die Stiefel
5. die Verkäuferin, die Mütze, der Schal
6. das Kleid, der Rock, die Krawatte

2 Farben bezeichnen Nennen Sie die Farben von den Dingen, die Sie auf den Fotos sehen.

1. ____________ 2. ____________ 3. ____________

4. ____________ 5. ____________ 6. ____________

3 Semesterferien Manfred plant eine kurze Reise (*trip*) in die Schweizer Alpen. Hören Sie an, was Manfred sagt, und markieren Sie am Ende die Kleidungsstücke, die er noch vor (*before*) der Reise kaufen will.

	ja	nein		ja	nein
1. einen Pullover	☐	☐	5. eine Lederjacke	☐	☐
2. Skistiefel	☐	☐	6. eine Skihose	☐	☐
3. eine Jeans	☐	☐	7. eine Skijacke	☐	☐
4. ein Hemd	☐	☐	8. einen Mantel	☐	☐

4 Passende Kleidungsstücke Welche Kleidungsstücke trägt man in diesen Situationen?

1. Hasan trägt am Strand seine ________.
2. Zum Wandern in den Alpen soll man ________ tragen.
3. Im Winter trägt Alexandra ihren ________ und ihren Pullover.
4. Zum Schwimmen trägt Lena ihren ________.
5. Für ihren Abschlussball kauft Elke ein schönes ________.

Practice more at **vhlcentral.com.**

Kommunikation

5 **Was tragen die Leute?** Beschreiben Sie mit Ihrem Partner / Ihrer Partnerin die Kleidungsstücke von den Personen auf den Fotos.

die Tennisspielerin

▶ **BEISPIEL**

Die Tennisspielerin trägt ein weißes Trägerhemd und einen weißen Tennisrock.

1. Thomas

2. der Geschäftsmann

3. die Studentin

4. die Kinder

5. Frau Walter

6. Herr Huber

6 **Sieben Unterschiede** Finden Sie die sieben kleinen Unterschiede auf den Bildern, die Sie von Ihrem Professor / Ihrer Professorin bekommen.

BEISPIEL

S1: *Trägt die Person auf deinem Bild (picture) eine Jeans?*
S2: *Nein, sie trägt einen Rock.*

7 **Wir gehen auf eine Party!** Carla lädt Ihren Deutschkurs zu einer Party ein. Diskutieren Sie mit Ihren Klassenkameraden was für eine Party es wird und was Sie für die Fete anziehen wollen.

BEISPIEL

S1: *Carlas Fete ist morgen Abend. Ich weiß nicht was ich anziehen soll. Vielleicht meine enge, schwarze Jeans und ein schwarzes T-Shirt.*
S2: *Hmm, ganz in schwarz? Ich bringe auch einen Badeanzug mit. Sie hat ein Schwimmbad im Garten.*
S3: *Soll ich dann auch einen Hut und eine Sonnenbrille mitnehmen?*

8 **Im Kaufhaus** Schreiben Sie in kleinen Gruppen einen Dialog im Kaufhaus. Diskutieren Sie mit dem Verkäufer / der Verkäuferin über die Kleider, die Sie brauchen, aus welchem Material sie sein sollen, für welchen Anlass Sie einkaufen und so weiter.

BEISPIEL

S1: *Guten Tag. Kann ich Ihnen helfen?*
S2: *Ja, ich brauche für eine Hochzeitsfeier ein passendes Kleid.*
S3: *Und ich brauche einen Anzug. Schwarz oder dunkelgrau.*

ein baumwollenes Nachthemd
ein dunkelblaues Abendkleid
gute Wanderschuhe
einen rot gestreiften Badeanzug
eine flexible Skibrille
traditionelle Lederhosen
warme Stiefel
weiße Tenniskleidung

Aussprache und Rechtschreibung

Audio: Presentation
Record & Compare Activities

The letter combination *ch* (Part 1)

The letter combination **ch** has two distinct pronunciations, which depend on its placement within a word. To pronounce **ch** after the vowels **a**, **o**, **u**, and **au**, start by pressing the tip of your tongue against your lower front teeth and raising the back of the tongue to the roof of the mouth. Then blow out air through the small space between the back of the tongue and the roof of the mouth.

Nachname **Tochter** **Buch** **brauchen** **acht**

In loanwords, **ch** may appear at the beginning of a word. In these words, the **ch** is sometimes pronounced like the *k* in the English word *king*. It may also be pronounced like the *sh* in the English word *ship*.

Chaos **Chor** **Christ** **Chance** **Chef**

1 Sprechen Sie nach

Wiederholen Sie die Wörter, die Sie hören.

1. lachen
2. nach
3. auch
4. gesprochen
5. geflochten
6. brauchen
7. fluchen
8. Tuch
9. flache

2 Artikulieren Sie

Wiederholen Sie die Sätze, die Sie hören.

1. Wir haben schon wieder Krach mit den Nachbarn.
2. Christians Tochter macht die Nachspeise.
3. Die Kinder waren nass bis auf die Knochen.
4. Hast du Bauchweh?
5. Der Schüler sucht ein Buch über Fremdsprachen.
6. Jochen kocht eine Suppe mit Lauch.

3 Sprichwörter

Wiederholen Sie die Sprichwörter, die Sie hören.

Wo Rauch ist, da ist auch Feuer.[1]

Vorgetan und nachgedacht hat manchem großes Leid gebracht.[2]

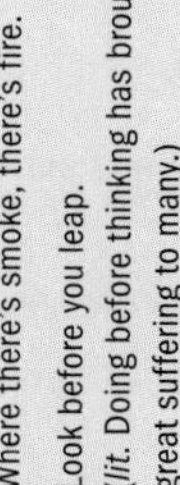

[1] Where there's smoke, there's fire.
[2] Look before you leap. (*lit.* Doing before thinking has brought great suffering to many.)

Ressourcen

SAM LM: p. 6

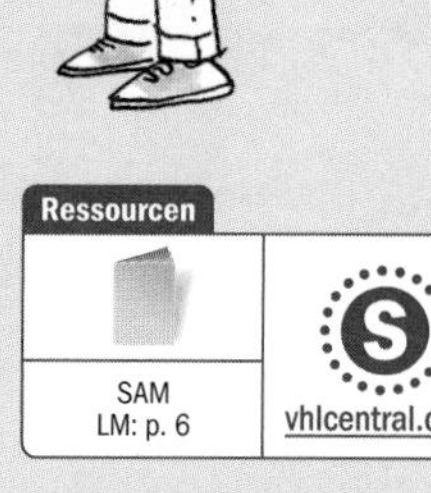
vhlcentral.com

Sehr attraktiv, George!

Meline findet Georges Stil nicht sehr attraktiv. Kann sie ihm helfen, attraktive Kleidung zu finden?

GEORGE Hallo, Meline.
MELINE Hallo, George.
GEORGE Wer ist das gewesen?
MELINE Esteban Aurelio Gómez de la Garza. Kommt aus Madrid. Langweilig.
GEORGE Hast du seit Silvester mit Lorenzo gesprochen?
MELINE Lorenzo ist unhöflich gewesen. Ich habe ihn gelöscht.

1

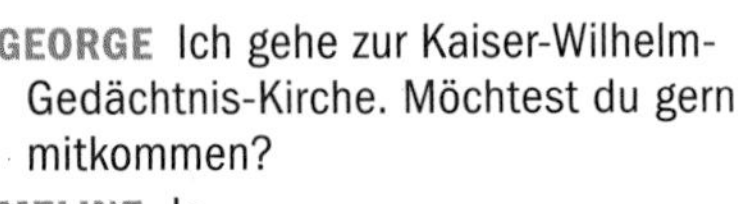

GEORGE Ich gehe zur Kaiser-Wilhelm-Gedächtnis-Kirche. Möchtest du gern mitkommen?
MELINE Ja.

GEORGE Franz Schwechten hat das Originalbauwerk entworfen.
MELINE Im neuromanischen Baustil.
GEORGE Du weißt viel über Architektur.
MELINE Ich kann lesen. Das steht hier alles. Dort ist eine Tafel!

MELINE George, lass es bleiben. Komm. Ich weiß, wie ich dir helfen kann.
GEORGE Mir mit was helfen?
MELINE George, du bist nicht in den USA. Männer in Europa tragen keine Jeans und Turnschuhe. Schau.

GEORGE Woher hast du gewusst, dass das passiert?
MELINE Du kennst deine Architektur. Und ich kenne die Menschen. Gehen wir.

MELINE Wie sieht's aus da drin, George? George?
GEORGE Okay?
MELINE Komm, lass mich mal sehen!

ÜBUNGEN

1 Ergänzen Sie **Ergänzen Sie die Sätze mit den richtigen Informationen.**

1. Esteban Aurelio Gómez de la Garza kommt aus (Madrid / Barcelona).
2. George möchte zur (Berliner Mauer / Kaiser-Wilhelm-Gedächtnis-Kirche) gehen.
3. (Franz Beckenbauer / Franz Schwechten) hat das Originalbauwerk entworfen.
4. George weiß viel über (Kleidung / Architektur).
5. Meline kann George mit seiner (Kleidung / Hausaufgabe) helfen.
6. Männer in Europa tragen keine (Jeans und Turnschuhe / Seidenkrawatten).
7. Meline findet die Kleidung im Geschäft zu (teuer / hässlich).
8. George empfiehlt (*recommends*) Meline einen Freund aus einem anderen (Land / Beruf).
9. Mit dem Hut und der (Sonnenbrille / Jacke) sieht George sehr europäisch aus.
10. Meline hat eine schöne (Halskette / Handtasche) gesehen.

PERSONEN

George

Meline

7

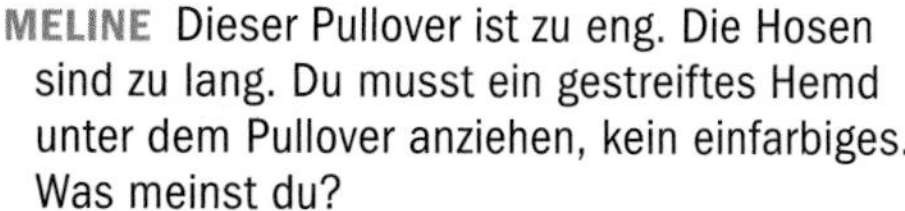

MELINE Dieser Pullover ist zu eng. Die Hosen sind zu lang. Du musst ein gestreiftes Hemd unter dem Pullover anziehen, kein einfarbiges. Was meinst du?

GEORGE Mir gefallen die Stiefel?

MELINE Das ist alles falsch. Zu teuer, zu teuer. Diese sind ein Schnäppchen. Wo ist der Verkäufer?

GEORGE Warum bin ich in diesen Laden gekommen? Ich sehe lächerlich aus.

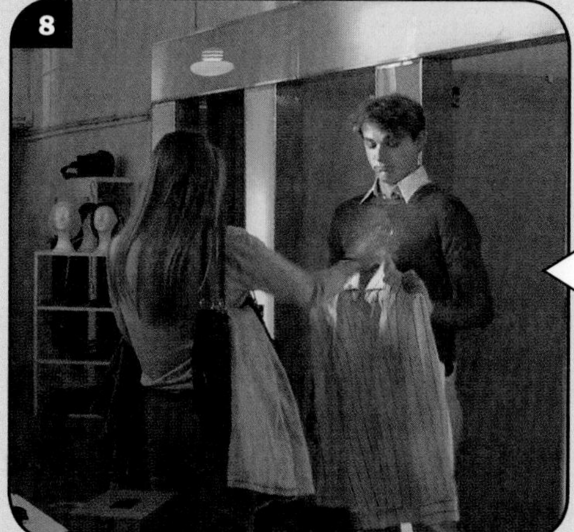

8

MELINE Blau? Nein. Schwarz? Nein. Grün? Nein. Okay. Zieh dieses Hemd... und diese Hose an... mit... dieser Seidenkrawatte. Komm schon! Wir haben nicht den ganzen Tag Zeit.

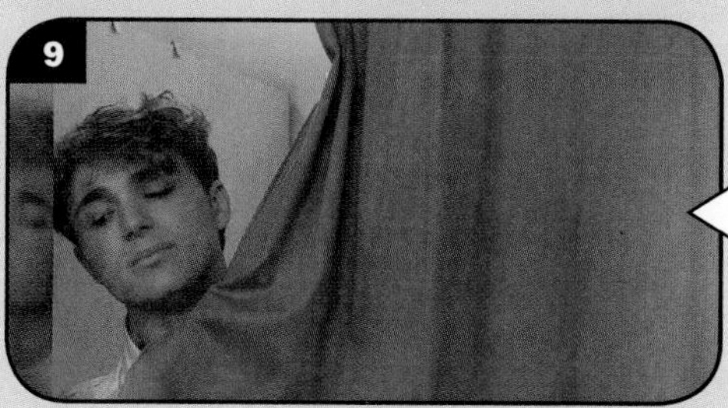

9

GEORGE Wie wäre es du denn mal mit einer Person aus einem anderen Beruf?

MELINE Wie Architektur?

GEORGE Ähmm... nein. Literatur oder Philosophie. Informatik oder Geschichte? Wie Hans.

10

MELINE Sehr attraktiv, George. Setz diese Sonnenbrille auf. Hut. So sieht ein europäischer Mann aus.

GEORGE Hast du gehört, was ich gesagt habe?

MELINE Zieh schnell deine Jeans wieder an. Ich habe eine Handtasche gesehen. Die muss ich unbedingt kaufen. Hans. Also wirklich.

Nützliche Ausdrücke

- **die Kirche**
  church
- **Franz Schwechten hat das Originalbauwerk entworfen.**
  Franz Schwechten designed the original structure.
- **Im neuromanischen Baustil.**
  In the neo-Romanesque style.
- **die Tafel**
  plaque
- **George, lass es bleiben.**
  George, don't even try.
- **Mir mit was helfen?**
  Help me with what?
- **Woher hast du gewusst, dass das passiert?**
  How did you know that was going to happen?
- **Wie sieht's aus da drin, George?**
  How's it going in there, George?
- **lächerlich**
  ridiculous
- **Wir haben nicht den ganzen Tag Zeit.**
  We don't have all day.
- **unbedingt**
  at all costs

1B.1

- **Wer ist das gewesen?**
  Who was that?

1B.2

- **Du weißt viel über Architektur.**
  You know a lot about architecture.
- **Und ich kenne die Menschen.**
  And I know people.

1B.3

- **George, du bist nicht in den USA.**
  George, you're not in the U.S.
- **Warum bin ich in diesen Laden gekommen?**
  Why did I come into this store?

2 **Zum Besprechen** Bilden Sie Gruppen zu dritt und diskutieren Sie: Welche Beziehung (*relationship*) haben Sie zur Mode? Ist sie Ihnen wichtig? Was ist Ihre Lieblingskleidung?

3 **Vertiefung** Suchen Sie einen bekannten Designer oder eine bekannte Designerin aus Deutschland, Österreich, der Schweiz oder Liechtenstein und finden Sie Informationen zu ihm/ihr im Internet. Geben Sie vor Ihrer Klasse eine kurze Präsentation.

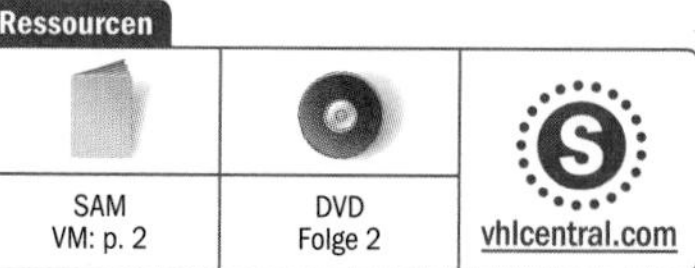

Deutsche Modewelt° Reading

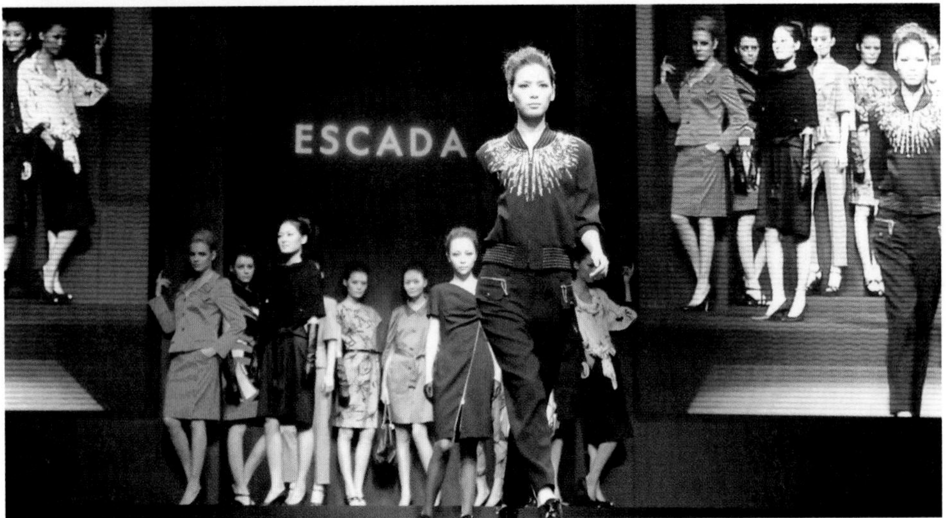

FRANKREICH UND ITALIEN SIND klassische Modeländer. Aber in Deutschland entwirft° und produziert man auch viel Mode und Kleidung.

Kleidergrößen			
Frauenkleider		Männerhosen	
Deutschland	USA	Deutschland	USA (Bundweite/Länge in Zoll°)
30	2	44	30/32
32	4	46	32/32
34	6	48	33/32
36	8	50	34/32
38	10	52	36/34
40	12	54	38/34
42	14	56	40/34
44	16		

Ähnlich wie° in Frankreich und Italien gibt es berühmte Modedesigner: Karl Lagerfeld, Wolfgang Joop und Jil Sander sind internationale Stars. Deutsche Marken° wie Hugo Boss, Bogner und Escada sind weltweit° bekannt.

Mode spielt in Deutschland eine große Rolle für die Wirtschaft. Deutschland gehört heute zu den führenden° Mode-Exporteuren. Jedes Jahr importieren deutsche Firmen aber auch Kleidung im Wert von 23,9 Milliarden Euro nach Deutschland: Deutschland ist einer der größten internationalen Kleiderimporteure. Im Bereich° der Sportmode sind deutsche Firmen wie Adidas und Puma überall bekannt. Diese beiden Firmen haben ihren Hauptsitz° in Herzogenaurach, einer kleinen Stadt in Bayern. In Berlin findet man das größte Warenhaus° auf dem europäischen Kontinent: das Kaufhaus des Westens (KaDeWe), mit rund 60.000 m² Verkaufsfläche°. Die wichtigsten Modestädte in Deutschland sind Berlin und Düsseldorf. Auch München wird für Mode immer wichtiger.

Deutschland ist ein Magnet für Modeexperten aus der ganzen Welt. In Düsseldorf findet jedes Jahr zweimal die CPD (Collections Premieren Düsseldorf) statt°, die größte Modemesse° weltweit. In Köln kann man bis 2002 jährlich die Herren-Mode-Woche/Inter-Jeans besuchen, wo rund 1.600 Aussteller° aus 50 Ländern neue Kleider und Accessoires für Herren präsentieren. Die IMOTA (Internationale Modetage) findet in Berlin statt. Hier findet man viele junge Modeschöpfer°.

EIN KLEINER TIPP

The symbol **m²** stands for **Quadratmeter** (*square meters*).

Modewelt *world of fashion* **entwirft** *designs* **Ähnlich wie** *Similar to* **Marken** *brands* **weltweit** *worldwide* **führenden** *leading* **Bereich** *area* **Hauptsitz** *headquarters* **Warenhaus** *department store* **Verkaufsfläche** *sales floor* **findet... statt** *takes place* **Modemesse** *fashion trade fair* **Aussteller** *exhibitors* **Modeschöpfer** *fashion designers* **Zoll** *inches*

ÜBUNGEN

1 Richtig oder falsch? Sind die Aussagen **richtig** oder **falsch?** Korrigieren Sie die falschen Sätze.

1. Frankreich und Italien sind die klassischen Modeländer.
2. Mode spielt in Deutschland keine große Rolle.
3. Karl Lagerfeld und Jil Sander sind internationale Modestars.
4. Deutschland ist ein großer Mode-Exporteur.
5. Puma und Adidas sind Sportmodefirmen aus Bayern.
6. Das größte Warenhaus auf dem europäischen Kontinent ist in Frankreich.
7. In Deutschland gibt es viele internationale Modemessen.
8. Die Herren-Mode-Woche/Inter-Jeans konnte (*could*) man bis 2002 jährlich in Berlin besuchen.
9. Die IMOTA ist die größte Modemesse der Welt.
10. Jil Sander und Wolfgang Joop sind bekannte deutsche Designer.

 Practice more at **vhlcentral.com.**

DEUTSCH IM ALLTAG

Modevokabeln

der letzte Schrei	*the latest thing*
der Stil	*style*
angesagt	*trendy*
ausgefallen	*offbeat*
elegant	*elegant*
gut gekleidet	*well-dressed*
modisch	*fashionable*
schlecht gekleidet	*badly dressed*

DIE DEUTSCHSPRACHIGE WELT

Die Tracht

Das Wort „Tracht“ bezeichnet° oft traditionelle oder historische Kleidung. In der Alpenregion, genauer gesagt° in Bayern und in Österreich, bezieht sich° das Wort heute auf Lederhosen für Männer und Dirndl für Frauen. Männer tragen neben° Lederhosen, Hosenträger°, Haferlschuhe° und Bundhosenstrümpfe°. Frauen in Dirndl tragen eine weiße Bluse mit Puffärmeln° und ein Kropfband°. Ursprünglich° waren Lederhosen und Dirndl Arbeitskleidung, aber heute sieht man sie bei Umzügen° wie dem Oktoberfest.

bezeichnet *denotes* **genauer gesagt** *more precisely* **bezieht sich** *refers to* **neben** *in addition to* **Hosenträger** *suspenders* **Haferlschuhe** *brogue shoes* **Bundhosenstrümpfe** *long socks* **Puffärmeln** *puffed sleeves* **Kropfband** *choker* **Ursprünglich** *originally* **Umzügen** *parades*

PORTRÄT

Rudolf Moshammer

Rudolf Moshammer war ein bekannter bayerischer Modedesigner. International war er nicht so bekannt wie Karl Lagerfeld oder Jil Sander. Aber namhafte Kunden° wie zum Beispiel Arnold Schwarzenegger, Siegfried und Roy, José Carreras und Carl XVI. Gustaf von Schweden kauften seine Mode. Moshammer verkaufte seine Designs in der Münchner Boutique Carneval de Venise, einem Geschäft an der Maximilianstraße im Herzen Münchens. Neben seiner Mode war Moshammer berühmt für seine Yorkshire-Hündin Daisy, seine aufwendige° schwarze Frisur° mit zwei Locken im Gesicht° und sein soziales Engagement für Obdachlose°. Im Januar 2005 wurde Moshammer in seiner Münchner Villa ermordet°.

namhafte Kunden *famous customers* **aufwendige** *lavish* **Frisur** *hairstyle* **Gesicht** *face* **Obdachlose** *homeless people* **wurde... ermordet** *was murdered*

IM INTERNET

Suchen Sie Namen bekannter Designer in Deutschland, Österreich und der Schweiz.

For more information on this **Kultur**, go to **vhlcentral.com**.

2 **Mode in Bayern** Ergänzen Sie die Sätze.

1. Eine Tracht ist traditionelle und historische ___________.
2. Ursprünglich waren ___________ und Dirndl Arbeitskleidung.
3. Arnold Schwarzenegger und José Carreras waren zwei namhafte ___________ von Rudolf Moshammer.
4. Rudolf Moshammers Boutique war in ___________.
5. Moshammers Yorkshire-Hündin heißt ___________.

3 **Campusmode** Diskutieren Sie mit einem Partner / einer Partnerin, was Studenten auf dem Campus tragen: Gibt es eine Campusmode? Tragen Sie diese Kleidung auch gern? Welche Kleidung sollen Studenten tragen?

BEISPIEL

S1: *Viele Studenten tragen gern Jeans mit Sweatshirt zum Frühstück. Wie findest du das?*

S2: *Ich finde es gut. Es kann am Morgen kalt (cold) sein.*

Ressourcen

1B.1 The *Perfekt* (Part 2)

S
Presentation

Startblock In **1A.1**, you learned that most verbs form the **Perfekt** with **haben**. However, certain types of verbs form the **Perfekt** with **sein**.

Wer **ist** das **gewesen**?

Sie **ist** vor sechs Monaten von Köln nach Berlin **gezogen**.

The *Perfekt* with *sein*

- Only a few verbs form the **Perfekt** with **sein**. They are all verbs that indicate a change of condition or location. These verbs never take a direct object.

  Die Pflanzen **sind** schnell **gewachsen**.
  *The plants **grew** quickly.*

  Peter **ist** krank **gewesen**.
  *Peter **got** sick.*

  Wir **sind** zusammen nach Innsbruck **gefahren**.
  *We **drove** to Innsbruck together.*

  Ich **bin** vom Fahrrad **gefallen**.
  *I **fell** off my bike.*

- To form the **Perfekt** tense of a verb with **sein**, use a conjugated form of **sein** plus the past participle of the verb that expresses the action.

  Amira **ist** schon nach Hause **gegangen**.
  *Amira already **went** home.*

  Mein Opa **ist** gestern nach München **gefahren**.
  *My grandpa **went** to Munich yesterday.*

  Sie **sind** gestern Abend **gekommen**.
  *They **came** last night.*

  Letzten Sommer **sind** wir nach Italien **gereist**.
  *Last summer we **traveled** to Italy.*

- Both **sein** and **bleiben** are conjugated with **sein** in the **Perfekt**. Note that the past participle of **sein** is **gewesen**.

  Ich **bin** in der Bibliothek **geblieben**.
  *I **stayed** in the library.*

  Vor zwei Jahren **bin** ich in Istanbul **gewesen**.
  *Two years ago I **was** in Istanbul.*

- Here is a list of common verbs that take **sein** in the **Perfekt**. Note that most are strong verbs.

verbs that form the *Perfekt* with *sein*			
infinitive	**past participle**	**infinitive**	**past participle**
bleiben	geblieben	reisen	gereist
fahren	gefahren	sein	gewesen
fallen	gefallen	steigen (*to climb*)	gestiegen
gehen	gegangen	sterben (*to die*)	gestorben
kommen	gekommen	wachsen (*to grow*)	gewachsen
laufen	gelaufen	wandern	gewandert
passieren (*to happen*)	passiert	werden	geworden

Word order in the *Perfekt*

- In **1B.2**, you learned that the conjugated verb is always in second position in a statement and in first position in a yes-or-no question. In the **Perfekt**, the conjugated form of **haben** or **sein** is always in second position for statements and first in yes-or-no questions.

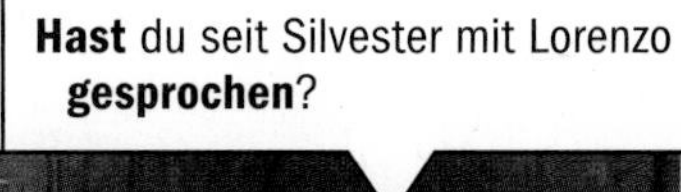
Hast du seit Silvester mit Lorenzo **gesprochen**?

Lorenzo **ist** unhöflich **gewesen**.

Die roten Schuhe **haben** nicht viel **gekostet**.
*The red shoes **didn't cost** very much.*

Seid ihr im Sommer viel **gereist**?
*Did you **travel** a lot over the summer?*

- In statements and questions, always place the past participle at the end of the sentence or clause.

Ich **habe** gestern ein neues Kleid **gekauft**.
*I **bought** a new dress yesterday.*

Wo **hast** du die tollen Stiefel **gekauft**?
*Where **did** you **buy** those awesome boots?*

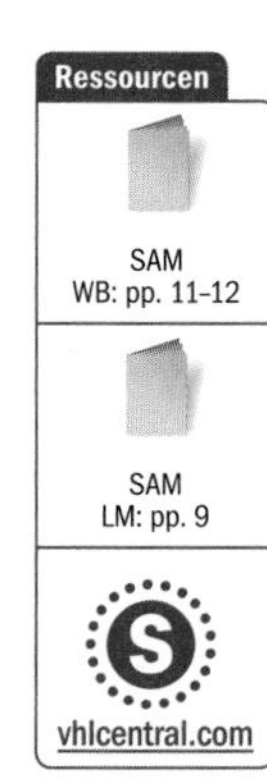
Ressourcen
SAM
WB: pp. 11-12
SAM
LM: pp. 9
vhlcentral.com

Jetzt sind Sie dran! **Wählen Sie das passende Hilfsverb.**

1. Wir (sind / haben) den ganzen Abend bei unseren Eltern gewesen.
2. Ich (bin / habe) nicht lange auf der Party geblieben.
3. (Ist / Hat) Peter eine teure Sonnenbrille gekauft?
4. Leider (ist / hat) Jürgens Katze letzte Woche gestorben.
5. Wann (seid / habt) ihr nach Italien gereist?
6. Ich (bin / habe) einen schicken Rock aus Seide getragen.
7. (Bist / Hast) du die Kleider gewaschen?
8. Michael (ist / hat) zum Kaufhof gefahren.
9. Meine Eltern (sind / haben) mir Handschuhe geschenkt.
10. Leider (ist / hat) mein Bleistift ins Wasser gefallen.
11. Ihr (seid / habt) nicht viel gelaufen.
12. (Bist / Hast) du ohne Brille ins Kino (*to the movies*) gegangen?

Anwendung

1 **Perfektformen** Ergänzen Sie die Sätze mit den richtigen Formen von **sein** und den Partizipien.

1. Ich ________ am Samstag zu Susanne ________. (gehen)
2. Meine Mutter ________ fünf Kilometer ________. (laufen)
3. Die Wintermonate ________ sehr warm ________. (sein)
4. Wann ________ Sigmund Freud ________? (sterben)
5. Jens und Kai, ihr ________ zu spät ________. (kommen)
6. Zu Silvester ________ wir zu Hause ________. (bleiben)
7. ________ du letzten Sommer durch Europa ________? (reisen)
8. Professor Schmidt, wann ________ Sie nach Hause ________? (fahren)

2 **Letzten Juli** Beschreiben Sie, was diese Personen letzten Juli gemacht haben.

nach Nürnberg fahren	am (*on the*) Strand laufen
von einem Stuhl fallen	nach Europa reisen
nach Hause kommen	braun (*tan*) werden

BEISPIEL Mein Bruder Max *ist am Strand gelaufen.*

1. Anja ________.

2. Mein Neffe Emil ________.

3. Professor Aydin ________.

4. Frau Weber ________.

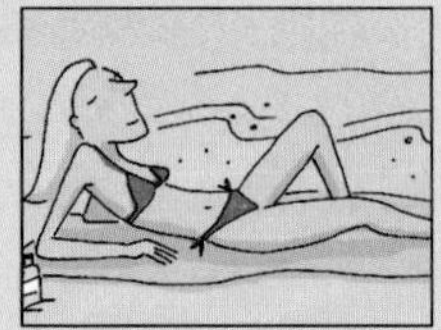

5. Meine Cousine Ela ________.

3 **In letzter Zeit** Bilden Sie Sätze im Perfekt. Benutzen Sie **sein** als Hilfsverb.

BEISPIEL meine Oma / kommen / zu meiner Abschlussfeier
Meine Oma ist zu meiner Abschlussfeier gekommen.

1. fahren / du / nach Hause
2. meine Eltern und ich / reisen / im Januar / nach Österreich
3. mein Freund / bleiben / bei seinen Eltern / in Berlin
4. ich / werden / nach der Party / sehr müde
5. dein Baby / wachsen / so schnell
6. gehen / ihr / auf die Hochzeit / von Nils und Karin

Practice more at **vhlcentral.com.**

Kommunikation

4 **Bilden Sie Sätze** Stellen Sie Ihrem Partner / Ihrer Partnerin sechs logische Fragen zu der Party von gestern Abend (*last night*). Benutzen Sie das Perfekt und verwenden Sie Wörter aus jeder Spalte.

BEISPIEL

S1: *Seid ihr mit Sonja gegangen?*
S2: *Ja, wir sind zusammen gegangen!*

A	B	C
ich	bleiben	mit dem Auto
du	fahren	nicht
Sonja	gehen	ihre neuen Schuhe
es	kommen	bei Thomas
ihr	passieren	mit Sonja
Olivia und Markus	sein	warm
was?	tragen	zu spät

5 **Historische Personen** Erraten Sie mit Ihrer Gruppe, was jede von diesen historischen Personen in ihrem Leben gemacht hat.

George Washington
Er ist Präsident von Amerika gewesen.

fallen	laufen	sein
gehen	reisen	spielen
helfen	schreiben	werden

1. Julia Child / Kochbücher
2. Babe Ruth / Baseball
3. Angela Merkel / Kanzlerin von Deutschland
4. Humpty Dumpty / die Mauer
5. Mutter Teresa / arme Leute
6. Marco Polo / nach China

6 **Semesterferien** Fragen Sie Ihren Partner / Ihre Partnerin, was er/sie in den Semesterferien (*semester break*) gemacht hat.

BEISPIEL

S1: *Bist du in den Semesterferien gereist?*
S2: *Nein, ich bin hier geblieben. Ich habe in einer Pizzeria gearbeitet. Und du?*
S1: *Meine Familie und ich sind nach Deutschland gefahren.*

arbeiten	spazieren gehen
bleiben	kommen
fahren	reisen
einkaufen gehen	sein
schwimmen gehen	wandern

7 **Als Kind** Machen Sie mit einem Partner / einer Partnerin ein Interview über Ihre Kindheit (*childhood*). Wenn Sie fertig sind, tauschen Sie die Rollen.

BEISPIEL **gern zur Schule gehen**

S1: *Bist du gern zur Schule gegangen?*
S2: *Ja, ich bin gern zur Schule gegangen. Aber meine Hausaufgaben habe ich nicht immer gern gemacht!*

1. ein guter Schüler / eine gute Schülerin sein
2. nach der Schule mit den anderen (*other*) Kindern spielen
3. oft zu spät zur Schule kommen
4. Fahrrad fahren
5. im Sommer mit den Eltern reisen
6. gern auf Klassenfahrten (*field trips*) gehen
7. am Wochenende zu Hause bleiben
8. einen Hund oder eine Katze haben

1B.2 Wissen and kennen

Presentation

Startblock In German, the verbs **wissen** and **kennen** are used to express different types of knowledge.

Du **weißt** viel über Architektur.

Ich **kenne** die Menschen.

QUERVERWEIS

The verb **wissen** is often used with dependent clauses.

- Use **wissen** to express the idea of *knowing a fact* or piece of information. **Wissen** is irregular in its present-tense singular forms.

wissen (*to know information*)			
ich weiß	*I know*	wir wissen	*we know*
du weißt	*you know*	ihr wisst	*you know*
er/sie/es weiß	*he/she/it knows*	Sie/sie wissen	*you/they know*

Michael **weiß** die Antwort nicht.
*Michael doesn't **know** the answer.*

Weißt du, wo mein Badeanzug ist?
*Do you **know** where my bathing suit is?*

QUERVERWEIS

To review the formation of mixed verbs, see **1A.1**.

- Use **kennen** to express the idea of *being familiar with* someone or something. **Kennen** always takes a direct object, usually a person or place. It is regular in the present tense.

kennen (*to know, to be familiar with*)			
ich kenne	*I know*	wir kennen	*we know*
du kennst	*you know*	ihr kennt	*you know*
er/sie/es kennt	*he/she/it knows*	Sie/sie kennen	*you/they know*

Ich **kenne** viele Leute.
*I **know** a lot of people.*

Du **kennst** Sabine schon seit zwei Jahren.
*You've **known** Sabine for two years.*

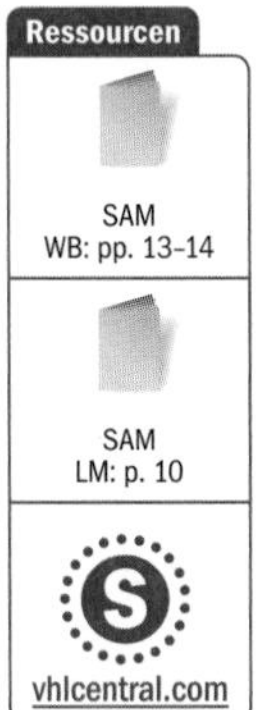
Ressourcen
SAM
WB: pp. 13–14
SAM
LM: p. 10
vhlcentral.com

- In the **Perfekt**, both **kennen** and **wissen** are mixed verbs; their past participles end in **-t**, but their stems are irregular.

Jan **hat** Mehmet **gekannt**.
*Jan **knew** Mehmet.*

Mein Opa **hat** viel über Kunst **gewusst**.
*My grandpa **knew** a lot about art.*

Jetzt sind Sie dran! **Wählen Sie das richtige Verb.**

1. Ich (weiß / kenne) nicht, wo du wohnst.
2. Wir (wissen / kennen) die Musik von Mozart.
3. (Wisst / Kennt) ihr die neue Studentin?
4. Roland (weiß / kennt) nicht, wo seine Brille ist.
5. Robert (weiß / kennt), wo das Geschäft ist.
6. Du (weißt / kennst) die Antwort nicht.
7. Ich habe ihn nicht gut (gewusst / gekannt).
8. Ich habe nicht (gewusst / gekannt), wie alt die Uni ist.

Anwendung und Kommunikation

1 Wissen und kennen Ergänzen Sie die richtigen Formen von **kennen** und **wissen.**

Präsens	**Perfekt**
1. sie (*sing.*) ________ (kennen)	7. Sie ________ (wissen)
2. ihr ________ (wissen)	8. du ________ (kennen)
3. wir ________ (kennen)	9. ihr ________ (kennen)
4. du ________ (wissen)	10. er ________ (wissen)
5. er ________ (wissen)	11. ich ________ (kennen)
6. ich ________ (kennen)	12. wir ________ (wissen)

2 Wissen oder kennen? Wählen Sie das passende Verb und ergänzen Sie die Sätze mit den richtigen Formen von **wissen oder kennen.**

1. ________ du die Telefonnummer von Marion?
2. Wir ________ ihren Freund, aber wir ________ nicht viel über ihn.
3. ________ ihr, wie lange sie bei ihren Eltern bleibt?
4. Meine Freundin ________ Berlin sehr gut.
5. ________ ihr euch schon (*already*) letztes Semester ________? (Perfekt)
6. Einstein ________ sehr viel über Physik ________! (Perfekt)

3 Die Stadt und der Campus Fragen Sie Ihren Partner / Ihre Partnerin, was und wen er/sie von der Stadt (*city*) und dem Campus weiß und kennt.

BEISPIEL

S1: *Kennst du ein schönes Café?*
S2: *Ja, ich kenne ein sehr schönes Café!*
S1: *Weißt du, wo ein billiges Schuhgeschäft ist?*
S2: *Nein, das weiß ich nicht.*

unsere Stadt
wo der Supermarkt ist
ein gutes und nicht so teures Restaurant
wo deine Klassenkameraden wohnen
einen guten Friseur
wann die Vorlesung anfängt

4 Ihre Klassenkameraden Finden Sie ein paar interessante Informationen über die Personen in Ihrer Gruppe.

BEISPIEL

S1: *Wo wohnst du?*
S2: *Ich wohne in Campbell Hall.*
S1: *Kennst du Professor Schmidt?*
S2: *Nein, ich kenne ihn nicht.*

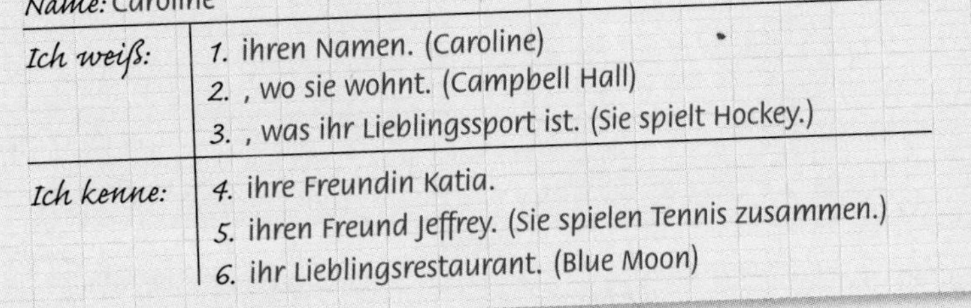

Name: Caroline

Ich weiß:	1. ihren Namen. (Caroline) 2. , wo sie wohnt. (Campbell Hall) 3. , was ihr Lieblingssport ist. (Sie spielt Hockey.)
Ich kenne:	4. ihre Freundin Katia. 5. ihren Freund Jeffrey. (Sie spielen Tennis zusammen.) 6. ihr Lieblingsrestaurant. (Blue Moon)

 Practice more at **vhlcentral.com.**

1B.3 Two-way prepositions

Startblock You learned that certain prepositions are always followed by the accusative case, while others are always followed by the dative case. A small number of prepositions can be followed by either the dative or the accusative, depending on the situation.

Was machst du **in diesem Teil** der Stadt?

Warum bin ich **in diesen Laden** gekommen?

- Prepositions that can be followed by either the dative or the accusative are called *two-way prepositions.*

two-way prepositions			
an	*at, on*	**über**	*above, over*
auf	*on, on top of*	**unter**	*under*
hinter	*behind*	**vor**	*in front of*
in	*in, into*	**zwischen**	*between*
neben	*next to*		

Ich trage ein T-Shirt **unter dem Pullover**.
I'm wearing a T-shirt ***under my sweater.***

Stell deine Schuhe nicht **auf den Tisch!**
Don't put your shoes ***on the table!***

ACHTUNG

Remember that dative prepositions *always* take a dative object, even if the verb in the sentence indicates movement: **Ich fahre mit meinem Onkel**.

- Whether you choose a dative or an accusative object to follow a two-way preposition depends on the meaning of the sentence. If the verb indicates *movement toward* a destination, use an object in the accusative.

Ich **fahre** das Auto **in die Garage**.
I'm driving *the car* ***into the garage.***

Der Hund **geht in die Küche**.
The dog ***is going into the kitchen.***

- If the verb does *not* indicate movement toward a destination, use an object in the dative case.

Warum **bist** du heute **auf dem** Kurfürstendamm?

Er **arbeitet im Bereich** internationale Finanzen.

Das Auto **ist in der Garage**.
The car ***is in the garage.***

Der Hund **isst in der Küche**.
The dog ***eats in the kitchen.***

- When you use a two-way preposition with a pronoun, make sure to select a pronoun in the appropriate case.

Ich sitze **neben dem alten Mann**. *I'm sitting* ***next to the old man***.	Ich sitze **neben ihm**. *I'm sitting* ***next to him***.
Er hat den Teller **vor seinen Sohn** gestellt. *He put the plate* ***in front of his son***.	Er hat den Teller **vor ihn** gestellt. *He put the plate* ***in front of him***.

- Here are some common contractions of two-way prepositions and definite articles.

an	+	das	→	**ans**
auf	+	das	→	**aufs**
in	+	das	→	**ins**
an	+	dem	→	**am**
in	+	dem	→	**im**

- The question **wohin?** (*where to?*) asks about movement. When you answer this question with a two-way preposition, always use an object in the accusative case.

Wohin fahren wir morgen? ***Where*** *are we going tomorrow?*	Wir fahren morgen **in die Stadt**. *We're going* ***to the city*** *tomorrow.*
Wohin gehen die Leute? ***Where*** *are the people going?*	Sie gehen **ins Konzert**. *They're going* ***to the concert***.

- The question **wo?** (*where?*) asks about location. When you answer this question with a two-way preposition, always use an object in the dative case.

Wo ist mein Schal? ***Where*** *is my scarf?*	Dein Schal liegt **auf dem Tisch**. *Your scarf is lying* ***on the table***.
Wo hängt das Bild? ***Where*** *is the picture hanging?*	Es hängt **an der Wand**. *It's hanging* ***on the wall***.

- The following verbs can be used with two-way prepositions to show location or to describe a destination.

wo?	
hängen	*to hang, to be hanging*
liegen	*to lie*
sitzen	*to sit*
stehen	*to stand*

wohin?	
hängen	*to hang (something)*
legen	*to lay (down)*
setzen	*to set (down)*
stellen	*to put (down)*

QUERVERWEIS

To review the forms of dative and accusative pronouns, see **1A.2** and **1A.3**.

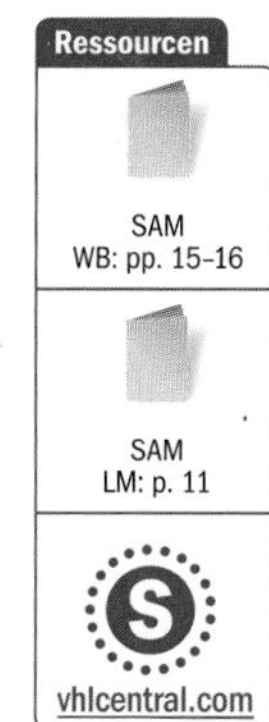

Jetzt sind Sie dran!

Wählen Sie den richtigen Artikel.

1. Wir wohnen über (einer / eine) Bäckerei.
2. Die warme Jacke hängt an (die / der) Tür.
3. Ich lege den gestreiften Hut auf (den / dem) Tisch.
4. Aha! Unter (den / dem) Tisch liegt meine Mütze.
5. Die Verkäuferin hängt das kurzärmlige Kleid zwischen (die / den) langärmligen Kleider und die Blusen.
6. Matthias trägt selten ein Sweatshirt über (sein / seinem) T-shirt.
7. Die Kinder schlafen immer mit (ihre / ihren) Socken.
8. Der Hund ist hinter (das / dem) Auto gelaufen.
9. Frau Vögele braucht Unterwäsche und geht in (ein / einem) Geschäft.
10. Die Katze sitzt gern auf (meine / meiner) Jacke.
11. Seid ihr am Montag wieder in (ein / einem) Konzert gegangen?
12. Wir füttern (*feed*) den Hund neben (den / dem) Tisch.

Anwendung

1 Präpositionen Ergänzen Sie die Sätze mit den richtigen Artikeln oder Pronomen.

1. Können wir zwei Tage bei (du / dir) bleiben?
2. Hast du dein Fahrrad hinter (das / dem) Haus gestellt?
3. Warum ist Aisha gegen (unserem / unser) Geschenk gewesen?
4. Die neue Bäckerei ist zwischen (die / der) Metzgerei und (den / dem) Supermarkt.
5. Ich bin in (meinem / mein) Auto gefahren.
6. Sophia und Hans reiten jeden (*every*) Morgen durch (den / dem) Park.
7. Der Hund liegt gern neben (sie / ihnen).
8. Kommt ihr mit (ihm / ihn) zurück?

2 Wo macht man das? Schreiben Sie zu jedem Foto, wo man diese Aktivitäten machen kann.

die Berge	ein altes Haus	das Restaurant
die Bibliothek	der Park	das Stadion

BEISPIEL lesen
in der Bibliothek

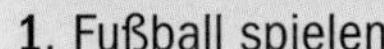

1. Fußball spielen

2. essen

3. Ski fahren

4. spazieren gehen

5. wohnen

3 Überraschung beim Abendessen Bilden Sie Sätze.

BEISPIEL das Trinkgeld / liegen / auf / der Tisch
Das Trinkgeld liegt auf dem Tisch.

1. der Pizzaservice / bringen / die Pizza / an / die Haustür
2. die Großmutter / stellen / Teller und Gläser / auf / der Tisch
3. die Kinder / sitzen / zwischen / die Eltern
4. die kleine Lisa / setzen / ihre neue Barbie / neben / ihr großer Bruder
5. die leckere Pizza / sein / schon (*already*) / auf / der Tisch
6. eine kleine Maus / laufen / über / die Teller
7. der Vater / bringen / schnell / die Katze / in / das Zimmer
8. was / finden / die Familie / später / unter / der Tisch

Practice more at **vhlcentral.com.**

Kommunikation

4 Auf und um den Campus Beantworten Sie abwechselnd (*alternating*) die Fragen von Ihrem Partner / Ihrer Partnerin.

BEISPIEL

S1: *Wohin hast du deinen Rucksack gelegt?*
S2: *Ich habe ihn unter den Tisch gelegt.*

1. Wohin können wir zum Kaffee trinken gehen?
2. Wo lernen die Studenten Fremdsprachen?
3. Wohin gehen die Studenten zum Mittagessen?
4. Wo kann ich ein leckeres Eis kaufen?
5. Wohin sollen die Studenten ihre Autos stellen?
6. Wo wanderst du gern?

5 Wohin gehst du? Fragen Sie die Studenten / die Studentinnen in Ihrer Gruppe, wohin sie gehen, um (*in order*) diese Aktivitäten zu (*to*) machen.

BEISPIEL frühstücken

S1: *Du willst frühstücken. Wohin gehst du?*
S2: *Ich gehe in die Mensa.*
S3: *Ich gehe ins Café.*
S4: *Ich frühstücke in meinem Zimmer (room).*

1. Deutsch lernen
2. Basketball spielen
3. ein Fußballspiel sehen
4. schwimmen
5. Lebensmittel kaufen
6. Silvester feiern
7. Spaß haben
8. mit Freunden zum Essen ausgehen

6 Hier auf dem Campus Sarah ist neu an Ihrer Uni. Erfinden Sie mit Ihrem Partner / Ihrer Partnerin zusammen sechs Ratschläge (*pieces of advice*) für sie. Sie können auch andere Verben benutzen.

BEISPIEL Die Mensa is nicht sehr gut. (essen)
Iss nicht in der Mensa. Geh ins Café!

1. Das Café ist leider teuer. (bestellen)
2. Dein Zimmer ist sehr warm. (öffnen)
3. Der Deutschkurs ist nicht einfach. (lernen)
4. Parken ist ein Problem. (stellen)
5. Der Park ist abends sehr dunkel. (laufen)

7 Was passiert alles im Restaurant? Erfinden Sie eine Geschichte (*story*) mit den Studenten / die Studentinnen in Ihrer Gruppe über die Personen auf dem Bild. Benutzen Sie Präpositionen.

BEISPIEL

S1: *Die junge Frau ist mit ihrem Mann ins Restaurant gekommen.*
S2: *Sie sitzt am Tisch neben ihrem Mann.*
S3: *Ein Kellner stellt einen Teller auf den Tisch...*

Wiederholung

1 Kleidung zu jedem Anlass

Kleidung zu jedem Anlass Beschreiben Sie mit einem Partner / einer Partnerin, was Thomas und Anja zu jedem (*each*) Anlass (*occasion*) tragen.

BEISPIEL

S1: *Was trägt Thomas zur Geburtstagsfeier im Restaurant?*
S2: *Zur Geburtstagsfeier im Restaurant trägt er eine grüne Hose und ein oranges T-shirt. Und was trägt Anja?*

im Regen (*rain*)
im Rockkonzert
in den Bergen, zum Ski fahren
ins Schwimmbad
zur Geburtstagsfeier im Restaurant
zur Sporthalle

2 Wissen oder kennen

Wissen oder kennen Ihr Professor / Ihre Professorin gibt Ihnen ein Blatt mit einigen Fragen und Fakten. Finden Sie eine Person, die die Antwort weiß.

BEISPIEL

S1: *Wer weiß, wie der längste Fluss (river) Österreichs heißt?*
S2: *Ich weiß es. Das ist die Donau.*

3 Zwei Eichhörnchen

Zwei Eichhörnchen Sie und ein Partner / eine Partnerin bekommen zwei verschiedene Blätter. Beschreiben Sie die Route von den Eichhörnchen (*squirrels*) durch das Klassenzimmer.

BEISPIEL

S1: *Das Eichhörnchen läuft durch die Tür neben dem Lehrer ins Zimmer.*
S2: *Dann steht es auf dem Tisch...*

4 Elkes Großeltern

Elkes Großeltern Erzählen Sie mit einem Partner / einer Partnerin von Elkes Großeltern. Benutzen Sie die angegebenen Daten und erfinden Sie (*invent*) weitere (*additional*) Informationen.

BEISPIEL

S1: *Elkes Großeltern sind 1967 auf die Uni gegangen.*
S2: *Im Deutschseminar hat die Oma den Opa gesehen.*
S1: *Sie hat gedacht: „Er ist der Mann für mich!"*

1967	1973	1975	1976	2012
Die Oma sieht den Opa im Deutschseminar.	Oma und Opa machen den Abschluss.	Oma und Opa heiraten.	Die Frischvermählten reisen nach Indien.	Beide gehen in Rente.

5 Unsere Woche

Unsere Woche Schreiben Sie auf, was Sie in der letzten Woche gemacht haben. Fragen Sie Ihren Partner / Ihre Partnerin, was er/sie gemacht hat.

BEISPIEL

S1: *Am Montag bin ich in die Bibliothek gegangen. Und du, Monika, was hast du gemacht?*
S2: *Ich bin auf meinem Zimmer geblieben.*

	meine Woche	
	ich	*mein Partner / meine Partnerin*
Montag	*Ich bin in die Bibliothek gegangen.*	*Monika ist auf ihrem Zimmer geblieben.*
Dienstag		
Mittwoch		
Donnerstag		
Freitag		
Samstag		
Sonntag		

6 Kennst du diese Person?

Kennst du diese Person? Beschreiben Sie eine bekannte Person. Die Gruppe soll erraten, wer das ist.

BEISPIEL

S1: *Er hat 2011 einen Oscar gewonnen. Kennt ihr ihn?*
S2: *Ja, ich kenne ihn. Das ist Colin Firth.*

7 Im Kleidergeschäft

Im Kleidergeschäft Spielen Sie mit einem Partner / einer Partnerin die Rollen von Verkäufer / Verkäuferin und Kunden / Kundin (*customer*) im Kleidergeschäft. Der Kunde / Die Kundin sucht Kleider für einen besonderen Anlass. Gebrauchen Sie Wörter aus der Liste.

S1: *Kann ich Ihnen helfen?*
S2: *Ja, bitte. Ich suche ein schönes Hemd für eine Party.*

danken	kaufen
glauben	kennen
helfen	passen

8 Das Klassenzimmer

Das Klassenzimmer Beschreiben Sie, wo die Gegenstände (*objects*) und Personen in Ihrem Klassenzimmer sind.

S1: *Vor der Tafel steht der Professor.*
S2: *Unter dem Tisch...*

Mein Wör | ter | buch

Schreiben Sie noch fünf weitere Wörter in Ihr persönliches Wörterbuch zu den Themen **Feste feiern** und **Kleidung**.

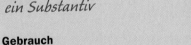

der Bademantel, -̈

Übersetzung
bathrobe

Wortart
ein Substantiv

Gebrauch

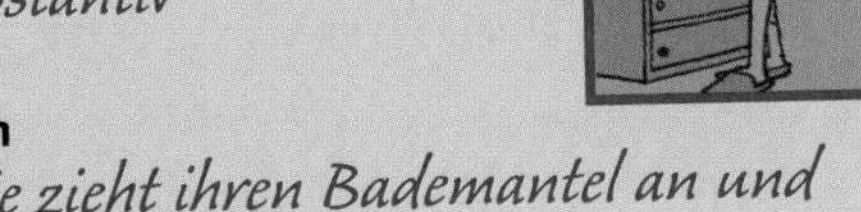

Stefanie zieht ihren Bademantel an und geht ins Badezimmer.

Synonyme
Morgenmantel

Antonyme
—

Panorama

Map

Bayern

Bayern in Zahlen

- **Fläche:** *70.551 km² (größtes deutsches Bundesland)*
- **Bevölkerung:** *12,5 Millionen Menschen (zweite Stelle° hinter Nordrhein-Westfalen)*
- **Religion:** *römisch-katholisch 55,1 %, evangelisch-lutherisch 20,8%*
- **Städte:** *München (1,3 Mio. Einwohner), Nürnberg (503.000), Augsburg (270.000), Würzburg (135.000) und Regensburg (132.000)*
- **Berge:** *die Zugspitze (2.962 m) (höchster Berg Deutschlands), Hochfrottspitze (2.649 m), Großer Arber (1.455 m)*
- **Niedrigster Punkt:** *Kahl am Main (100 m)*
- **Flüsse:** *die Donau, der Inn*
- **Wichtige Industriezweige:** *Automobil, IT, Medien und Verlage°, Tourismus*
- **Touristenattraktionen:** *Befreiungshalle (Kelheim), Fuggerei (Augsburg), Marienplatz (München), Schloss Neuschwanstein (Füssen), Steinerne Brücke (Regensburg), Walhalla (Donaustauf)*
  Touristen können in Städten wie München, Augsburg und Regensburg viel Kultur genießen. In den Alpen oder dem Bayerischen Wald können sie Berg- und Wintersport treiben. Wirtschaftlich entwickelt sich° Bayern in den letzten Jahrzehnten von einem Agrar- zu einem Technologieland.

QUELLE: Bayerisches Landesportal

Berühmte Bayern

- **Adam Ries,** *Mathematiker (1492/93–1559)*
- **Levi Strauss,** *Erfinder° der Jeans (1829–1902)*
- **Elizabeth „Sisi“,** *Kaiserin° von Österreich und Ungarn (1837–1898)*
- **Ludwig II.,** *König von Bayern (1845–1886)*
- **Lena Christ,** *Autorin (1881–1920)*
- **Franz Josef Strauß,** *Politiker (1915–1988)*
- **Dirk Nowitzki,** *Basketballspieler (1978–)*
- **Magdalena Neuener,** *Biathletin (1987–)*

Stelle *position* **Verlage** *publishing companies* **entwickelt sich** *evolves* **Erfinder** *inventor* **Kaiserin** *empress* **Weltkulturerbe** *World Heritage Site* **herrscht** *exists* **Dialektpfleger** *dialect conservator* **Ortseingängen** *city limit* **Verbotsschilder** *ban signs*

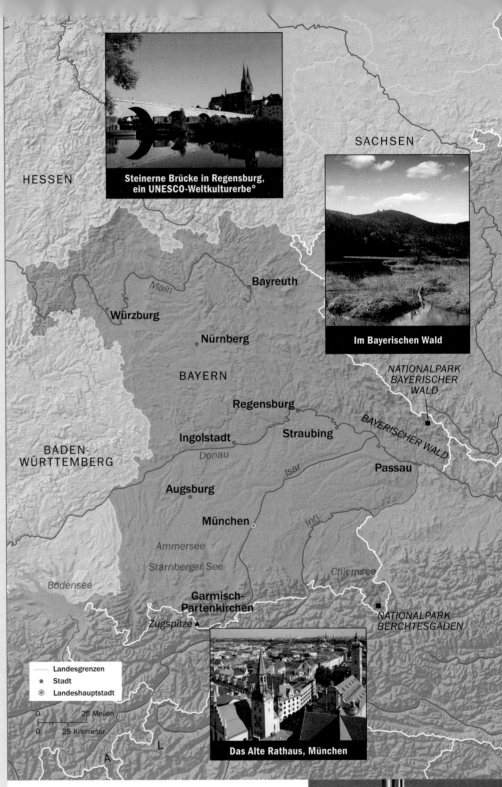

HESSEN
SACHSEN
BAYERN
BADEN-WÜRTTEMBERG
Bayreuth
Würzburg
Nürnberg
Regensburg
Straubing
Ingolstadt
Passau
Augsburg
München
Garmisch-Partenkirchen
Zugspitze
Main
Donau
Isar
Inn
Ammersee
Starnberger See
Chiemsee
Bodensee
NATIONALPARK BAYERISCHER WALD
BAYERISCHER WALD
NATIONALPARK BERCHTESGADEN

Landesgrenzen
Stadt
Landeshauptstadt
0 25 Meilen
0 25 Kilometer

Steinerne Brücke in Regensburg, ein UNESCO-Weltkulturerbe°

Im Bayerischen Wald

Das Alte Rathaus, München

Unglaublich, aber wahr!

„Auf Wiedersehen“ heißt im bayerischen Dialekt „Servus“. In Norddeutschland kann man „Tschüss“ (oder „Tschüß“) sagen. In dem bayerischen Dorf Gotzing herrscht° ein Tschüss-Verbot oder eine „Tschüss-freie Zone“. Hans Triebel, ein Dialektpfleger°, installiert deshalb an den Ortseingängen° „Tschüss“-Verbotsschilder°.

Kunst

Bayreuther Festspiele

Die Bayreuther Festspiele heißen auch Richard-Wagner-Festspiele. Sie finden jedes Jahr in der Stadt Bayreuth im Festspielhaus auf dem Grünen Hügel statt. Die Werke von Richard Wagner, einem berühmten deutschen Komponisten°, kann man während diesem weltberühmten Event seit 1876 sehen. Bei den ersten Festspielen inszeniert Richard Wagner seine Oper° „Der Ring des Nibelungen". Jedes Jahr besuchen 58.000 Zuschauer eine von dreißig Aufführungen° in Bayreuth. Allerdings versuchen° jedes Jahr 500.000 Menschen Karten zu kaufen. Deshalb dauert es bis zu zehn Jahre, bis man eine Karte bekommt.

Städte

Die sieben Hügel° von Bamberg

Bamberg ist eine Stadt in Franken, einer Region in Bayern. Seit 1993 ist sie ein UNESCO-Weltkulturerbe wegen des größten unversehrt erhaltenen° historischen Stadtzentrums in Deutschland. Genauso wie° Rom ist Bamberg auf sieben Hügeln gebaut. Deshalb trägt es auch den Namen „das Fränkische Rom". Die sieben Hügel Bambergs sind der Altenburger Berg, der Domberg, der Michaelsberg, der Abtsberg, der Jakobsberg, der Kaulberg und der Stephansberg. Auf dem Domberg kann man den mächtigen°, viertürmigen Dom° aus dem Jahre 1215 finden.

Industrie

Audi

Die Autofirma Audi hat ihren Hauptsitz° in Ingolstadt, Oberbayern. Neben VW, Porsche, BMW und Opel ist Audi einer der wichtigsten Autoproduzenten Deutschlands. Audi baut besonders sportliche Autos. Die Audi-Quattro-Modelle zum Beispiel gibt es seit 1980. Diese Modelle haben permanenten Vierradantrieb°. Im Autosport haben Audis das Rennen „24 Stunden von Le Mans" zehn Mal gewonnen. 2010 arbeiten 50.000 Mitarbeiter bei Audi. Die Firma macht 35 Milliarden € Umsatz° und baut 1,15 Millionen Autos.

Komponisten *composer* **Oper** *opera* **Aufführungen** *performances* **versuchen** *try* **Hügel** *hills* **unversehrt erhaltenen** *preserved undamaged* **Genauso wie** *Just like* **mächtigen** *mighty* **viertürmigen Dom** *cathedral with four towers* **Hauptsitz** *headquarters* **Vierradantrieb** *four-wheel drive* **Umsatz** *sales* **Schlösser** *castles* **verantwortlich** *responsible* **wichtig** *important* **Stahlbau** *steel construction* **Licht** *light*

Architektur

Die Schlösser° von Ludwig II.

Ludwig II. ist der bekannteste König Bayerns. Er ist in erster Linie für seine Schlösser weltberühmt. Neben dem bekanntesten Schloss, Schloss Neuschwanstein, ist er auch für das Königshaus am Schachen und Schloss Linderhof verantwortlich°. Auf der Herreninsel im Chiemsee steht der Anfang von Schloss Herrenchiemsee. Dieses Schloss ist aber nicht fertig gebaut. Ludwigs Schlossbauten sind wegen neuer Technologien wichtig°: Stahlbau° und elektrisches Licht° sind integriert. Die Schlösser sind heute die bedeutendsten touristischen Attraktionen Bayerns.

IM INTERNET

1. Wie viele Touristen besuchen jedes Jahr die Schlösser Ludwigs II.? Wo sind die Schlösser?
2. Was bedeutet der Name *Audi*? Warum gibt es vier Ringe im Unternehmenslogo (*company logo*) von Audi?

For more information on this **Panorama**, go to **vhlcentral.com**.

Was haben Sie gelernt? Ergänzen Sie die Sätze.

1. „Auf Wiedersehen" heißt im bayerischen Dialekt „__________".
2. In Gotzing, einem Dorf in Bayern, darf man nicht __________ sagen.
3. Bei den ersten Bayreuther Festspielen inszeniert __________ „Der Ring des Nibelungen".
4. Jedes Jahr versuchen __________ Menschen Karten für die Bayreuther Festspiele zu kaufen.
5. Seit __________ ist Bamberg ein UNESCO-Weltkulturerbe.
6. Genauso wie Rom ist Bamberg auf __________ Hügeln gebaut.
7. Der Hauptsitz der Firma Audi ist in __________.
8. Audis haben __________ das Rennen „24 Stunden von Le Mans" gewonnen.
9. Das bekannteste Schloss von König Ludwig II. ist __________.
10. Ludwigs Schlossbauten integrieren neue Technologien wie Stahlbau und __________.

Practice more at **vhlcentral.com.**

Vor dem Lesen

Strategien

Skimming

Skimming involves quickly reading through a document to absorb its general meaning. This allows you to understand the main ideas without having to read word for word. When you skim a text, look at its title and subtitles and read the first sentence of each paragraph.

Untersuchen Sie den Text Lesen Sie den Text schnell. Was ist der Titel des Texts? Wie viele Teile hat der Text? Wie heißen die Teile? Sehen Sie sich jetzt die Fotos an. Was ist das Thema des Texts?

Lehnwörter Sehen Sie sich mit einem Partner / einer Partnerin den Text an und machen Sie eine Liste mit englischen Lehnwörtern (*loanwords*) und Kognaten.

Suchen Sehen Sie sich mit einem Partner / einer Partnerin den Text an. Stehen die Informationen im Text oder nicht? Markieren Sie **ja** oder **nein**.

	ja	nein
1. wo Deutsche Kleider kaufen	☐	☐
2. das Internet	☐	☐
3. Modenschauen	☐	☐
4. Designer	☐	☐
5. Warenhäuser	☐	☐
6. Boutiquen	☐	☐
7. Modeketten	☐	☐
8. Flohmärkte	☐	☐

Deutschland heute

Hauptseite Politik Wirtschaft

WO KAUFEN DEUTSCHE JETZT BEKLEIDUNG?

In den letzten Jahren gibt es einen neuen Trend: Deutsche kaufen ihre Kleider immer öfter im Internet. Neben dem Web besuchen Deutsche weiterhin° traditionelle Geschäfte wie Warenhäuser° und Kleidergeschäfte. Nur noch wenige° Deutsche finden ihre Kleidung auf Flohmärkten°.

INTERNET, DAS GROSSE GESCHÄFT

Im Jahr 2011 haben fast fünfzehn Millionen Deutsche Bekleidung und Accessoires im Web gekauft. Vor allem Frauen kaufen hier gerne ein: dreiundvierzig Prozent aller Frauen haben Mode per Internet gekauft. Bei den Männern sind es dagegen° nur siebzehn Prozent.

WARENHÄUSER WERDEN IMMER WENIGER

Warenhäuser wie Karstadt und Galeria Kaufhof sind immer noch eine Alternative für den Kleiderkauf. In den letzten Jahren haben Warenhäuser aber immer größere wirtschaftliche Probleme und viele Warenhäuser schließen°. Alleine im Jahr 2009 hat Kaufhof acht Warenhäuser in Deutschland geschlossen und dieser Trend geht weiter°.

DH

Kultur Sport Gesundheit

MODEKETTEN° HABEN ERFOLG°

Kleidergeschäfte wie H&M, Zara, Esprit und Orsay kann man heute in allen großen deutschen Städten finden. Diese Ketten sind bei jungen Menschen besonders beliebt. H&M ist der Marktführer° in Deutschland, aber alle Modeketten haben gemeinsam°, dass sie mehr und mehr Internetpräsenz haben.

AUF DEM FLOHMARKT

Es gibt immer noch eine kleine Gruppe Deutscher, die am Samstagmorgen früh aufsteht°, um Flohmärkte zu besuchen. Hier kann man gebrauchte° Kleidung günstig° kaufen. Es gibt sie in jeder Stadt besonders im Sommer. Vor allem coole Klamotten° aus den 60er und 70er Jahren findet man hier für wenig Geld.

weiterhin *still* **Warenhäuser** *department stores* **wenige** *few* **Flohmärkten** *flea markets* **dagegen** *in contrast* **schließen** *close* **geht weiter** *continues* **Modeketten** *Fashion chains* **Erfolg** *success* **Marktführer** *market leader* **gemeinsam** *in common* **aufsteht** *gets up* **gebrauchte** *used* **günstig** *inexpensive* **Klamotten** *clothes (colloquial)*

Nach dem Lesen

Was fehlt? Ergänzen Sie die Sätze.

1. Deutsche kaufen Kleider vor allem ________, in Warenhäusern und in Kleidergeschäften.
2. Fast ________ Deutsche haben 2011 Kleidung im Internet gekauft.
3. Mehr ________ als Männer kaufen Kleider im Internet.
4. Kaufhof hat 2009 ________ Warenhäuser geschlossen.
5. Der Marktführer der Modeketten in Deutschland ist ________.
6. Flohmärkte gibt es besonders im ________.

Richtig oder falsch? Sind die Aussagen **richtig** oder **falsch**? Korrigieren Sie mit einem Partner / einer Partnerin die falschen Sätze.

	richtig	falsch
1. Deutsche kaufen Mode immer öfter im Internet.	☐	☐
2. 17 Prozent aller Frauen haben Mode im Internet gekauft.	☐	☐
3. Karstadt und Galeria Kaufhof sind deutsche Warenhäuser.	☐	☐
4. Junge Menschen kaufen nicht gern bei H&M ein.	☐	☐
5. Alle Modeketten verkaufen Kleidung auch im Internet.	☐	☐
6. Auf dem Flohmarkt ist Kleidung teuer.	☐	☐

Was tragen Sie? Diskutieren Sie in einer Gruppe: Was tragen Sie gern zu verschiedenen Anlässen (*occasions*) (in der Schule, bei einer Party, zu Hause)? Wo kaufen Sie Ihre Kleider?

BEISPIEL

S1: *Zu Hause trage ich gerne Jeans und T-Shirts.*
S2: *Wo kaufst du deine Jeans?*
S1: *Meine Jeans kaufe ich im Internet.*
S3: *Ich trage im Sommer gern Kleider.*

Hören

Strategien

Listening for key words

By listening for key words (**Schlüsselwörter**) or phrases, you can identify the subject and main ideas of what you hear, as well as some of the details.

To practice this strategy, you will listen to a short radio spot. Jot down the key words that help you identify the subject of the radio spot and its main ideas.

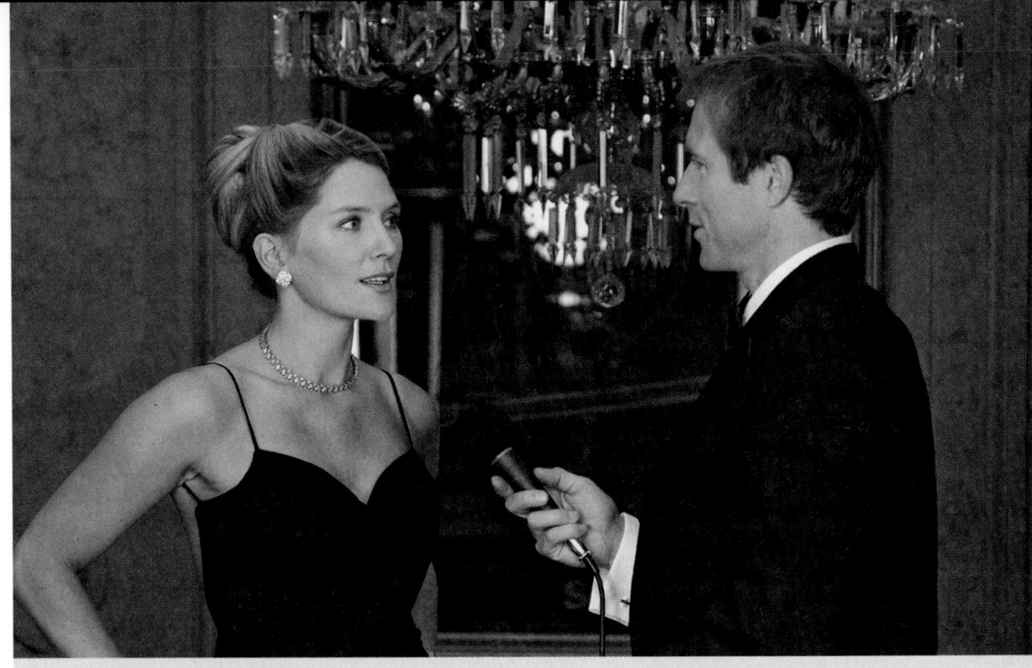

Vorbereitung

Schauen Sie sich das Foto an. Wer ist in dem Foto? Wo sind sie? Was machen sie?

Zuhören

Hören Sie sich an, wie Marion Scholz ihre neue Mode beschreibt. Lesen Sie dann die Liste. Hören Sie sich die Beschreibung ein zweites Mal an. Welche Kleidungsartikel tragen die Models?

1. ___ Mütze
2. ___ Anzug
3. ___ Hemd
4. ___ Kleid
5. ___ Stiefel
6. ___ Jacke
7. ___ Rock
8. ___ Gürtel
9. ___ Bluse
10. ___ Hut
11. ___ Badehose
12. ___ Socken

Verständnis

Lücken Ergänzen Sie die Sätze mit den richtigen Informationen.

braun	hellblau	lange	Sandalen	Seide
Handtasche	kurz	orange	schwarz	weiten

1. Robert trägt einen ________ Anzug.
2. Die Farbe des Anzugs ist ________.
3. Die Sandalen sind ________.
4. Elizabeth trägt ein Kleid aus ________.
5. Am Arm trägt sie eine ________.
6. Ihre ________ sind braun.
7. Carolas Hose und T-Shirt sind ________.
8. Ihre Hose und ihr T-Shirt sind ________ und gelb.
9. Thomas trägt ________ Socken zu seiner kurzen Hose.
10. Die Kleidung von Wilfried ist ________.

Ein Star, ein Fest Wählen Sie einen Star und einen besonderen Anlass (*occasion*). Was trägt der Star zu diesem Anlass? Beschreiben Sie den Star einem Partner / einer Partnerin.

Schreiben

Strategien

Using a dictionary

The dictionary is a useful tool that can provide valuable information about vocabulary. However, in order to use the dictionary correctly, you must understand the elements of each entry.

If you glance at an English-German dictionary, you will notice that its format is similar to that of an English dictionary. Most words are listed with several different definitions, organized by part of speech. The most frequently used meanings are usually listed first.

To find the best word for your needs, refer to the abbreviations and explanatory notes that appear next to each entry. For example, imagine that you are writing about fashion. You want to write *The man is wearing a suit*, but you don't know the German word for *suit*. In the dictionary, you might find an entry like this one:

> **suit** *n.* 1. der Anzug, Anzüge; (*woman's*) das Kostüm, -e 2. der Prozess, -e (*Jur*); 3. die Farbe, -n (*Cards*)

The abbreviation key at the front of the dictionary says that *n.* corresponds to **Substantiv** (*noun*). The second translation is **der Prozess** followed by the abbreviation *Jur*, indicating that it's a law term, and thus that **der Prozess** is a *law suit*. The third word is **die Farbe**, followed by the word *Cards*, indicating that **die Farbe** is a *suit* in a card game. Since **der Anzug** is listed first, you can assume that this is the main translation of the word. The first definition also specifies the difference between a suit for a man, **der Anzug**, and a suit for a woman, **das Kostüm**. Since the other two meanings do not apply to clothing, these details tell you that **der Anzug** is the best choice for your needs.

Thema

Beschreiben Sie

Sehen Sie sich das Bild an. Beschreiben Sie dann in einem Absatz (*paragraph*) den Mann oder die Frau für einen Artikel in einem Modejournal.

Beschreiben Sie das Aussehen (*look*) im Detail. Aus welchem Material sind die Kleider? Wie sind die Kleider geschnitten (*cut*)? Welche Muster (*patterns*) und Farben haben die Kleider? Wo kann man diese Kleider tragen? Sagen Sie auch etwas über den Designer und wo man die Kleider kaufen kann. Am Ende schreiben Sie Ihre Meinung über die Kleidung. Geben Sie dem Artikel einen Titel.

Bevor Sie den Artikel schreiben, machen Sie sich Notizen. Suchen Sie Vokabeln, die Sie brauchen, in einem Wörterbuch.

- Material
- Schnitt
- Muster
- Farben
- Wo kann man es tragen?
- Wo kann man es kaufen?

Neueste Mode

Lederjacken sind wieder in. Dieser Mann trägt eine schwarze Lederjacke mit einem weißen Trägerhemd. Der Schnitt ist...

Feste

der Ballon, -e	*balloon*
der Feiertag, -e	*holiday*
der Gast, -¨e	*guest*
der Gastgeber, - / die Gastgeberin, -nen	*host / hostess*
das Geschenk, -e	*gift*
die Karte, -n	*card*
die Party, -s	*party*
die Überraschung, -en	*surprise*
anstoßen (stößt... an)	*to toast*
bekommen	*to receive*
einladen (lädt... ein)	*to invite*
feiern	*to celebrate*
eine Party geben	*to throw a party*
(keinen) Spaß haben	*(not) to have fun*
lächeln	*to smile*
lachen	*to laugh*
schenken	*to give (a gift)*
überraschen	*to surprise*
Herzlichen Glückwunsch!	*Congratulations!*

Essen und Trinken

das Eis	*ice cream*
der Eiswürfel, -	*ice cube*
das Gebäck	*pastries; baked goods*
der Keks, -e	*cookie*
der Sekt	*champagne*
die Süßigkeiten (*pl.*)	*candy*
die Torte, -n	*cake*

besondere Anlässe

die Ehe, -n	*marriage*
der / die Frischvermählte, -n	*newlywed*
die Geburt, -en	*birth*
der Geburtstag, -e	*birthday*
die Hochzeit, -en	*wedding*
der Jahrestag, -e	*anniversary*
(das) Silvester	*New Year's Eve*
(das) Weihnachten	*Christmas*
in Rente gehen	*to retire*
einen Abschluss machen	*to graduate*

Ausdrücke

die Freundschaft, -en	*friendship*
das Glück	*happiness*
der Kuss, -¨e	*kiss*
die Liebe	*love*

Kleidung

der Anzug, -¨e	*suit*
der Badeanzug, -¨e	*bathing suit*
die Bluse, -n	*blouse*
die Brille, -n	*glasses*
der Gürtel, -	*belt*
die Halskette, -n	*necklace*
der Handschuh, -e	*glove*
die Handtasche, -n	*purse*
das Hemd, -en	*shirt*
die Hose, -n	*pants*
die kurze Hose (*pl.* die kurzen Hosen)	*shorts*
der Hut, -¨e	*hat*
die Jacke, -n	*jacket*
die Jeans, -	*jeans*
das Kleid, -er	*dress*
die Krawatte, -n	*tie*
der Mantel, -¨	*coat*
die Mütze, -n	*cap*
der Pullover, -	*sweater*
der Rock, -¨e	*skirt*
der Schal, -s	*scarf*
der Schuh, -e	*shoe*
die Socke, -n	*sock*
die Sonnenbrille, -n	*sunglasses*
der Stiefel, -	*boot*
das Sweatshirt, -s	*sweatshirt*
das Trägerhemd, -en	*tank top*
das T-Shirt, -s	*T-shirt*
der Turnschuh, -e	*sneaker*
die Unterwäsche	*underwear*

Einkaufen

die Baumwolle	*cotton*
die Farbe, -n	*color*
die Kleidergröße, -n	*size*
das Leder	*leather*
die Seide	*silk*
der Verkäufer, - / die Verkäuferin, -nen	*salesperson*
die Wolle	*wool*
im Angebot	*on sale*
billig	*cheap*
dunkel	*dark*
einfarbig	*solid colored*
eng	*tight*
gestreift	*striped*
hell	*bright; light*
kurzärmlig	*short-sleeved*
langärmlig	*long-sleeved*
teuer	*expensive*
weit	*loose; big*
anziehen (zieht... an)	*to put on*
tragen (trägt)	*to wear*

Farben

blau	*blue*
braun	*brown*
gelb	*yellow*
grau	*gray*
grün	*green*
lila	*purple*
orange	*orange*
rosa	*pink*
rot	*red*
schwarz	*black*
weiß	*white*

Past participles with *haben*	*See pp. 26–27.*
Accusative pronouns	*See p. 30.*
Dative pronouns	*See p. 32.*
Past participles with *sein*	*See p. 45.*
Wissen* and *kennen	*See p. 48.*
Two-way prepositions	*See p. 50.*

Ressourcen

Communicative Goals

You will learn how to:

- describe your home
- talk about living arrangements

Zu Hause

Talking Picture
Audio: Activities

Wortschatz

Zimmer	***rooms***
das Arbeitszimmer, -	*home office*
der Dachboden, -̈	*attic*
das Erdgeschoss, -e	*ground floor*
das Esszimmer, -	*dining room*
die Küche, -n	*kitchen*
der erste/zweite Stock	*second/third floor*
das Zimmer, -	*room*
Möbel	***furniture***
das Bild, -er	*picture*
das Möbelstück, -e	*piece of furniture*
der Nachttisch, -e	*night table*
der Schrank, -̈e	*cabinet; closet*
die Schublade, -n	*drawer*
die Treppe, -n	*stairway*
Orte	***places***
das Haus, -̈er	*house*
die Wohnung, -en	*apartment*
draußen	*outside*
nach rechts/links	*to the right/left*
Ausdrücke	***expressions***
mieten	*to rent*
umziehen (zieht... um)	*to move*
wohnen	*to live*

ACHTUNG

Note that **mieten** means to rent *from* someone, while **vermieten** means to rent *to* someone. **Ich miete eine kleine Wohnung in der Stadt. Die Familie vermietet ein Zimmer in ihrem Haus.**

Ressourcen

SAM WB: pp. 17–18	SAM LM: p. 12	vhlcentral.com

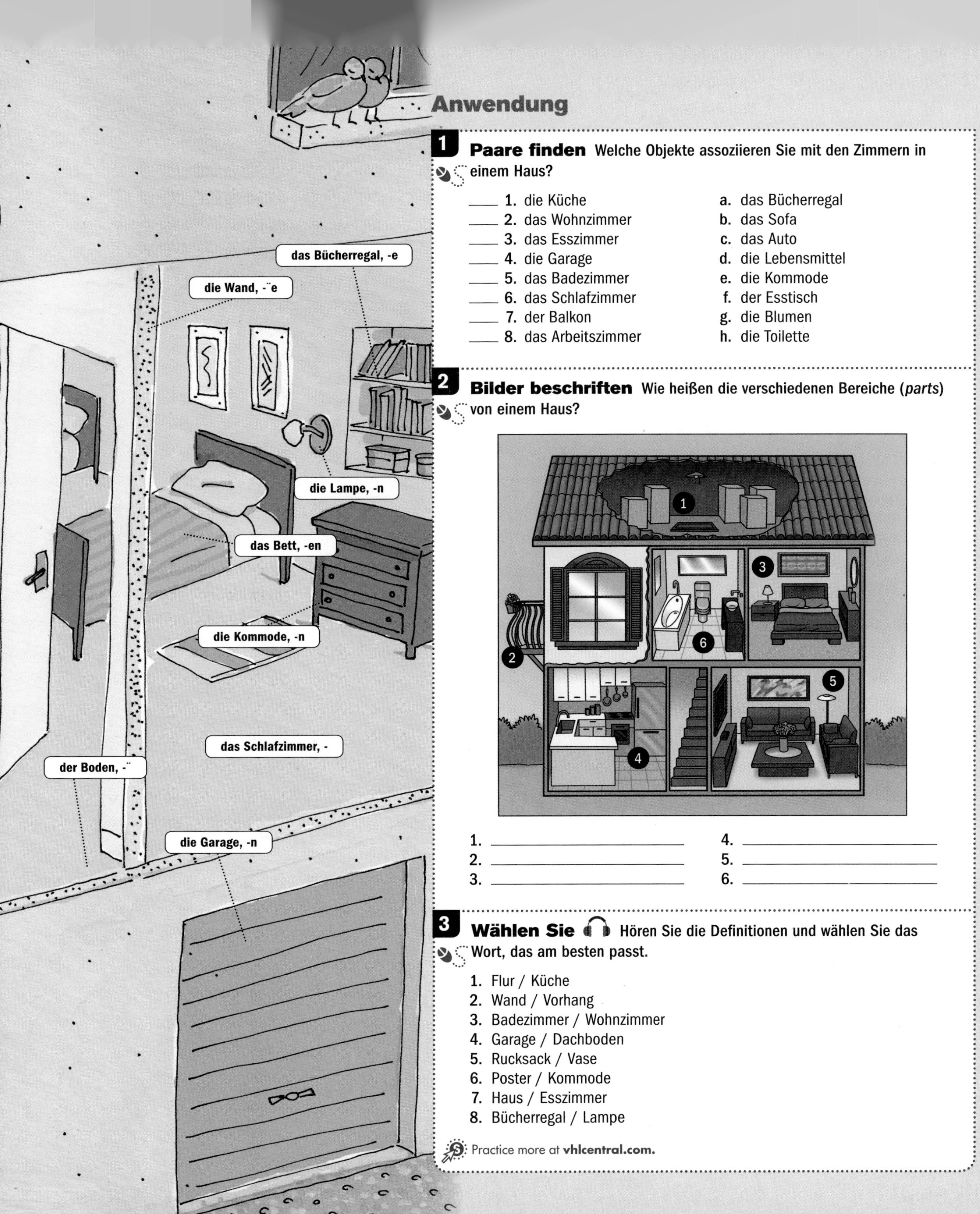

Anwendung

1 **Paare finden** Welche Objekte assoziieren Sie mit den Zimmern in einem Haus?

____ 1. die Küche	a. das Bücherregal
____ 2. das Wohnzimmer	b. das Sofa
____ 3. das Esszimmer	c. das Auto
____ 4. die Garage	d. die Lebensmittel
____ 5. das Badezimmer	e. die Kommode
____ 6. das Schlafzimmer	f. der Esstisch
____ 7. der Balkon	g. die Blumen
____ 8. das Arbeitszimmer	h. die Toilette

2 **Bilder beschriften** Wie heißen die verschiedenen Bereiche (*parts*) von einem Haus?

1. ____________________
2. ____________________
3. ____________________
4. ____________________
5. ____________________
6. ____________________

3 **Wählen Sie** Hören Sie die Definitionen und wählen Sie das Wort, das am besten passt.

1. Flur / Küche
2. Wand / Vorhang
3. Badezimmer / Wohnzimmer
4. Garage / Dachboden
5. Rucksack / Vase
6. Poster / Kommode
7. Haus / Esszimmer
8. Bücherregal / Lampe

Practice more at **vhlcentral.com.**

Kommunikation

4 **Wo ich wohne** Arbeiten Sie mit einem Partner / einer Partnerin. Benutzen Sie die Wörter aus den drei Spalten und beschreiben Sie Ihr Zimmer, Ihre Wohnung oder Ihr Haus.

BEISPIEL

S1: *Meine Wohnung ist ziemlich groß und hat einen kleinen Balkon.*
S2: *Mein Zimmer ist klein. Aber alle meine Möbel sind neu.*

A	B	C
mein Haus mein Zimmer (im Wohnheim (*dorm*)) meine Wohnung	ist (nicht) hat (kein)	Badezimmer Balkon Fenster Garage Küche Schlafzimmer Schreibtisch groß/klein alt/neu modern/unmodern

5 **Janas Haus** Claudia besucht Jana in ihrem neuen Haus. Bringen Sie den Dialog in eine logische Reihenfolge (*order*). Wenn Sie fertig sind, vergleichen Sie Ihr Haus / Ihre Wohnung mit Janas Haus.

____ **JANA** Sechs Zimmer. Das hier ist das Wohnzimmer und dann hier links die Küche und das Esszimmer.
____ **CLAUDIA** Jana, dein neues Haus ist wirklich schön.
____ **JANA** Ja, aber so oft kochen wir nicht! So, und hier rechts geht der Flur zu den drei Schlafzimmern und den zwei Badezimmern. Es hat nur den einen Stock.
____ **CLAUDIA** Das stimmt. Wie viele Zimmer hat es?
____ **CLAUDIA** Ihr braucht ja auch nicht noch mehr Zimmer. Also, ich muss sagen, da habt ihr wirklich einen tollen Fang (*catch*) mit dem Haus gemacht.
____ **JANA** Danke schön. Es ist ziemlich groß, und die alte Wohnung in der Stadt ist zu klein geworden für uns seit dem Baby.
____ **CLAUDIA** Die Küche ist auch super. Da kann dein Mann leckere Mahlzeiten kochen.

6 **Mein Zimmer** Beschreiben Sie zwei Mitstudenten Ihr Zimmer.

BEISPIEL

S1: *In meinem Zimmer habe ich ein Bett und einen Schreibtisch.*
S2: *Ich habe auch ein Bett, aber ich habe keinen Schreibtisch.*
S3: *Ich habe in meinem Zimmer einen roten Teppich…*

7 **Beim Umziehen** Arbeiten Sie mit einem Partner / einer Partnerin. Ihr Professor / Ihre Professorin gibt Ihnen zwei verschiedene Blätter mit dem Grundriss (*floor plan*) von Ihrer neuen Wohnung. Sagen Sie Ihrem Partner / Ihrer Partnerin, was Sie alles mitgebracht haben. Er/Sie wird Ihnen sagen, in welche Zimmer Sie die Sachen stellen sollen.

BEISPIEL

S1: *Ich habe Balkonpflanzen mitgebracht.*
S2: *Stell sie auf den Balkon. Er ist rechts von der Küche. Ich habe…*

Aussprache und Rechtschreibung

Audio: Presentation
Record & Compare Activities

The letter combination *ch* (Part 2)

To pronounce the soft **ch** after the vowel sounds **i/ie**, **e**, **ä**, **ö**, **ü**, or **ei**, start by placing the tip of your tongue behind your lower teeth. Then pronounce the *h* sound while breathing out forcefully.

Chemie **rechts** **Teppich** **Küche** **leicht**

Use the same soft **ch** sound when pronouncing the **g** in the suffix **-ig** at the end of a word. However, when there is an adjective ending after the **-ig**, the **g** is pronounced like the hard *g* in the word *garden*. In the combination **-iglich**, the **g** is pronounced like the *k* in the word *kind*. The soft **ch** is also used in the suffix **-lich**, whether or not there is an ending after it.

dreckig **schmutzig** **billige** **königlich** **freundlichen**

When **ch** appears before an **s**, the letter combination is pronounced like the *x* in the word *fox*. Do not confuse **chs** with the combination **sch**, which is pronounced like the *sh* in the word *shade*.

sechs **wachsen** **schlafen** **waschen** **Dachs**

When **ch** appears at the beginning of loanwords, its pronunciation varies.

Charakter **Chip** **Chef** **Charterflug** **Chronik**

1 Sprechen Sie nach Wiederholen Sie die Wörter, die Sie hören.

1. Bücher
2. freundlich
3. China
4. zwanzig
5. braunhaarige
6. lediglich
7. höchste
8. Achsel
9. Ochse
10. Chaos
11. checken
12. Charme

2 Artikulieren Sie Wiederholen Sie die Sätze, die Sie hören.

1. Die königliche Köchin schläft wieder in der Küche.
2. Mein neugieriger Nachbar will täglich mit mir sprechen.
3. Den Rechtsanwalt finden wir freundlich und zuverlässig.
4. Der Chef schickt mich nächstes Jahr nach China.
5. Der Dachs hat einen schlechten Charakter.

3 Sprichwörter Wiederholen Sie die Sprichwörter, die Sie hören.

Liebe deinen Nächsten wie dich selbst.[1]
Jedem Tierchen sein Pläsierchen.[2]

[1] Love thy neighbor as thyself.
[2] To each his/her own. (lit. *For every creature its own pleasure.*)

Ressourcen
SAM LM: p. 13
vhlcentral.com

Besuch von Max

Hans' kleiner Bruder Max kommt ihn in Berlin besuchen. Meline ist froh, Max kennen zu lernen. Zu froh, in den Augen von Hans.

1
GEORGE Max!
MAX Hallo, George!
GEORGE Schön, dich wiederzusehen! Wie viele Nächte schläfst du auf unserem Sofa?
MAX Zwei. Ich bin übers Wochenende in Berlin. Doch bis Sonntagabend muss ich wieder in Straubing sein.

2
HANS Warum lernst du eigentlich nicht an deinem Schreibtisch in deinem Zimmer?
GEORGE Es ist bequemer im Wohnzimmer, denn die Küche ist gleich nebenan. Und es ist schön hell hier.
HANS Da ist was dran.
MAX Wir gehen in den Biergarten. Komm doch mit.

3
MAX Wir bleiben bestimmt lange dort.
GEORGE Nach dieser Lektion komme ich herunter.
HANS Alles klar! Okay! Servus!

4
MAX Das tut mir leid.
MELINE Es ist schon okay. Kein Problem.
HANS Meline, das ist mein kleiner Bruder Max.
MELINE Hallo.
MAX Wir gehen in den Biergarten. Komm doch mit uns.
MELINE Ich muss nur noch schnell die Lebensmittel in die Küche bringen.

5
MELINE Max, ich kann das Regalbrett nicht erreichen. Kannst du mir das dort oben hinstellen?
MAX Deine Wohnung gefällt mir.
MELINE Ja. Die Lampen und Vorhänge gehören Sabite. Und die ganzen Gemälde.

6
MAX Du bist aus Wien?
MELINE Ja. Hast du das an meinem Akzent erkannt?
MAX Ja. Als Hans zu Weihnachten nach Hause kam, sprach er übrigens von dir.
MELINE Wirklich? Was hat er gesagt?

ÜBUNGEN

1 Wer ist das? **Welche Person(en) beschreiben die folgenden Sätze: George, Hans, Max, Meline oder Sabite?**

1. Er/Sie ist übers Wochenende in Berlin.
2. Er/Sie lernt im Wohnzimmer, denn die Küche ist gleich nebenan.
3. Sie wollen in den Biergarten gehen.
4. Nach einer Lektion kommt er/sie herunter.
5. Er/Sie muss Lebensmittel in die Küche bringen.
6. Die Wohnung gefällt ihm/ihr.
7. Ihm/Ihr gehören die Vorhänge, die Lampen und die Gemälde.
8. Weihnachten sprach er/sie von Meline.
9. Er/Sie war satt und konnte nicht schlafen.
10. Er/Sie überlegt, ob (*whether*) Hans und Max wirklich Brüder sind.

PERSONEN

George

Hans

Meline

Max

GEORGE Wir hatten Heiligabend ein riesiges Essen.
HANS Es war drei Uhr früh, am Weihnachtsmorgen.
GEORGE Ich war ja noch total satt und konnte nicht einschlafen.
HANS Es war ja noch total dunkel im Haus.

GEORGE Ich ging den Gang hinunter und hörte ein Geräusch.
HANS Max, meine Familie und ich, wir schliefen in unseren Zimmern.
GEORGE Ich ging in die Küche, und am Herd stand ihr Großvater.
HANS Opa Otto bereitete die Weihnachtsgans zu. George überraschte ihn und... „Ja! Wo kommst du denn her?"

GEORGE Sie war köstlich! Wo ist Sabite heute Abend?
MELINE Mit Torsten weg.
GEORGE Sind sie immer noch zusammen?
MELINE Ja, aber es ist schwierig seit den Feiertagen.

MELINE Ich mag Torsten, aber man sagt an Silvester keine Verabredung ab.
HANS So wie Lorenzo?
MELINE Wer?
HANS Na, Lorenzo. Der Italiener.
MELINE Seid ihr wirklich Brüder?

Nützliche Ausdrücke

- **Doch bis Sonntagabend muss ich wieder in Straubing sein.**
  But by Sunday evening I have to be back in Straubing.
- **Da ist was dran.**
  You have a point there.
- **Servus!**
  So long!
- **Ich kann das Regalbrett nicht erreichen.**
  I can't reach the shelf.
- **Kannst du mir das dort oben hinstellen?**
  Can you put this up there for me?
- **das Gemälde**
  painting
- **Hast du das an meinem Akzent erkannt?**
  Could you tell from my accent?
- **riesig**
  huge
- **satt**
  full (of food)
- **das Geräusch**
  noise
- **der Herd**
  stove
- **Opa Otto bereitete die Weihnachtsgans zu.**
  Grandpa Otto was preparing the Christmas goose.

2A.1

- **Als Hans zu Weihnachten nach Hause kam, sprach er übrigens von dir.**
  When Hans was home for Christmas, he talked about you, by the way.

2A.2

- **Nach dieser Lektion komme ich herunter.**
  After this lesson, I'll come down.

2A.3

- **Es ist bequemer im Wohnzimmer, denn die Küche ist gleich nebenan.**
  The living room is more convenient, because it's right next to the kitchen.

2 **Zum Besprechen** George trifft Opa Otto an Heiligabend in der Küche. Schreiben Sie zu zweit einen Dialog von mindestens 10 Zeilen (*lines*) zwischen George und Opa Otto. Präsentieren Sie Ihren Dialog der Klasse.

3 **Vertiefung** Suchen Sie im Internet Informationen über die Weihnachtsgans. Woher kommt diese Tradition? In welchen Ländern isst man Weihnachtsgans? Was isst man als Beilage? Schreiben Sie einen kurzen Absatz mit Ihren Ergebnissen.

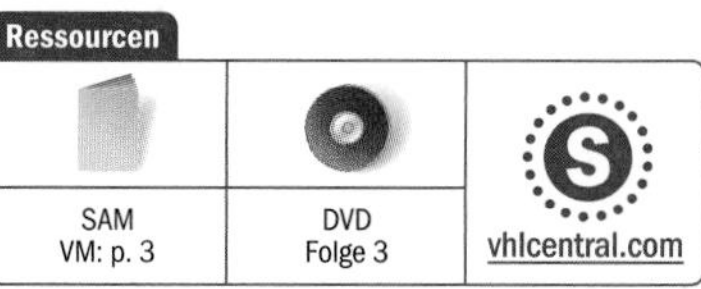

Fribourg  Reading

FRIBOURG LIEGT GENAU AN DER Grenze° zwischen deutschsprachiger und französischsprachiger Schweiz. Die Saane fließt° durch die Stadt und trennt sie in zwei Teile°. Im westlichen Teil spricht man Französisch und im östlichen Teil Deutsch. Etwa 63% der Bevölkerung spricht Französisch und 21% spricht Deutsch. Studenten können hier in beiden Sprachen studieren und machen einen großen Teil der über 40.000 Einwohner aus. Die Stadt ist sehr alt und existiert bereits seit 1157. Damals war Fribourg noch deutschsprachig.

Wohnen in der Schweiz
Wohnungen: 4,1 Millionen (2010)
durchschnittliche° Größe: zwischen 70 und 79 m² (2010)
durchschnittlicher Kaufpreis für Wohnungen
• **Sitten:** SFr (Schweizer Franken) 515.000 (2009)
• **Zürich:** SFr 1,34 Millionen (2009)
• **durchschnittlicher Mietpreis:** SFr 1.116 (2003)
• **Mieteranteil°:** 58% (2000)
QUELLEN: Schweizerisches Bundesamt für Statistik

EIN KLEINER TIPP

The abbreviation **St.** stands for **Sankt**, meaning *Saint*.

Die Architektur Fribourgs bietet° Beispiele vieler historischer Epochen. Die Altstadt im Zentrum bildet eines der größten geschlossenen Ortsbilder° des mittelalterlichen° Europa. Die St.-Niklaus-Kathedrale, gebaut zwischen 1283 und 1490, ist das Symbol Fribourgs. Es ist ein Beispiel gotischer Architektur. Die Stadt hat über 200 gotische Gebäude. Den Renaissancestil kann man im Ratzéhof sehen, gebaut zwischen 1581 und 1585. Heute ist dieses Gebäude die Heimat° des Museums für Kunst und Geschichte. Neben den vielen alten Teilen der Stadt kann man auch neue Gebäude finden wie zum Beispiel die Universität (1889) oder die Villenviertel° im Gembachquartier. Viele Villen sind Jugendstil-Bauten°. Bekannt sind in Fribourg auch die alten Brücken° und seine zwölf historischen Brunnen°.

Grenze *border* **fließt** *flows* **Teile** *parts* **bietet** *offers* **geschlossenen Ortsbilder** *complete townscapes* **mittelalterlichen** *medieval* **Heimat** *home* **Villenviertel** *mansion district* **Jugendstil-Bauten** *Art Nouveau buildings* **Brücken** *bridges* **Brunnen** *wells* **durchschnittliche** *average* **Mieteranteil** *percentage of renters*

ÜBUNGEN

1 Richtig oder falsch? Sind die Aussagen richtig oder falsch? Korrigieren Sie die falschen Aussagen mit einem Partner / einer Partnerin.

1. Fribourg liegt an der Grenze zwischen der Schweiz und Frankreich.
2. Mehr als 60% der Bevölkerung spricht Französisch.
3. In Fribourg kann man auf Deutsch oder Französisch studieren.
4. Das Symbol Fribourgs ist der Ratzéhof.
5. Der Ratzéhof ist im gotischen Stil gebaut.
6. Brücken gibt es in Fribourg nicht.
7. Eine durchschnittliche Wohnung in Zürich kostet SFr 515.000.
8. Die teuersten Wohnungen in der Schweiz sind in Zürich.

 Practice more at **vhlcentral.com.**

DEUTSCH IM ALLTAG

Studentenzimmer

der Gemeinschaftsraum	*common room*
die Kaution	*security deposit*
die Miete	*rent*
die Nebenkosten	*additional charges*
die Wohngemeinschaft (WG)	*apartment share*
(un)möbliert	*(un)furnished*
Zimmer frei	*vacancy*

DIE DEUTSCHSPRACHIGE WELT

Chalets

Chalets sind ein Häusertyp. Es ist ursprünglich ein französisches Wort und bedeutet Sennhütte°. Man kann diese Häuser im Alpenbereich allgemein, insbesondere° aber in der Schweiz finden. Früher haben Hirten° in Chalets gewohnt. Traditionell sind sie aus Holz° gebaut. In den Schweizer Gemeinden° Lenk, Grindelwald, Saanen und Zermatt darf man nur Chalets bauen. Bausünden° wie moderne Architektur will man so in den Alpen verhindern°. Heute nennt man oft auch Ferienhäuser° aus Holz Chalets. Sie müssen nicht in einer Bergregion stehen, und man findet sie überall auf der Welt.

Sennhütte *herdsman's hut* **insbesondere** *especially* **Hirten** *shepherds* **Holz** *wood* **Gemeinden** *townships* **Bausünden** *architectural eyesores* **verhindern** *prevent* **Ferienhäuser** *vacation homes*

PORTRÄT

César Ritz

César Ritz war ein berühmter Schweizer Hotelier. Er wurde am 23. Februar 1850 als dreizehntes Kind einer armen Familie in Niederwald im Goms geboren. Die Schule beendete er nicht. Anfangs arbeitete er als Schuhputzer°, Träger° und Kellner in verschiedenen Hotels. Im Rigi-Kulm-Hotel in der Schweiz wurde er schließlich° Hoteldirektor. 1888 heiratete er die Hotelierstochter Marie-Louise Beck. Er hatte großen Erfolg als Direktor und eröffnete° 1898 das Grandhotel Le Ritz in Paris, 1906 das Hotel Ritz in London und 1910 das Hotel Ritz in Madrid. Alle Hotels gelten° als absolute Luxushotels. Wegen seines großen Erfolgs nannte König Edward VII. César Ritz den „König der Hoteliers und Hotelier der Könige".

Schuhputzer *shoeshine boy* **Träger** *porter* **schließlich** *eventually* **eröffnete** *opened* **gelten** *count*

IM INTERNET

Finden Sie ein Zimmer zum Mieten in einer deutschsprachigen Stadt. Wie groß ist es? Wie viel kostet es? Was ist im Preis inbegriffen (*included*)?

For more information on this **Kultur**, go to **vhlcentral.com**.

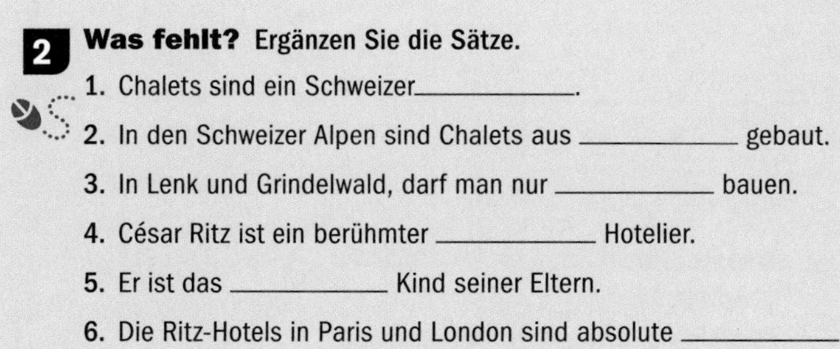

2 **Was fehlt?** Ergänzen Sie die Sätze.

1. Chalets sind ein Schweizer__________.
2. In den Schweizer Alpen sind Chalets aus __________ gebaut.
3. In Lenk und Grindelwald, darf man nur __________ bauen.
4. César Ritz ist ein berühmter __________ Hotelier.
5. Er ist das __________ Kind seiner Eltern.
6. Die Ritz-Hotels in Paris und London sind absolute __________.

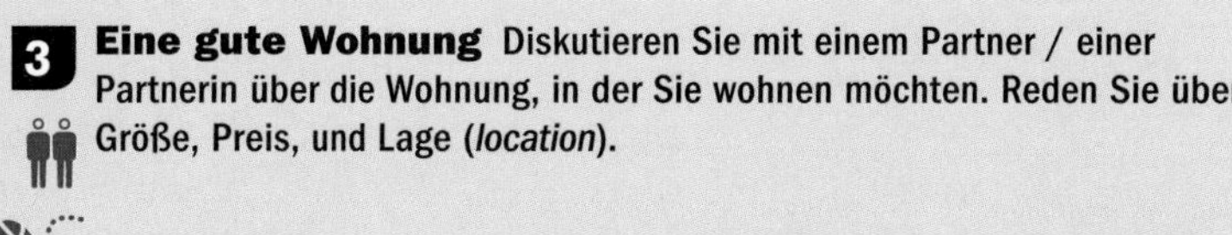

3 **Eine gute Wohnung** Diskutieren Sie mit einem Partner / einer Partnerin über die Wohnung, in der Sie wohnen möchten. Reden Sie über Größe, Preis, und Lage (*location*).

2A.1 The *Präteritum* 

QUERVERWEIS

The **Präteritum** appears most often in writing. You will learn more about the uses of the **Präteritum** in **2B.1**.

ACHTUNG

The **ich** form and the **er/sie/es** form are always identical in the **Präteritum**.

Startblock In **1A.1**, you learned to use the **Perfekt** to talk about past events. Another tense, the **Präteritum**, is also used to refer to past events.

- To form the **Präteritum** of weak verbs, add **-te**, **-test**, **-ten**, or **-tet** to the infinitive stem. Add an **-e** before these endings if the stem ends in **-d**, **-t**, or a consonant cluster.

***Präteritum* of weak verbs**

	sagen	wohnen	arbeiten
ich	sagte	wohnte	arbeitete
du	sagtest	wohntest	arbeitetest
er/sie/es	sagte	wohnte	arbeitete
wir	sagten	wohnten	arbeiteten
ihr	sagtet	wohntet	arbeitetet
Sie/sie	sagten	wohnten	arbeiteten

Die Kinder **spielten** in ihren Zimmern.
*The children **played** in their rooms.*

Ich **mietete** eine kleine Wohnung.
*I **rented** a small apartment.*

- Modal verbs have the same endings as weak verbs in the **Präteritum**. If the modal stem has an **Umlaut**, the **Umlaut** is dropped.

sollen		dürfen	
ich sollte	wir sollten	ich durfte	wir durften
du solltest	ihr solltet	du durftest	ihr durftet
er/sie/es sollte	Sie/sie sollten	er/sie/es durfte	Sie/sie durften

Warum **wolltet** ihr einen neuen Teppich kaufen?
*Why **did** you **want** to buy a new rug?*

Bianca **musste** ihre Großeltern besuchen.
*Bianca **had** to visit her grandparents.*

QUERVERWEIS

See **1A.1** to review mixed verbs in the **Perfekt**.

- The modal **mögen** has an additional stem change in the **Präteritum**. Be careful not to confuse the **Präteritum** form **mochte** with the polite form **möchte**.

Anna **möchte** eine neue Lampe für ihr Schlafzimmer.
*Anna **would like** a new lamp for her bedroom.*

Als Junge **mochte** Peter das Zimmer auf dem Dachboden.
*As a boy, Peter **liked** the room in the attic.*

- The **Präteritum** stem of a mixed verb is the same as the stem of its past participle.

***Perfekt* and *Präteritum* of mixed verbs**

Infinitiv	Perfekt	Präteritum
bringen	er hat gebracht	er brachte
denken	er hat gedacht	er dachte
kennen	er hat gekannt	er kannte
wissen	er hat gewusst	er wusste

Wir **brachten** die Tischlampe ins Arbeitszimmer.
*We **brought** the desk lamp into the office.*

Wusste Daniel Emmas Adresse?
***Did** Daniel **know** Emma's address?*

- Strong verbs in the **Präteritum** have irregular stems and add different endings from those of weak verbs.

beginnen	gefallen	liegen
ich begann	ich gefiel	ich lag
du begannst	du gefielst	du lagst
er/sie/es begann	er/sie/es gefiel	er/sie/es lag
wir begannen	wir gefielen	wir lagen
ihr begannt	ihr gefielt	ihr lagt
Sie/sie begannen	Sie/sie gefielen	Sie/sie lagen

irregular verb stems in the *Präteritum*					
bleiben	blieb	helfen	half	sehen	sah
essen	aß	kommen	kam	sprechen	sprach
fahren	fuhr	lesen	las	sterben	starb
finden	fand	nehmen	nahm	tragen	trug
geben	gab	schlafen	schlief	trinken	trank
gehen	ging	schreiben	schrieb	verstehen	verstand

Wir **blieben** gestern zu Hause.
*We **stayed** home yesterday.*

Er **sah** mir in die Augen.
*He **looked** me in the eyes.*

Ich **aß** ein kleines Stück Kuchen.
*I **ate** a little piece of cake.*

Sie **fuhren** nach Frankfurt.
*They **drove** to Frankfurt.*

- The verbs **sein**, **haben**, and **werden** do not follow the pattern of other irregular verbs.

sein	haben	werden
ich war	ich hatte	ich wurde
du warst	du hattest	du wurdest
er/sie/es war	er/sie/es hatte	er/sie/es wurde
wir waren	wir hatten	wir wurden
ihr wart	ihr hattet	ihr wurdet
Sie/sie waren	Sie/sie hatten	Sie/sie wurden

Es **wurde** schnell dunkel.
*It **got** dark quickly.*

Als Kinder **hatten** wir viele Haustiere.
*We **had** a lot of pets when we were kids.*

ACHTUNG

Note that unlike weak and mixed verbs, strong verbs do not add a **-t-** before their **Präteritum** endings. Also note that the **ich** and **er/sie/es** forms do not add endings.

QUERVERWEIS

See **Appendix A** for a complete list of strong verbs and their **Präteritum** forms.

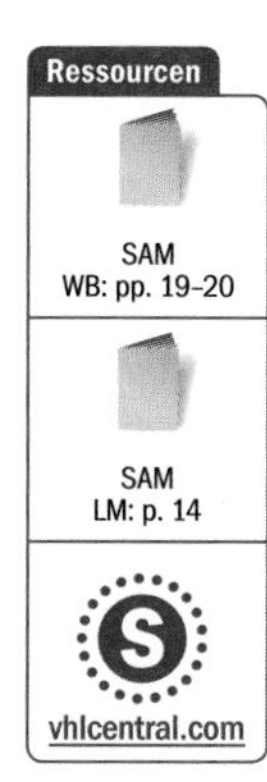

Ressourcen
SAM
WB: pp. 19–20
SAM
LM: p. 14
vhlcentral.com

Jetzt sind Sie dran! **Ergänzen Sie die Sätze mit den richtigen Formen der Verben im Präteritum.**

1. Wir *machten* (machen) zusammen unsere Hausaufgaben.
2. Die alten Möbel ________ (sein) hässlich.
3. Mein Bruder ________ (wollen) ein Motorrad zu Weihnachten.
4. Das Mathebuch ________ (liegen) auf dem Schreibtisch.
5. ________ (Haben) ihr als Kinder einen Hund?
6. Wolfgang ________ (trinken) Tee zum Frühstück.
7. In der 8. Klasse ________ (schreiben) wir jede Woche eine Prüfung.
8. Jan ________ (kaufen) die Bluse für seine Freundin.
9. ________ (Müssen) du am Donnerstag lange arbeiten?
10. Unsere Eltern ________ (fahren) ohne uns in die Türkei.
11. Gestern ________ (geben) es Knödel in der Mensa.
12. Ich ________ (finden) diese Präsentation interessant.

Anwendung

1 Zeitformen Wählen Sie für jeden Satz die richtige Zeitform (*tense*).

	Präsens	Perfekt	Präteritum
1. Er ist nach Berlin gereist.	☐	☐	☐
2. Sie arbeitete mit seiner Freundin.	☐	☐	☐
3. Mietet ihr ein Haus am Strand?	☐	☐	☐
4. Hast du schon zu Abend gegessen?	☐	☐	☐
5. Sie hatten viel Spaß auf der Party.	☐	☐	☐
6. Wir kaufen die Möbel bei Ikea.	☐	☐	☐
7. Wie fandest du den Film?	☐	☐	☐
8. Ich konnte gestern nicht kommen.	☐	☐	☐

2 Sätze umformen Formen Sie die Sätze vom **Präsens** ins **Präteritum** um.

BEISPIEL **Der Fußballspieler geht nach Europa.**
Der Fußballspieler ging nach Europa.

1. Die Studentin wohnt bei ihren Eltern.
2. Seid ihr verheiratet?
3. Ich bringe ihnen eine Zimmerpflanze.
4. Die Kinder bauen Legohäuser.
5. Du gibst ihr ein Hochzeitsgeschenk.
6. Das Haus hat keinen Keller.
7. Wir ziehen nach Hamburg um.
8. Sie bleiben eine Woche in Paris.

3 Der gestrige Tag Erzählen Sie, was gestern alles passierte. Benutzen Sie das Präteritum.

BEISPIEL **ich / wollen / ins Feinkostgeschäft gehen**
Ich wollte ins Feinkostgeschäft gehen.

1. die Kinder / dürfen / auf die Geburtstagsfeier gehen
2. wir / müssen / neue Möbel für das Wohnzimmer kaufen
3. Papa / sollen / seine Hemden in die Schublade legen
4. du / wollen / Blumen für den Balkon kaufen
5. ihr / können / leider nicht lange bei uns bleiben
6. Sabine / mögen / die Gemüsesuppe nicht

4 Ein Märchen Ergänzen Sie die Sätze mit den richtigen Präteritumsformen.

Es (1) ________ (sein) einmal ein kleines Mädchen. Ihr Name war Aschenputtel. Ihre Mutter (2) ________ (sterben), als sie jung war. Ihr Vater (3) ________ (finden) bald eine neue Frau. Seine neue Frau (4) ________ (haben) zwei hässliche Töchter. Die Stiefschwestern und die Stiefmutter (5) ________ (mögen) Aschenputtel nicht. Aschenputtel (6) ________ (müssen) den Boden wischen, die Wäsche waschen und alle Betten machen. Die bösen Stiefschwestern (7) ________ (tragen) selber schöne Kleider, aber sie (8) ________ (geben) Aschenputtel dreckige Lumpen (*rags*). Eines Tages (*One day*) (9) ________ (besuchen) Aschenputtel das Grab (*grave*) ihrer Mutter. Sie (10) ________ (sprechen) über ihr Unglück (*misfortune*)...

 Practice more at **vhlcentral.com.**

Kommunikation

5 **Meine Familie** Schreiben Sie eine Geschichte (*story*) über Ihre Familie und Ihre Kindheit (*childhood*). Benutzen Sie das Präteritum. Vergleichen Sie Ihre Geschichte mit der Geschichte eines Partners / einer Partnerin.

▶ **BEISPIEL**

Meine Familie wohnte in New York. Mein Vater war Musiker. Er arbeitete auch in einer Bibliothek. Wir gingen oft am Wochenende zu meinen Großeltern...

6 **Das Leben vor hundert Jahren** Wie war das Leben vor hundert Jahren? Arbeiten Sie mit einem Partner / einer Partnerin und bilden Sie logische Sätze mit Wörtern aus jeder Spalte.

BEISPIEL

S1: *Jungen konnten allein in den Wald gehen.*
S2: *Frauen konnten nicht an einer Universität studieren.*

Frauen	dürfen	im Garten schlafen
Hunde	können	nicht so viele Prüfungen korrigieren
Jungen	müssen	an einer Universität studieren
Kinder	sollen	allein in den Wald gehen
Mädchen	wollen	viel arbeiten
Männer		in einem großen Kaufhaus einkaufen
Professoren		Brot backen
Studenten		mit dem Auto fahren

7 **Mein schönster Tag** Erzählen Sie Ihrem Partner / Ihrer Partnerin von dem schönsten (*nicest*) Tag in Ihrem Leben. Benutzen Sie das Präteritum.

BEISPIEL

S1: *Es war ein Samstag. Das Wetter war schön und ich hatte keine Hausaufgaben. Ich ging in die Stadt...*
S2: *Mein schönster Tag war mein 16. Geburtstag. Meine Eltern hatten ein großes Geschenk für mich und es stand vor der Haustür...*

8 **Was für ein trauriger Tag** Gestern war ein sehr trauriger Tag für Erik. Schreiben Sie mit zwei Mitstudenten zusammen eine Geschichte über Eriks Tag. Benutzen Sie das Präteritum.

▶ **BEISPIEL**

Erik ging in die Küche. Er fand ein Blatt Papier. Es war von seiner Freundin...

2A.2 *da-*, *wo-*, *hin-*, and *her-* compounds

Startblock In German, personal pronouns following a preposition can only refer to people. Special forms are used when the object of the preposition refers to a thing or an idea.

Als Hans zu Weihnachten nach Hause kam, sprach er übrigens **von dir**.

Davon nehme ich einen Teller, bitte.

QUERVERWEIS

See **1B.3** to review two-way prepositions.

Many German verbs are used idiomatically with certain prepositions. You will learn more about these verbs in **3A.2**.

- In **1A.2** and **1A.3**, you learned to use personal pronouns to refer to the object of a preposition. When the object is a thing or an idea, use a **da**-compound instead.

Kennst du Alex? Wir sind am Samstag **mit ihm** essen gegangen.
*Do you know Alex? We went out to eat **with him** on Saturday.*

Wo ist der Teddybär? Das Baby will **damit** spielen.
*Where's the teddy bear? The baby wants to play **with it**.*

- Form a **da**-compound by adding **da**- to a preposition. If the preposition begins with a vowel, insert an -**r**- after **da**-.

common da-compounds	
dafür davon davor	daran darauf darin

Wo ist der Bus? Wir warten seit einer halben Stunde **darauf**.
*Where's the bus? We've been waiting **for it** for half an hour.*

—Hat Max dir ein Geschenk gegeben?
—Ja, und ich habe ihm **dafür** gedankt.
Did Max give you a present?
*—Yes, and I thanked him **for it**.*

- German speakers often drop the -**a**- in **da**-compounds that begin with **dar**-.

Wer ist da **drin**?
*Who's **in** there?*

Denk mal **drüber** nach.
*Think it **over**.*

- Use **wen** or **wem** to ask about the object of a preposition when it refers to a person. When you ask about a thing or idea, use a **wo**-compound.

Mit wem seid ihr ins Restaurant gegangen?
***Who** did you go to the restaurant **with**?*

Womit spielen die Kinder?
***What** are the children playing **with**?*

ACHTUNG

Note that **warten auf** (*to wait for*), **denken an** (*to think about*), and **sprechen über** (*to talk about*) always take accusative objects.

- Form a **wo**-compound by combining **wo(r)**- with a preposition.

common wo-compounds	
wofür wovon wovor	woran worauf worin

Wofür braucht sie den Spiegel?
***What** does she need the mirror **for**?*

Woran denkst du jetzt?
***What** are you thinking **about** now?*

Worüber sprecht ihr?
***What** are you talking **about**?*

- In **5B.3**, you learned to use the question word **wohin** to ask *where to*? Use the question word **woher** to ask *from where*?

Wohin soll ich den Spiegel hängen? ***Where** should I hang the mirror?*	**Woher** hast du diese Möbel bekommen? ***Where** did you get this furniture?*

- In conversation, **hin** and **her** can be separated from **wo**, moving to the end of the sentence.

Wo gehst du jetzt **hin**? ***Where** are you going **to** now?*	**Wo** kommst du **her**? ***Where** are you **from**?*

- Use the adverb **dahin** or **daher** to replace a prepositional phrase expressing motion.

Reist ihr **in die Schweiz**? *Are you going **to Switzerland**?*	Ja, wir reisen **dahin**. *Yes, we're going **there**.*

- **Hin** or **her** can also be combined with the prefix of a separable prefix verb, to indicate motion. Note that **hin** generally indicates motion *away* from the speaker, while **her** indicates motion *toward* the speaker.

Birgit **geht** die Treppe **hinauf**. *Birgit **is going up** the stairs.*	Paul **kommt** die Treppe **herunter**. *Paul **is coming down** the stairs.*
Komm **herein** oder geh **hinaus**! *Either come **in** or go **out**!*	Rapunzel, lass dein Haar **herunter**! *Rapunzel, let **down** your hair!*

- Compound prefixes like **herauf-**, **herein-**, **herunter-**, or **heraus-** are often shortened in spoken German to **rauf-**, **rein-**, **runter-**, **raus-**, and so on.

Lässt du mich bitte ins Badezimmer **rein**? *Will you please **let** me **into** the bathroom?*	Papa soll die alte Kommode in den Keller **runterbringen**. *Dad is supposed to **bring** the old dresser **down** to the basement.*

QUERVERWEIS

See **1B.3** to review the difference between **wo** and **wohin**.

ACHTUNG

The phrase **hin und her** means *back and forth:* **Warum laufen die Kinder hin und her?**

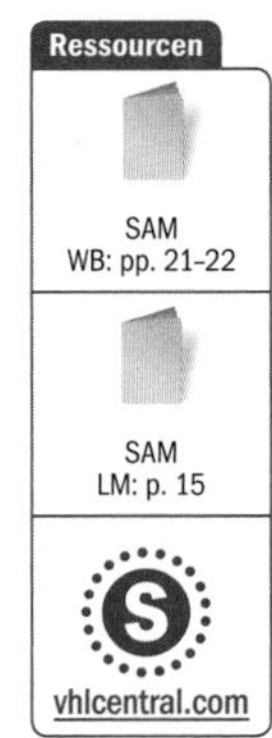

Ressourcen
SAM
WB: pp. 21-22
SAM
LM: p. 15
vhlcentral.com

Jetzt sind Sie dran! **Wählen Sie die richtigen Formen.**

1. (Woher / Wohin) kommt der Spruch (*saying*): Zeit ist Geld?
2. (Womit / Mit wem) hast du auf der Party getanzt?
3. (Womit / Mit wem) sollen wir die Pflanzen gießen (*water*)?
4. Hast du Herrn Schulz gesehen? Ich denke oft (an ihn / daran).
5. (Wohin / Woher) soll ich die Lampe stellen?
6. (Wofür / Für wen) brauchst du so viele Bleistifte?
7. Dorle ist wirklich unangenehm. Ich will nicht (damit / mit ihr) sprechen.
8. So eine schöne Vase! Wir danken euch sehr (für sie / dafür).
9. Die neue Wohnung ist wunderschön! Paul und Torsten haben viel (über sie / darüber) geredet.
10. (Woher / Wohin) bekomme ich das Geld für die Miete?

Anwendung

1 **Ersetzen Sie** Ersetzen Sie die Satzteile mit den entsprechenden **wo-** oder **da-**Komposita.

1. **wo-**: vor dem Kaufhaus ________
2. **wo-**: unter dem Teppich ________
3. **da-**: über das Buch ________
4. **da-**: gegen die Wand ________
5. **wo-**: aus Baumwolle ________
6. **da-**: für das Geschenk ________
7. **wo-**: mit dem Fahrrad ________
8. **da-**: hinter der Schule ________

2 **Wählen Sie** Wählen Sie die passenden Präposition + Pronomen-Verbindungen oder die passenden **da**-Komposita.

1. Mias Cousinen wohnen in Wels. Letzten Sommer hat sie (bei ihnen / dabei) gewohnt.
2. Laura gab mir ein Geburtstagsgeschenk und ich dankte ihr (für es / dafür).
3. Frank ist gegen diese Idee und seine Freunde sind auch alle (gegen ihn / dagegen).
4. Meine große Schwester hat mir immer bei den Hausaufgaben geholfen. Ich habe sie jeden Tag (*every day*) (mit ihr / damit) zusammen gemacht.
5. Simon spricht selten über Politik. Seine Freundin diskutiert aber gern (über sie / darüber).

3 **Ergänzen Sie** Ergänzen Sie die Sätze mit den passenden Wörtern. Bilden Sie Kombinationen mit **hin** oder **her**.

BEISPIEL

Stefanie *geht* die Treppe *hinauf* (hinaufgehen).

1. Der Junge ________ den Baum (*tree*) ________ (hinaufklettern).

2. Der Kellner ________ mit der Speisekarte ________ (herauskommen).

3. Herr Scholz ________ in die Metzgerei ________ (hineingehen).

4. Die Blätter (*leaves*) ________ von den Bäumen ________ (herunterfallen).

4 **Fragen bilden** Was sind die Fragen zu den Antworten?

BEISPIEL Zur Schule fahre ich mit dem Bus.
Womit fährst du zur Schule?

1. Lukas geht mit seiner Schwester ins Theater.
2. Stefanie ist gegen die Gartentür gefahren.
3. Das neue Sofa ist aus Leder gemacht.
4. Die Vorlesung war über Neurobiologie.

 Practice more at **vhlcentral.com.**

Kommunikation

5 **Hin oder her?** Entscheiden Sie mit Ihrem Partner / Ihrer Partnerin, welches Verb zu jedem Bild passt und beantworten Sie die Fragen.

herauskommen | hinausgehen | hineingehen | hinfallen | hinstellen

▶ **BEISPIEL** Was macht der Kellner?
Er stellt das Essen hin.

1. Was ist der Frau passiert?

2. Papa kommt gerade von der Arbeit. Was macht er?

3. Was will das Kind machen?

4. Herr und Frau Koch waren im Konzert. Was machen sie jetzt?

6 **So bin ich** Stellen Sie Ihrem Partner / Ihrer Partnerin die Fragen.

BEISPIEL Worüber lachst du oft?
Ich lache oft über meine Katze. Sie ist immer so lustig.

1. Woher kommt deine Familie?
2. Worüber sprichst du gern?
3. Wohin gehst du gern?
4. An wen denkst du oft?

7 **Mein bester Freund** Wie ist der beste Freund / die beste Freundin von Ihrem Partner / Ihrer Partnerin? Stellen Sie Fragen und benutzen Sie **wo**-Komposita oder Präposition + **wen/wem**.

BEISPIEL sehr viel wissen / über

S1: *Worüber weiß dein bester Freund sehr viel?*
S2: *Er weiß sehr viel über Rockmusik.*

1. oft denken / an
2. selten Probleme haben / mit
3. gern ausgehen / mit
4. mit dir sprechen / über

8 **Mein Zimmer** Beschreiben Sie Ihr Zimmer. Benutzen Sie **da**-Komposita. Ihr Partner / Ihre Partnerin versucht dann, eine Skizze (*sketch*) von Ihrem Zimmer zu machen. Dann tauschen Sie die Rollen.

BEISPIEL *Da ist mein Bett. Darauf liegt eine Bettdecke von meiner Oma, und darüber hängt ein Poster. Mein Nachttisch steht neben dem Bett. Darauf liegt…*

in der Ecke (*in the corner*)	zwischen	hängen	über	hinter
links davon	stehen	auf	unter	vor
rechts davon	liegen	in	neben	

2A.3 Coordinating conjunctions

Startblock Use coordinating conjunctions to combine two related sentences, words, or phrases into a single sentence.

Ich ging in die Küche, **und** am Herd stand ihr Großvater.

Es ist bequemer hier, **denn** die Küche ist gleich nebenan.

- The most common coordinating conjunctions are **aber** (*but*), **denn** (*for, because*), **oder** (*or*), **sondern** (*but rather/instead*), and **und** (*and*).

Ich habe eine Wohnung mit großer Küche gemietet, **denn** ich koche gern.
*I rented an apartment with a big kitchen, **because** I like to cook.*

Lola braucht einen Schrank **oder** eine Kommode für ihre Kleider.
*Lola needs a closet **or** a dresser for her clothes.*

- Both **aber** and **sondern** correspond to the English word *but*. **Sondern** is used after a negated clause and indicates that the two ideas being coordinated are mutually exclusive.

Erik hat ein großes Sofa, **aber** er sitzt gern auf dem Boden.
*Erik has a big sofa, **but** he likes to sit on the floor.*

Meine Wohnung ist nicht im Erdgeschoss, **sondern** im ersten Stock.
*My apartment is not on the ground floor, **but rather** on the second floor.*

- When two clauses are connected by a coordinating conjunction, both follow normal subject-verb word order. Always use a comma before **aber, denn**, and **sondern**.

Die Katze sitzt auf dem Balkon **und der Hund liegt** auf dem Teppich.
*The cat is sitting on the balcony **and the dog is lying** on the carpet.*

Ihr esst immer im Esszimmer, **aber wir essen** gern in der Küche.
*You always eat in the dining room, **but we** like to **eat** in the kitchen.*

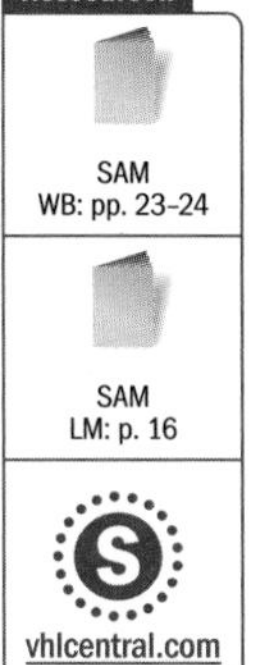

Ressourcen
SAM
WB: pp. 23–24
SAM
LM: p. 16
vhlcentral.com

Jetzt sind Sie dran! **Wählen Sie die passende Konjunktion.**

1. Seine Schwester hat einen braunen Sessel (und / sondern) ein blaues Sofa im Wohnzimmer.
2. Im Keller ist es nicht warm, (sondern / aber) kalt.
3. Wir haben ein Haus mit einer großen Garage gekauft, (und / denn) wir haben zwei Autos.
4. Ich liebe Schokolade, (denn / aber) ich bin leider auf Diät.
5. Sabine kauft gern Pflanzen für ihr Arbeitszimmer, (aber / denn) sie liebt die Natur.
6. Die Kinder wollen spielen, (sondern / aber) sie müssen zuerst (*first*) ihre Hausaufgaben machen.
7. Wohnst du in einem Haus (oder / sondern) mietest du eine Wohnung?
8. Auf meinem Schreibtisch habe ich eine Lampe (und / denn) ein hübsches Bild von meiner Freundin.
9. Ich parke mein Auto nicht auf der Straße (*street*), (sondern / aber) in der Garage.
10. Zieht ihr im Januar (denn / oder) im Februar um?

Anwendung und Kommunikation

1 **Aber oder sondern?** Ergänzen Sie die Sätze mit **aber** oder **sondern.**

1. Klaus ist intelligent, ________ nicht sehr dynamisch.
2. Er und seine Frau wohnen in Deutschland, ________ sie kommen aus den USA.
3. Kerstin studiert nicht mehr an der Universität, ________ arbeitet jetzt als Architektin.
4. Sie wollten letztes Jahr in ein neues Haus umziehen, ________ es war zu teuer.
5. Ihre Kinder sind nicht in der Schule, ________ im Kindergarten.

2 **Was und warum** Bilden Sie logische Sätze aus Spalte A und B und verbinden Sie sie mit **aber, oder, denn, und** oder **sondern.**

BEISPIEL

Ich arbeitete gerne mit Claudia, denn sie war zuverlässig (dependable).

A	B
Ich arbeitete immer gerne mit Claudia.	*Sie fanden dort einen billigen Kleiderschrank.*
Sie waren beim Möbelhaus Fischer.	*Sie war zuverlässig.*
Hannes wollte das gestreifte Hemd kaufen.	*Er wollte nicht im Erdgeschoss wohnen.*
Sie kauften kein zweites Auto.	*Sie kauften ein Fahrrad.*
Er wollte ein Zimmer bei einer Familie mieten.	*Es war zu eng.*
Ich bin heute Abend zu Hause geblieben.	*Ich war sehr müde.*

3 **Karen und ihre Familie** Erfinden Sie einen passenden Satz zu jedem Bild, und benutzen Sie dabei die angegebenen Konjunktionen.

BEISPIEL sondern
Karen hat keinen Hund, sondern eine Katze.

1. oder

2. und

3. und

4. oder

Practice more at **vhlcentral.com.**

Wiederholung

1 **Umzug** Lena reist viel. Sprechen Sie mit einem Partner / einer Partner darüber, wo Lena war und was sie machte.

BEISPIEL München / Oktoberfest besuchen

S1: *In München besuchte Lena das Oktoberfest.*
S2: *In Berlin…*

1. Berlin / das Brandenburger Tor sehen
2. Hamburg / ein Konzert hören
3. Düsseldorf / in der Königsallee wohnen
4. Köln / ein Fahrrad kaufen
5. Heidelberg / Chemie studieren

2 **Eine laute Party** Sie sind auf einer Party, aber die Musik ist sehr laut, und Sie können nicht gut hören. Fragen Sie Ihren Partner / Ihre Partnerin, was er/sie gesagt hat.

BEISPIEL Am Montag / ins Musikgeschäft gehen möchten

S1: *Am Montag möchte ich ins Musikgeschäft gehen.*
S2: *Wie bitte? Wohin möchtest du gehen?*

1. am Dienstag / in der Mensa essen wollen
2. im Sommer / nach Österreich reisen möchten
3. am Freitag / im Schwimmbad schwimmen können
4. am Wochenende / für die Physikprüfung lernen sollen
5. nächste Woche / einen Essay über München schreiben müssen
6. morgen Abend / mit den Eltern im Restaurant essen können
7. morgen Nachmittag / lange in der Bibliothek bleiben müssen
8. im Winter / in den Alpen Ski fahren wollen

3 **Sieben Unterschiede** Sie und Ihr Partner / Ihre Partnerin bekommen zwei Blätter mit verschiedenen Bildern. Vergleichen Sie die Bilder, und machen Sie eine Liste mit den sieben Unterschieden auf den Bildern.

BEISPIEL

S1: *Es gibt nur ein Bett und eine Lampe rechts daneben, vor dem Fenster.*
S2: *Ich habe auch ein Bett, aber ich habe keine Lampe, …*

4 **Im Stadtzentrum** Erzählen Sie Ihrem Partner / Ihrer Partnerin, was Sie am Dienstag im Stadtzentrum machten. Wählen Sie ein Wort aus jeder Spalte und bilden Sie logische Sätze.

BEISPIEL

S1: *Am Dienstag lasen wir Bücher in der Bibliothek.*
S2: *An der Uni sprach ich mit…*

A	B	C
Bücher	mit Freunden	essen
Meeresfrüchte	Kaffee	fahren
an der Uni	Kleider	finden
im Café	Steak	kaufen
im Modegeschäft	auf dem Markt	kommen
im Restaurant „Tivoli“	durch die Stadt	lesen
mit dem Fahrrad	in der Bibliothek	spazieren
langsam	in die Stadt	sprechen
spät	nach Hause	trinken

5 **Gern machen** Fragen Sie Ihre Klassenkameraden, ob Sie die Aktivitäten in der Liste gern machen. Finden Sie eine Person für jede Aktivität.

BEISPIEL

S1: *Fährst du gern mit dem Fahrrad?*
S2: *Ja, ich fahre gern damit.*

6 **Das Wochenende** Erzählen Sie Ihrem Partner / Ihrer Partnerin sechs Aktivitäten, die Sie am Wochenende machten. Sagen Sie auch, warum Sie das machten. Hören Sie auch, was Ihr Partner / Ihre Partnerin machte.

BEISPIEL

S1: *Am Samstagmorgen war ich drei Stunden in der Bibliothek, denn ich musste einen Essay für mein Literaturseminar schreiben.*
S2: *Am Samstagmorgen war ich nicht in der Bibliothek, sondern ich sollte mit meiner Mannschaft Fußball spielen…*

Video: TV Clip

Hausarbeit

Das Schweizer Fernsehen° produziert deutschsprachige Fernsehsendungen für das Schweizer Publikum. Die Sendung „Tagesschau" ist das Programm, das täglich die meisten Zuschauer hat. Die folgende TV Reportage aus der Tagesschau berichtet, wie viel Hausarbeit Schweizer Männer heute zu Hause machen. Die Reportage basiert auf einer Studie der Schweizer Regierung°. Die Arbeit, die Männer und Frauen zu Hause machen, ist unterschiedlich° und orientiert sich am Geschlecht°.

Immer mehr Frauen mit Kindern sind berufstätig°.

Väter mit kleinen Kindern helfen mehr im Haushalt.

Dass beide Geschlechter zu Hause gleich viel° arbeiten, davon sind wir noch weit weg°.

Fernsehen *television* **Regierung** *government* **unterschiedlich** *different* **Geschlecht** *gender* **berufstätig** *working* **gleich viel** *the same amount* **weit weg** *far away*

 **Verständnis** Beantworten Sie die Fragen mit den Informationen aus dem Video.

1. Laut (*according to*) des Videos, welche Aktivität machen normalerweise die Männer zu Hause?
   a. Putzen b. Gartenarbeit c. Bügeln
2. Welche Aktivität machen Frauen *und* Männer?
   a. Aufräumen b. Waschen c. Kochen

 **Diskussion.** Diskutieren Sie die folgenden Fragen mit einem Partner / einer Partnerin.

1. Wer macht was in Ihrem Haushalt? Arbeiten die Männer und die Frauen in Ihre Familie gleich viel zu Hause?
2. Rollenspiel. Schreiben Sie eine kurze Szene über ein berufstätiges Paar. Die beiden Partner streiten sich darüber (*argue about*), wie die Hausarbeit aufgeteilt sein soll.

Communicative Goals

You will learn how to:

- talk about household chores
- talk about appliances

Hausarbeit

Talking Picture
Audio: Activities

Wortschatz

die Hausarbeit	***housework***
den Tisch decken	*to set the table*
staubsaugen	*to vacuum*
Wäsche waschen	*to do laundry*
Haushaltsartikel	***household items***
die Decke, -n	*blanket*
der Herd, -e	*stove*
die Kaffeemaschine, -n	*coffeemaker*
die Pfanne, -n	*pan*
die Spülmaschine, -n	*dishwasher*
der Staubsauger, -	*vacuum cleaner*
der Toaster, -	*toaster*
der Wäschetrockner, -	*dryer*
die Waschmaschine, -n	*washing machine*
zum Beschreiben	***to describe***
dreckig	*filthy*
ordentlich	*tidy*
sauber	*clean*
schmutzig	*dirty*
Es ist ein Saustall!	*It's a pigsty!*
Verben	***verbs***
aufräumen (räumt... auf)	*to clean up*
putzen	*to clean*
waschen	*to wash*
wischen	*to wipe; to mop*

ACHTUNG

German speakers often shorten a compound when the context is clear:
Anja wirft die Wäsche in den Trockner.
But: **Der Wäschetrockner ist kaputt**.

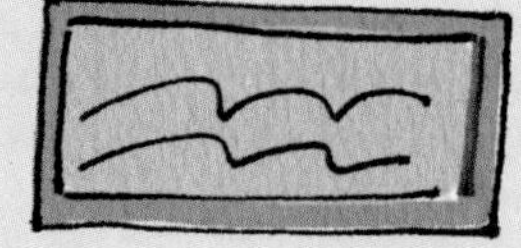

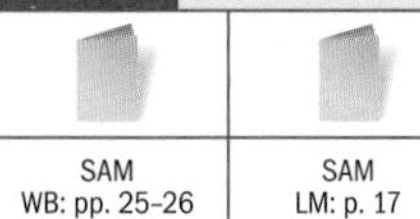

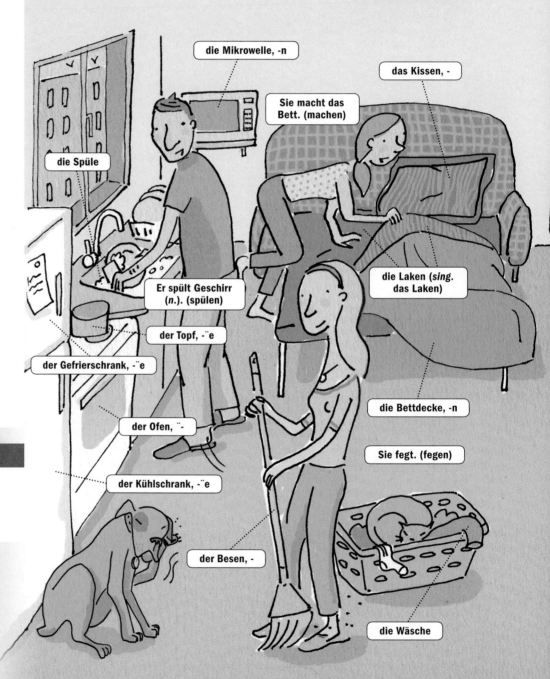

vhlcentral.com

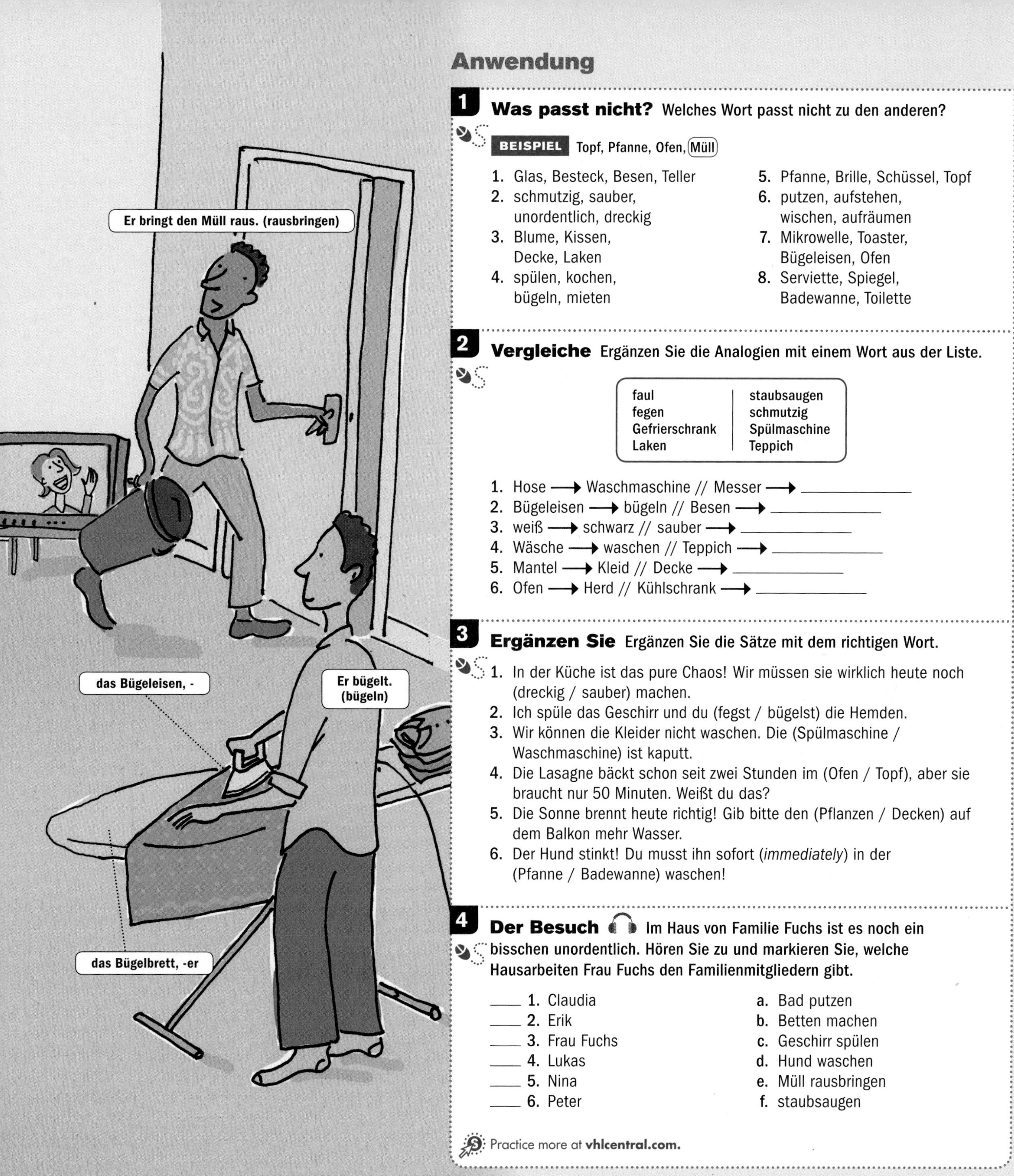

Anwendung

1 **Was passt nicht?** Welches Wort passt nicht zu den anderen?

BEISPIEL Topf, Pfanne, Ofen, (Müll)

1. Glas, Besteck, Besen, Teller
2. schmutzig, sauber, unordentlich, dreckig
3. Blume, Kissen, Decke, Laken
4. spülen, kochen, bügeln, mieten
5. Pfanne, Brille, Schüssel, Topf
6. putzen, aufstehen, wischen, aufräumen
7. Mikrowelle, Toaster, Bügeleisen, Ofen
8. Serviette, Spiegel, Badewanne, Toilette

2 **Vergleiche** Ergänzen Sie die Analogien mit einem Wort aus der Liste.

faul	staubsaugen
fegen	schmutzig
Gefrierschrank	Spülmaschine
Laken	Teppich

1. Hose → Waschmaschine // Messer → ______________
2. Bügeleisen → bügeln // Besen → ______________
3. weiß → schwarz // sauber → ______________
4. Wäsche → waschen // Teppich → ______________
5. Mantel → Kleid // Decke → ______________
6. Ofen → Herd // Kühlschrank → ______________

3 **Ergänzen Sie** Ergänzen Sie die Sätze mit dem richtigen Wort.

1. In der Küche ist das pure Chaos! Wir müssen sie wirklich heute noch (dreckig / sauber) machen.
2. Ich spüle das Geschirr und du (fegst / bügelst) die Hemden.
3. Wir können die Kleider nicht waschen. Die (Spülmaschine / Waschmaschine) ist kaputt.
4. Die Lasagne bäckt schon seit zwei Stunden im (Ofen / Topf), aber sie braucht nur 50 Minuten. Weißt du das?
5. Die Sonne brennt heute richtig! Gib bitte den (Pflanzen / Decken) auf dem Balkon mehr Wasser.
6. Der Hund stinkt! Du musst ihn sofort (*immediately*) in der (Pfanne / Badewanne) waschen!

4 **Der Besuch** **Im Haus von Familie Fuchs ist es noch ein bisschen unordentlich. Hören Sie zu und markieren Sie, welche Hausarbeiten Frau Fuchs den Familienmitgliedern gibt.**

____ 1. Claudia
____ 2. Erik
____ 3. Frau Fuchs
____ 4. Lukas
____ 5. Nina
____ 6. Peter

a. Bad putzen
b. Betten machen
c. Geschirr spülen
d. Hund waschen
e. Müll rausbringen
f. staubsaugen

Practice more at **vhlcentral.com.**

Kommunikation

5 **Räumen wir auf!** Die Wohnung ist mal wieder ein Saustall! Diskutieren Sie mit zwei Mitstudenten, welche Hausarbeiten jeder von Ihnen heute noch macht. Machen Sie dann auch einen Wochenplan, worin steht, wer in der Woche was machen muss, damit (*so that*) die Wohnung sauber bleibt.

BEISPIEL

S1: *Wer spült das Geschirr?*
S2: *Ich spüle das Geschirr. Und wer...?*

6 **Hausarbeiten** Besprechen Sie mit Ihrem Partner / Ihrer Partnerin, wer in Ihrer Familie die angegebenen (*indicated*) Hausarbeiten macht.

BEISPIEL

Betten machen
S1: *Bei uns in der Familie macht meine Mutter die Betten.*
S2: *Ich mache mein Bett jeden Morgen.*

1. Geschirr spülen
2. Kleider bügeln
3. Müll rausbringen
4. Staub wischen
5. Toilette putzen
6. Wäsche waschen

7 **Angelikas Tag** Arbeiten Sie mit einem Partner / einer Partnerin. Ihr Professor / Ihre Professorin gibt Ihnen zwei verschiedene Blätter mit Informationen über Angelikas gestrigen Tag. Erzählen Sie, was Angelika alles machen wollte. Schreiben Sie dann einen kurzen Absatz über Angelikas Tag gestern.

BEISPIEL

S1: *Angelika wollte gestern ihre Wäsche waschen.*
S2: *Ja, aber sie konnte die Waschmaschine und den Trockner nicht anmachen (turn on).*

8 **Mein Traumhaus** Beschreiben Sie Ihrem Partner / Ihrer Partnerin Ihr Traumhaus: wo ist es, wie groß ist es, wie viele Stockwerke und Zimmer hat es, welche Möbel und Haushaltsartikel haben Sie, und wer macht die diversen Hausarbeiten?

BEISPIEL

S1: *Mein Traumhaus ist am Strand und es hat fünf Schlafzimmer, vier Badezimmer, ein Studierzimmer und auch eine große Garage für drei Autos. Im Garten ist ein Schwimmbad und ein zweites, kleines Haus für meine acht Hunde.*
S2: *Mein Traumhaus ist in der Stadt. Es hat...*

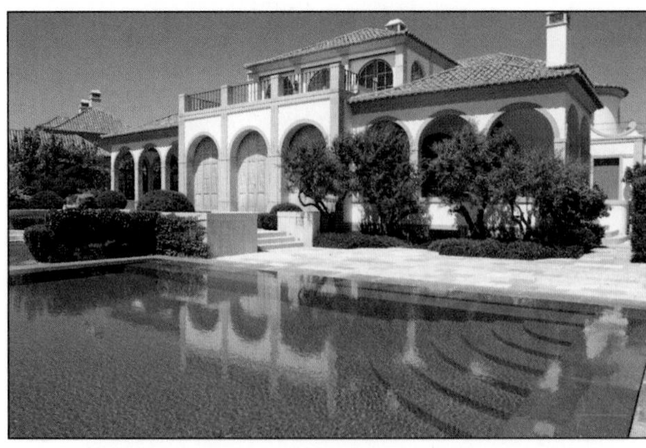

Aussprache und Rechtschreibung

Audio: Presentation
Record & Compare Activities

The German *k* sound

The German **k** is pronounced like the *k* in the English word *kind.* At the end of a syllable, this sound may be written as **ck**.

Kaffee **Laken** **Decke** **Frack** **Kreide**

In a few loanwords, the **c** at the beginning of a word is pronounced like a **k**. In other loanwords, the initial **c** may be pronounced similarly to the *ts* in *cats* or the *c* in *cello*.

Computer **Caravan** **Couch** **Celsius** **Cello**

When the consonant combination **kn** appears at the beginning of a word, both letters are pronounced. In the combination **nk**, the sound is very similar to the *nk* in the English word *thank*.

Knie **knusprig** **Knödel** **danken** **Schrank**

Remember that the **ch** sound and the **k**/**ck** sound are pronounced differently.

dich **dick** **Bach** **Back**

1 Sprechen Sie nach Wiederholen Sie die Wörter, die Sie hören.

1. Keller
2. Keramik
3. Stock
4. Container
5. Cola
6. Celsius
7. knackig
8. Knallfrosch
9. Bank
10. Hockey
11. lach
12. Lack

2 Artikulieren Sie Wiederholen Sie die Sätze, die Sie hören.

1. In der Küche bäckt man Kekse.
2. Deine Kleider hängen im Kleiderschrank.
3. In Frankfurt essen glückliche Kinder knackige Bockwürste.
4. Mein Lieblingsmöbelstück ist diese knallrote Couch.
5. Wir kaufen das Cabriolet in Köln.
6. Kann Klaus Knödel kochen?

3 Sprichwörter Wiederholen Sie die Sprichwörter, die Sie hören.

Klappern gehört zum Handwerk.[1]
Kommt Zeit, kommt Rat.[2]

[1] Talking it up is part of the trade. (lit. *Rattling is part of the trade.*)
[2] We'll figure it out with time. (lit. *With time comes counsel.*)

Ressourcen
SAM LM: p. 18
vhlcentral.com

Ich putze gern!

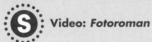

Video: *Fotoroman*

Meline und Sabite wollen die Wohnung aufräumen, doch plötzlich hat Meline eine wichtige Verabredung. Muss Sabite jetzt alleine putzen?

MELINE Super. Ich treffe dich dann dort in einer halben Stunde.
SABITE Wohin gehst du?
MELINE Meine Freundin Beatrice besucht ihre Großmutter in Wilmersdorf und sie haben mich zum Tee zu sich eingeladen.
SABITE Wir haben darüber gesprochen, die Wohnung zu putzen. Sie ist ein Saustall.

MELINE Das können wir doch später machen.
SABITE Meline, seit wir hier eingezogen sind, hast du nicht ein Mal bei der Hausarbeit geholfen. Du hast kein Geschirr gewaschen, den Boden nicht gefegt und auch die Möbel nicht abgestaubt.

MELINE Beatrice und ich sind schon sehr lange Freundinnen und ihre Großmutter ist sehr alt. Man kann doch Staubsaugen nicht mit der Zeit vergleichen, die man mit der Familie verbringt.
SABITE Warte. Nimm den Abfall mit raus.

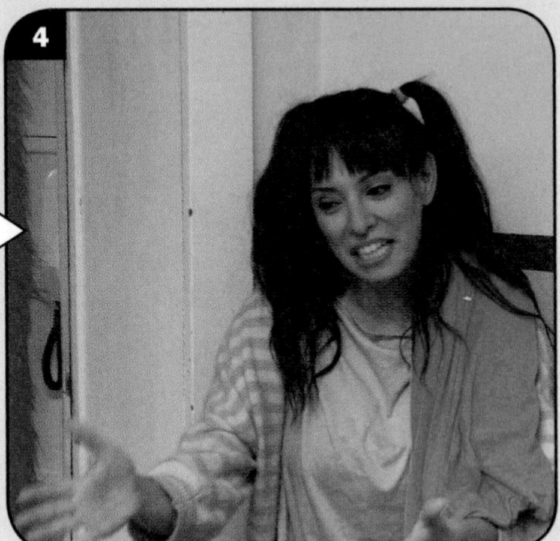

GEORGE Danke. Geht's dir gut?
SABITE Oh, mir geht es gut! Meline und ich hatten vor, heute die Wohnung aufzuräumen, aber sie hat sich aus dem Staub gemacht.
GEORGE Ich helfe dir.

GEORGE Ich wusste nicht, dass Mädchen so...
SABITE Unordentlich sein können?
GEORGE Letzte Woche sah es hier tadellos aus. Was ist passiert?
SABITE Es ist so stressig an der Uni. Wir haben keine Zeit zum Putzen. Und Meline macht keine Hausarbeiten.

SABITE Das kann ich von dir nicht verlangen. Es ist schmutzig hier drin.
GEORGE Ich hatte als Kind ein Zimmer mit meinem Bruder zusammen. Er war superfaul. Ich habe die Betten gemacht und die Wäsche gewaschen.

ÜBUNGEN

1 **Richtig oder falsch?** Entscheiden Sie, ob die folgenden Sätze richtig oder falsch sind.

1. Meline besucht eine Freundin in Wilmersdorf.
2. Sabite und Meline wollten die Wohnung putzen.
3. Meline hilft oft bei der Hausarbeit.
4. Meline muss den Abfall mit rausnehmen.
5. Sabite ist glücklich darüber, dass Meline nicht hilft.
6. George hatte als Kind ein Zimmer allein.
7. Er hat die Betten gemacht und die Wäsche gewaschen.
8. Sabite und Meline haben keine Zeit zum Putzen.
9. George und Sabite haben Melines Wäsche gefaltet.
10. Meline muss ihre Bluse bügeln.

PERSONEN

George

Meline

Sabite

7
SABITE Vielen Dank für deine Hilfe, George.
GEORGE Ich putze gern. Aber sag das bitte nicht Hans.
MELINE Oh, George. Ich dachte, dass du Torsten bist. Beatrices Großmutter hat einen Mandelkuchen gebacken. Das wird euch aufheitern.

8
SABITE Wir haben die Böden gefegt, das Geschirr gewaschen, den Herd geputzt, Staub gesaugt und abgestaubt.
GEORGE Wir haben die Töpfe und Pfannen weggeräumt und eklige Dinge aus dem Kühlschrank und dem Spülbecken entfernt.

9
SABITE Deine Wäsche haben wir *nicht* gefaltet.

10
MELINE Ach, dieses Kleid möchte ich heute Abend anziehen. Jetzt muss ich bügeln.
SABITE Oh, Meline, da du gerade am Bügeln bist... Danke!

Nützliche Ausdrücke

- **Sie haben mich zum Tee zu sich eingeladen.**
  They invited me over for tea.
- **einziehen**
  to move in
- **nicht ein Mal**
  not even once
- **Man kann doch Staubsaugen nicht mit der Zeit vergleichen, die man mit der Familie verbringt.**
  You can't compare vacuuming to spending time with family.
- **Sie hat sich aus dem Staub gemacht.**
  She ran away.
- **tadellos**
  spotless
- **der Mandelkuchen**
  almond cake
- **aufheitern**
  to cheer up
- **eklig**
  disgusting
- **Da du gerade am Bügeln bist...**
  Since you're ironing...

2B.1

- **Ich habe die Betten gemacht und die Wäsche gewaschen.**
  I made the beds and did the laundry.
- **Ich hatte als Kind ein Zimmer mit meinem Bruder zusammen.**
  I shared a bedroom with my brother when I was a kid.

2B.2

- **Wir haben die Töpfe und Pfannen weggeräumt und eklige Dinge aus dem Kühlschrank und dem Spülbecken entfernt.**
  We put away all the pots and pans, and got rid of disgusting things from the refrigerator and the kitchen sink.

2 **Zum Besprechen** Stellen Sie sich vor (*Imagine*), Ihre Wohnung ist so ein „Saustall" wie die von Sabite und Meline. Machen Sie zu dritt einen Plan, um die Wohnung aufzuräumen. Wer macht was? Arbeiten Sie zusammen oder alleine? Was machen Sie zuerst?

3 **Vertiefung** Sabites Professor hat das Gedicht „Kenner und Enthusiast" von Goethe zitiert, um ihr Kunstprojekt zu kommentieren. Suchen Sie das Gedicht im Internet. Finden Sie heraus, wie die Strophe (*stanza*) weitergeht.

Ressourcen
SAM VM: p. 4 | DVD Folge 4 | vhlcentral.com

Haushaltsgeräte°

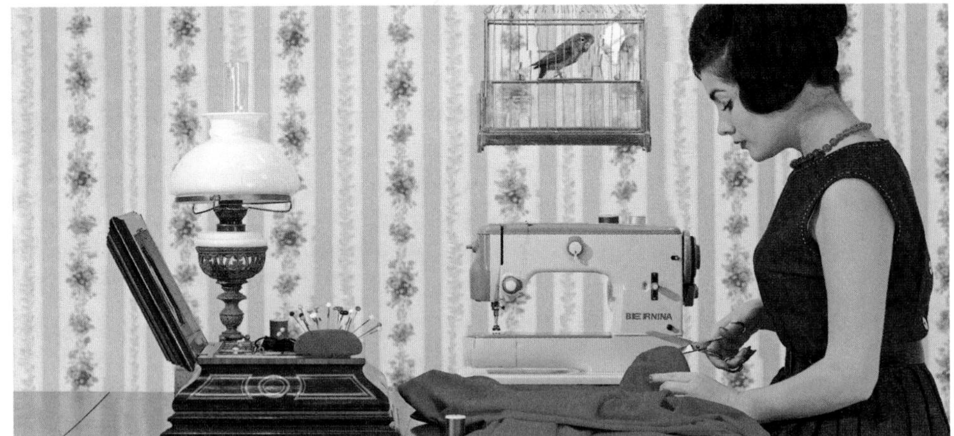

EINIGE WICHTIGE HAUSHALTSGERÄTE wurden von Technikern deutschsprachiger Länder erfunden°.

Thermoskannen

In einer Thermoskanne bleiben Getränke länger warm. Der Chemnitzer Professor Adolf Ferdinand Weinhold entdeckte° 1881 ein Prinzip, damit Glasgefäße° weniger Wärme verlieren. Reinhold Burger, ein anderer Deutscher, forschte° in Deutschland an einer Nutzung° dieses Prinzips. 1903 registrierte er sein Patent. Die Flaschen hatten eine Silberbeschichtung° und ein schützendes Metallgehäuse°. 1909 verkaufte Burger sein Patent an die Charlottenburger Thermos AG. Deshalb heißen diese Flaschen heute Thermosflaschen. Die erste Serienproduktion fand 1920 statt.

Kaffeefilter

Für das Kaffeekochen braucht man Kaffeefilter. Ein sehr bekannter Name bei Kaffeefiltern ist Melitta. Der Firmenname geht zurück auf Melitta Bentz aus Dresden. 1908 revolutionierte sie das Kaffeekochen. Sie verwendete° ein Stück Filterpapier und einen durchlöchterten Messingtopf°. Damit filterte sie den bitteren Kaffeesatz°. Aus dieser Idee entstand das Kaffeefiltern mit Kaffeefilter und Filterpapier. Das Patent erhielt Melitta Bentz am 20. Juni 1908 vom Kaiserlichen Patentamt in Berlin.

Nähmaschinen°

Eine Nähmaschine ist eine Maschine für die Kleiderproduktion. Die erste Nähmaschinenfirma, Bernina International AG, wurde von Karl Friedrich Gegauf gegründet°. Gegauf wusste, dass Nähen kompliziert und arbeitsaufwendig° sein kann. 1893 erfand er die erste Hohlsaum°-Nähmaschine der Welt. Damit konnte man 100 Stiche pro Minute nähen. 1885 zerstörte ein Großbrand° die Werkstatt der Gebrüder Gegauf komplett; lediglich der Prototyp der Hohlsaum-Nähmaschine konnte gerettet werden°. Heute ist Bernina eine sehr erfolgreiche Firma in der Schweiz.

Haushaltsgerätehersteller in Deutschland	
Bauknecht: Küchengeräte	1.917 Mitarbeiter in Deutschland
Bosch/Siemens: Haushaltsgeräte	14.196 Mitarbeiter in Deutschland
Liebherr: Kühlschränke und Gefriertruhen°	1.775 Mitarbeiter in Deutschland
Miele: Elektro-Haushaltsgeräte	11.000 Mitarbeiter in Deutschland
Rowenta: Küchen- und Haushaltsgeräte	1.100 Mitarbeiter in Deutschland

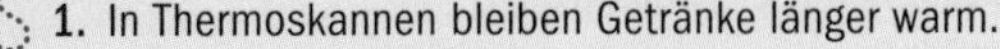

QUELLE: Statistisches Bundesamt Deutschland

Haushaltsgeräte *appliances* **wurden... erfunden** *were invented* **entdeckte** *discovered* **Glasgefäße** *glass containers* **forschte** *researched* **Nutzung** *use* **Silberbeschichtung** *silver coating* **schützendes Metallgehäuse** *protective metal casing* **verwendete** *used* **durchlöchterten Messingtopf** *perforated brass pot* **Kaffeesatz** *coffee grounds* **Nähmaschinen** *sewing machines* **wurde... gegründet** *was founded* **arbeitsaufwendig** *labor-intensive* **Hohlsaum** *hemstitch seam* **Großbrand** *large fire* **gerettet werden** *be saved* **Gefriertruhen** *freezers*

ÜBUNGEN

1 Richtig oder falsch? Sind die Aussagen richtig oder falsch? Korrigieren Sie die falschen Aussagen mit einem Partner / einer Partnerin.

1. In Thermoskannen bleiben Getränke länger warm.
2. Adolf Ferdinand Weinhold registrierte 1903 ein Patent für Thermoskannen.
3. Melitta ist ein bekannter Name bei Kaffeefiltern.
4. 1904 revolutionierte Melitta Bentz das Kaffeekochen.
5. Melitta Bentz kommt aus Österreich.
6. Karl Friedrich Gegauf erfand in der Schweiz eine Nähmaschine.
7. Seine Nähmaschine nähte 50 Stiche pro Minute.
8. Der Prototyp der Hohlsaum-Nähmaschine wurde 1885 von einem Großbrand zerstört.
9. Miele produziert Elektro-Haushaltsgeräte und hat in Deutschland 11.000 Mitarbeiter.
10. Rowenta produziert nur Küchengeräte.

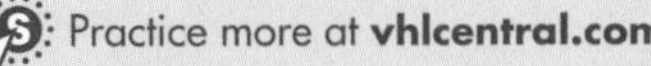

DEUTSCH IM ALLTAG

Materialien

die Fliesen (*pl.*)	*tiles*
der Granit	*granite*
das Holz	*wood*
die Keramik	*ceramic*
der Kunststoff	*plastic*
das Leder	*leather*
der Marmor	*marble*
der Stahl	*steel*

DIE DEUTSCHSPRACHIGE WELT

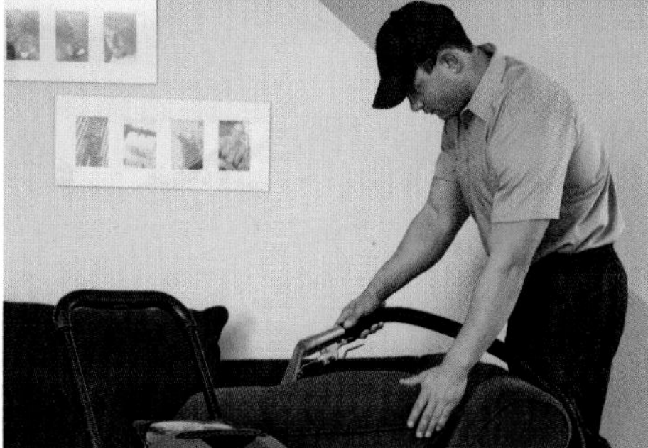

Fachleute Hauswirtschaft°

Ein offizieller Beruf in der Schweiz ist Fachmann/Fachfrau Hauswirtschaft. Personen mit diesem Beruf sind Experten für Hausarbeit. Das Berufsziel°: Menschen fühlen sich in ihrer Wohnung wohl°. Deshalb putzen sie Zimmer schnell, gründlich° und umweltschonend°. Bei Schäden° in Zimmern reparieren sie diese Schäden. Fachleute Hauswirtschaft arbeiten in Heimen°, Krankenhäusern°, Hotels und Restaurants. Die Ausbildung° dauert drei Jahre. Man muss in einem Betrieb° arbeiten, jede Woche einen Tag in die Schule gehen und am Ende Prüfungen machen.

Fachleute Hauswirtschaft *home economics specialists* **Berufsziel** *professional aim* **fühlen sich... wohl** *feel comfortable* **gründlich** *thoroughly* **umweltschonend** *environmentally friendly* **Schäden** *damages* **Heimen** *(nursing) homes* **Krankenhäusern** *hospitals* **Ausbildung** *training* **Betrieb** *firm*

PORTRÄT

Johanna Spyri

Johanna Spyri (1827-1901), geborene Heusser, war eine sehr erfolgreiche° Schweizer Autorin. Sie war das vierte von sechs Kindern. Bis sie 25 Jahre alt war, unterrichtete sie ihre jüngeren Geschwister und half ihrer Mutter im Haushalt. 1852 heiratete sie den Rechtsberater Johann Bernhard Spyri. Ihr Mann war nicht oft zu Hause und Johanna Spyri mochte Hausarbeit nicht. Deshalb animierte° sie ein Freund, der Pastor Cornelius Rudolph Vietor, zum Schreiben. 1871 veröffentlichte° sie ihre erste Geschichte „Ein Blatt auf Vrony's Grab". Es war ein großer Erfolg. Später schrieb sie ihr berühmtestes Buch „Heidis Lehr- und Wanderjahre" über das Waisenmädchen° Heidi. Es ist ein Roman° über die romantische Idylle der Schweizer Alpen. Dieser Roman alleine existiert in mehr als 50 Sprachen. Insgesammt schrieb Spyri 31 Bücher, 27 Erzählbände° und 48 Erzählungen°.

erfolgreich *successful* **animierte** *encouraged* **veröffentlichte** *published* **Waisenmädchen** *orphan girl* **Roman** *novel* **Erzählbände** *anthologies* **Erzählungen** *stories*

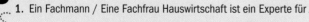

IM INTERNET

Suchen Sie Stellenangebote als Fachmann/frau Hauswirtschaft in der Schweiz. Was muss man machen? Schreiben Sie Beispiele auf.

For more information on this **Kultur**, go to **vhlcentral.com**.

2 **Was fehlt?** Ergänzen Sie die Sätze.

1. Ein Fachmann / Eine Fachfrau Hauswirtschaft ist ein Experte für ______.
2. Fachleute Hauswirtschaft reparieren ______ in Zimmern.
3. Die Ausbildung für Fachleute Hauswirtschaft dauert ______.
4. Johanna Spyri fing mit dem Schreiben an, denn sie mochte ______ nicht.
5. Das bekannteste Buch Spyris ist über das Waisenmädchen ______.
6. Dieses Buch existiert in mehr als 50 ______.

3 **Ihre Traumküche** Diskutieren Sie mit einem Partner / einer Partnerin Ihre Traumküche. Welche Geräte sind in der Küche? Aus welchen Materialien ist die Küche? Ist die Traumküche klein, groß, hell, etc.? Wie sieht die Küche Ihres Partners aus?

2B.1 *Perfekt versus Präteritum* 

Presentation

Startblock You have learned to use both the **Perfekt** and the **Präteritum** to talk about past events. However, these two tenses are not used interchangeably.

Ich **habe** es nicht **verstanden**, aber es **hat** mir **gefallen**.

„Da **warf** ich in ein Eckchen mich, die Eingeweide **brannten**."

QUERVERWEIS

See **1A.1** and **1B.1** to review the formation of the **Perfekt**.

See **2A.1** to review the formation of the **Präteritum**.

- The **Perfekt** tense is most often used in conversation and in informal writing, such as e-mails, blog entries, personal letters, or diaries.

  Habt ihr den Tisch **gedeckt**?
  *Did you **set** the table?*

  Nein, aber wir **haben** den Boden **gewischt**.
  *No, but we **mopped** the floor.*

- The **Präteritum** is generally used in formal or literary writing, such as novels or newspaper articles, or in other formal contexts, such as news reports or speeches. It is sometimes called the *narrative past*, since it is often used to narrate a series of related past events.

  Es **war** einmal eine junge Frau mit dem Namen Aschenputtel.
  *Once upon a time, there **was** a young woman named Cinderella.*

  Jeden Tag **fegte** sie den Boden, **machte** sie die Betten und **spülte** sie das Geschirr.
  *Every day, she **swept** the floors, **made** the beds, and **washed** the dishes.*

- A few specific verbs are commonly used in the **Präteritum**, even in informal contexts. In conversation, most Germans use the **Präteritum** of **sein**, **haben**, and modal verbs, rather than the **Perfekt**.

  Hattet ihr am Mittwoch keine Hausaufgaben?
  *Didn't you **have** any homework on Wednesday?*

  Meine alte Wohnung **war** ein Saustall.
  *My old apartment **was** a pigsty.*

  Die Kinder **wollten** das Gemüse nicht essen.
  *The kids **didn't want** to eat their vegetables.*

  Solltet ihr gestern nicht staubsaugen?
  ***Weren't** you **supposed** to vacuum yesterday?*

QUERVERWEIS

You will learn more about **als** and other subordinating conjunctions in **4A.1.**

- The **Präteritum** is also preferred by most speakers after the subordinating conjunction **als**.

  Als wir Kinder **waren**, haben wir viel Hausarbeit gemacht.
  ***When** we **were** kids, we did a lot of housework.*

  Als ich die Garage **aufräumte**, habe ich viele alte Bücher gefunden.
  ***When** I **cleaned up** the garage, I found lots of old books.*

- German verbs are usually listed in dictionaries and vocabulary lists by their *principal parts* (**Stammformen**): the infinitive, the third-person singular form of the **Präteritum**, and the past participle. For verbs with stem changes in the **Präsens**, the third-person singular form is given in parentheses. For completely regular verbs, only the infinitive is listed.

geben (gibt)	**gab**	**gegeben**
to give (gives)	*gave*	*given*

- Knowing the principal parts of a verb allows you to produce all of its conjugations in any tense. Here are the principal parts of some of the verbs you've learned so far.

infinitive	*Präteritum*	past participle
bringen	brachte	gebracht
denken	dachte	gedacht
essen (isst)	aß	gegessen
helfen (hilft)	half	geholfen
laufen (läuft)	lief	ist gelaufen
nehmen (nimmt)	nahm	genommen
schlafen (schläft)	schlief	geschlafen
sehen (sieht)	sah	gesehen
sitzen	saß	gesessen
verstehen	verstand	verstanden
waschen (wäscht)	wusch	gewaschen
wissen (weiß)	wusste	gewusst

Er **nahm** einen Besen und **gab** seiner Schwester den Staubsauger.
*He **took** a broom and **gave** his sister the vacuum cleaner.*

Ich **habe** nur einen Keks **genommen** und habe Peter die anderen **gegeben**.
*I only **took** one cookie and **gave** the rest to Peter.*

QUERVERWEIS

See **Appendix A** for a complete list of strong verbs with their principal parts.

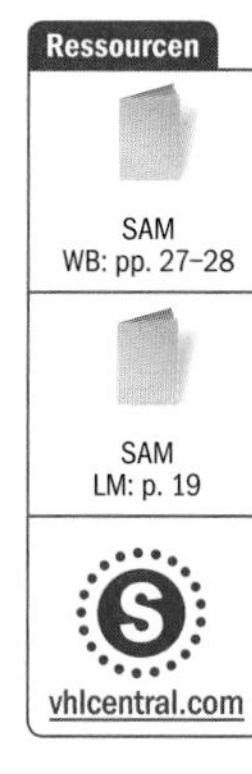

Ressourcen
SAM
WB: pp. 27–28
SAM
LM: p. 19
vhlcentral.com

Jetzt sind Sie dran! **Wählen Sie die richtige Zeitform (*tense*) für die folgenden Sätze.**

1. Es war einmal ein Mädchen mit dem Namen Rapunzel. (Perfekt / Präteritum)
2. Jeden Tag saß sie allein in ihrem Turm (*tower*). (Perfekt / Präteritum)
3. Donnerstags wusch ich die Wäsche. (Perfekt / Präteritum)
4. Was hast du an der Universität studiert? (Perfekt / Präteritum)
5. Meine Eltern haben ein Haus in München gemietet. (Perfekt / Präteritum)
6. Sie wollten schon immer in Bayern wohnen. (Perfekt / Präteritum)
7. Hast du schon den Balkon gefegt? (Perfekt / Präteritum)
8. Heute Morgen war die Mikrowelle noch sauber. (Perfekt / Präteritum)
9. In meiner alten Wohnung hatte ich eine Spülmaschine. (Perfekt / Präteritum)
10. Die ganze Familie hat Bernd bei seinem Umzug geholfen. (Perfekt / Präteritum)
11. In seiner neuen Wohnung konnte er sehr gut schlafen. (Perfekt / Präteritum)
12. Sie ist gar nicht teuer. Er hat wirklich Glück gehabt. (Perfekt / Präteritum)

Anwendung

1 Perfekt oder Präteritum? Welche Zeitform benutzt man gewöhnlich (*generally*) in diesen Situationen?

▶ **BEISPIEL** Perfekt

1. ______________

2. ______________

3. ______________

4. ______________

2 Ergänzen Sie Ergänzen Sie die Tabelle mit den fehlenden Informationen.

	Infinitiv	*Präteritum*	*Perfekt*
1.		*durfte*	
2.			*ist gegangen*
3.	*fahren*		
4.		*nahm*	
5.			*ist gekommen*
6.	*sehen*		
7.			*hat gebracht*
8.	*mögen*		

3 Ein kurzes Gespräch Ergänzen Sie die Sätze mit den fehlenden Verbformen im Perfekt oder im Präteritum.

BEISPIEL **SUSI** Was <u>hast</u> du gestern Abend (*last night*) <u>gemacht</u>? (*machen*)

ANDREA Ich (1) ________ in die Bibliothek gehen, aber Michael (2) ________ mit mir spazieren gehen. Es (3) ________ langweilig. (sollen, wollen, sein)

SUSI Ach ja? (4) ________ er nicht eine Verabredung (*date*) mit Mira? (haben)

ANDREA Mira (5) ________ nicht, denn ihre Eltern (6) ________ zum Abendessen (7) ________. (können, kommen)

SUSI Haha! Das (8) ________ sie bestimmt toll (9) ________. (finden)

ANDREA Das weiß ich nicht. Ich (10) ________ heute nicht mit ihr (11) ________. (sprechen)

Practice more at **vhlcentral.com.**

Kommunikation

4 **Ein bisschen Geschichte** Erraten Sie zusammen mit Ihrem Partner / Ihrer Partnerin, welches Ereignis (*event*) zu welchem historischen Datum passt.

BEISPIEL

S1: *Was ist im Jahr 2005 passiert?*
S2: *2005 ist Angela Merkel als erste Frau Bundeskanzlerin von Deutschland geworden.*

Historisches Datum	Ereignis
____ 1. 1295	a. Die Berliner Mauer fiel.
____ 2. 1492	b. Marco Polo brachte chinesische Nudeln nach Italien.
____ 3. 1824	c. Ludwig van Beethoven komponierte seine 9. Sinfonie.
____ 4. 1918	d. Christoph Kolumbus reiste nach Amerika.
____ 5. 1989	e. Deutschland verlor den Ersten Weltkrieg (*World War*).
____ 6. 2005	f. Angela Merkel wurde als erste Frau Bundeskanzlerin von Deutschland.

5 **Julians Kalender** Erzählen Sie zusammen mit Ihrem Partner / Ihrer Partnerin, was Julian im April alles gemacht hat. Benutzen Sie das Perfekt und/oder Präteritum.

BEISPIEL

S1: *Am 6. April hat er einen Film gesehen.*
S2: *Und am 7. April war er beim Friseur.*

APRIL

MO	DI	MI	DO	FR	SA	SO
					1	Basketballspiel 2
3	Geschenk kaufen 4	5	Film „Sophie Scholl" 6	Friseur 7	8	9
10	Mama Geburtstag 11	12	13	14	Party bei Tom 15	16
17	18	Coldplay-Konzert 19	20	21	22	Essen mit Lara 23
24	25	26	Deutschtest 27	28	29	30

6 **Ein Märchen** Schreiben Sie mit Ihrem Partner / Ihrer Partnerin das Märchen zu Ende. Sie dürfen auch Ihr eigenes Märchen erfinden (*make up*). Schreiben Sie sechs bis acht Sätze im Präteritum.

1. Es war einmal ein junges Mädchen. Sie hatte einen gemeinen Stiefbruder. Eines Tages...

2. Es waren einmal ein Hund, eine Katze, ein Hamster und ein Vogel. Sie wohnten alle bei einer alten Frau. Eines Tages...

3. Es war einmal ein kleiner Hund. Er wohnte allein im Wald und wollte so gern eine Familie haben. Eines Tages...

2B.2 Separable and inseparable prefix verbs in the *Perfekt*

Startblock You learned about separable and inseparable prefix verbs in the present tense. In the **Perfekt**, the past participles of verbs with prefixes are formed slightly differently than those of other verbs.

Du **hast** den Boden nicht gefegt und auch die Möbel nicht **abgestaubt**.

Wir **haben** die Töpfe **weggeräumt** und eklige Dinge aus dem Kühlschrank **entfernt**.

- Verbs with prefixes can be either strong, weak, or mixed.

Ihr **habt** das Zimmer **aufgeräumt**.
*You **cleaned up** the room.*

Wir **haben** Kuchen **mitgebracht**.
*We **brought** cake.*

Sie **sind** nach Berlin **umgezogen.**
*They **moved** to Berlin.*

- To form the past participle of a separable prefix verb, add the separable prefix to the past participle of the root verb, before the **-ge-** prefix.

infinitive	participle	infinitive	participle
anrufen	angerufen	rausbringen	rausgebracht
aufräumen	aufgeräumt	umtauschen	umgetauscht
ausgehen	(ist) ausgegangen	umziehen	(ist) umgezogen
einkaufen	eingekauft	vorstellen	vorgestellt
mitbringen	mitgebracht	wegräumen	weggeräumt

Sie **haben** mich zum Tee zu sich **eingeladen**.

Wir **haben** Staub gesaugt und **abgestaubt**.

Wir **haben** das Geschirr **weggeräumt**.
*We **put away** the dishes.*

Ich **habe** den kaputten Staubsauger **umgetauscht**.
*I **exchanged** the broken vacuum cleaner.*

- The past participles of inseparable prefix verbs are formed like those of separable prefix verbs, but without the **-ge-** prefix.

infinitive	participle	infinitive	participle
bedeuten	**bedeutet**	erklären	**erklärt**
beginnen	**begonnen**	gehören	**gehört**
besuchen	**besucht**	verkaufen	**verkauft**
bezahlen	**bezahlt**	verschmutzen	**verschmutzt**
entdecken	**entdeckt**	verstehen	**verstanden**

Herr Koch **hat** uns einen neuen Gefrierschrank **verkauft**.
*Mr. Koch **sold** us a new freezer.*

Der Vermieter **hat** das Loch in der Wand **entdeckt**.
*The landlord **discovered** the hole in the wall.*

Sarahs Bruder **hat** uns einmal **besucht**.
*Sarah's brother **came to visit** us once.*

Ich **habe** die Frage nicht **verstanden**.
*I **didn't understand** the question.*

- Remember that the prefixes of inseparable prefix verbs are never stressed, while the prefixes of separable prefix verbs are always stressed.

Wie viel hast du für den Toaster be**zahlt**?
How much did you pay for the toaster?

Wir haben viele Gäste **ein**geladen.
We invited a lot of guests.

- Most separable and inseparable prefix verbs are conjugated with **haben**. However, prefixed verbs that indicate a change in condition or location and do not take a direct object are conjugated with **sein**.

Der Hund **hat** den sauberen Boden **verschmutzt**.
*The dog **got** the clean floor **dirty**.*

Wir **sind** mit unseren Großeltern in die Schweiz **mitgefahren**.
*We **went** to Switzerland with our grandparents.*

Du **hast** den dreckigen Teppich **rausgebracht**.
*You **took out** the dirty rug.*

Wolfgang **ist** gestern Abend **ausgegangen**.
*Wolfgang **went out** last night.*

- Since prefixes change the meaning of a verb, in some cases a prefixed verb is conjugated with **sein**, while its base form is conjugated with **haben**.

Sie **sind** vor einem Jahr **umgezogen**.
*They **moved** a year ago.*

Die Hunde **haben** den Schlitten **gezogen**.
*The dogs **pulled** the sled.*

QUERVERWEIS

See **1B.1** to review the formation of the **Perfekt** with **sein**.

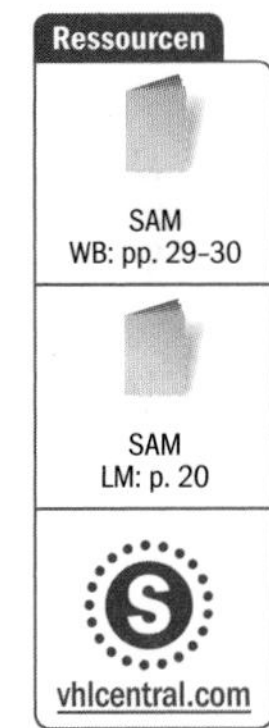

Ressourcen
SAM
WB: pp. 29–30
SAM
LM: p. 20
vhlcentral.com

Jetzt sind Sie dran! **Ergänzen Sie die Sätze mit den richtigen Formen der Verben im Perfekt.**

1. Peter __hat__ den Müll nicht __rausgebracht__. (rausbringen)
2. Liebe Kinder, ________ ihr eure Zimmer schon ________? (aufräumen)
3. Frau Schulz ________ den Wäschetrockner ________. (verkaufen)
4. Dieter ________ seine Freundin ________. (anrufen)
5. Anke, ________ ich dir meinen neuen Freund ________? (vorstellen)
6. Mama ________ eine schöne Vase zu Weihnachten ________. (bekommen)
7. Du ________ den Ring in der Waschmaschine ________. (entdeckt)
8. Ich ________ mit meinem Freund ________. (ausgehen)
9. Wir ________ eine Kaffeemaschine im Internet ________. (bestellen)
10. Wie viel ________ ihr für den Wäschetrockner ________? (bezahlen)
11. Martha, ________ du das Geschirr ________? (wegräumen)
12. Ich ________ meinen Schlüssel (*key*) zu Hause ________. (vergessen)

Anwendung

1 **Perfektformen** Formen Sie die Sätze vom Präsens ins Perfekt um.

BEISPIEL Er ruft seine Schwester an.
Er hat seine Schwester angerufen.

1. Mein Bruder kommt mit.
2. Ich stelle meine Eltern vor.
3. Georg kommt in Zürich an.
4. Du besuchst das Museum.
5. Wir bringen ein Geschenk mit.
6. Sara vergisst ihre Handtasche.
7. Der Professor wiederholt die Grammatik.
8. Ihr schaut bei dem Fußballmatch zu.

2 **Letzten Freitag** Was haben diese Leute letzten Freitag gemacht? Bilden Sie Sätze im Perfekt.

BEISPIEL Paula / ihre Schwester anrufen
Paula hat ihre Schwester angerufen.

1. Karin / nicht früh aufstehen

2. Moritz / sein Fahrrad verkaufen

3. Herr Huber / neue Schuhe anziehen

4. Ali / sein Zimmer aufräumen

5. Marion und ihre Freundin / ausgehen

3 **Das war früher anders** Sarah ist heutzutage (*nowadays*) sehr fleißig und nett, aber das war nicht immer so. Erzählen Sie, was Sarah alles gemacht hat, als sie jünger war.

BEISPIEL Heutzutage ruft sie ihre Mutter oft an.
Früher (Before) hat sie ihre Mutter niemals (never) angerufen.

1. Heutzutage steht sie immer früh auf.
2. Heutzutage kauft sie zweimal (*twice*) pro Woche ein.
3. Heutzutage bereitet sie jeden (*every*) Tag Essen vor.
4. Heutzutage bringt sie jeden Abend den Müll raus.
5. Heutzutage geht sie nur einmal (*once*) pro Woche aus.
6. Heutzutage schläft sie immer früh ein.

4 **Was ist passiert?** Was hat Georg letztes Wochenende in Zürich gemacht? Schreiben Sie acht Sätze im Perfekt.

BEISPIEL *Georg ist am Flughafen (airport) in Zürich angekommen.*

ankommen	ausgehen	bezahlen	mitkommen
anrufen	bekommen	einkaufen	vergessen
aufstehen	besuchen	mitbringen	zurückkommen

Practice more at **vhlcentral.com.**

Kommunikation

5 **Kindheitserinnerungen** Stellen Sie Ihrem Partner / Ihrer Partnerin acht logische Fragen über seine/ihre Kindheit. Benutzen Sie das Perfekt und verwenden Sie Wörter aus jeder Spalte. Sie dürfen auch andere Elemente hinzufügen (*add*).

BEISPIEL

S1: *Wie oft hast du dein Zimmer aufgeräumt?*
S2: *Ich habe es einmal in der Woche aufgeräumt.*

A	B	C
Mit wem?	einmal in der Woche	aufhängen
Wen?	immer sehr spät	aufräumen
Wann?	in ein neues Haus	aufstehen
Was?	Poster von Rockstars	ausgehen
Wie oft?	deine Verwandten	bekommen
Wer?	mit Freunden	besuchen
deine Eltern	immer dein Zimmer	einschlafen
deine Geschwister	im Unterricht	umziehen
du	zum Geburtstag	vorbereiten

6 **Nicht nur Hausarbeiten** Was haben diese Personen am Wochenende gemacht? Schreiben Sie mit Ihrem Partner / Ihrer Partnerin zu jedem Bild einen Satz im Perfekt.

BEISPIEL Greta und Jan
Greta und Jan sind ausgegangen.

1. Martin

2. Holger

3. Klaus und Max

4. Frau Lange

5. Yusuf

7 **Die neugierige Oma** Ihre Oma will wissen, was Sie dieses Semester schon alles gemacht haben. Spielen Sie mit Ihrem Partner / Ihrer Partnerin einen Dialog und benutzen Sie die Perfektformen.

BEISPIEL

Kaffee trinken

S1: *Hast du viel Kaffee getrunken?*
S2: *Ja, Oma, ich habe viel Kaffee getrunken.*

oft die Eltern anrufen	immer das Bett machen
früh aufstehen	die Badewanne putzen
oft ausgehen	den Müll rausbringen
oft Freunde einladen	die Hausaufgaben vorbereiten
fleißig lernen	die Kleider waschen

8 **Die Haushaltsführung** Schreiben Sie zu zweit einen Dialog. Ein Hotelbesitzer / Eine Hotelbesitzerin spricht mit einem Fachmann / einer Fachfrau Hauswirtschaft über die Haushaltsführung (*housekeeping*).

BEISPIEL **S1:** *Haben Sie den Dachboden aufgeräumt?*
S2: *Ja, ich habe ihn aufgeräumt und habe auch die Wäsche gewaschen.*

Wiederholung

1 **Hausarbeit** Fragen Sie Ihren Partner / Ihre Partnerin, was für Hausarbeit er/sie diese Woche gemacht hat.

BEISPIEL

S1: *Hast du diese Woche den Boden gewischt?*
S2: *Ja, ich habe den Boden gewischt. Du auch?*

Kleider bügeln	den Müll rausbringen
den Tisch decken	Geschirr spülen
die Küche fegen	staubsaugen
das Bett machen	Wäsche waschen
Hausarbeit machen	den Boden wischen

2 **Eine Umfrage** Sie bekommen von Ihrem Professor / Ihrer Professorin eine Liste mit Aktivitäten. Fragen Sie Ihre Klassenkameraden, ob sie die Aktivitäten letzten Monat gemacht haben. Finden Sie mindestens (*at least*) eine Person für jede Aktivität.

BEISPIEL

S1: *Hast du letzten Monat die Eltern angerufen?*
S2: *Ja, ich habe sie angerufen.*

3 **Die neue Küche** Machen Sie zu dritt ein Rollenspiel. Eine Person spielt einen Hausbesitzer / eine Hausbesitzerin. Die anderen zwei spielen Lieferanten (*delivery people*) von Haushaltgeräten. Die Lieferanten fragen, wohin sie die Geräte stellen sollen.

BEISPIEL

S1: *Wohin sollen wir die Waschmaschine stellen?*
S2: *Stellen Sie sie links neben die Tür.*
S3: *Und die Kaffeemaschine?*

der Gefrierschrank	die Mikrowelle
der Herd	der Ofen
die Kaffeemaschine	die Spülmaschine
der Kühlschrank	der Wäschetrockner

4 **Alexandras Tag** Sie und Ihr Partner / Ihre Partnerin bekommen zwei verschiedene Blätter mit Alexandras Aktivitäten. Ergänzen Sie Alexandras Tageslauf. Schreiben Sie dann eine Erzählung darüber.

BEISPIEL

S1: *Um halb fünf ist Alexandra im Park gelaufen.*
S2: *Danach, um fünf Uhr…*

5 **Ein Luxushotel** Erstellen Sie (*Create*) mit einem Partner / einer Partnerin einen Text für die Website von einem Luxushotel in der Schweiz. Beschreiben Sie das Hotel, die Zimmer und Aktivitäten im Hotel und in der Gegend (*area*).

BEISPIEL

DAS HOTEL
Schweiz
HOME | ROOMS & SUITES | RESTAURANT
Kommen Sie zu Besuch!
Genießen Sie (Enjoy) unsere wunderschönen Zimmer mit Kühlschrank, Mikrowelle und Kaffeemaschine.

6 **Die Mitbewohner** Schreiben Sie mit Ihrem Partner / Ihrer Partnerin eine Geschichte (*story*) über zwei Mitbewohner. Ein Mitbewohner ist sehr fleißig, aber der andere ist ganz anders (*completely different*). Benutzen Sie das Präteritum.

BEISPIEL

Es waren einmal zwei Mitbewohner, Dieter und Fabian. Dieter war sehr fleißig. Er lernte viel, machte jeden Abend seine Hausaufgaben, und machte jedes Wochenende die Hausarbeit. Aber Fabian…

7 **Ein Festessen** Die Studenten im Studentenwohnheim (*dormitory*) wollen Gäste zum Essen einladen. Besprechen Sie mit zwei Partnern/Partnerinnen die Vorbereitungen für den Abend. Schreiben Sie auf, wer was macht.

BEISPIEL

S1: *Zuerst müssen wir das Wohnzimmer putzen. Wer will staubsaugen?*
S2: *Ich kann staubsaugen. Und du? Kannst du…*

8 **Was ist passiert?** Fragen Sie Ihren Partner / Ihre Partnerin, was er/sie letzte Woche gemacht hat. Schreiben Sie dann einen Bericht (*report*) über seine/ihre Aktivitäten. Benutzen Sie das Präteritum.

BEISPIEL

S1: *Hast du letzte Woche den Boden gefegt?*
S2: *Nein, aber ich habe mein Bett gemacht.*
S1: (*Schreibt*) *Sie fegte den Boden nicht, aber sie machte ihr Bett.*

9 **Eine Lebensgeschichte** Wählen Sie eine berühmte Person, und schreiben Sie mit einem Partner / einer Partnerin eine kurze Biographie über diese Person. Sie dürfen auch eine Person erfinden (*invent*).

BEISPIEL

Brad Pitt (1963–)

Mit zwei musste er mit seiner Familie nach Springfield Missouri umziehen, denn sein Vater hatte da einen Job. Im Gymnasium hat er…

Mein Wör|ter|buch

Schreiben Sie noch fünf weitere Wörter in Ihr persönliches Wörterbuch zu den Themen **zu Hause** und **Hausarbeit**.

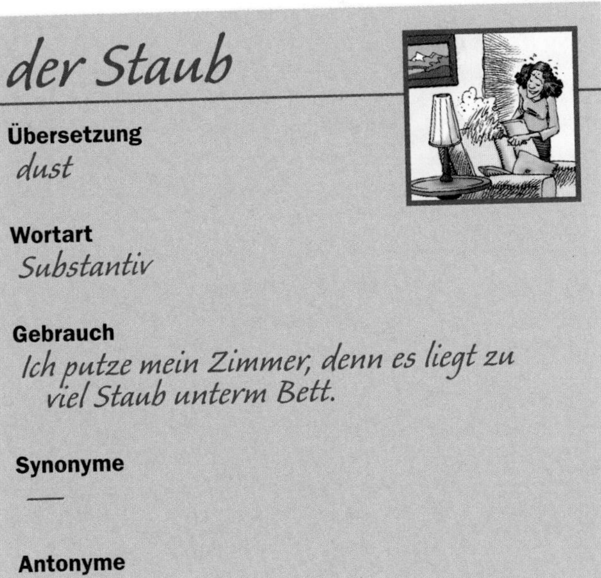

der Staub

Übersetzung
dust

Wortart
Substantiv

Gebrauch
Ich putze mein Zimmer, denn es liegt zu viel Staub unterm Bett.

Synonyme
—

Antonyme
—

Panorama

Map

Die Schweiz und Liechtenstein

Die Schweiz in Zahlen

- **Fläche:** *41,285 km²*
- **Offizielle Sprachen:** *Deutsch (63,7%), Französisch (20,4%), Italienisch (6,5%), Rätoromanisch° (0,5%)*
- **Bevölkerung:** *7,8 Millionen*
- **Religion:** *römisch-katholisch 41%, evangelisch 40%*
- **Hauptstadt:** *Bern*
- **Städte:** *Zürich (390.000 Einwohner), Genf (192.000), Basel (170.000) und Bern (133.000)*
- **Berge:** *Hohe Dufourspitze (4.634 m), Dom (4.545 m), Matterhorn (4.478 m)*
- **Flüsse:** *der Rhein, die Aare, die Rhone*
- **Wichtige Industriezweige:** *Uhrenindustrie°, Maschinenbau, Banken und Versicherungen°*
- **Touristenattraktionen:** *St.-Gotthard-Pass, Burgen von Bellinzona, Schweizerischer Nationalpark, Jungfraujoch bei Grindelwald.*

QUELLE: Offizielles Informationsportal der Schweiz

Liechtenstein in Zahlen

- **Offizieller Name:** *Fürstentum° Liechtenstein*
- **Fläche:** *160 km²*
- **Bevölkerung:** *36.149*
- **Religion:** *römisch-katholisch 78%, evangelisch 11%*
- **Hauptstadt:** *Vaduz (5.207 Einwohner)*
- **Berge:** *Vorderer Grauspitz (2.599 m), Naafkopf (2.570 m)*
- **Niedrigster Punkt:** *Ruggeller Riet (430 m)*
- **Flüsse:** *der Rhein, die Samina*
- **Wichtige Industriezweige:** *Maschinenbau, Nahrungsmittel°*
- **Touristenattraktionen:** *Schloss Vaduz, Kathedrale St. Florin, Kunstmuseum Liechtenstein.*

QUELLE: Portal des Fürstentums Liechtenstein

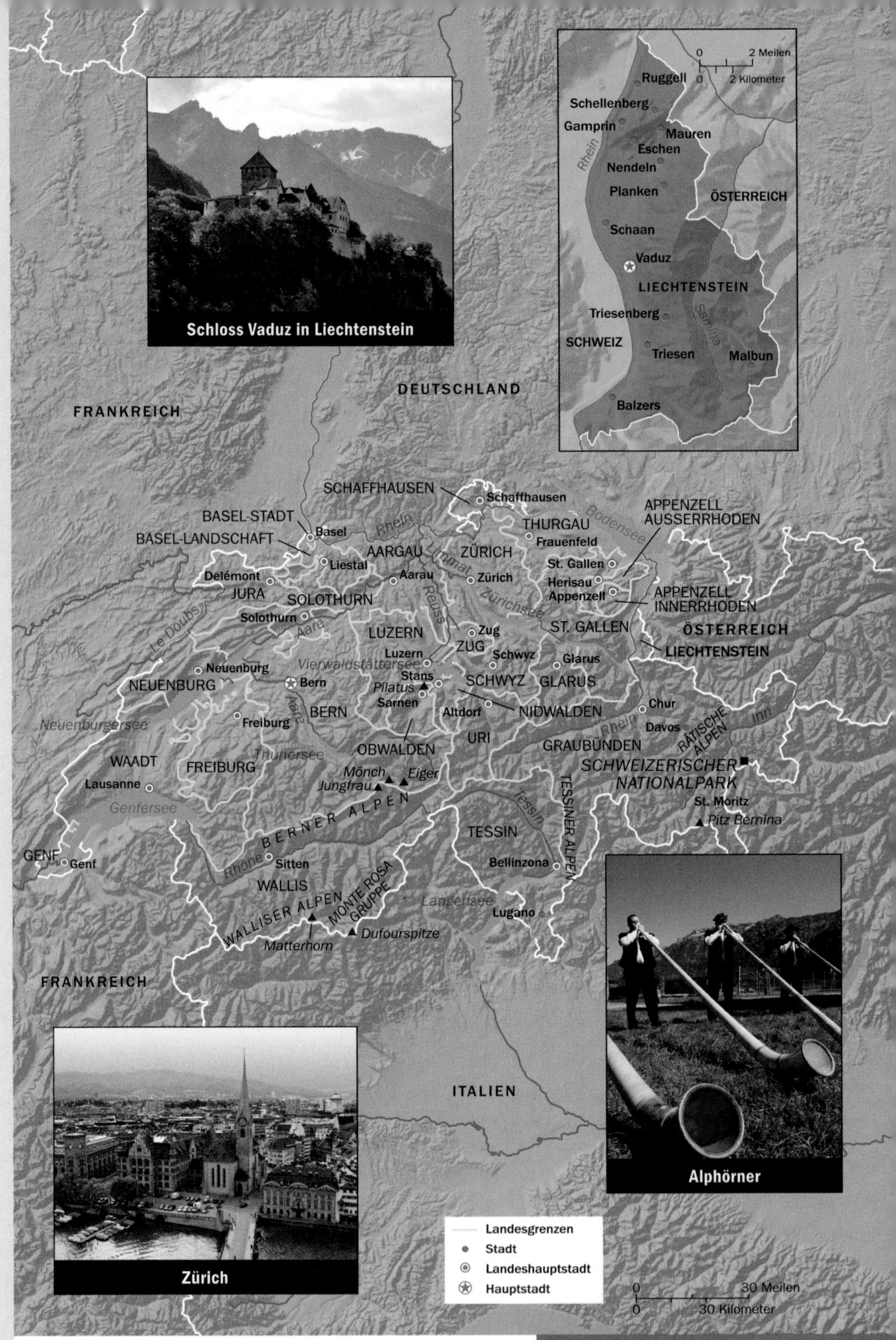

Rätoromanisch *Romansch* **Uhrenindustrie** *clock and watch industry* **Versicherungen** *insurance companies* **Fürstentum** *principality* **Nahrungsmittel** *food products* **Kriminalitätsrate** *crime rate* **niedrig** *low* **Gefängnissen** *prisons* **Häftlinge** *inmates* **Haftstrafen** *sentences*

Schloss Vaduz in Liechtenstein

Zürich

Alphörner

Unglaublich, aber wahr!

In Liechtenstein ist die Kriminalitätsrate° extrem niedrig°. In den Gefängnissen° sitzen nur wenige Häftlinge°. Die Kollaboration zwischen Liechtenstein, Österreich und der Schweiz ist sehr eng. Zum Beispiel kommen alle Liechtensteiner Häftlinge mit Haftstrafen° über zwei Jahren in österreichische Gefängnisse.

Politik

Fürstentum Liechtenstein

Liechtenstein ist ein Binnenland° in Mitteleuropa. Es liegt in den Alpen zwischen Österreich und der Schweiz. Unabhängig° ist das Land seit 1806. Liechtenstein ist ein Fürstentum. Fürst Hans-Adam II. von und zu Liechtenstein ist das Staatsoberhaupt°, aber Klaus Tschütscher ist seit 2009 der demokratisch gewählte Regierungschef°. Das Land hat keine Armee. Liechtenstein ist das kleinste deutschsprachige Land. Allerdings ist Deutsch nur in Liechtenstein die alleinige Amts- und Landessprache°.

Menschen

Roger Federer

Roger Federer ist ein Schweizer Tennisspieler. Viele Experten halten° ihn für den besten Tennisspieler aller Zeiten. Er gewann 17 Grand-Slam-Turniere (Australian Open, French Open, Wimbledon, US Open) und stand 237 Wochen lang auf Platz 1 der Tennisweltrangliste. Er ist einer von sieben Spielern, die in ihrer Karriere alle Grand-Slam-Turniere gewannen. 2008 gewann er zusammen mit Stanislas Wawrinka in Beijing eine olympische Goldmedaille im Doppel. In den Jahren 2005–2008 war er Weltsportler des Jahres.

Kultur

Vier Amtssprachen

In der Schweiz gibt es vier offizielle Sprachen: Deutsch, Französisch, Italienisch und Rätoromanisch. Kantone haben aber meistens nur eine Amtssprache. Im Westen, an der Grenze zu Frankreich, dominiert Französisch und im Südosten, an der Grenze zu Italien, Italienisch. Im Norden, Zentrum und Osten dominiert Deutsch. Nur im Kanton Graubünden gibt es drei Amtssprachen: Deutsch, Rätoromanisch und Italienisch. Die meisten Schweizer sprechen nur eine Sprache als Muttersprache. Dafür lernen viele Schweizer mindestens eine weitere° Sprache. Einige sind auch dreisprachig.

Industrie

Präzisionszeitmessgeräte°

In der Schweiz gibt es eine sehr lange Tradition für die Produktion von Präzisionszeitmessgeräten. Ein Beispiel ist das Marinechronometer. Auf einem Schiff° kann man mit diesem Gerät Längengrade bestimmen° und es für astronomische Ortsbestimmungen benutzen. Der Schweizer Uhrmacher° Louis Berthoud (1753–1813) stellte ein Präzisions-Taschenchronometer her°, das Alexander von Humboldt 1799 auf seinen Schiffsreisen testete. Heute müssen Chronometer extrem exakt sein. Nur eine Organisation weltweit, das unabhängige Schweizer Observatorium *Contrôle officiel suisse des chronomètres* (COSC) darf die Präzision von Chronometern prüfen° und zertifizieren.

IM INTERNET

1. Suchen Sie Informationen über andere berühmte Schweizer Sportler. Welchen Sport machen sie? Was haben sie gewonnen?
2. Suchen Sie weitere Informationen über Schweizer Uhren: Was können Sie über die Uhrenproduktion in der Schweiz finden? Was sind bekannte Marken? Warum sind sie bekannt?

For more information on this **Panorama**, go to **vhlcentral.com**.

Binnenland *land-locked country* **unabhängig** *independent* **Staatsoberhaupt** *head of state* **Regierungschef** *head of government* **Amts- und Landessprache** *official and national language* **halten** *consider* **weitere** *more* **Präzisionszeitmessgeräte** *precision time measuring instruments* **Schiff** *ship* **Längengrade bestimmen** *determine longitude* **Uhrmacher** *watchmaker* **stellte... her** *produced* **prüfen** *test*

Was haben Sie gelernt? Ergänzen Sie die Sätze.

1. In Liechtenstein ist die Kriminalitätsrate extrem ________.
2. Ein Häftling mit über zwei Jahren Haft sitzt in ________ im Gefängnis.
3. Liechtenstein liegt zwischen Österreich und ________.
4. Liechtenstein hat ein Staatsoberhaupt sowie einen ________.
5. Roger Federer stand ________ Wochen lang an der Spitze der Tennisweltrangliste.
6. In den Jahren 2005–2008 war Federer ________ des Jahres.
7. Die vier Amtssprachen der Schweiz sind Deutsch, ________, Italienisch und Rätoromanisch.
8. Die meisten Schweizer sprechen eine Sprache als ________.
9. Alexander von Humboldt testete ________ ein Schweizer Präzisions-Taschenchronometer auf seinen Schiffsreisen.
10. Nur eine ________ weltweit darf Chronometer prüfen.

Practice more at **vhlcentral.com.**

Lesen

Reading: Audio

Vor dem Lesen

Strategien

Recognizing word families

Recognizing related words can help you guess the meaning of words in context. Using this strategy will improve your reading comprehension and enrich your German vocabulary.

Text untersuchen

Suchen Sie im Text ein anderes Wort aus der gleichen Wortfamilie.

BEISPIEL

Wohnung *Zweizimmerwohnung*

1. Möbel ______
2. Küche ______
3. Monat ______
4. Garage ______
5. Miete ______
6. Wohnung ______
7. Internet ______
8. Bett ______

Präfixe

Suchen Sie mit einem Partner / einer Partnerin im Text ein neues Verb für jede Wortfamilie.

1. mieten	*vermieten*	untermieten
2. kaufen	verkaufen	______
3. fangen	______	verfangen
4. ______	aufstehen	verstehen
5. lassen	______	entlassen
6. ______	anbieten	verbieten

IEN +41 56 5559990 SCHWEIZER IMMOBILIEN +41 56 5559990 SCHWEIZER

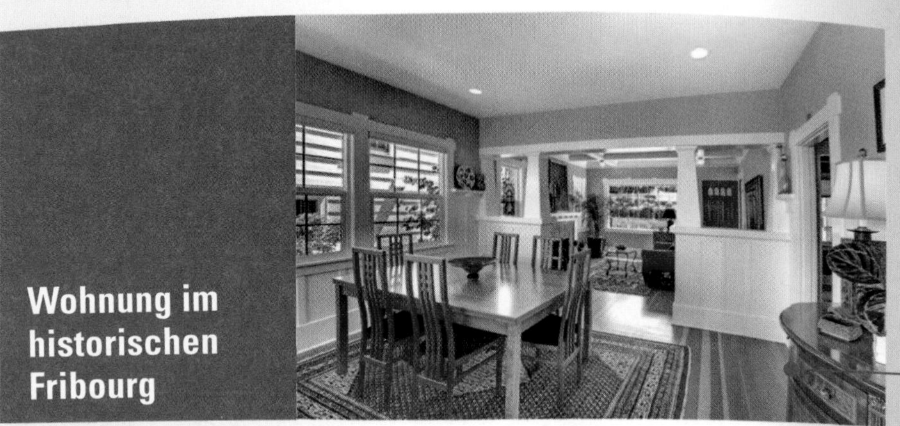

Wohnung im historischen Fribourg

SIE SUCHEN eine kuschelige° Wohnung für zwei? Sie möchten das Leben in der historischen Innenstadt Fribourgs nicht verlassen°? Dann ist diese Zweizimmerwohnung ideal!

Die Schlafzimmer sind mit Einbauschränken ausgestattet°. Die Wohnung hat eine moderne Einbauküche mit Gasherd und Backofen. Sie bietet ein modernes Bad, ein großes Wohn- und Esszimmer mit direktem Zugang° zur Küche. Einkaufen können Sie natürlich bequem° in einem Umkreis von fünf Minuten. Sie haben ein Auto? Kein Problem! Sie können Ihr Auto für monatlich SFr 75 auf einen Parkplatz in der Tiefgarage stellen. Zu vermieten ab Juli für SFr 1.100 Kaltmiete.

SIE SUCHEN FÜR IHRE FAMILIE ein neues Zuhause im Kanton Tessin? Ihnen gefällt die Kombination von Kultur und Natur? Sie lieben traditionelle Architektur, viel Holz und warmes Wetter? Dann ist dieses Einfamilienhaus perfekt!

Das Chalet liegt direkt am Lago Maggiore in der Nähe° von Locarno. Es ist als typisches Chalet mit Holzfassaden gebaut. Für eine Familie bieten° Esszimmer, Wohnzimmer, zwei Badezimmer plus drei Schlafzimmer viel Platz. Die Küche mit Einbauküche und Frühstücksecke° ist familienfreundlich. Im Keller stehen Waschmaschine und Trockner. Im Garten können Kinder spielen, Hunde herumlaufen und Eltern Grillpartys feiern. Das Haus liegt fünf Minuten entfernt von Locarnos Innenstadt und in 20 Minuten ist man in den Bergen. Zu vermieten ab August. Die Miete beträgt monatlich SFr 2.000 ohne Nebenkosten°.

MMOBILIEN +41 56 5559990 SCHWEIZER IMMOBILIEN +41 56 5559990 SC

Hochmoderne Luxuswohnung in Zürich

SIE LEBEN ALLEIN? Nur das Beste ist gut genug? Sie arbeiten in Zürich bei einer Bank oder einer Versicherung? Dann ist diese Luxuswohnung genau das Richtige!
Top gestylte, neu renovierte Zweizimmerwohnung in der Nähe des Züricher Bankenviertels ab sofort zu vermieten. Moderne Möblie-rung. Nur das Beste! Küche mit Espressomaschine und Mikrowelle vorhanden. Im Wohnzimmer stehen ein Fernseher und eine Bar. Internetanschluss in allen Zimmern.

Die wöchentliche Apartmentreinigung und das Wechseln° der Bettwäsche sind im Mietpreis inklusive. Mietverträge° können sofort anfangen. Die Miete beträgt SFr 2.100 pro Monat.

Chalet im Tessin

kuschelig *cozy* **verlassen** *leave* **mit Einbauschränken ausgestattet** *equipped with built-in cabinets* **Zugang** *access* **bequem** *conveniently* **in der Nähe** *in the vicinity* **bieten** *offer* **Frühstücksecke** *breakfast nook* **Nebenkosten** *additional charges* **Wechseln** *changing* **Mietverträge** *rental agreements*

Nach dem Lesen

Was fehlt? Ergänzen Sie die Sätze.

1. Die Wohnung in Fribourg hat eine Einbauküche mit ___________.
2. Im ___________ gibt es Einbauschränke.
3. Die Miete für die Wohnung in Fribourg kostet ___________ inklusive Parkplatz.
4. ___________ liegt im Tessin.
5. Im Chalet stehen im Keller ___________.
6. Beim Chalet können Kinder ___________ spielen.
7. In der Wohnung in Zürich stehen ___________ im Wohnzimmer.
8. Die Miete der Züricher Wohnung beträgt ___________ pro Monat.

Richtig oder falsch Sind die Sätze richtig oder falsch? Korrigieren Sie die falschen Sätze.

	richtig	falsch
1. Die Wohnung in Fribourg ist ideal für eine Familie.	☐	☐
2. Einkaufen ist in der Nähe der Fribourger Wohnung sehr schwierig.	☐	☐
3. Das Chalet ist ein sehr modernes Haus.	☐	☐
4. Die Tessiner Wohnung hat viel Platz.	☐	☐
5. Natur und Stadtleben sind dem Chalet sehr nah.	☐	☐
6. Die Züricher Zweizimmerwohnung ist altmodisch (*old-fashioned*).	☐	☐
7. In allen Zimmern der Züricher Wohnung ist ein Internetanschluss.	☐	☐
8. Die Wohnung in Zürich reinigt (*cleans*) man jede Woche.	☐	☐

Die beste Wohnung Diskutieren Sie in einer kleinen Gruppe: Welche ist die beste Wohnung?

BEISPIEL

S1: *Die Zweizimmerwohnung in Zürich ist klein, aber sie liegt in der Innenstadt. Man braucht kein Auto.*
S2: *Leider ist sie auch sehr teuer! Ich mag das Haus im Tessin.*
S3: *Ja, es ist ideal für eine Familie!*

Hören

Strategien

Using background knowledge

If you know the topic being discussed, using knowledge you already have about the topic can help you to predict the kind of information you might hear.

 To help you practice this strategy, you will listen to a commercial for a cleaning product. Before you listen, jot down some key words related to the topic of cleaning that you might expect to hear in the commercial.

Vorbereitung

Sehen Sie sich das Foto an. Wer sind die Menschen auf dem Foto? Was machen sie? Könnte das eine Werbung (*advertisement*) sein?

Zuhören  

Hören Sie der Sprecherin der Firma *Zauber bis sauber* zu. Hören Sie die Werbung ein zweites Mal und wählen Sie die Dienstleistungen (*services*), die die Firma anbietet (*offers*).

1. staubsaugen
2. Wäsche waschen
3. bügeln
4. die Spülmaschine ausräumen (*unload*)
5. Teppiche ausklopfen (*beat*)
6. Gardinen waschen
7. Böden (*floors*) putzen
8. Fenster putzen

 Practice more at **vhlcentral.com.**

Verständnis

Was fehlt? Welche Wörter oder Ausdrücke fehlen?

Anfang	Fenster	putzen
arbeiten	kostenloses	Reinigungsfirma
Bad	Kühlschränke	sauber
erstellen	neu	schnell

1. Die Sprecherin arbeitet für eine Reinigungsfirma (*cleaning company*) namens Zauber (*Magic*) bis __________.
2. Manche Kunden (*clients*) __________ viel.
3. Andere Kunden __________ überhaupt nicht gern.
4. Die Reinigungsfirma ist Experte für Küche, __________ und Wohnzimmer.
5. Sie reinigen __________, Gefriertruhen und Herde.
6. Die Leute der Reinigungsfirma sind __________ und gründlich (*thorough*).
7. Die Zimmer sehen am Ende immer wie __________ aus.
8. Am __________ kommt die Firma für einen Besichtigungstermin.
9. Die Reinigungsfirma gibt Kunden ein __________ Angebot (*offer*).
10. Der Werbung nach (*According to the ad*) muss man Zauber bis sauber als __________ wählen.

Die Reinigungsfirma **Machen Sie mit zwei Mitstudenten eine Werbung für ein neues Produkt oder eine Dienstleistung.**

BEISPIEL

S1: *Mit Sauberküche können Sie Ihre Küche einfach reinigen!*
S2: *Sie brauchen keine anderen Produkte! Mit Sauberküche können Sie putzen, waschen, wischen…*

Schreiben

Strategien

Reporting on an interview

When you transcribe a conversation in German, you should pay careful attention to format and punctuation. You can indicate a dialogue format by including the names of the speakers, or by using a dash (**der Gedankenstrich**) to indicate a new speaker. Compare these two formats.

MONIKA Sabine, was hast du gestern Abend gemacht?
SABINE Ich war zu Hause.
MONIKA Oh, schade! Wolltest du nicht zu Davids Party?
SABINE Ja, aber ich musste noch putzen.

—Hallo, Jörg!
—Hallo, Steffi!
—Wie geht's?
—Gut. Und dir?

Whichever format you choose, your interview should begin with a brief introduction of the person you're interviewing, answering the six W-questions (**Wer?**, **Was?**, **Wann?**, **Wo?**, **Warum?**, and **Wie?**) about the topic of the interview.

Thema

Schreiben Sie ein Interview

Anton Krüger ist Architekt. Er hat ein neues Buch über energiesparendes (*energy-efficient*) Wohnen für jede Einkommensgruppe (*income bracket*) geschrieben. Diese Woche gibt er an der Universität einen Vortrag (*lecture*). Sie arbeiten für die Studentenzeitung (*student newspaper*) und interviewen Herrn Krüger.

- Schreiben Sie zuerst 2–3 Sätze über der Autor.
- Schreiben Sie ein erfundenes Gespräch (etwa 10–12 Zeilen) zwischen Ihnen und Anton Krüger. Geben Sie mit einem Gedankenstrich oder mit dem Namen der Person an, wer spricht.

BEISPIEL

Anton Krügers Buch kann man in Buchläden und im Internet kaufen. Er hielt diese Woche einen Vortrag...

Journalist Guten Tag Herr Krüger. Herzlichen Glückwunsch! Ihr neues Buch ist ein großer Erfolg.

Krüger Vielen Dank!

Journalist Unsere Leser interessiert: Warum haben Sie dieses Buch geschrieben?

Zimmer

das Arbeitszimmer, -	*home office*
das Badezimmer, -	*bathroom*
der Balkon, - e	*balcony*
der Dachboden, -¨	*attic*
das Erdgeschoss, -e	*ground floor*
das Esszimmer, -	*dining room*
der Flur, -e	*hall*
die Garage, -n	*garage*
der Keller, -	*cellar*
die Küche, -n	*kitchen*
das Schlafzimmer, -	*bedroom*
der erste/ zweite Stock	*second/third floor*
die Toilette, -n	*toilet*
das Wohnzimmer, -	*living room*
das Zimmer, -	*room*

Möbel

die Badewanne, -n	*bathtub*
das Bett, -en	*bed*
das Bild, -er	*picture*
die Blume, -n	*flower*
der Boden, -¨	*floor*
das Bücherregal, -e	*bookshelf*
die Kommode, -n	*dresser*
die Lampe, -n	*lamp*
das Möbelstück, -e	*piece of furniture*
der Nachttisch, -e	*night table*
die Pflanze, -n	*plant*
das Poster, -	*poster*
der Schrank, -¨e	*cabinet; closet*
die Schublade, -n	*drawer*
der Sessel, -	*armchair*
das Sofa, -s	*sofa*
der Spiegel, -	*mirror*
der Teppich, -e	*rug*
die Treppe, -n	*stairway*
die Vase, -n	*vase*
der Vorhang, -¨e	*curtain*
die Wand, -¨e	*wall*

Orte

das Haus, -¨er	*house*
die Wohnung, -en	*apartment*
draußen	*outside*
nach rechts/links	*to the right/left*

die Hausarbeit

den Tisch decken	*to set the table*
das Bett machen	*to make the bed*
den Müll rausbringen	*to take out the trash*
Geschirr (*n.*) spülen	*to do the dishes*
staubsaugen	*to vacuum*
Wäsche waschen	*to do laundry*

Haushaltsartikel

der Besen, -	*broom*
die Bettdecke, - n	*duvet*
das Bügelbrett, -er	*ironing board*
das Bügeleisen, -	*iron*
die Decke, -n	*blanket*
der Gefrierschrank, -¨e	*freezer*
der Herd, -e	*stove*
die Kaffeemaschine, -n	*coffeemaker*
das Kissen, -	*pillow*
der Kühlschrank, -¨e	*refrigerator*
das Laken, -	*sheet*
die Mikrowelle, -n	*microwave*
der Ofen, ¨-	*oven*
die Pfanne, -n	*pan*
die Spüle, -n	*kitchen sink*
die Spülmaschine, -n	*dishwasher*
der Staubsauger, -	*vacuum cleaner*
der Toaster, -	*toaster*
der Topf, -¨e	*pot*
die Wäsche	*laundry*
der Wäschetrockner, -	*dryer*
die Waschmaschine, -n	*washing machine*

zum Beschreiben

dreckig	*filthy*
ordentlich	*tidy*
sauber	*clean*
schmutzig	*dirty*
Es ist ein Saustall!	*It's a pigsty!*

Verben

aufräumen (räumt... auf)	*to clean up*
bügeln	*to iron*
fegen	*to sweep*
mieten	*to rent*
putzen	*to clean*
umziehen (zieht... um)	*to move*
waschen	*to wash*
wischen	*to wipe; to mop*
wohnen	*to live*

The *Präteritum*	See pp. 72-73.
***Da-*, *wo-*, *hin-*, and *her-* compounds**	See pp. 76-77.
Coordinating conjunctions	See p. 80.
Principal parts of verbs	See p. 93.
***Perfekt* of verbs with prefixes**	See pp. 96-97.

Communicative Goals

You will learn how to:

- discuss the weather and seasons
- talk about the months of the year

Jahreszeiten

Talking Picture
Audio: Activities

Wortschatz	
das Datum	***date***
das Jahr, -e	*year*
die Jahreszeit, -en	*season*
der Monat, -e	*month*
der Tag, -e	*day*
die Woche, -n	*week*
Wann hast du Geburtstag?	*When is your birthday?*
Am 23. Mai.	*May 23rd.*
das Wetter	***weather***
Wie ist das Wetter?	*What's the weather like?*
Es ist schön draußen.	*It's nice out.*
Das Wetter ist gut/ schlecht.	*The weather is nice/bad.*
Das Wetter ist furchtbar.	*The weather is awful.*
Wie warm/kalt ist es?	*How warm/cold is it?*
Es sind 18 Grad draußen.	*It's 18 degrees out.*
der Blitz, -e	*lightning*
der Donner, -	*thunder*
der Hagel	*hail*
der Nebel, -	*fog; mist*
der Regen	*rain*
der Schnee	*snow*
der Sturm, -¨e	*storm*
die Wolke, -n	*cloud*

ACHTUNG

You have already learned to ask **Der Wievielte ist heute?** to find out the date. You can also use the question **Was ist heute?** to ask about the date or the day of the week.

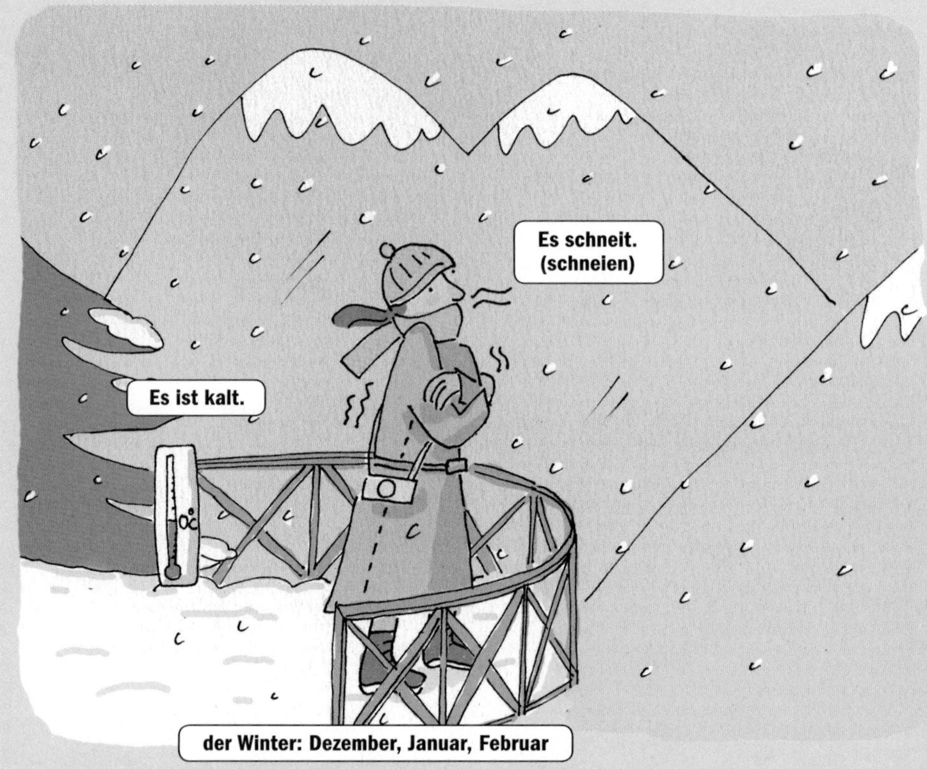

Es schneit.
(schneien)
Es ist kalt.
0°C
der Winter: Dezember, Januar, Februar

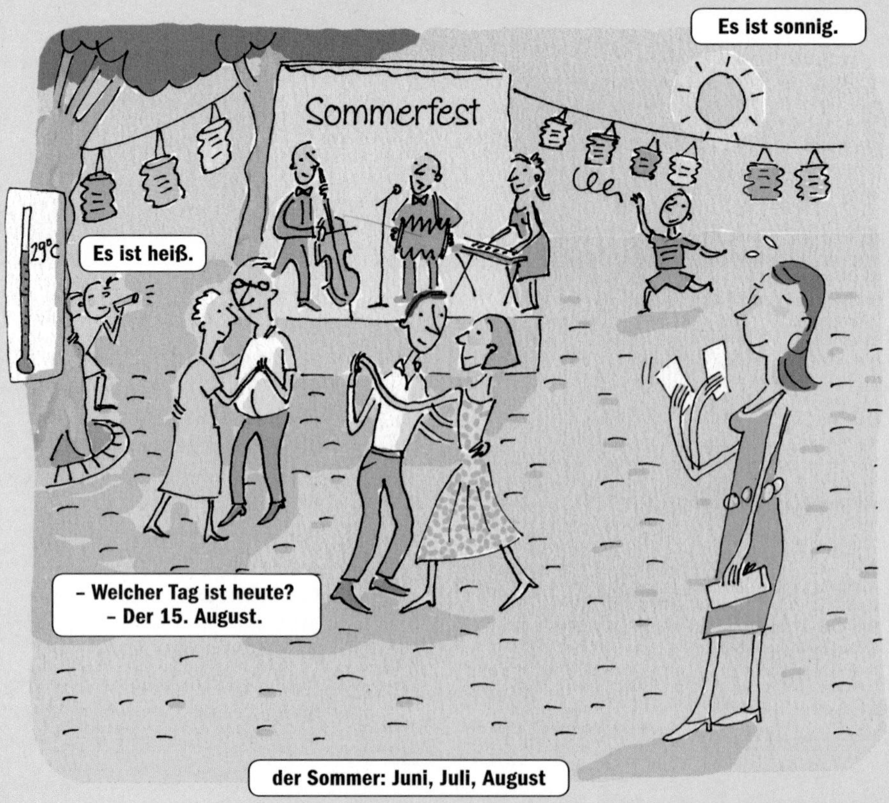

Es ist sonnig.
Sommerfest
29°C
Es ist heiß.
– Welcher Tag ist heute?
– Der 15. August.
der Sommer: Juni, Juli, August

Ressourcen

SAM WB: pp. 31–32	SAM LM: p. 21	vhlcentral.com

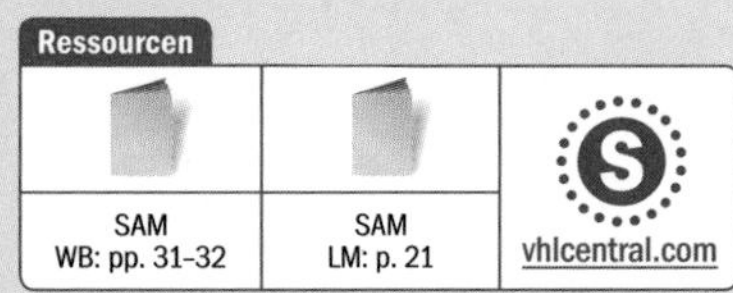

Es regnet. (regnen)
der Regenschirm, -e
der Regenmantel, -¨
der Frühling: März, April, Mai

Es ist kühl.
Es ist wolkig.
13°C
Es ist windig.
der Herbst: September, Oktober, November

Anwendung

1 Ergänzen Sie Ergänzen Sie die Sätze.

regnet	warm
schneit	windig
Sturm	wolkig

BEISPIEL **Nürnberg: 25°C** In Nürnberg ist es sehr warm und *sonnig*.

1. **Wien: 8°C** In Wien ist es kühl und ______.
2. **Genf: 17°C** In Genf ist es ______.
3. **Konstanz: 32°C** In Konstanz kommt am Abend ein ______.
4. **Innsbruck -5°C** In Innsbruck ist es kalt und es ______.
5. **Basel: 12°C** In Basel ist es wolkig und es ______.
6. **Hamburg: 21°C** In Hamburg ist es windig aber ______.

2 Wählen Sie Entscheiden Sie, welche Aussage zu welchem Bild passt.

a. Es ist heute wieder furchtbar heiß!
b. Wenn es regnet, braucht man einen Regenschirm.
c. Es kommt ein starker Sturm!
d. Auf dicke Wolken folgt schlechtes Wetter.

1. ___

2. ___ 3. ___ 4. ___

3 Der Wetterbericht Hören Sie den Wetterbericht (*weather report*) an und entscheiden Sie danach, ob (*whether*) die Aussagen richtig oder falsch sind.

	richtig	falsch
1. Der Wetterbericht ist für die ganze Woche.	☐	☐
2. Am Freitag beginnt der Winter.	☐	☐
3. Im Norden ist es sonnig.	☐	☐
4. Die Wetterfront im Norden kommt aus Skandinavien.	☐	☐
5. In Stuttgart schneit es am Freitag.	☐	☐
6. Ein Orkan (*hurricane*) bringt Regen nach Bayern.	☐	☐

Practice more at **vhlcentral.com.**

Kommunikation

4 **Vom Wetter und den Jahreszeiten** Arbeiten Sie mit einem Partner / einer Partnerin und bringen Sie die Sätze in jedem Dialog in eine logische Reihenfolge (*order*).

Dialog 1

____ Schön. Die Sonne scheint und es ist ziemlich warm für die Jahreszeit.
____ Es regnet oft und die Sonne kommt selten durch die Wolkendecke hervor.
____ Paul, wie ist das Wetter heute in Köln?
____ Ja? Wie ist das typische Herbstwetter?

Dialog 2

____ April? Da ist es noch kühl und Schnee gibt es auch oft.
____ Der Monat von meinem Geburtstag. Der April.
____ Was ist dein Lieblingsmonat?
____ Ja, aber die Natur ist grün, die Vögel singen, alles beginnt neu.

5 **Gute Ratschläge** Schreiben Sie mit einem Partner / einer Partnerin eine E-Mail an eine Studentin in Deutschland. Sie will ab Herbst an Ihrer Universität studieren und möchte etwas über das Wetter und passende (*appropriate*) Kleidung wissen.

BEISPIEL

Wetter und Kleidung

Von: Anna Webber [anna.webber@students.uni.edu]
An: Jasmin Peters [peterchen@gigglepost.de]
Datum: 26. Juni
Betreff: Wetter und Kleidung

Hallo Jasmin,
wie geht es dir? Wie läuft es mit deinen Prüfungen?
Du hast geschrieben, du möchtest wissen, wie das Wetter hier in Atlanta ist und welche Kleidung du mitbringen sollst. Du kommst im August an und da ist es hier einfach nur heiß und extrem schwül (*humid*)! Ab Mitte September…

6 **Geburtstage** Fragen Sie acht Personen in der Gruppe, wann sie Geburtstag haben, und schreiben Sie das Datum auf.

BEISPIEL

S1: *Wann hast du Geburtstag?*
S2: *Mein Geburtstag ist am achten April.*

Alles Gute zum Geburtstag!!!

7 **Ein Wetterbericht** Schreiben Sie mit einem Partner / einer Partnerin einen Wetterbericht (*weather report*).

- Sagen Sie, welches Datum und welche Jahreszeit es ist.
- Berichten Sie über das Wetter für die nächsten sieben Tage.
- Illustrieren Sie Ihren Wetterbericht mit Hilfe von einem Poster.
- Sagen Sie, was man an den einzelnen (*individual*) Tagen machen kann oder soll.

Der Wetterbericht für Juli: Hamburg

Mittwoch, der 14. Juli	Donnerstag, der 15. Juli	Freitag, der 16. Juli
25°C	32°C	30°C
sonnig	sehr wolkig	stürmisch

Heute ist Mittwoch, der 14. Juli. Der Sommer zeigt seine schöne Seite. Die Sonne scheint den ganzen Tag und es ist das perfekte Wetter für das Schwimmbad…

Aussprache und Rechtschreibung

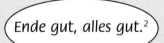

Audio: Presentation
Record & Compare Activities

Long and short vowels

German vowels can be either long or short. Long vowels are longer in duration and typically occur before a single consonant, before the letter **h**, or when the vowel is doubled. Short vowels are shorter in duration and usually occur before two consonants.

Meter **mehr** **Meer** **Messer** **melden**

The long **a** is pronounced like the *a* in the English word *calm*, but with the mouth wide open. The short **a** sounds almost like the long **a**, but it is held for a shorter period of time and pronounced with the mouth more closed.

mahnen **Mann** **lasen** **lassen**

The long **e** sounds like the *a* in the English word *late*. The short **e** sounds like the *e* in *pet*. The long **i** may be written as **i** or **ie**. It is pronounced like the *e* in *be*. The short **i** is pronounced like the *i* in *mitt*.

wen **wenn** **Visum** **fliegen** **Zimmer**

The long **o** is pronounced like the *o* in *hope*, but with the lips firmly rounded. The short **o** is pronounced like the *o* in *moth*, but with the lips rounded. The long **u** is pronounced like the *u* in *tuna*, but with the lips firmly rounded. The short **u** is pronounced like the *u* in *put*, but with the lips rounded.

Zoo **Zoll** **Flug** **Hund**

1 Sprechen Sie nach Wiederholen Sie die Wörter, die Sie hören.

1. Haken / hacken
2. den / denn
3. Bienen / binnen
4. Sohn / Sonne
5. buchen / Bucht
6. Nase / nass
7. fehl / Fell
8. Miete / Mitte
9. wohne / Wonne
10. Humor / Hummer
11. Wagen / Wangen
12. Zehner / Zentner
13. Linie / Linde
14. Lot / Lotto
15. Mus / muss

2 Artikulieren Sie Wiederholen Sie die Sätze, die Sie hören.

1. Viele machen im Sommer Urlaub am Strand.
2. Wolf und Monika wollen den ganzen Tag in der Sonne liegen.
3. Sabine und Michael schwimmen lieber im Meer.
4. Alle sieben Studenten übernachten in einer Jugendherberge.
5. Hast du den Flug schon gebucht?
6. Wenn das Wetter schlecht ist, gehen wir ins Museum.

Ende gut, alles gut.[2]

Montag Dienstag

3 Sprichwörter Wiederholen Sie die Sprichwörter, die Sie hören.

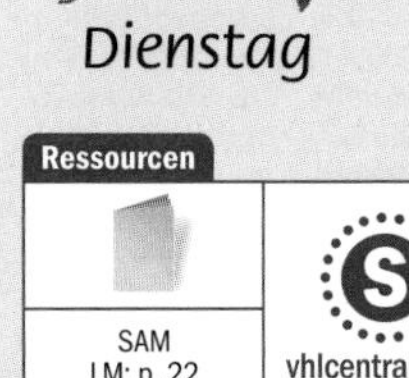

[1] The way to the heart is through the stomach. (lit. *Love goes through the stomach.*)
[2] All's well that ends well.

Berlin von oben

Video: *Fotoroman*

Sabites Kunst gefällt Meline nicht, aber sie sind trotzdem Freundinnen. George und Hans sprechen über ihre Nachbarinnen und wollen hoch hinaus.

SABITE Meline! Hallo.
MELINE Hallo.
SABITE Wie findest du es? Gut, es gefällt dir nicht.
MELINE Wie bitte?
SABITE Ich weiß, dass dir meine Kunst nicht gefällt. Ich mag VWL auch nicht, aber wir sind dennoch Freundinnen.

GEORGE Es ist schön draußen. Ich liebe diese Jahreszeit. Es ist kalt, aber nicht zu windig.
HANS Wie ist das Wetter gerade in Wisconsin?
GEORGE Milwaukee liegt am Lake Michigan. Er beeinflusst das Klima. Ich habe gestern mit meiner Mutter gesprochen. Dort liegen etwa zwei Fuß Schnee, etwa 60 cm.

HANS Wie ist das Wetter im Sommer?
GEORGE Im August ist es heiß und feucht. Es regnet, donnert und hagelt. Ich mag alle vier Jahreszeiten, aber der Frühling ist meine Lieblingsjahreszeit.
HANS Warum?
GEORGE Mein Geburtstag ist am 26. April. Und deiner?
HANS Am 17. Juli.

GEORGE Hey, was meinst du zu dieser Krawatte?
HANS Sie ist ganz okay. Warum?
GEORGE Ich habe mit Meline eingekauft. Sie hat sie ausgewählt. Ich war „zu amerikanisch" angezogen, also probiere ich neue Kleidung aus.

HANS Meline. Magst du sie?
GEORGE Ja. Nein, also nicht auf diese Weise. Zu Hause bin ich nicht mit Frauen befreundet. Wir haben Spaß zusammen. Ich habe gesehen, wie du mit ihr gelacht hast, also magst du sie doch.

SABITE Istanbul ist nicht weit von Berlin. Etwa 2.200 Kilometer. George ist 8.000 Kilometer von zu Hause entfernt.
MELINE George hat auch keine Freundin. Wann hast du zum ersten Mal über die Idee gesprochen?

ÜBUNGEN

1 Richtig oder falsch? Entscheiden Sie, ob die folgenden Sätze richtig oder falsch sind.

1. Meline und Sabite mögen die gleiche (*same*) Kunst.
2. In Milwaukee gibt es keinen Schnee.
3. Im August ist es dort heiß und feucht.
4. Der Frühling ist Georges Lieblingsjahreszeit.
5. Hans' Geburtstag ist im Herbst.
6. Hans findet Georges Krawatte hässlich.
7. Istanbul ist etwa 8.000 Kilometer von Berlin entfernt.
8. Sabite hat mit Lorenzo über Istanbul gesprochen.
9. Der Berliner Fernsehturm ist das höchste Gebäude in Deutschland.
10. Von dort kann man den Reichstag und das Brandenburger Tor sehen.

PERSONEN

George

Hans

Meline

Sabite

SABITE An dem Abend, als wir dich und Lorenzo im Restaurant gesehen haben. Ich stand auf, ging Richtung Toilette und kam an deinem Tisch vorbei.
MELINE Torsten war also überrascht?
SABITE Ja.
MELINE Das ist das Problem! Du hast es ihm nicht zuerst gesagt.

SABITE Das ist doch dumm.
MELINE Sabite. Männer können manchmal dumm sein. Liebst du ihn? Sabite?
SABITE Ich weiß nicht.

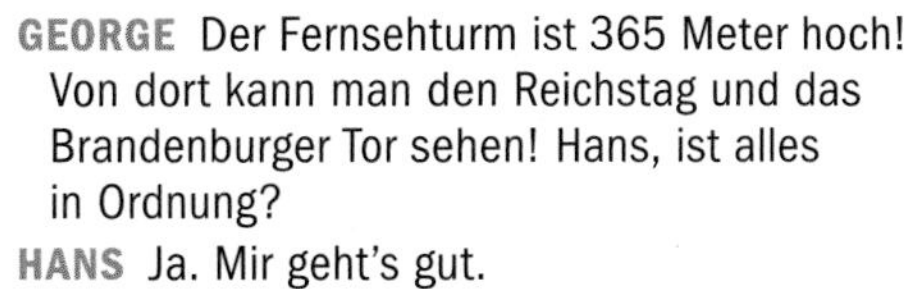

GEORGE Der Fernsehturm ist 365 Meter hoch! Von dort kann man den Reichstag und das Brandenburger Tor sehen! Hans, ist alles in Ordnung?
HANS Ja. Mir geht's gut.
GEORGE Dies ist das höchste Gebäude in ganz Deutschland.
HANS Ich weiß.

HANS Mir geht's gut. Genieß den Ausblick. Ich bleibe solange hier stehen. Weit weg vom Rand.
GEORGE Hey, ist das Sabite?
HANS Wo?
GEORGE Fühlst du dich besser, Kumpel? Lass uns auf den Turm gehen und von dort oben Berlin sehen.
HANS Wow.

Nützliche Ausdrücke

- **Wie bitte?**
  Excuse me?
- **dennoch**
  nevertheless
- **beeinflussen**
  to influence
- **feucht**
  moist
- **auswählen**
  to choose
- **ausprobieren**
  to try
- **Nein, also nicht auf diese Weise.**
  No, not like that.
- **weit**
  far
- **Du hast es ihm nicht zuerst gesagt.**
  You didn't tell him first.
- **Dies ist das höchste Gebäude in ganz Deutschland.**
  This is the tallest building in all of Germany.
- **genießen**
  to enjoy
- **Fühlst du dich besser, Kumpel?**
  Are you feeling better, buddy?

3A.1

- **Ich stand auf, ging Richtung Toilette und kam an deinem Tisch vorbei.**
  I got up, went towards the restroom, and stopped by your table.

3A.2

- **Milwaukee liegt am Lake Michigan.**
  Milwaukee is on Lake Michigan.
- **Wann hast du zum ersten Mal über die Idee gesprochen?**
  When was the first time you mentioned the idea?

2 **Zum Besprechen** Sprechen Sie mit Ihren Klassenkameraden und finden Sie heraus, wer im gleichen Monat Geburtstag hat. Wie ist das Wetter in diesem Monat? Besprechen Sie es mit einem Partner.

3 **Vertiefung** Sabite möchte ein Semester lang in Istanbul studieren. Es ist das Heimatland (*country of origin*) von Faik, Sabites Vater. Finden Sie Informationen über Türken in Deutschland. Wie viele Türken leben in Deutschland? Wann sind sie nach Deutschland gekommen?

Ressourcen
SAM
VM: p. 5
DVD
Folge 5
vhlcentral.com

Windenergie

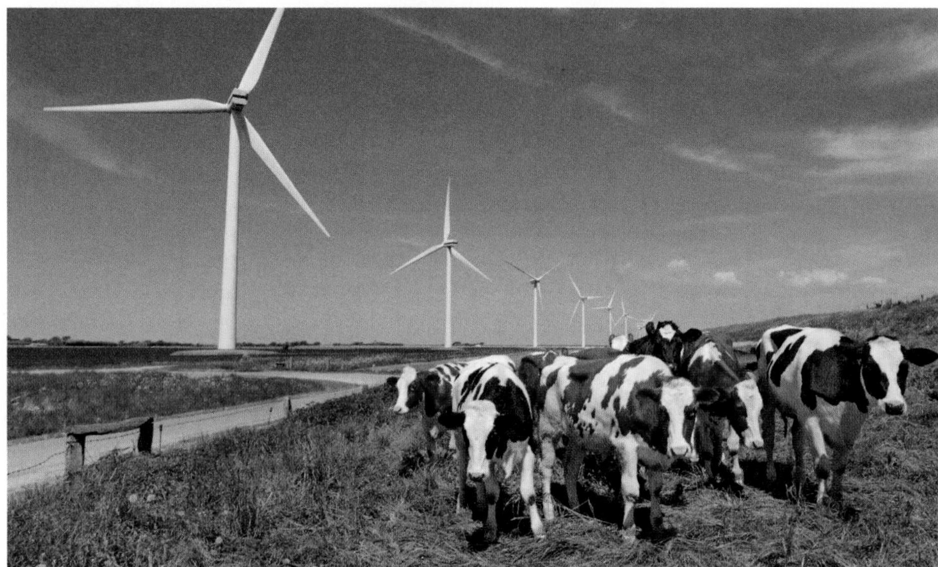

Schleswig-Holstein liegt zwischen zwei Meeren, der Nordsee und der Ostsee. Dieses Bundesland ist relativ flach° und wegen der Nähe° zum Meer gibt es viel Wind. Schon seit 1982 investiert man hier immer mehr Geld in diese erneuerbare Energiequelle°.

Am Anfang waren es noch fünfzehn Windturbinen in einem Windpark in Braderup. Dreiunddreißig Privatbürger° finanzierten das Projekt mit einem Darlehen° von 12 Millionen DM (etwa 6 Millionen Euro).

Heute gibt es in Schleswig-Holstein über 2.400 Windturbinen. Bis zu ein Drittel des Strombedarfs° produziert man durch Windenergie in dem Bundesland. Aber Windturbinen stehen nicht nur auf dem Land. Seit 2009 kann man die Turbinen auch im Meer° finden. Hier, wo der Wind sehr stark bläst°, installiert man Turbinen in 30 Meter tiefem Wasser. Zwölf Turbinen produzieren bereits den Strom für etwa 50.000 Haushalte.

In Deutschland will man bis im Jahr 2025 mit Windenergie 25% des Strombedarfs produzieren. 2009 gab es bereits 21.164 Windkraftanlagen in ganz Deutschland. Die Produktion von Strom mit Wind – aber auch mit Sonne, Wasser, Geothermie und Bioenergie – produziert weniger Stickstoff° im Vergleich° mit Atom-, Kohle- und Gaskraftwerken. Man braucht weniger Öl aus anderen Ländern. Und es gibt neue Arbeitsplätze° in Regionen wie Schleswig-Holstein.

EIN KLEINER TIPP

The **Deutsche Mark** (**DM** or **D-Mark**) was Germany's currency prior to the adoption of the **Euro** in 2002.

Windenergie

	Deutschland	Österreich	Schweiz
Windkraftanlagen°:	21.164	625	35
Stromproduktion:	48 Billionen kWh (Kilowattstunde)	2,1 Milliarden kWh	70 Millionen kWh
Anteil am Strombedarf:	7,8%	4%	1%

QUELLE: Bundesverband WindEnergie, IG Windkraft, Suisse Eole

flach *flat* **wegen der Nähe** *due to its closeness* **erneuerbare Energiequelle** *renewable energy source* **Privatbürger** *private citizens* **Darlehen** *loan* **ein Drittel des Strombedarfs** *one third of electricity requirements* **im Meer** *at sea* **bläst** *blows* **Stickstoff** *nitrogen* **Vergleich** *comparison* **Arbeitsplätze** *jobs* **Windkraftanlagen** *wind power plants*

ÜBUNGEN

1 Richtig oder falsch? Sind die Aussagen **richtig oder falsch?** Korrigieren Sie die falschen Aussagen mit einem Partner / einer Partnerin.

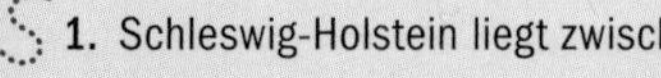

1. Schleswig-Holstein liegt zwischen der Nord- und Ostsee.
2. Seit 1982 investiert man in Schleswig-Holstein in Windenergie.
3. Der Staat baute in Braderup 15 Windturbinen.
4. In Schleswig-Holstein gibt es 21.164 Windturbinen.
5. Seit 2009 gibt es auch Windturbinen im Meer.
6. Diese Turbinen sind in 30 Meter tiefem Wasser installiert.
7. In Deutschland will man mit Windenergie ein Viertel des Stroms produzieren.
8. In Schleswig-Holstein gibt es wegen der Windturbinen mehr Arbeit.
9. In Österreich ist der Windenergie-Anteil am Strombedarf weniger als 1%.
10. In der Schweiz gibt es nur 35 Windkraftanlagen.

Practice more at **vhlcentral.com.**

DEUTSCH IM ALLTAG

Wetterausdrücke

Hundewetter	*terrible weather*
Kaiserwetter	*beautiful, sunny weather*
Schmuddelwetter	*dreary, wet weather*
Es schüttet wie aus Eimern!	*It's raining cats and dogs!*
Petrus meint es gut!	*The weather's great!*

DIE DEUTSCHSPRACHIGE WELT

Planten un Blomen

Im Sommer kann man im Zentrum Hamburgs den berühmten Park Planten un Blomen besuchen. Hier gibt es einen alten Botanischen Garten. Außerdem finden Besucher den größten Japanischen Garten Europas in dem Park. Die einzelnen Gärten haben verschiedene Themen: der Rosengarten, der Apothekergarten° und die Tropengewächshäuser°. Im Musikpavillon finden im Sommer Konzerte statt° und man kann Wasserlichtkonzerte bewundern°. Kinder können auf Spielplätzen oder der Trampolinanlage spielen und auf Ponys reiten.

Apothekergarten *apothecary's garden* **Tropengewächshäuser** *tropical greenhouses* **finden... statt** *take place* **bewundern** *admire*

PORTRÄT

Klima in Deutschland

Das Wetter in Deutschland ist gemäßigt°: Im Winter ist es nicht sehr kalt und im Sommer nicht sehr warm. Im Durchschnitt° ist die Jahrestemperatur 8,2 °C. Im Januar liegt die Durchschnittstemperatur bei -0,5 °C und im Juli bei 16,9 °C. Im Jahr fallen etwa 790 Millimeter Regen, besonders viel fällt im Juni. Die absolute Höchsttemperatur gab es 2003 in Karlsruhe und in Freiburg: 40,2 °C. Freiburg liegt im Schwarzwald und gilt als° wärmste und sonnigste Stadt Deutschlands. Man kann hier jedes Jahr 1650 Sonnenstunden genießen. Die absolute Tiefsttemperatur gab es 2001 am Funtensee in den Bayrischen Alpen: -45,9°C.

gemäßigt *moderate* **Durchschnitt** *average* **gilt als** *is regarded as*

IM INTERNET

Finden Sie einen Plan von Planten un Blomen in Hamburg. Welche Gärten möchten Sie besuchen? Machen Sie eine Liste und planen Sie eine Tour.

For more information on this **Kultur**, go to **vhlcentral.com**.

2 **Was fehlt?** Ergänzen Sie die Sätze.

1. Der Park Planten un Blomen liegt __________ Hamburgs.
2. Besucher finden hier den größten __________ Europas.
3. Es gibt einzelne Gärten wie zum Beispiel den Apothekergarten, __________ und die Tropengewächshäuser.
4. Der Winter in Deutschland ist nicht __________.
5. In __________ kann man viel Sonne genießen.

3 **Lieblingsjahreszeit** Diskutieren Sie mit einem Partner / einer Partnerin Ihre Lieblingsjahreszeit. Warum lieben Sie diese Jahreszeit? Was machen Sie in der Jahreszeit? Welche Kleidung tragen Sie?

Ressourcen

3A.1 Separable and inseparable prefix verbs (*Präteritum*)

QUERVERWEIS

See **2B.2** to review the **Perfekt** of verbs with prefixes. To review the difference between **Perfekt** and **Präteritum**, see **2B.1**.

Startblock Both separable and inseparable prefix verbs can be used in the **Präteritum** to describe past events.

Ich **stand auf**, ging Richtung Toilette und **kam** an deinem Tisch **vorbei**.

Opa Otto **bereitete** die Weihnachtsgans **zu**. George **überraschte** ihn und...

- In the **Präteritum**, just like the **Präsens**, some prefixes are always attached to the verb, and others can be separated from it. When using a separable prefix verb in the **Präteritum**, move the prefix to the end of the sentence or clause.

Jan **verbrachte** den Sommer in der Schweiz.
*Jan **spent** the summer in Switzerland.*

Einmal **brachten** wir unseren Hund zur Schule **mit**.
*Once we **brought** our dog to school.*

Der Lehrer **erklärte** die Aufgabe.
*The teacher **explained** the assignment.*

Jans Schwester **rief** ihn zu seinem Geburtstag **an**.
*Jan's sister **called** him on his birthday.*

QUERVERWEIS

To review the formation of the **Präteritum**, see **2A.1**. See **Appendix A** for a complete list of strong verbs with their principal parts.

- You learned in **2B.2** that verbs with prefixes can be either strong, weak, or mixed. The **Präteritum** of a verb with a prefix is the same as the **Präteritum** of its base verb, but with the prefix added to the front of the conjugated verb, if it is inseparable, or to the end of the clause, if it is separable.

Präteritum **of separable and inseparable prefix verbs**					
weak verbs					
kaufen	→	**kaufte**	**verkaufen**	→	**verkaufte**
schauen (*to look*)	→	**schaute**	**anschauen** (*to watch, look at*)	→	**schaute an**
strong verbs					
finden	→	**fand**	**erfinden** (*to invent*)	→	**erfand**
sprechen	→	**sprach**	**besprechen** (*to discuss*)	→	**besprach**
sehen	→	**sah**	**fernsehen** (*to watch TV*)	→	**sah fern**
mixed verbs					
bringen	→	**brachte**	**mitbringen**	→	**brachte mit**
			verbringen (*to spend (time)*)	→	**verbrachte**
kennen	→	**kannte**	**erkennen** (*to recognize*)	→	**erkannte**

Ich **erkannte** meine Tante nicht auf dem alten Foto.
*I didn't **recognize** my aunt in the old photo.*

Wer **erfand** das Internet?
*Who **invented** the Internet?*

Wir **sahen** als Kinder immer am Samstagmorgen **fern**.
*When we were kids, we always **watched TV** on Saturday mornings.*

Die Lehrerin **schaute** das Kind **an**.
*The teacher **looked at** the child.*

- Remember that the prefix of a separable prefix verb is always stressed, while the prefix of an inseparable prefix verb is never stressed.

Als wir am Freitag **ausgingen**, regnete es noch nicht.
*When we **went out** on Friday, it wasn't raining yet.*

Wir **bestellten** zwei Pizzas zum Abendessen.
*We **ordered** two pizzas for dinner.*

- In a negative sentence, put **nicht** before the separable prefix.

Ute **rief** mich gestern **nicht an**.
*Ute **didn't** call me yesterday.*

Die Kinder **räumten** ihre Sachen **nicht auf**.
*The kids **didn't** pick up their things.*

- When you talk about past events using a modal and a verb with a prefix, put the modal verb in the **Präteritum**. The prefixed verb goes at the end of the sentence in the infinitive form.

Frau Müller **musste** den kaputten Regenschirm **umtauschen**.
*Mrs. Müller **had to exchange** the broken umbrella.*

Frank **wollte** sein altes Fahrrad **verkaufen**.
*Frank **wanted to sell** his old bicycle.*

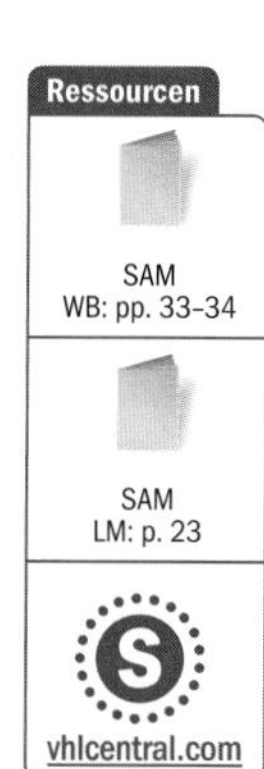

Jetzt sind Sie dran! **Ergänzen Sie die Tabelle mit den Verben im Präteritum.**

	Infinitiv	Präteritum		Infinitiv	Präteritum
1.	bedeuten	*bedeutete*	7.	wegräumen	________
2.	einschlafen	________	8.	wiederholen	________
3.	beschreiben	________	9.	besuchen	________
4.	zurückkommen	________	10.	entdecken	________
5.	umziehen	________	11.	mitbringen	________
6.	erkennen	________	12.	verstehen	________

Anwendung

1 Ergänzen Sie Ergänzen Sie die Sätze mit den richtigen Formen der Verben im Präteritum.

BEISPIEL Frau Behrens ___*rief*___ ihre Tochter jeden Tag ___*an*___. (anrufen)

1. Im Sand ________ die Kinder einen Schatz (*treasure*). (entdecken)
2. Wann ________ der Regen ________? (anfangen)
3. Ich ________ vor einem Monat mein Auto. (verkaufen)
4. Meine Großeltern ________ immer nach dem Essen ________. (fernsehen)
5. Wir ________ unsere Cousinen oft im Sommer. (besuchen)
6. Markus ________ als Schüler nichts von Mathematik. (verstehen)

2 Was für ein Tag Ergänzen Sie die Sätze mit den richtigen Verben aus der Liste im Präteritum.

aufräumen	besuchen	erklären
aufwachen	einkaufen	verkaufen

▶ **BEISPIEL** Tobias ___*wachte*___ um acht Uhr ___*auf*___.

1. Dominick ________ fürs Abendessen ________.

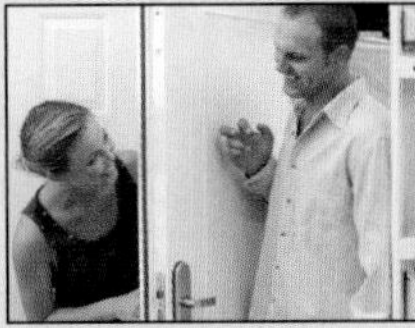

2. Am Samstag ________ Markus seine Schwester in Heidelberg.

3. Frau Hölzel ________ den Schülern die Aufgabe.

4. Ich ________ mein Zimmer ________.

5. Wir ________ gestern viel Currywurst.

3 Noch einmal Schreiben Sie die Sätze im Präteritum noch einmal (*again*). Benutzen Sie dabei das Modalverb in Klammern.

BEISPIEL Wir tauschten unser Geld auf der Bank um. (wollen)
Wir wollten unser Geld auf der Bank umtauschen.

1. Thomas sah den ganzen Morgen (*all morning*) fern. (wollen)
2. Wir bereiteten ein schönes Essen vor. (wollen)
3. Erik rief seine Freundin nicht an. (dürfen)
4. Herr Roth verkaufte sein Auto nicht. (können)
5. Die Lehrerin wiederholte den Satz. (müssen)
6. Ich brachte meinen Computer in den Urlaub mit. (dürfen)

 Practice more at **vhlcentral.com.**

Kommunikation

4 **Eine Überraschungsfeier** Sven und Lena planten letzten Herbst eine Überraschungsfeier für ihre Eltern. Bilden Sie mit einem Partner / einer Partnerin zu jedem Bild einen Satz im Präteritum.

▶ **BEISPIEL** Sven und Lena *bereiteten eine Überraschungsfeier für ihre Eltern vor.*

1. Sven und Lena ________

2. Lena ________

3. Die Gäste ________

4. Frau Braun ________

5. Die Großeltern ________

5 **Historische Personen** Bilden Sie mit einem Partner / einer Partnerin logische Fragen im Präteritum. Wechseln Sie sich bei den Fragen und Antworten ab.

BEISPIEL

S1: *Wer entdeckte die Stadt Troja?*
S2: *Heinrich Schliemann.*

Wer...
entdecken / die Allgemeine (*General*) Relativitätstheorie
erklären / die genetischen Regeln (*rules*)
erfinden / den Buchdruck (*printing press*)
bekommen / einen Nobelpreis für Literatur

Gregor Johann Mendel
Günter Grass
Heinrich Schliemann
Albert Einstein
Johannes Gutenberg

6 **Eine spannende Geschichte** Schreiben Sie mit einem Partner / einer Partnerin eine Geschichte. Benutzen Sie das Präteritum und mindestens (*at least*) drei Elemente aus der Liste.

BEISPIEL Es war eine dunkle und stürmische Nacht.
Ich schlief schlecht und stand um drei Uhr nachts wieder auf. Ich sah aus dem Fenster hinaus...

den Regenmantel anziehen	hinausgehen
aufräumen	weggehen
aufstehen	das Handy vergessen
Angst bekommen	die Orientierung verlieren
wieder einschlafen	(nicht) verstehen

3A.2 Prepositions of location
Prepositions in set phrases

Startblock When describing locations, and in certain fixed expressions, many German prepositions are used in ways that differ from their English counterparts.

Milwaukee liegt **am Lake Michigan**.

Hat Sabite **über mich** gesprochen?

Prepositions of location

QUERVERWEIS

See **1B.3** to review two-way prepositions.

- In **1B.3** you learned to use two-way prepositions with the dative to indicate location and with the accusative to show movement toward a destination.

Neben dem Schreibtisch steht ein großes Bücherregal.
*There's a big bookcase **next to the desk**.*

Stell den Stuhl bitte **neben den Tisch**.
*Please put the chair **next to the table**.*

- Use **auf** with the dative to indicate that something is located on a horizontal surface or to describe a location in a public building or open space.

Deine Bücher liegen **auf dem Tisch**.
*Your books are **on the table**.*

Ich war gestern **auf der Bank**.
*I was **at the bank** yesterday.*

Tanja hat schöne Blumen **auf dem Markt** gekauft.
*Tanja bought beautiful flowers **at the market**.*

- Use **an** with the dative to indicate a location *on* or *at* a border, wall, or body of water.

An der Wand hängt ein schöner Kalender.
*There's a nice calendar hanging **on the wall**.*

Am Strand war es heute kühl und windig.
*It was cool and windy **at the beach** today.*

ACHTUNG

Note that the idea of an enclosed space includes the radio, television, or Internet: **Das habe ich <u>im Radio</u> gehört; Das können wir <u>im Internet</u> finden.**

- Use **in** with the dative to indicate a location *on* or *in* an enclosed space.

Die Sonnenbrille ist **in meiner Handtasche**.
*The sunglasses are **in my purse**.*

Die Kinder spielen gern **im Park**.
*The kids like to play **in the park**.*

Ich wohne **in der Joachimstraße**.
*I live **on Joachim Street**.*

- To indicate location in a country whose name is feminine or plural, use **in** with the dative form of the definite article, plus the country name.

Wagner wohnte **in der Schweiz**.
*Wagner lived **in Switzerland**.*

Meine Mutter ist jetzt **in den USA**.
*My mother is **in the U.S.** right now.*

- In **1B.3** you learned that **bei** is always used with the dative case. Use **bei** with a noun referring to a person or business to indicate a location at that person's home or at that place of business.

Ich kaufe gern **bei Aldi** ein.
*I like shopping **at Aldi's**.*

Anna war gestern **beim Friseur**.
*Anna was **at the hairdresser's** yesterday.*

Als Student wohnte Hans im Sommer **bei seinen Eltern**.
*When he was a student, Hans lived **with his parents** during the summer.*

Heute Abend spielen wir **bei mir** Karten.
*We're playing cards **at my place** tonight.*

- You can also use **bei** to mean *near* a location or *in the presence of* a condition.

Das Restaurant liegt **bei Wilhelmshaven**.
*The restaurant is **near Wilhelmshaven**.*

Bei schönem Wetter gehen wir gern spazieren.
*We like to go for walks **when the weather is nice**.*

Prepositions in set phrases

- Certain combinations of verbs and prepositions have specific, idiomatic meanings. The prepositions in these fixed expressions are always followed by the same case, regardless of whether the verb they are associated with indicates location or movement.

Jasmin **erzählte** uns **von ihren Problemen**.
*Jasmin **told** us **about her problems**.*

Bernd muss einen Brief **an seine Tante schreiben**.
*Bernd has to **write** a letter **to his aunt**.*

- Use the *dative* after the following set phrases.

Verb phrases with the dative	
Angst haben vor	*to be afraid of*
arbeiten an	*to work on*
erzählen von	*to talk about; to tell a story about*
fragen nach	*to ask about*
handeln von	*to be about; to have to do with*
helfen bei	*to help with*

Meine Nichte **hat Angst vor** Hunden.
*My niece **is afraid of** dogs.*

Professor Weiss **arbeitet an** einem neuen Buch.
*Professor Weiss **is working on** a new book.*

- Use the *accusative* after the following expressions.

Verb phrases with the accusative	
antworten auf	*to answer*
denken an	*to think about*
schreiben an	*to write to*
sprechen/reden über	*to talk about*
warten auf	*to wait for*

Wir haben lange **auf** den Bus **gewartet**.
*We **waited** a long time **for** the bus.*

Antworte bitte **auf** die Frage.
*Please **answer** the question.*

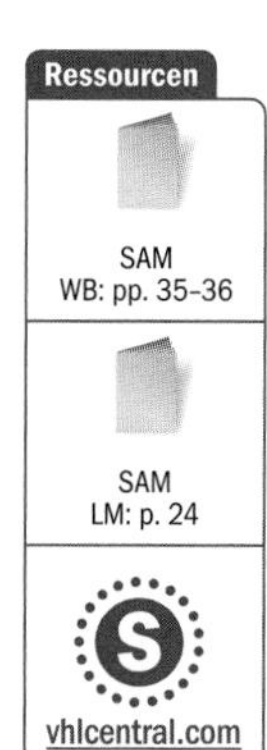

Wählen Sie die passenden Präpositionen.

1. Wir haben (mit / auf / über) dem Markt Obst gekauft.
2. Hamburg liegt (an / mit / unter) der Elbe (*Elbe River*).
3. Mein Hund hat Angst (über / von / vor) Donner und Blitz.
4. Nach dem Sturm lag viel Hagel (auf / an / in) der Straße.
5. Anke verbringt ihren Sommer (mit / aus / in) der Türkei.
6. Wir helfen unserer Mutter (bei / vor / in) der Hausarbeit.
7. (An / Mit / Unter) der Berliner Mauer gibt es viel Graffiti.
8. Du hast nicht (über / bei / auf) meine Frage geantwortet.
9. Wohnt dein Bruder immer noch (an / bei / auf) dir?
10. Hast du schon (bei / an / nach) Oma geschrieben?
11. Erika hat mir (mit / nach / von) ihrem Wochenende erzählt.
12. Der Teppich (in / auf / an) unserem Zimmer ist dreckig.

Anwendung

1 Präpositionen Ergänzen Sie die passenden Präpositionen.

BEISPIEL _Bei_ schlechtem Wetter werde ich oft krank (*sick*).

1. Wir campen jeden Sommer ________ dem Campingplatz.
2. Maria reitet oft ihr Pferd ________ Park.
3. Gehst du oft ________ Aldi einkaufen?
4. Cuxhaven liegt ________ der Nordsee.
5. Unsere Katze sitzt gern ________ dem Balkon und schaut den Vögeln zu.

2 Ergänzen Sie Ergänzen Sie die Lücken mit den richtigen Präpositionen.

BEISPIEL Meine Schlüssel sind nicht _in_ meiner Tasche.

1. Meine Hunde haben immer Angst ___ einem Sturm.

2. Der Film handelt ___ einer Naturkatastrophe.

3. Im Sommer mieten wir ein kleines Haus ___ einem Strand.

4. Die Frau fragt den Verkäufer ___ dem Preis.

5. Elias arbeitet ___ seiner Dissertation.

3 Kombinieren Sie Ergänzen Sie die passenden Präpositionen und wählen Sie dann die beste Antwort auf jede Frage.

____ 1. Hast du das ___ Internet gefunden?
____ 2. Warum hat deine Mutter Angst ___ Hunden?
____ 3. Oma, erzähl mir bitte ___ deiner Kindheit.
____ 4. Bleibt Daniel die ganzen Semesterferien ___ seinen Eltern?
____ 5. Arbeitet Greta schon ___ ihrer Magisterarbeit (*master's thesis*)?

a. Nein, ich habe es im Radio gehört.
b. Ach Kindchen, das war vor so langer Zeit.
c. Ja, sie hat schon damit angefangen.
d. Ich weiß nicht, aber sie mag Katzen.
e. Nein, er macht einen Sprachkurs in Spanien für vier Wochen.

4 Fragen Stellen Sie einem Partner / einer Partnerin diese Fragen.

1. An wen schreibst du oft E-Mails?
2. Worüber redest du mit deinen Freunden?
3. Wo verbringst du deine Semesterferien?
4. Wo kaufst du deine Lebensmittel ein?
5. Wovon erzählst du deinen Eltern?
6. Wovor hast du Angst?

Practice more at **vhlcentral.com.**

Kommunikation

5 **Kettenreaktion** Sagen Sie abwechselnd, wo diese Dinge in Ihrem Klassenzimmer sind.

BEISPIEL

S1: *die Uhr*
S2: *Die Uhr hängt an der Wand.*
S3: *der Stuhl*
S4: *Oliver sitzt auf dem Stuhl.*

der Boden	die Lampen	die Tafel
das Buch	das Poster	die Uhr
der Computer	der Stuhl	die Wand

6 **Was und wo ist das?** Wählen Sie ein Objekt aus dem Bild und beschreiben Sie seine Lage (*location*). Ihr Partner / Ihre Partnerin muss erraten, welches Gebäude oder Objekt Sie beschreiben.

S1: *Ein blaues Auto steht vor dem Gebäude (building).*
S2: *Ist es der Supermarkt?*
S1: *Ja.*

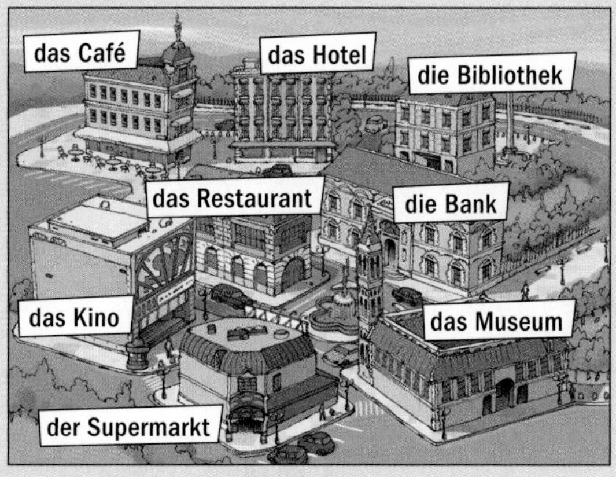

7 **Was kann man wo machen?** Entscheiden Sie (*Decide*) mit einem Partner / einer Partnerin, wo Sie die folgenden Aktivitäten machen können.

BEISPIEL

S1: *Wo kann ich ein Buch kaufen?*
S2: *Das kannst du im Buchgeschäft machen.*

Wo kann ich... ?	*Das kannst du... machen.*
eine Tasse Kaffee bestellen	*beim Bäcker*
Obst und Gemüse kaufen	*auf der Bank*
leckere Brötchen kaufen	*in der Bibliothek*
in der Sonne liegen	*im Café*
ein Bild von Picasso sehen	*im Internetcafé*
ein Wörterbuch finden	*im Museum*
Geld bekommen	*am Strand*
im Internet surfen	*im Supermarkt*

8 **Persönliche Fragen** Machen Sie ein Interview mit einem Partner / einer Partnerin und finden Sie ein paar persönliche Informationen heraus.

1. Hast du Angst vor:	__ Gewitter (*thunderstorm*)	__ Hunden	__ schlechten Noten?
2. Redest du gern über:		__ Musik	__ Sport?
3. Arbeitest du heute an:	__ Politik	__ deinen Hausaufgaben	__ nichts?
	__ einem Referat (*report*)		
4. Denkst du oft an:		__ deine Kurse	__ deine Familie?
5. Handeln deine Träume von	__ deine Zukunft (*future*)	__ deinem Leben jetzt	__ anderen Situationen?
	__ deiner Kindheit		

Wiederholung

1 In der Stadt Wechseln Sie sich mit einem Partner / einer Partnerin ab: Beschreiben Sie, wo Frank gestern in der Stadt war.

▶ **BEISPIEL** *Zuerst war Frank auf der Post. Dann war er…*

1.

2.

3.

4.

5.

2 Bei so einem Wetter Fragen Sie Ihren Partner / Ihre Partnerin, was er/sie bei verschiedenem Wetter macht.

BEISPIEL

S1: *Was machst du, wenn es windig ist?*
S2: *Bei windigem Wetter gehe ich spazieren.*

1. wenn die Sonne scheint
2. wenn es windig ist
3. wenn es schneit
4. wenn es kalt ist
5. wenn es regnet
6. wenn es extrem heiß ist

3 Hausarbeit Beschreiben Sie mit einem Partner / einer Partnerin, wie Sie und Ihre Mitbewohner (*roommates*) am Wochenende die Wohnung putzten. Benutzen Sie Vokabeln aus der Liste.

BEISPIEL

S1: *Am Wochenende mussten wir viel Hausarbeit machen.*
S2: *Im Bad putzte Eric die Toilette und die Badewanne.*

abstauben	Müll rausbringen
aufräumen	Geschirr spülen
fegen	staubsaugen
Bett machen	Wäsche waschen
putzen	wischen

4 Wer hat was gemacht? Sie bekommen ein Arbeitsblatt von Ihrem Professor / Ihrer Professorin mit verschiedenen Aktivitäten. Wer in der Gruppe hat diese Aktivitäten gemacht?

BEISPIEL

S1: *Hast du von einem guten Buch erzählt?*
S2: *Ja, ich habe von einem guten Buch erzählt.*

5 Wie war die Woche? Tauschen Sie mit Ihrem Partner / Ihrer Partnerin Informationen aus: Was machten Paul und Sara gestern? Füllen Sie die Tabelle für Ihren Partner / Ihre Partnerin und sich selber (*yourself*) aus.

BEISPIEL

S1: *Was hat Sara am Donnerstag gemacht?*
S2: *Sie hat bei S&P eingekauft.*

6 Als ich 10 war Erzählen Sie Ihrem Partner / Ihrer Partnerin, was Sie machten, als Sie zehn Jahre alt waren. Was machten Sie im Frühling, im Sommer, im Herbst und im Winter?

BEISPIEL

S1: *Was hast du mit zehn im Herbst gemacht?*
S2: *Als ich zehn war, bin ich im Herbst Fahrrad gefahren. Im Winter…*

S Video: TV Clip

Urlaub im grünen Binnenland

Im Norden Schleswig-Holsteins, zwischen Nord- und Ostsee, an der Grenze zu Dänemark, liegt das grüne Binnenland. In dieser Gegend können Touristen Wiesen°, Flüsse und zwei sehr unterschiedliche° Meere° finden. Die wunderschöne Fluss- und Seenlandschaft° ist sehr flach und hat nur sanfte Hügel°. Zu den Hauptattraktionen gehören der Nationalpark Wattenmeer mit tollen Stränden, Schlössern und Wikingerdörfern. Neben der Natur gibt es viel Kultur in Städten wie Flensburg und Schleswig.

Reetdachdecker° bei ihrer Arbeit

Sie sind im Land der Wikinger!

Badeurlaub° genießen Sie im Seebad°, an Sandstränden oder Naturbadestellen.

Wiesen *meadows* **unterschiedliche** *different* **Meere** *seas* **Seenlandschaft** *lake landscape* **sanfte Hügel** *gentle hills*
Reetdachdecker *roof thatchers* **Badeurlaub** *beach vacation* **Seebad** *beach resort*

 **Verständnis** Markieren Sie alle richtigen Antworten.

1. Was kann man in der Region Grünes Binnenland Schleswig-Holstein *nicht* sehen?
   a. Meere b. hohe Berge c. Flüsse d. Strände
2. Welche Aktivitäten kann man in dieser Region *nicht* machen?
   a. Rad fahren b. einkaufen c. Ski fahren d. schwimmen

 **Diskussion** Diskutieren Sie die folgenden Fragen mit einem Partner / einer Partnerin.

1. Was möchten Sie gerne im grünen Binnenland Schleswig-Holsteins sehen und machen? Warum?
2. Sie sind die Touristen am Anfang des Videos und besuchen die Touristeninformation: Welche Fragen wollen Sie der Frau stellen?

Communicative Goals

You will learn how to:

- talk about travel
- talk about vacations and tourism

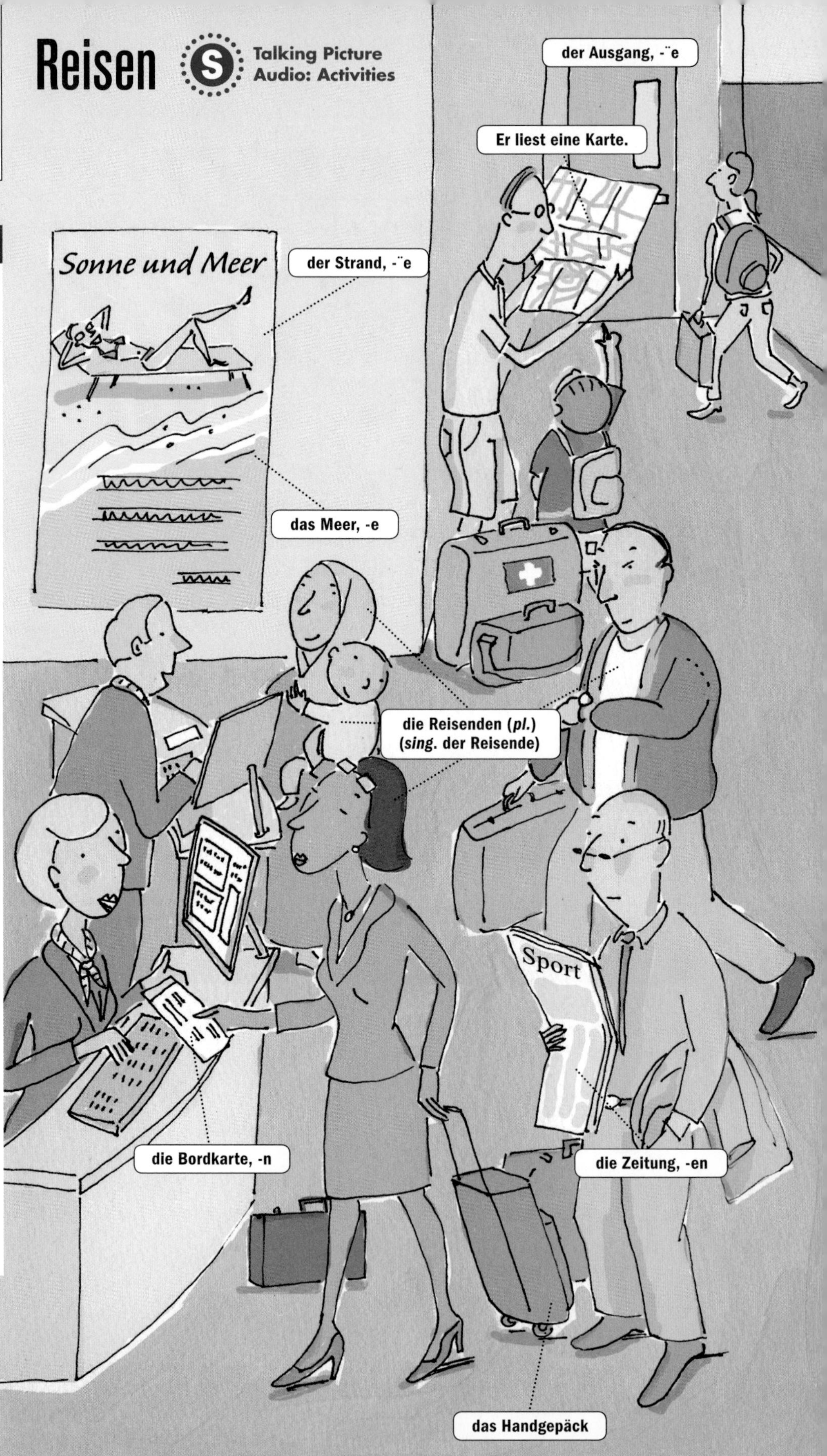

Wortschatz

am Flughafen	***at the airport***
der Abflug	*departure*
die Ankunft	*arrival*
die Businessklasse	*business class*
der Flug, -¨e	*flight*
das Flugticket, -s	*ticket*
das Gepäck	*luggage*
der Koffer, -	*suitcase*
der Passagier, -e	*passenger*
die Passkontrolle, -n	*passport control*
der Personalausweis, -e	*ID card*
die Reise, -n	*trip*
das Reisebüro, -s	*travel agency*
die Touristenklasse	*economy class*
die Verspätung, -en	*delay*
das Visum (*pl.* die Visa)	*visa*
der Zoll	*customs*
fliegen	*to fly*
das Ausland	*abroad*
pünktlich	*on time*
die Ferien	***vacation***
die Kreuzfahrt, -en	*cruise*
der Skiurlaub, -e	*ski vacation*
packen	*to pack*
übernachten	*to spend the night*
Unterkünfte	***accommodations***
der Fahrstuhl, -¨e	*elevator*
der Gast, -¨e	*(hotel) guest*
das (Fünf-Sterne-)Hotel	*(five-star) hotel*
die Jugendherberge, -n	*youth hostel*
der Schlüssel, -	*key*
der Zimmerservice	*room service*
abbrechen (bricht... ab)	*to cancel*
buchen	*to make a (hotel) reservation*
voll besetzt	*fully occupied*

der Ausgang, -¨e

Er liest eine Karte.

Sonne und Meer

der Strand, -¨e

das Meer, -e

die Reisenden (*pl.*) (*sing.* der Reisende)

Sport

die Bordkarte, -n

die Zeitung, -en

das Handgepäck

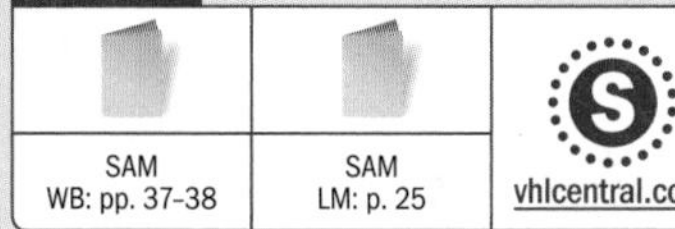

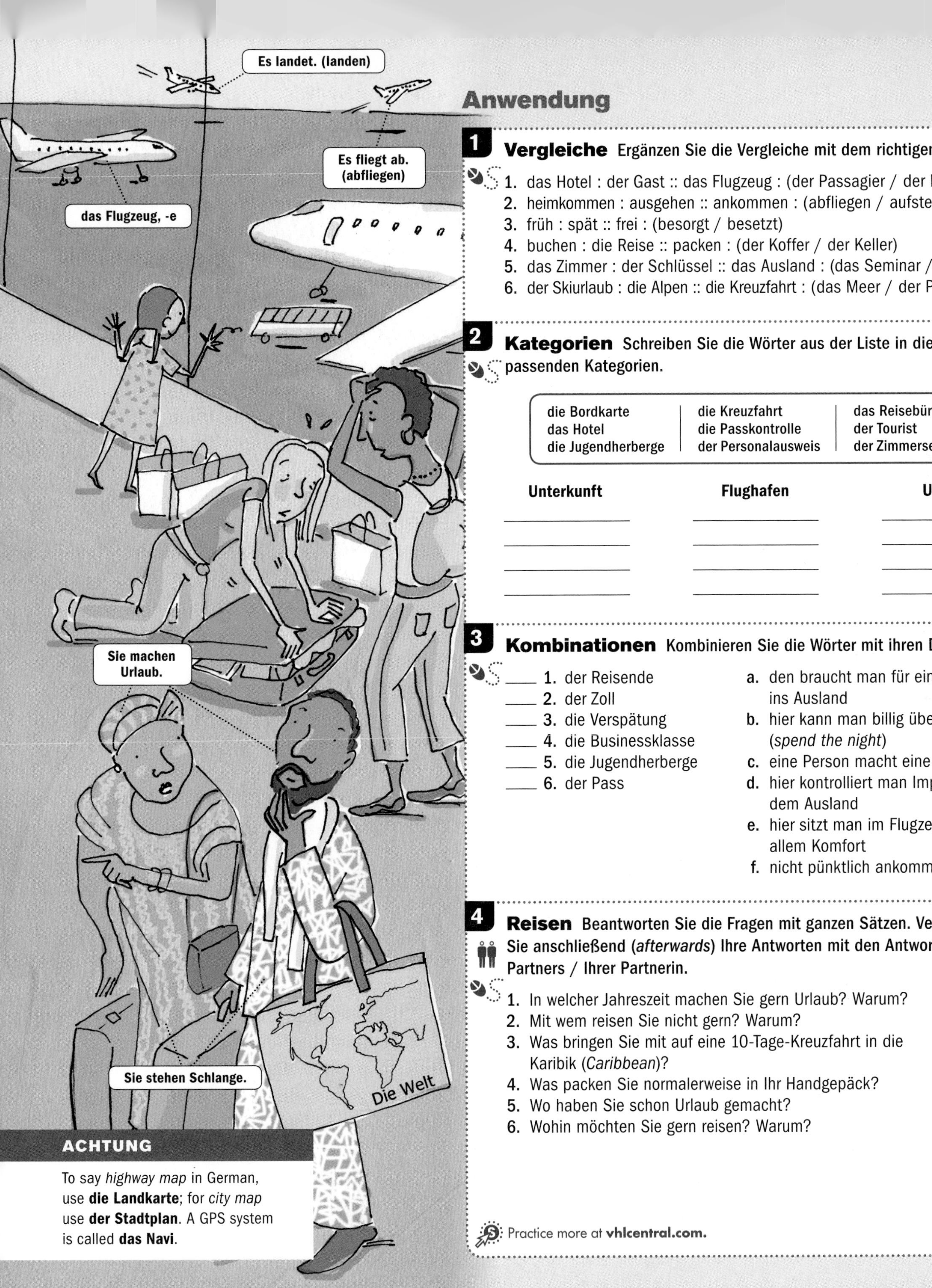

Es landet. (landen)
Es fliegt ab. (abfliegen)
das Flugzeug, -e
Sie machen Urlaub.
Sie stehen Schlange.
Die Welt

ACHTUNG

To say *highway map* in German, use **die Landkarte**; for *city map* use **der Stadtplan**. A GPS system is called **das Navi**.

Anwendung

1 Vergleiche

Ergänzen Sie die Vergleiche mit dem richtigen Wort.

1. das Hotel : der Gast :: das Flugzeug : (der Passagier / der Familienstand)
2. heimkommen : ausgehen :: ankommen : (abfliegen / aufstehen)
3. früh : spät :: frei : (besorgt / besetzt)
4. buchen : die Reise :: packen : (der Koffer / der Keller)
5. das Zimmer : der Schlüssel :: das Ausland : (das Seminar / das Visum)
6. der Skiurlaub : die Alpen :: die Kreuzfahrt : (das Meer / der Park)

2 Kategorien

Schreiben Sie die Wörter aus der Liste in die passenden Kategorien.

die Bordkarte	die Kreuzfahrt	das Reisebüro
das Hotel	die Passkontrolle	der Tourist
die Jugendherberge	der Personalausweis	der Zimmerservice

Unterkunft	Flughafen	Urlaub
______	______	______
______	______	______
______	______	______
______	______	______

3 Kombinationen

Kombinieren Sie die Wörter mit ihren Definitionen.

____ 1. der Reisende
____ 2. der Zoll
____ 3. die Verspätung
____ 4. die Businessklasse
____ 5. die Jugendherberge
____ 6. der Pass

a. den braucht man für eine Reise ins Ausland
b. hier kann man billig übernachten (*spend the night*)
c. eine Person macht eine Reise
d. hier kontrolliert man Importe aus dem Ausland
e. hier sitzt man im Flugzeug mit allem Komfort
f. nicht pünktlich ankommen

4 Reisen

Beantworten Sie die Fragen mit ganzen Sätzen. Vergleichen Sie anschließend (*afterwards*) Ihre Antworten mit den Antworten Ihres Partners / Ihrer Partnerin.

1. In welcher Jahreszeit machen Sie gern Urlaub? Warum?
2. Mit wem reisen Sie nicht gern? Warum?
3. Was bringen Sie mit auf eine 10-Tage-Kreuzfahrt in die Karibik (*Caribbean*)?
4. Was packen Sie normalerweise in Ihr Handgepäck?
5. Wo haben Sie schon Urlaub gemacht?
6. Wohin möchten Sie gern reisen? Warum?

Practice more at **vhlcentral.com.**

Kommunikation

5 **Durchsagen** Hören Sie die Durchsagen (*announcements*) an und entscheiden Sie mit einem Partner / einer Partnerin, welche Durchsage am besten zu welchem Satz passt.

_______ **1.** Die Passagiere fliegen nach Russland.
_______ **2.** Das Flugzeug ist gerade gelandet.
_______ **3.** Der Check-in für Air France ist im Terminal 1.
_______ **4.** Der Flug nach Hamburg fliegt bald ab.
_______ **5.** Die Passagiere kommen mit Verspätung in Rom an.

6 **Am Flughafen** Ihr Lehrer / Ihre Lehrerin gibt Ihnen verschiedene Blätter mit Durchsagen. Fragen Sie Ihren Partner / Ihre Partnerin nach den fehlenden Informationen und wechseln Sie sich dabei ab.

S1: *Wer kann zum Ausgang gehen?*
S2: *Nur Passagiere mit Bordkarten.*

7 **Beschreibungen** Schreiben Sie mit einem Partner / einer Partnerin eine Beschreibung (*description*) von jedem (*each*) Bild. Lesen Sie danach einem anderen Paar Ihre Beschreibung vor. Das andere Paar soll erraten, welches Bild zu welcher Beschreibung passt.

WERKZEUG

der Hauptbahnhof *central station*
das Taxi *taxi*
der Check-in-Schalter *check-in desk*

BEISPIEL

S1: *Es ist Abend. Ein Mädchen sitzt auf einem Koffer.*
S1: *Sie liest Zeitung.*
S3: *Das ist Bild 1.*

1.

2.

3.

4.

5.

6.

Aussprache und Rechtschreibung

Audio: Presentation
Record & Compare Activities

Pure vowels versus diphthongs

German has three diphthongs: **au**, **ai/ei**, and **eu/äu**. In these vowel combinations, two vowel sounds are pronounced together in the same syllable.

Haus **Mai** **meine** **scheu** **läuft**

All other German vowel sounds are pure vowels. Whether long or short, they never glide into another vowel sound.

kalt **Schnee** **Spiel** **Monat** **Schule**

Be sure to pronounce the vowels in German words as pure vowel sounds, even when they resemble English words with similar pronunciations.

kann **Stereo** **Apfel** **Boot** **Schuh**

1 Sprechen Sie nach
Wiederholen Sie die Wörter, die Sie hören.

1. Hagel
2. wann
3. Regen
4. Wetter
5. minus
6. Winter
7. Oktober
8. Sommer
9. Januar
10. Geburtstag
11. August
12. Mai
13. Zeit
14. heute
15. Häuser
16. Gasthaus

2 Artikulieren Sie
Wiederholen Sie die Sätze, die Sie hören.

1. Es hat fast den ganzen Tag geregnet.
2. Im Juli ist es am Nachmittag zu heiß.
3. Im Winter gehe ich gern Ski laufen.
4. Trink eine Tasse Tee, damit du wieder wach wirst.
5. Im Mai wird es schön warm und sonnig.
6. Im Sommer schwimmen die Kinder im See.
7. Im Herbst muss Max sein Segelboot reparieren lassen.
8. Meine Freundin besucht mich heute.

3 Sprichwörter
Wiederholen Sie die Sprichwörter, die Sie hören.

Morgen, morgen, nur nicht heute, sagen alle faulen Leute.[1]

Nach Regen kommt Sonnenschein.[2]

[1] Tomorrow, tomorrow, just not today, that is what all lazy people say.
[2] Things will look brighter tomorrow. (lit. *After the rain comes sunshine.*)

Ein Sommer in der Türkei?

Anke hat Pläne für den Sommer: Die ganze Familie soll den Sommer in der Türkei verbringen.

ANKE Ich habe eine Überraschung für euch.
ZEYNEP Ich weiß schon, was es ist!
ANKE Zeynep, psst!
SABITE Was ist es denn?
ANKE Wir verbringen den Sommer in der Türkei.
SABITE Warum?
ZEYNEP Ja warum wohl!

ANKE Es ist das Heimatland von deinem Vater. Und du und deine Schwester wart nicht mehr im Ausland seit... unseren Ferien in Frankreich vor drei Jahren. Wir wollen dort etwas über die Kunststudiengänge für dich erfahren, deshalb machen wir die Reise gemeinsam.

SABITE Ich kann es kaum erwarten, George, Hans und Meline davon zu erzählen.
ZEYNEP Und Torsten?

SABITE Mama, ich brauche deine Hilfe. Kann ich dich was fragen?
ANKE Du bittest mich doch sonst nie um Hilfe. Das muss ein großes Problem sein.

SABITE Torsten und ich haben uns gestritten. Ich habe ihm gesagt, dass ich überlege, in der Türkei Kunst zu studieren. Naja, ich habe es zuerst Meline gesagt. Ich habe mich mit Melines Freund über Kunst unterhalten und er stand daneben.

ANKE Du hast es ihm nicht zuerst gesagt. Und jetzt ist er unglücklich?
SABITE Ja. Und jetzt werden wir den Sommer nicht zusammen sein.
ANKE Wir müssen nicht in die Türkei fahren.
ZEYNEP Ähm, doch!
SABITE Oh, doch, das müssen wir. Aber ich will es ihm noch nicht sagen.

ÜBUNGEN

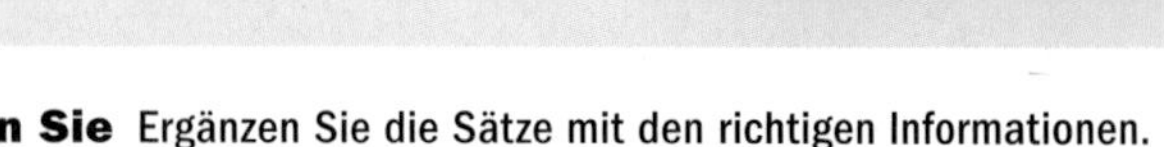

1 Ergänzen Sie **Ergänzen Sie die Sätze mit den richtigen Informationen.**

1. Anke möchte den (Sommer / Herbst) in der Türkei verbringen.
2. Die Türkei ist das Heimatland von (Anke / Faik).
3. Sabite und Zeynep waren schon in (Italien / Frankreich) im Urlaub.
4. Familie Yilmaz möchte etwas über (Jugendherbergen / Kunststudiengänge) in der Türkei erfahren.
5. Sabite bittet ihre Mutter um (Hilfe / Geld).
6. Sie hat Meline zuerst davon erzählt, in der Türkei (Kunst zu studieren / Urlaub zu machen).
7. Deshalb (*Therefore*) ist Torsten jetzt (unglücklich / unangenehm).
8. Anke glaubt, dass Beziehungen (einfach / kompliziert) sind.
9. Vor einem (Monat / Jahr) hat Sabite einige Arbeiten bei einer Galerie eingereicht.
10. Meline mag (Zeynep / Torsten) nicht.

PERSONEN

Anke

Sabite

Zeynep

ANKE Was noch? Bei Problemen zwischen zwei Partnern geht es nie nur um eine Sache. Beziehungen sind kompliziert.

SABITE Er versteht meine Kunst nicht.

ZEYNEP Niemand versteht deine Kunst, ohne dass er verrückt ist.

ANKE Hör auf, deine Schwester zu ärgern.

SABITE Er möchte meine Kunst nicht verstehen. Vor einem Monat habe ich einige Arbeiten bei einer Galerie in der Torstraße eingereicht. Torsten sagte... sie werden das niemals ausstellen.

ZEYNEP Das ist gemein.

ANKE Er darf so etwas nicht zu dir sagen.

SABITE Meline mag ihn nicht.

ZEYNEP Meline ist komisch.

SABITE Aber sie versteht, dass ich Künstlerin bin, ohne meine Kunst zu verstehen. Mama, was soll ich tun?

ANKE Liebst du ihn, Sabite?

Nützliche Ausdrücke

- **Heimatland**
  homeland, country of origin
- **der Kunststudiengang**
  art course
- **gemeinsam**
  together
- **erwarten**
  to expect
- **Du bittest mich doch sonst nie um Hilfe.**
  You never ask for my help.
- **Torsten und ich haben uns gestritten.**
  Torsten and I have been fighting.
- **zuerst**
  first
- **daneben**
  aside
- **zwischen**
  between
- **ausstellen**
  to exhibit
- **komisch**
  weird

3B.1

- **Aber sie versteht, dass ich Künstlerin bin, ohne meine Kunst zu verstehen.**
  But she understands that I'm an artist, without understanding my art.

3B.2

- **Vor einem Monat habe ich einige Arbeiten bei einer Galerie in der Torstraße eingereicht.**
  A month ago, I submitted some work to a gallery on Torstraße.

3B.3

- **Niemand versteht deine Kunst, ohne dass er verrückt ist.**
  Nobody can understand your art, unless they're crazy.

2 **Zum Besprechen** Familie Yilmaz möchte zusammen Urlaub in der Türkei machen. Planen Sie mit einem Partner/einer Partnerin die Reise. Schreiben Sie einen Absatz (*paragraph*) über das Ziel (*destination*), die Dauer der Reise, die Transportmittel, die Unterkünfte und weitere Details.

3 **Vertiefung** Anke, Sabite und Zeynep sind im Bauhaus-Museum. Suchen Sie weitere Museen in Berlin und finden Sie heraus (*find out*), welche Ausstellungen zur Zeit dort zu sehen sind.

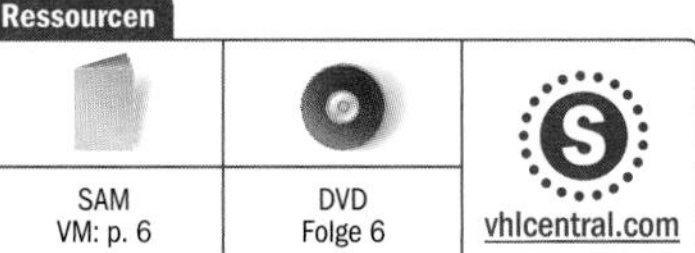

Flughafen Frankfurt

Reading

DER FRANKFURT AIRPORT (AUCH Rhein-Main-Flughafen) ist der größte Flughafen in Deutschland. Mehr als 50 Millionen Passagiere kamen hier 2010 an oder flogen von hier ab. In München waren es 2010 34,7 Millionen und in Düsseldorf 18,9 Millionen. In Europa fliegen Passagiere nur London-Heathrow und Paris-Charles de Gaulle öfter an.

Weltweit ist der Frankfurter Flughafen die Nummer 9. Der Flughafen ist sehr praktisch für Passagiere, weil es direkt im Flughafen einen Bahnhof° gibt. Man kann Flug und Zugreise bequem miteinander kombinieren. Über dem Bahnhof findet man auch „The Squaire", ein großes Gebäude mit Büros, zwei Hotels und Geschäften.

Neben dem Passagierverkehr° ist der Frankfurt Airport auch für den Cargoverkehr wichtig. Innerhalb Europas werden nur in Paris-Charles de Gaulle mehr Güter° transportiert. Wegen der vielen Passagiere und der Güter nennt man den Frankfurt Airport auch ein wichtiges Luftfahrtdrehkreuz°. Der Flughafen ist aber nicht nur für Passagiere und Cargotransport wichtig. Hier arbeiten insgesamt über 71.000 Menschen. Innerhalb Deutschlands gilt der Flughafen als größte lokale Arbeitsstätte°. Er ist so groß, dass er seine eigene Postleitzahl° hat!

EIN KLEINER TIPP

The Squaire comes from a combination of the English words *square* and *air*. This type of combination of words is called a **Kofferwort** in German.

Flughafen	Passagiere (2010)	Flüge (2010)	Fluggesellschaften°
Frankfurt Airport	56,4 Millionen	487.000	155
London-Heathrow (größter in Europa)	65 Millionen	476.000	90
Atlanta International Airport (größter weltweit)	89,3 Millionen	950.000	62

QUELLE: Frankfurt Airport, Heathrow Airport, Atlanta International Airport

Bahnhof *train station* **Passagierverkehr** *passenger traffic* **Güter** *freight* **Luftfahrtdrehkreuz** *aviation hub* **Arbeitsstätte** *place of employment* **Postleitzahl** *zip code* **Fluggesellschaften** *airline companies*

ÜBUNGEN

1 Richtig oder falsch? Sind die Aussagen richtig oder falsch? Korrigieren Sie die falschen Aussagen mit einem Partner / einer Partnerin.

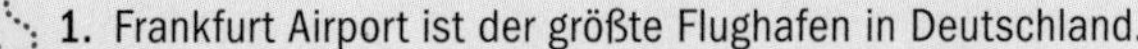

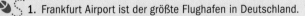

1. Frankfurt Airport ist der größte Flughafen in Deutschland.
2. Der Flughafen Nummer 2 in Deutschland ist Düsseldorf.
3. Leider gibt es am Frankfurt Airport keinen Bahnhof.
4. Am Frankfurt Airport können Reisende übernachten.
5. In London-Heathrow transportiert man mehr Güter als in Frankfurt.
6. Am Frankfurt Airport arbeiten 74.000 Menschen.
7. Der Frankfurt Airport ist die größte lokale Arbeitsstätte in Deutschland.
8. Die Postleitzahl des Frankfurt Airports ist 60549.
9. Der Frankfurt Airport hat mehr Fluggesellschaften als London.
10. Am größten Flughafen Europas flogen 2010 89,3 Millionen Passagiere ab.

 Practice more at **vhlcentral.com.**

DEUTSCH IM ALLTAG

Urlaub für Studenten

die Jugendherberge, -n	*youth hostel*
die Pension, -en	*guesthouse*
das Zelt, -e	*tent*
der Zeltplatz, -¨e	*camping area*
Sofa-surfen	*to couch surf*
Zimmer frei	*vacancy*

DIE DEUTSCHSPRACHIGE WELT

Sylt

Sylt ist die größte deutsche Insel in der Nordsee. Sie heißt auch „die Hamburger Badewanne". Jedes Jahr machen hier über 800.000 Menschen Urlaub. Berühmt ist Sylt für seine langen Strände (mehr als 40 Kilometer) und die Wanderdünen° in List. Sie sind bis zu 1.000 Meter lang und 35 Meter hoch. Sie „wandern" jedes Jahr bis zu 4 Meter. Interessant ist auch das Wattenmeer, wo viele Fische und Vögel leben. Auf Sylt findet man auch seltene° Pflanzen, Tiere und Schmetterlinge°. Die Heide° ist auch eine bekannte Landschaft° der Insel.

Wanderdünen *hiking dunes* **seltene** *rare* **Schmetterlinge** *butterflies* **Heide** *heath* **Landschaft** *landscape*

PORTRÄT

Der ICE

Der ICE, oder Intercity-Express, ist die schnellste Zugart° in Deutschland. Dieser Zug° fährt in Deutschland und 6 Nachbarländern (Belgien, Dänemark, Frankreich, Niederlande, Österreich und der Schweiz) 180 ICE-Bahnhöfe an. Für Passagiere ist der ICE interessant, weil die Züge nicht nur extrem schnell fahren, sondern auch sehr bequem sind. Passagiere haben viel Platz. Alle Wagen haben Klimaanlagen°. Es gibt auch ein Bordrestaurant im Zug und oft ein Abteil° für Kinder. Mit Kopfhörern° kann man Musik- und Sprachprogramme hören und für Computer gibt es Steckdosen°.

Zugart *type of train* **Zug** *train* **Klimaanlagen** *air conditioning* **Abteil** *section* **Kopfhörern** *headphones* **Steckdosen** *electrical outlets*

IM INTERNET

Suchen Sie Informationen über die Vogelfluglinie: Was ist die Vogelfluglinie? Wo liegt sie? Ist sie nur für Vögel?

For more information on this **Kultur**, go to **vhlcentral.com**.

2 **Was fehlt?** Ergänzen Sie die Sätze.

1. Die Insel Sylt liegt in der ________.
2. Die Insel Sylt hat lange ________ und Wanderdünen.
3. Eine Attraktion ist das ________, wo viele Fische und Vögel leben.
4. Die schnellste Zugart in Deutschland ist der ________.
5. Der ICE ist extrem schnell und auch ________.
6. Es gibt Bordrestaurants und Abteile für ________.

3 **Urlaub** Diskutieren Sie mit einem Partner / einer Partnerin, wo Sie in Deutschland, Österreich oder der Schweiz Urlaub machen wollen. Wählen Sie ein Urlaubziel (*destination*). Warum wollen Sie diese Orte besuchen? Was möchten Sie hier gerne sehen? Was möchten Sie hier gerne machen? Mit wem möchten Sie diese Orte besuchen?

Ressourcen

3B.1 Infinitive expressions and clauses

Startblock When you use a non-modal verb with an infinitive clause, add the preposition **zu** before the infinitive.

Ich habe Sabite letzte Woche geholfen, ihre Wohnung **zu putzen**.

Ich habe ihm gesagt, dass ich überlege, ein Semester in der Türkei Kunst **zu studieren**.

- You learned that when a conjugated modal verb modifies the meaning of another verb, the infinitive moves to the end of the sentence. The preposition **zu** is not needed in this case.

  Ich möchte Checkpoint Charlie **besuchen**.
  *I want **to visit** Checkpoint Charlie.*

  Es regnet. Wir müssen unsere Regenmäntel **anziehen**.
  *It's raining. We need **to put on** our raincoats.*

ACHTUNG

The comma before an infinitive clause is optional. Use it for clarity, especially in longer sentences. Any adverbs that modify the infinitive expression come after the comma: **Es ist schön, im Sommer Eis zu essen.**

- After most other verbs, however, you need to put **zu** before the infinitive clause. Place **zu** plus the infinitive at the end of the sentence.

  Es macht viel Spaß **zu reisen**!
  ***Travelling** is so much fun!*

  Ich hatte keine Zeit, Postkarten **zu schreiben**.
  *I didn't have time **to write** postcards.*

- When using a double verb expression like **spazieren gehen**, put the preposition **zu** between the two verbs.

  Die Kinder haben Angst, **schwimmen zu gehen**.
  *The kids are afraid **to go swimming**.*

  Es ist uns zu teuer, jeden Abend **essen zu gehen**.
  ***Going out to eat** every night is too expensive for us.*

- If the verb in the infinitive clause is a separable prefix verb, place **zu** between the prefix and the main part of the verb.

  Es macht keinen Spaß, die Küche **aufzuräumen**.
  ***Cleaning** the kitchen is no fun.*

  Vergiss bitte nicht, den Müll **rauszubringen**.
  *Please don't forget **to take out** the trash.*

- Infinitive constructions with **zu** often occur after the verbs **anfangen**, **beginnen**, **vergessen**, **helfen**, and **finden**, the expressions **Lust haben** (*to be in the mood*), **Angst haben**, and **Spaß machen**, and the adjectives **einfach**, **wichtig** (*important*), and **schön**.

  Ich **habe vergessen**, meine Eltern **anzurufen**.
  *I **forgot to call** my parents.*

  Kannst du mir bitte **helfen**, meine Bordkarte **zu finden**?
  *Can you please **help** me **find** my boarding pass?*

  Wir **haben** keine **Lust**, heute Abend **auszugehen**.
  *We don't **feel like going out** this evening.*

  Ich finde es **wichtig**, pünktlich **zu sein**.
  *I think it's **important to be** on time.*

- Impersonal expressions beginning with **Es ist/war...** are also frequently followed by an infinitive clause.

Es war so schön, in einem Fünf-Sterne-Hotel **zu übernachten**.
It was *so nice* ***to spend the night*** *at a five-star hotel.*

Es ist nicht gut, bei Nebel **zu fliegen**.
It's *not good* ***to fly*** *when it's foggy.*

- The expressions **um... zu** (*in order to*), **ohne... zu** (*without*), and **anstatt... zu** (*instead of*) are frequently used in infinitive clauses. **Anstatt** is often shortened to **statt**, especially in informal conversation.

Ich esse viel Gemüse und gehe jeden Tag schwimmen, **um** fit **zu bleiben**.
I eat lots of vegetables and swim every day ***to stay*** *fit.*

Man kann einen schönen Urlaub machen, **ohne** ins Ausland **zu fahren**.
You can have a nice vacation ***without going*** *abroad.*

Sie sind in die Schweiz gefahren, **anstatt** nach Rom **zu fliegen**.
Instead of flying *to Rome, they drove to Switzerland.*

Fahrt ihr nach Hamburg, **um** eure Freunde **zu besuchen**?
Are you driving to Hamburg ***to visit*** *your friends?*

- In sentences with **um... zu, ohne... zu**, or **(an)statt... zu**, the infinitive clause may be the first element in a sentence. When the infinitive clause is the first element, the conjugated verb becomes the second element, and the subject comes after the conjugated verb.

Statt zu schlafen, hat Peter die ganze Nacht gelesen.
Instead of sleeping*, Peter spent all night reading.*

Um ein Zimmer in diesem Hotel **zu bekommen, muss man** sehr früh buchen.
To get *a room at that hotel, you have to book early.*

Ohne vorher **zu fragen, haben sie** die Kekse gegessen.
They ate the cookies ***without asking*** *first.*

Anstatt meine Hausaufgaben **zu machen, bin ich** gestern Abend ausgegangen.
Instead of doing *my homework, I went out last night*

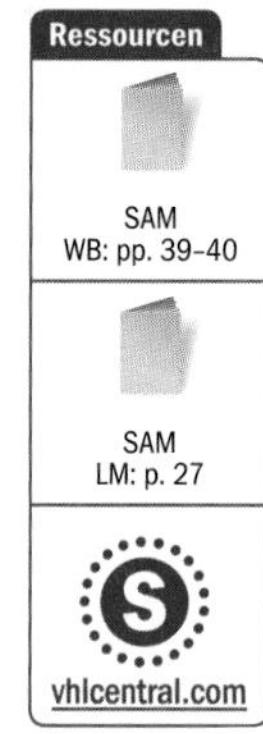

Ressourcen
SAM
WB: pp. 39–40
SAM
LM: p. 27
vhlcentral.com

Jetzt sind Sie dran!

Wählen Sie das passende Wort.

1. Ich bin rausgegangen, (um / ohne / anstatt) den Schlüssel mitzunehmen. Jetzt kann ich die Tür nicht aufschließen (*unlock*)!
2. (Um / Ohne / Anstatt) einen Skiurlaub zu machen, fahren wir ans Meer.
3. Der Student hat die Prüfung bestanden, (*passed*) (um / ohne / anstatt) dafür zu lernen.
4. (Um / Ohne / Anstatt) mit dem Zug (*train*) zu fahren, fliegt Bruno nach Italien.
5. Willst du Deutsch lernen, (um / ohne / anstatt) in Deutschland zu studieren?
6. Michael hat das Hotel gefunden, (um / ohne / anstatt) auf den Stadtplan zu schauen.
7. (Um / Ohne / Anstatt) Zeitung zu lesen, schlafe ich gern im Flugzeug.
8. Der Geschäftsmann bestellte Zimmerservice, (um / ohne / anstatt) nach dem Preis zu fragen.
9. Wir fahren zwei Stunden vor unserem Flug zum Flughafen, (um / ohne / anstatt) pünktlich zu sein.
10. Erika ist faul und fährt mit dem Fahrstuhl, (um / ohne / anstatt) die Treppe zu nehmen.
11. Ich trage einen Mantel bei schlechtem Wetter, (um / ohne / anstatt) warm zu bleiben.
12. Das Gute an Jugendherbergen ist, man kann dort übernachten, (um / ohne / anstatt) ein Bett zu reservieren.

Anwendung

1 **Ergänzen Sie** Ergänzen Sie die Sätze mit der richtigen Form des Verbs im Infinitiv.

1. Wir helfen unseren Eltern, die Koffer __________. (*packen*)
2. Mama fängt an, die Zimmer im Hotel __________. (*reservieren*)
3. Es macht Spaß, in Europa __________. (*reisen*)
4. Papa hat vergessen, unsere Personalausweise __________. (*mitbringen*)
5. Der Taxifahrer hatte keine Zeit, __________. (*zurückfahren*)
6. Er musste sehr schnell fahren, um am Flughafen pünktlich __________. (*ankommen*)

2 **Schreiben Sie** Ergänzen Sie die Sätze mit dem passenden Ausdruck **um... zu, ohne... zu** oder **(an)statt... zu.**

BEISPIEL Im Flugzeug lese ich viel, _(an)statt_ zu schlafen.

1. Wir gehen mit unseren Freunden am Abend vor unserer Reise aus, ________ unsere Koffer zu packen.
2. Die Studenten reisen viel, ________ die Welt (*world*) kennen zu lernen.
3. Natascha hat eine gute Note in Deutsch geschrieben, ________ viel dafür zu lernen.
4. Wart ihr wirklich den ganzen Tag am Strand, ________ euch vor der Sonne zu schützen (*protect*)?
5. Am Freitag gehen wir ins Kino (*movie theater*), ________ den neuen Film zu sehen.
6. ________ ein Hotelzimmer zu buchen, werden wir in der Jugendherberge übernachten.

3 **Wozu braucht man das?** Sagen Sie, wozu man die abgebildeten Dinge braucht.

gesund (*healthy*) bleiben	tanzen gehen	E-Mails schreiben
im Regen trocken bleiben	Deutsch lernen	in den Bergen wandern

BEISPIEL Man braucht einen Badeanzug, um schwimmen zu gehen.

1.

2.

3.

4.

5.

6.

Practice more at **vhlcentral.com.**

Kommunikation

4 **Viel gereist** Sie waren im Sommer in Deutschland. Besprechen Sie mit einem Partner / einer Partnerin, wo Sie waren und warum Sie dort waren.

BEISPIEL in München

S1: *Wo warst du im Sommer?*
S2: *Ich war in München, um meine Familie zu besuchen. Meine Schwester wohnt dort.*

in den Alpen	in Hamburg
in Berlin	am Main
an der Donau	in München
in Füssen	an der Ostseeküste

5 **Ein schwerer Koffer** Sie haben viel in den Urlaub mitgebracht. Erzählen Sie einem Partner / einer Partnerin, wieso Sie so viel im Gepäck haben.

BEISPIEL

S1: *Warum hast du eine Gitarre mitgebracht?*
S2: *Um Musik zu machen. Und du? Warum hast du einen Badeanzug gepackt?*
S1: *Um schwimmen zu gehen.*

einen gestreiften Anzug	eine tolle Hose	einen Rucksack
einen Badeanzug	ein Kleid	viele Bücher
die Brille	eine Krawatte	eine Sonnenbrille
eine Gitarre	eine Mütze	ein langärmliges T-Shirt
eine kurze Hose	einen Regenschirm	Turnschuhe

6 **Wohin wollen wir reisen?** Denken Sie an drei mögliche Urlaubsziele. Fragen Sie Ihren Partner / Ihre Partnerin, wohin er/sie reisen möchte, und besprechen Sie dabei die Sehenswürdigkeiten in jeder Stadt.

BEISPIEL

S1: *Wo machen wir im Sommer Urlaub?*
S2: *Ich will nach Disneyland fahren, anstatt Museen zu besuchen.*
S1: *Warum?*
S2: *Um Mickey Mouse zu treffen. Ich finde ihn toll!*

7 **Meiner Meinung nach** Ergänzen Sie die folgenden Aussagen mit Ihrer Meinung. Vergleichen Sie die Antworten mit anderen Studenten.

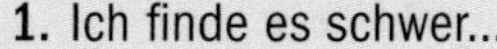

1. Ich finde es schwer...
2. Es macht mir Spaß...
3. Ich habe keine Lust...
4. Ich versuche (*try*) immer...
5. Ich finde es wichtig...
6. Es ist schön...

3B.2 Time expressions

Startblock German has two main concepts related to expressions of time. **Zeit** describes a span of time, while **Mal** refers to specific occurrences and repetitions.

Ich habe noch **50 Minuten Zeit** vor meinem Flug.
*I still have **50 minutes** before my flight.*

Ich war nur **einmal** in Hamburg.
*I've only been to Hamburg **once**.*

- Many German time expressions use **Mal** or a compound word containing **-mal**:

diesmal	*this time*	**manchmal**	*sometimes*
das erste Mal	*the first time*	**niemals**	*never*
einmal	*once*	**zum ersten/letzten Mal**	*for the first/last time*

- Use the accusative case to talk about a particular span of time or point in time. To describe how long something lasted, use **dauern** + the accusative.

Die Kreuzfahrt dauerte **einen Monat**.
*The cruise lasted **a month**.*

Letzten Montag haben meine Ferien angefangen.
*My break started **last Monday**.*

Nächsten Sommer fahren wir an den Strand.
***Next summer** we're going to the beach.*

Die Studenten tanzten **die ganze Nacht**.
*The students danced **all night long**.*

- Use the present tense with **seit** plus a dative time expression or **schon** plus an accusative time expression to indicate how long something has been going on.

Seit einem Monat wohnt Patrick in Berlin.
*Patrick has been living in Berlin **for a month**.*

Er studiert **schon zwei Jahre** in Deutschland.
*He's been studying in Germany **for two years**.*

- The two-way prepositions **an**, **in**, and **vor** can all be used to answer the question **wann?** Use the dative case with these time expressions.

Vor einem Jahr studierte ich im Ausland.
A year ago I was studying abroad.

Mein Geburtstag ist **am 18. Februar**.
*My birthday is **on February 18**.*

- Use the time expressions **zuerst** (*first*), **dann** (*then*), **danach** (*after that*), and **zuletzt** (*last*) to narrate a series of events.

Zuerst musst du die wichtigen Papiere in das Handgepäck packen.
***First** you have to pack your important papers in the carry-on bag.*

Dann kannst du die anderen Sachen in den großen Koffer packen.
***Then** you can pack the other things in the big suitcase.*

Ressourcen
SAM WB: pp. 41–42
SAM LM: p. 28

vhlcentral.com

Jetzt sind Sie dran!

Wählen Sie die passenden Wörter.

1. (Im / In den) Frühling regnet es viel.
2. In (der / die) Nacht habe ich schlecht geträumt.
3. Laura reist für (ein / einen) Monat nach Österreich.
4. Vor (einer / eine) Woche haben wir unsere Flugtickets bekommen.
5. (Nächster / Nächsten) Sommer musst du in den Urlaub mitkommen.
6. (Am / An das) Wochenende fahre ich nach Zürich.
7. Herr Boas wartet schon (einer / eine) Stunde (*hour*) auf ein Taxi.
8. Wir waren (letzter / letzten) Dienstag nicht zu Hause.
9. Hugo arbeitet seit (ein / einem) Jahr an seinem neuen Buch.
10. In (einer / eine) Woche macht er eine Kreuzfahrt.

Anwendung und Kommunikation

1 **Ergänzen Sie** Ergänzen Sie die Sätze mit den passenden Zeitergänzungen aus der Liste.

einmal	das erste Mal	einen Monat
letztes Jahr	35 Minuten	nächste Woche

1. Saras Geburtstag ist __________ und dann wird sie zweiundzwanzig.
2. Mit 18 Jahren durfte ich __________ allein in Urlaub fahren.
3. Silvester ist __________ auf einen Sonntag gefallen.
4. Der Flug von München nach Nürnberg dauert nur __________.
5. Wir haben noch __________ bis zum Ende von unserem Semester.
6. Meine Großeltern planen eine Familienfeier, denn Goldene Hochzeit hat man nur __________ im Leben.

2 **Ein kleines Interview** Beantworten Sie die Fragen von Ihrem Partner / Ihrer Partnerin.

BEISPIEL seit wann / Deutsch lernen

S1: *Seit wann lernst du Deutsch?*
S2: *Seit letztem Semester.*

1. wann / Geburtstag haben
2. seit wann / hier studieren
3. was / zuerst machen nach dem Semesterende / Und danach?
4. wann und wo / zuletzt am Strand sein (*past tense*)
5. vor wie vielen Jahren / zum ersten Mal im Flugzeug fliegen (*past tense*)
6. wen / einmal kennen lernen möchten

3 **Reiselust** Erfinden Sie mit Ihren Mitstudenten eine kurze Geschichte über eine Reise. Benutzen Sie Wörter aus der Liste oder Ihre eigenen.

BEISPIEL

Thomas und seine Familie wollten zum ersten Mal eine Kreuzfahrt von Marseille nach Palermo machen. Zuerst...

Zeitausdrücke	Hauptwörter	Verben
danach	die Crew	einkaufen
dann	das Gepäck	einpacken
niemals	das Meer	essen
seit	der Pass	regnen
vor	der Sandstrand	schwimmen
zuerst	das Souvenir	tanzen
zuletzt	das Wetter	vergessen

Practice more at **vhlcentral.com.**

3B.3 Indefinite pronouns

QUERVERWEIS

To review the use of subject, accusative, and dative pronouns, see **1A.2** and **1A.3**.

Startblock Pronouns that refer to an unknown or nonspecific person or thing are called indefinite pronouns.

Niemand bestellt Zimmerservice.

- Two indefinite pronouns that refer to people are **jemand** (*someone*) and **niemand** (*no one*). Use the ending **-en** for the accusative case and **-em** for the dative.

Jemand hat seinen Personalausweis an der Passkontrolle vergessen.
Someone *left his I.D. card at passport control.*

Herr Klein will mit **niemandem** sprechen.
*Mr. Klein does**n't** want to speak with **anyone**.*

- To talk about indefinite things, use **alles** (*everything*), **etwas** (*something*), or **nichts** (*nothing*). **Etwas** and **nichts** do not change in different cases; **alles** is declined like the neuter definite article **das**.

Wir haben noch **nichts** gegessen.
*We haven't eaten **anything** yet.*

Möchten Sie **etwas** zu trinken bestellen?
*Would you like to order **something** to drink?*

Ich habe **alles** ins Handgepäck gepackt.
*I packed **everything** in the carry-on.*

Meine Schwester kann dir mit **allem** helfen.
*My sister can help you with **everything**.*

ACHTUNG

In conversation, **etwas** may be shortened to **was**. Ex.: **Kann ich dich was fragen?**

Remember that **man** is singular. When **man** is the subject, always use a verb in the third-person singular.

- Use the pronoun **man** to talk about people in general.

Man darf im Flugzeug nicht rauchen.
You're *not allowed to smoke on an airplane.*

In Hamburg ist **man** froh, wenn es im Winter nicht zu viel schneit.
*In Hamburg **we're** happy if it doesn't snow too much in winter.*

In Liechtenstein spricht **man** Deutsch.
*In Liechtenstein **they** speak German.*

Man soll zwei Stunden vor dem Abflug am Flughafen sein.
One *should be at the airport two hours before departure.*

Jetzt sind Sie dran! **Wählen Sie das passende Wort.**

1. Anna vergisst oft ihre Hausaufgaben, aber Jörg vergisst (nichts / etwas).
2. (Etwas / Niemand) will arbeiten, wenn das Wetter draußen so schön ist.
3. Wenn (man / alles) nicht ins Ausland will, gibt es auch in Deutschland viele schöne Ferienorte (*vacation spots*).
4. (Nichts / Jemand) hat vergessen, das Fenster zu schließen.
5. Hast du (niemand / etwas) gesagt?
6. Ich möchte (alles / man) in dieser Stadt sehen!
7. Ich will im Urlaub (jemand / nichts) machen – nur schlafen und essen!
8. Sollen wir (man / jemanden) fragen, oder findest du die Antwort im Internet?
9. Anke ist sehr schüchtern – sie will mit (niemandem / etwas) reden.
10. (Nichts / Man) kann in diesem Geschäft viele schöne Sachen finden.

Ressourcen

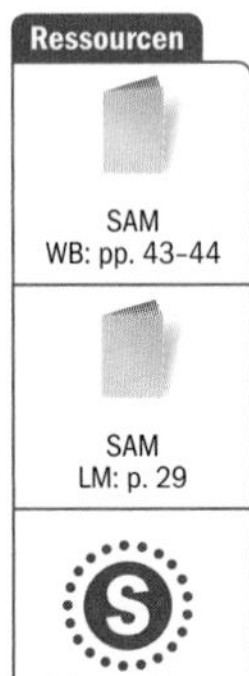

SAM WB: pp. 43–44
SAM LM: p. 29
vhlcentral.com

Anwendung und Kommunikation

1 Fragen zur Grammatik Ergänzen Sie die Sätze mit den passenden Wörtern aus der Liste.

alles	nichts
etwas	niemand
jemand	niemandem

1. Hat __________ noch Fragen zur Grammatik?
2. Professor Krause, können Sie uns __________ noch einmal erklären?
3. __________ hat die Grammatik verstanden.
4. Sie haben wirklich __________ verstanden?
5. Also kann ich leider __________ helfen.
6. Sie können __________ lernen, liebe Studenten, aber nur wenn Sie Ihre Hausaufgaben machen!

2 Was macht man hier Schreiben Sie zu jedem Foto einen Satz mit **man**. Benutzen Sie die angegebenen Wörter.

BEISPIEL

hier / können / Medikamente kaufen

Hier kann man Medikamente kaufen.

1. bei Rot / müssen / stoppen

2. hier / kommen / zum Marienplatz

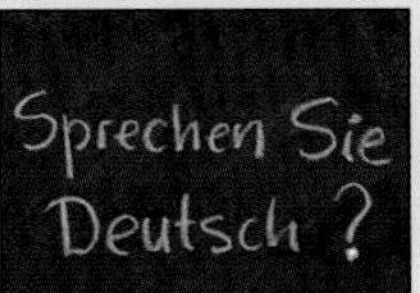

3. hier / sprechen / Deutsch

4. hier / dürfen / parken

5. hier / können / einkaufen

3 Beim Reisen Diskutieren Sie mit Ihren Mitstudenten, was man beim Reisen alles beachten (*consider*) muss. Benutzen Sie Wörter aus der Liste oder Ihre eigenen.

BEISPIEL

S1: *Man braucht für eine Reise nach Europa einen Pass.*
S2: *Und man muss das Flugticket circa drei Monate vor der Reise kaufen.*
S3: *Man darf nicht zu spät am Flughafen ankommen.*

abfliegen	das Flugticket
ankommen	das Geld
bestellen	das Handy
buchen	die Kleidung
kaufen	die Kreditkarte
mitbringen	der Pass
packen	die Reservierung
vergessen	das Visum

Practice more at **vhlcentral.com.**

Wiederholung

1 **Die vergesslichen Schröders** Sehen Sie sich die Bilder an. Sagen Sie, was die Familie Schröder vergessen hat.

Bernd

BEISPIEL *Bernd hat vergessen, das Geschirr zu spülen.*

1. Opa

2. Rüdiger

3. Tante Ida

4. Onkel Gerhard

5. Gertrude

2 **Wie viel verstehst du?** Wie viel verstehen Sie und Ihr Partner / Ihre Partnerin von den Themen auf der Liste? Etwas? Nichts? Alles? Wechseln Sie sich ab.

BEISPIEL

S1: *Wie viel verstehst du von Politik?*
S2: *Ich verstehe etwas von Politik. Und du?*

Chemie	Geographie	Popmusik
Fotographie	Geschichte	Skateboard fahren
Fußball spielen	Politik	Tanzen

3 **Warum?** Sie und Ihr Partner / Ihre Partnerin bekommen zwei verschiedene Arbeitsblätter von Ihrem Professor / Ihrer Professorin. Finden Sie heraus, warum die einzelnen Personen etwas tun.

BEISPIEL

S1: *Warum geht Kiara in die Bibliothek?*
S2: *Sie geht dahin, um ein Buch für ein Referat zu suchen.*

4 **Wie lange?** Fragen Sie Ihren Partner / Ihre Partnerin, wie lange er/sie die Dinge auf der Liste schon macht.

BEISPIEL Deutsch lernen

S1: *Wie lange lernst du schon Deutsch?*
S2: *Seit 6 Monaten.*

Konzerte besuchen	schwimmen
Auto fahren	ein Musikinstrument spielen
Rad fahren	Videospiele spielen
Bücher lesen	an der Uni studieren

5 **Wann?** Fragen Sie die anderen Studenten, wann sie die Dinge auf der Liste das letzte Mal gemacht haben. Finden Sie zu jedem Wochentag eine Person.

BEISPIEL in die Bibliothek gehen

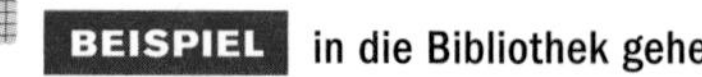

S1: *Wann bist du das letzte Mal in die Bibliothek gegangen?*
S2: *Am Mittwoch bin ich dahin gegangen.*

6 **Eine Geschichte** Schauen Sie sich das Bild an und schreiben Sie eine Geschichte dazu. Jede Person schreibt zwei Sätze der Geschichte und gibt sein Stück Papier an die nächste Person weiter. Der erste Satz beginnt mit „zuerst“, der dritte mit „dann“, der fünfte mit „danach“ und so weiter.

BEISPIEL *Zuerst spazierten zwei Freunde auf der Straße…*

7 **Rollenspiel** Spielen Sie mit einem Partner / einer Partnerin die Rollen von zwei älteren Menschen, die über ihr Leben nachdenken. Jede Person sagt etwas über einen anderen Abschnitt (*phase*) des Lebens.

BEISPIEL

S1: *Mit 5 zog meine Familie in die USA.*
S2: *Mit 6 ging ich zum ersten Mal in die Schule.*

8 **Wie oft?** Arbeiten Sie mit einem Partner / einer Partnerin. Fragen Sie nach seinen/ihren Urlaubserfahrungen. Wie oft ist er/sie ins Ausland gereist oder in einem Hotel geblieben? Wie oft hat er/sie einen Nationalpark besucht? Wie oft hat er/sie Familie in einer anderen Stadt besucht?

BEISPIEL

S1: *Wie oft bist du ins Ausland gereist?*
S2: *Ich bin zweimal ins Ausland gereist, einmal nach Mexiko und einmal nach Frankreich.*

Mein Wör|ter|buch

Schreiben Sie noch fünf weitere Wörter in Ihr persönliches Wörterbuch zu den Themen **Jahreszeiten** und **Reisen**.

der Altweibersommer

Übersetzung
Indian summer

Wortart
ein Substantiv

Gebrauch
Mitte September hatten wir den Altweibersommer. Das Wetter war warm und sonnig und wir haben alle Sommerkleidung getragen.

Synonyme
—

Antonyme
—

Panorama

Map

Schleswig-Holstein, Hamburg und Bremen

Schleswig-Holstein in Zahlen

- **Fläche:** *15.800 km^2*
- **Einwohner:** *2,8 Millionen*
- **Sprachen:** *Deutsch (2,7 Millionen), Plattdeutsch (1,3 Millionen), Dänisch (65.000), Friesisch (10.000)*
- **Städte:** *Kiel (237.000), Lübeck (211.000)*
- **Industrie:** *Landwirtschaft°, Seehandel°, Windenergie*
- **Touristenattraktionen:** *Danewerk und Haithabu (Wikingerstätten°), Karl-May-Festspiele° in Bad Segeberg*

Berühmte Schleswig-Holsteiner

- **Max Planck,** *Physiker (1858–1947)*
- **Thomas Mann,** *Literaturnobelpreisträger (1875–1955)*

Quelle: Landesportal Schleswig-Holstein

Hamburg in Zahlen

- **Fläche:** *755.000 km^2*
- **Einwohner der Hansestadt Hamburg:** *1,8 Millionen*
- **Industrie:** *Flugzeugbau, Hafen, Schiffbau, Tourismus*
- **Touristenattraktionen:** *Altonaer Fischmarkt, Hamburger Michel, Museumsschiff Rickmer Rickmers*

Berühmte Hamburger

- **Johannes Brahms,** *Komponist (1833–1897)*
- **Jil Sander,** *Modedesignerin (1943–)*

Quelle: Landesportal Hamburg

Bremen in Zahlen

- **Fläche:** *325 km^2 (kleinstes deutsches Bundesland)*
- **Einwohner der Hansestadt Bremen:** *547.000*
- **Industrie:** *Außenhandel°, Automobilindustrie*
- **Touristenattraktionen:** *Böttcherstraße, Rathaus, Bremer Stadtmusikanten, Marktplatz, Schnoor*

Berühmte Bremer

- **Ernst Rowohlt,** *Verleger° (1887–1960)*
- **James Last,** *Komponist und Bandleader (1929–)*

Quelle: Landesportal Bremen

Landwirtschaft *agriculture* **Seehandel** *maritime trade* **Wikingerstätten** *Viking sites* **Festspiele** *festivals* **Außenhandel** *foreign trade* **Verleger** *publisher* **Brücken** *bridges* **überqueren** *cross* **Venedig** *Venice*

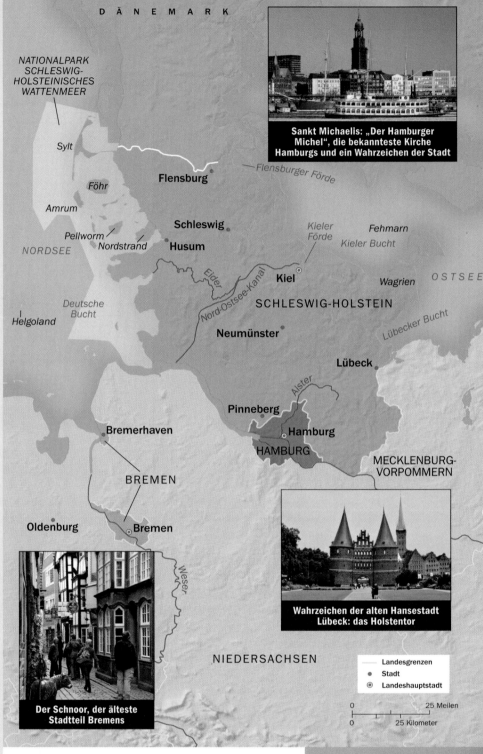

Sankt Michaelis: „Der Hamburger Michel“, die bekannteste Kirche Hamburgs und ein Wahrzeichen der Stadt

Wahrzeichen der alten Hansestadt Lübeck: das Holstentor

Der Schnoor, der älteste Stadtteil Bremens

Unglaublich, aber wahr!

In Hamburg gibt es mehr als 2.500 Brücken°. Die Brücken überqueren° die Alster, Süderelbe, Norderelbe und Kanäle der Stadt. Es gibt mehr Brücken in Hamburg als in Venedig°, Amsterdam und London zusammen.

Märchen

Bremer Stadtmusikanten

Auf dem Marktplatz der Stadt Bremen gibt es eine Statue: man kann einen Hahn° auf einer Katze auf einem Hund auf einem Esel° stehen sehen. Diese Tiere spielen die Hauptrollen eines Märchens der Gebrüder Grimm mit dem Namen „Die Bremer Stadtmusikanten". Es ist interessant, dass die Tiere in dem Märchen nie in Bremen ankamen. Zwar wollten sie am Anfang der Geschichte nach Bremen, hielten dann aber in einem Haus außerhalb der Stadt an. Trotzdem sind die Stadtmusikanten ein wichtiges Symbol der Stadt.

Natur

Nationalpark Schleswig-Holsteinsches Wattenmeer

Das Wattenmeer liegt in der Nordsee. Große Teile des Wattenmeers stehen unter Naturschutz°. Der Nationalpark Schleswig-Holsteinisches Wattenmeer hat eine Fläche von 4.410 Quadratkilometern und erstreckt sich von der deutsch-dänischen Seegrenze bis zur Elbmündung°. Er ist der größte deutsche Nationalpark. 70% des Nationalparks stehen permanent unter Wasser. Tiere und Pflanzen, die in diesem Nationalpark leben, sind Schweinswale°, Brandgänse° und diverse Seegräser. Seit 2009 ist das Wattenmeer ein UNESCO-Welterbe°.

Piraten

Störtebeker

Klaus Störtebeker ist der berühmteste deutsche Pirat (wahrscheinlich 1360–1401). Viele Legenden existieren über ihn. Der Name Störtebeker (Stürz den Becher) kommt aus dem Niederdeutschen: angeblich konnte Störtebeker einen 4-Liter-Becher° in einem Schluck° austrinken. 1401 exekutierte man Störtebeker mit 30 Gefährten° in Hamburg. Laut einer Sage° durften alle Gefährten weiterleben°, an denen Störtebeker nach seiner Exekution ohne Kopf vorbeilief°. Er schaffte 11 Kameraden! Heute ist das Interesse an diesem Mann immer noch sehr groß. Einige Schiffe tragen seinen Namen und es gibt auch Filme und Festspiele über ihn.

Hahn *rooster* **Esel** *donkey* **Naturschutz** *conservation* **Elbmündung** *Elbe delta* **Schweinswale** *porpoises* **Brandgänse** *shelducks* **Welterbe** *world heritage site* **Umwelthauptstadt** *environmental capital* **Umweltschutz** *environment protection* **Auszeichnung** *award* **öffentliches Personennahverkehrsnetz** *public transportation network* **Grünflächen** *parkland* **Becher** *mug* **Schluck** *gulp* **Gefährten** *companions* **Sage** *tale* **weiterleben** *be spared* **ohne Kopf vorbeilief** *ran by without his head*

Umwelt

Umwelthauptstadt° Europas

2009 verlieh die EU-Kommission der Stadt Hamburg den Titel „Umwelthauptstadt Europas" für das Jahr 2011. Hamburg ist nach Stockholm die zweite Stadt mit diesem Titel. Nur Metropolen mit hohen Standards im Umweltschutz° und mit guten Plänen für die Zukunft bekommen diese Auszeichnung°. Die Stadt Hamburg hat zum Beispiel ein sehr gutes öffentliches Personennahverkehrsnetz°. Jeder Bürger der Stadt wohnt innerhalb 300 Meter einer Bus- oder Bahnstation. Außerdem sind etwa 17% der Stadt Grünflächen°.

IM INTERNET

1. Suchen Sie Informationen über die Umwelthauptstadt Hamburg: Machen Sie eine Liste mit Aktionen, die es in Hamburg gab.
2. Suchen Sie Informationen über die Stadt Lübeck: Was kann man hier machen? Warum ist diese Stadt berühmt? Was kann man hier essen?

For more information on this **Panorama**, go to **vhlcentral.com**.

Was haben Sie gelernt? Ergänzen Sie die Sätze.

1. Die Brücken Hamburgs überqueren die ________________ und Kanäle der Stadt.
2. In Hamburg gibt es mehr Brücken als in ________________ zusammen.
3. Auf dem Bremer Marktplatz gibt es eine Statue mit vier ________________.
4. ________________ haben das Märchen der Bremer Stadtmusikanten aufgeschrieben.
5. Hamburg war ________________ Umwelthauptstadt Europas.
6. Etwa 17% der Stadt Hamburg sind ________________.
7. Der berühmteste Pirat Deutschlands heißt ________________.
8. Er wurde ________________ in Hamburg exekutiert.
9. Der Nationalpark Wattenmeer ist der größte deutsche ________________.
10. Im Nationalpark leben Tiere wie Schweinswale und ________________.

 Practice more at **vhlcentral.com**.

Vor dem Lesen

Strategien

Predicting content from the title

You can often use titles and subheadings to predict the content of a text before you read it. For example, you can usually predict the content of a newspaper article from its headline. Predicting content from titles will help you increase your reading comprehension in German.

Untersuchen Sie den Text

Lesen Sie die Überschriften (*titles*) des Textes. Was für eine Textart ist das? Schreiben Sie mit einem Partner / einer Partnerin eine Liste: welche Informationen können Sie in jedem Teil des Textes finden?

Überschriften

Lesen Sie die Überschriften: Was ist das Thema des Textes, der dieser Überschrift folgt (*follows*)? Wo kann man diese Überschriften finden (in einer Tageszeitung, einem Magazin, einer Broschüre, einem Reiseführer, etc.)?

Regensburg entdecken

Diese Woche in Berlin

Die Pyramiden Ägyptens in 8 Tagen!

DFB-Team verliert Fußball-Länderspiel gegen Frankreich

Am Frankfurter Flughafen wird gestreikt

Die 15 besten Rezepte zum Grillen

Gute Restaurants für Studenten in Kiel

Die Nordseeküste° Schleswig-Holsteins in 6 Tagen

6 Tage Naturerlebnis° für 450 Euro!

1. Tag: Hamburg-Büsum Mit dem Bus von Hamburg nach Brunsbüttel. Hier besichtigen° wir die Schleusen° des Nord-Ostsee-Kanals. Weiter geht es mit dem Bus nach Friedrichskoog. Wir besuchen die Seehundstation° Friedrichskoog, die einzige Seehundstation in Schleswig-Holstein. Per Bus geht es weiter nach Büsum, unserer Endstation heute. Am Nachmittag besuchen wir das „Museum am Meer" mit Informationen über das Fischen an der Nordseeküste. Danach gibt es einen Besuch der 'Sturmflutenwelt° Blanker Hans' mit Demonstration der Flutkatastrophe von 1962.

2. Tag: Büsum-Tönning-St. Peter Ording-Husum Nach einer Busfahrt von Büsum nach Tönning besuchen wir das Multimar Wattforum. Hier kann man in Aquarien Wale und andere Tiere des Wattenmeers sehen. Mit dem Bus geht es weiter nach St. Peter Ording. Wir werden einen Spaziergang am Strand machen und dann den Westküstenpark mit Robbinarium° besuchen. (Bei schlechtem Wetter gehen wir in der Dünentherme Freizeit- und Erlebnisbad schwimmen.) Nach einer weiteren Busfahrt besuchen wir das Schloss° vor Husum und den Schlosspark mit seinen wunderschönen Blumen.

Nordseeküste *North Sea coast* **Naturerlebnis** *nature experience* **besichtigen** *tour* **Schleusen** *locks* **Seehundstation** *harbor seal ward* **Sturmflutwelt** *world of the storm tide* **Robbinarium** *seal zoo* **Schloss** *castle*

3. Tag: Husum-Insel Föhr
In Husum machen wir eine Stadtführung° mit dem Fahrrad: Wo hat der berühmte Autor Theodor Storm gelebt und gearbeitet? Mit dem Bus geht es dann nach Dagebüll und mit einer Fähre° auf die Insel° Föhr. Hier besuchen wir ein typisches friesisches Dorf°: Nieblum.

4. Tag: Insel Föhr-Insel Amrum
Mit der Fähre fahren wir von Föhr zu der Insel Amrum. Wir sehen uns die Stadt Wittdün an, besuchen den Amrumer Leuchtturm° (gebaut 1875) und gehen auf der Kniepsand-Sandbank spazieren.

5. Tag: Insel Amrum-Sylt
Mit der Fähre fahren wir von Amrum nach Sylt. Wir wandern zum Roten Kliff Kampen. Nachmittags besuchen wir eine Einkaufsarkade in Westerland und das Sylt Aquarium mit 2.000 verschiedenen Kreaturen aus dem Meer.

6. Tag: Sylt-Seebüll-Friedrichstadt-Hamburg Mit der Fähre geht es zurück zur Küste nach Niebüll und dann weiter nach Seebüll. Hier besuchen wir das Emil-Nolde-Museum. Mit dem Bus weiter nach Friedrichstadt. Diese Stadt heißt auch die „Holländerstadt“. Die Stadtführung ist inklusive einer Schiffsfahrt° auf den Grachten° und Kanälen der Stadt. Das Ende unserer Tour ist in Hamburg.

Stadtführung *tour of the town* **Fähre** *ferry* **Insel** *island* **friesisches Dorf** *Frisian village*
Leuchtturm *lighthouse* **Schiffsfahrt** *boat tour* **Grachten** *town canals*

Nach dem Lesen

Richtig oder falsch? Korrigieren Sie die falschen Sätze.

	richtig	falsch
1. Den Nord-Ostsee-Kanal kann man in Brunsbüttel besuchen.	☐	☐
2. In Schleswig-Holstein gibt es viele Seehundstationen.	☐	☐
3. In der Nordsee gibt es keine Wale.	☐	☐
4. Im Schlosspark in Husum kann man wunderschöne Blumen sehen.	☐	☐
5. Dagebüll ist ein typisches friesisches Dorf.	☐	☐
6. Die Insel Amrum ist für ihre lange Sandbank aus Kniepsand bekannt.	☐	☐
7. Die Insel Amrum ist berühmt für das Rote Kliff.	☐	☐
8. In Seebüll, der „Holländerstadt“, gibt es viele Grachten und Kanäle.	☐	☐

Kombinieren Sie Verbinden Sie jede Aktivität mit dem passenden Ort.

____ 1. das Emil-Nolde-Museum besuchen
____ 2. auf der Kniepsand-Sandbank spazieren gehen
____ 3. eine Seehundstation besuchen
____ 4. eine Stadtführung mit dem Fahrrad machen
____ 5. das „Museum am Meer“ besuchen

a. Friedrichskoog
b. Seebüll
c. Husum
d. Insel Amrum
e. Büsum

Urlaub in Schleswig-Holstein
Führen Sie zu dritt eine Diskussion.

Sie werden Schleswig-Holstein drei Wochen lang besuchen. Sie wollen eine organisierte Tour machen, die in Hamburg beginnt. Sie besuchen das Reisebüro für weitere Informationen. Stellen Sie Fragen über Städte, Aktivitäten, Ausflüge, Hotels, den Transport etc.

Hören

Strategien

Using visual cues

Visual cues can provide useful context to help you make sense of information you hear.

 To practice this strategy, you will listen to an advertisement. As you listen, jot down information you hear that relates to the image below.

Vorbereitung

Schauen Sie sich die Foto rechts an. Worüber diskutieren Lisa und Martina?

Zuhören  

Hören Sie sich das Gespräch an. Welchen Ort möchte Lisa besuchen und welchen Martina? Wo werden sie Urlaub machen?

Teichhof Fehmarn. Direkt an der Nordsee. 2-Zimmer Wohnung mit Küche, Bad und Seeblick. 100 Euro pro Nacht.

Ferienwohnung Zugspitze. Gelegen in den Bayerischen Alpen. Wohnung für 2 Personen in traditionellem Haus mit Küche, Bad und Balkon. 50 Euro pro Nacht.

Ferienwohnung Schliemannstraße. Sehr zentral am Prenzlauer Berg in Berlin. Moderne Wohnung mit Küche und Bad. 36 Euro pro Person pro Nacht.

Verständnis

Details Hören Sie sich den Dialog noch einmal an. Wer mag welche Aktivitäten? Wo wollen sie diese Aktivitäten machen?

	wandern	Touristen-attraktionen besuchen	Fahrrad fahren	schwimmen	Theater besuchen	einkaufen
Fehmarn						
Bayerische Alpen						
Berlin						

Urlaubsziele Diskutieren Sie mit einem Partner / einer Partnerin, wo Sie gerne Urlaub machen und was Sie dort gerne machen. Fahren Sie gerne im Winter, Frühling, Sommer oder Herbst in Urlaub? Wohin fährt Ihr Partner / Ihre Partnerin gerne? Was macht er/sie gerne im Urlaub? Welchen Urlaub wollen Sie gerne zusammen machen?

BEISPIEL

S1: *Ich besuche jeden Sommer einen Nationalpark in den USA. Und du?*

S2: *Ich mag keine Nationalparks. Ich besuche mit meiner Familie Chicago.*

Schreiben

Strategien

Making an outline

Making an outline (**eine Gliederung**) before you write helps you to identify topics and subtopics, and provides a framework for presenting the information. Consider the following outline for a travel brochure.

I. Das Urlaubsziel
- **A.** Das Hotel
  - **1.** Die Lage (*location*)
  - **2.** Die Ausstattung (*facilities*)
  - **3.** Die Bewertung (*rating*)
- **B.** Die Landschaft
- **C.** Die Sehenswürdigkeiten

II. Die Reisezeit
- **A.** Das Klima
- **B.** Der Preis

Eine Mindmap

Idea maps provide a useful way to help you visualize information before you create an outline. The larger circles in an idea map correspond to the Roman numerals in an outline. The smaller circles correspond to the outline's capital letters, numbers, and so on. Consider the idea map that led to the outline above.

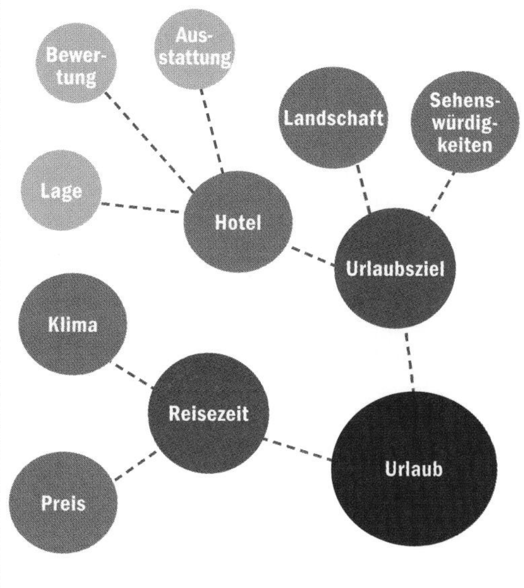

Thema

Schreiben Sie eine Broschüre

Schreiben Sie eine Tour-Broschüre für ein Reiseziel (*destination*) in einem deutschsprachigen Land.

Bevor Sie die Broschüre schreiben, schreiben Sie sich Ideen für die Broschüre auf. Hier ist eine Liste mit wichtigen Fragen:

- Welches Reiseziele wollen Sie beschreiben?
- Wie lange soll die Tour dauern?
- Wie ist das Wetter am Reiseziel?
- Welche Kleidung brauchen die Teilnehmer (*participants*)?
- Wo übernachten sie?
- Wo kann man essen gehen?
- Was soll man besuchen?
- Welche Aktivitäten gibt es (Sport, Einkaufen etc.)?
- Wie viel kostet der Urlaub pro Person?

Organisieren Sie Ihre Ideen mit einer Mindmap. Schreiben Sie mit der fertigen Mindmap eine Gliederung. Jetzt können Sie eine Broschüre schreiben. Benutzen Sie Überschriften (*titles*), damit die Leser die Organisation der Broschüre verstehen können. In guten Broschüren sind oft Anschauungsmaterialien (*visual aids*) (Fotos, Tabellen etc.) integriert. Verwenden Sie Vokabeln und Grammatik, die Sie in diesem Kapitel gelernt haben.

Jahreszeiten

der Winter, -	*winter*
der Frühling, -e	*spring*
der Sommer, -	*summer*
der Herbst, -e	*fall*

Monate

der Januar	*January*
der Februar	*February*
der März	*March*
der April	*April*
der Mai	*May*
der Juni	*June*
der Juli	*July*
der August	*August*
der September	*September*
der Oktober	*October*
der November	*November*
der Dezember	*December*

das Datum

Welcher Tag ist heute?	*What day is it today?*
Der 15. August.	*The 15th of August.*
Wann hast du Geburtstag?	*When is your birthday?*
Am 23. Mai.	*May 23rd.*
das Jahr, -e	*year*
die Jahreszeit, -en	*season*
der Monat, -e	*month*
der Tag, -e	*day*
die Woche, -n	*week*

die Ferien

die Kreuzfahrt, -en	*cruise*
das Meer, -e	*sea; ocean*
der Skiurlaub, -e	*ski vacation*
der Strand, -¨e	*beach*
eine Karte lesen	*to read a map*
Urlaub machen	*to go on vacation*

das Wetter

Wie ist das Wetter?	*What's the weather like?*
Es ist schön draußen.	*It's nice out.*
Das Wetter ist gut/schlecht.	*The weather is nice/bad.*
Wie warm/kalt ist es?	*How warm/cold is it?*
Es sind 18 Grad draußen.	*It's 18 degrees out.*
Es ist heiß.	*It's hot.*
Es ist kalt.	*It's cold.*
Es ist kühl.	*It's cool.*
Es ist sonnig.	*It's sunny.*
Es ist windig.	*It's windy.*
Es ist wolkig.	*It's cloudy.*
Es regnet.	*It's raining.*
Es schneit.	*It's snowing.*
der Blitz, -e	*lightning*
der Donner, -	*thunder*
der Hagel	*hail*
der Nebel, -	*fog; mist*
der Regen	*rain*
der Regenmantel, -¨	*raincoat*
der Regenschirm, -e	*umbrella*
der Schnee	*snow*
der Sturm, -¨e	*storm*
die Wolke, -n	*cloud*

Unterkünfte

der Fahrstuhl, -¨e	*elevator*
der Gast, -¨e	*(hotel) guest*
das (Fünf-Sterne-) Hotel	*(five-star) hotel*
die Jugendherberge, -n	*youth hostel*
der Schlüssel, -	*key*
der Zimmerservice	*room service*

zum Beschreiben

voll besetzt	*fully occupied*
pünktlich	*on time*

am Flughafen

der Abflug	*departure*
die Ankunft	*arrival*
der Ausgang -¨e	*exit*
das Ausland	*abroad*
die Bordkarte, -n	*boarding pass*
die Businessklasse	*business class*
der Flug, -¨e	*flight*
das Flugticket, -s	*ticket*
das Flugzeug, -e	*airplane*
das Gepäck	*luggage*
das Handgepäck	*carry-on luggage*
der Koffer, -	*suitcase*
der Passagier, -e	*passenger*
die Passkontrolle, -n	*passport control*
der Personalausweis, -e	*ID card*
die Reise, -n	*trip*
das Reisebüro, -s	*travel agency*
der Reisende, -n	*traveler*
die Touristenklasse	*economy class*
die Verspätung, -en	*delay*
das Visum (*pl.* die Visa)	*visa*
die Zeitung, -en	*newspaper*
der Zoll	*customs*

Verben

abbrechen (bricht... ab)	*to cancel*
abfliegen (fliegt... ab)	*to take off*
buchen	*to make a (hotel) reservation*
fliegen	*to fly*
landen	*to land*
packen	*to pack*
Schlange stehen	*to stand in line*
übernachten	*to spend the night*

Präteritum of verbs with prefixes	*See p. 118.*
Prepositions of location	*See p. 122.*
Infinitive expressions	*See p. 136.*
Time expressions	*See p. 140.*
Indefinite pronouns	*See p. 142.*

Verkehrsmittel und Technologie 4

Communicative Goals

You will learn how to:

- talk about cars and driving
- talk about public transportation

Auto und Rad fahren

Talking Picture
Audio: Activities

Benzin bleifrei
Diesel
die Tankstelle, -n
das Auto, -s
das Fahrrad, -¨er
Er tankt. (tanken)
der Kofferraum, -¨e
das Lenkrad, -¨er
die Motorhaube, -n
der Sicherheitsgurt, -e
der Motor, -en
der Mechaniker, - (die Mechanikerin, -nen f.)
Sie haben einen Platten.
das Öl, -e

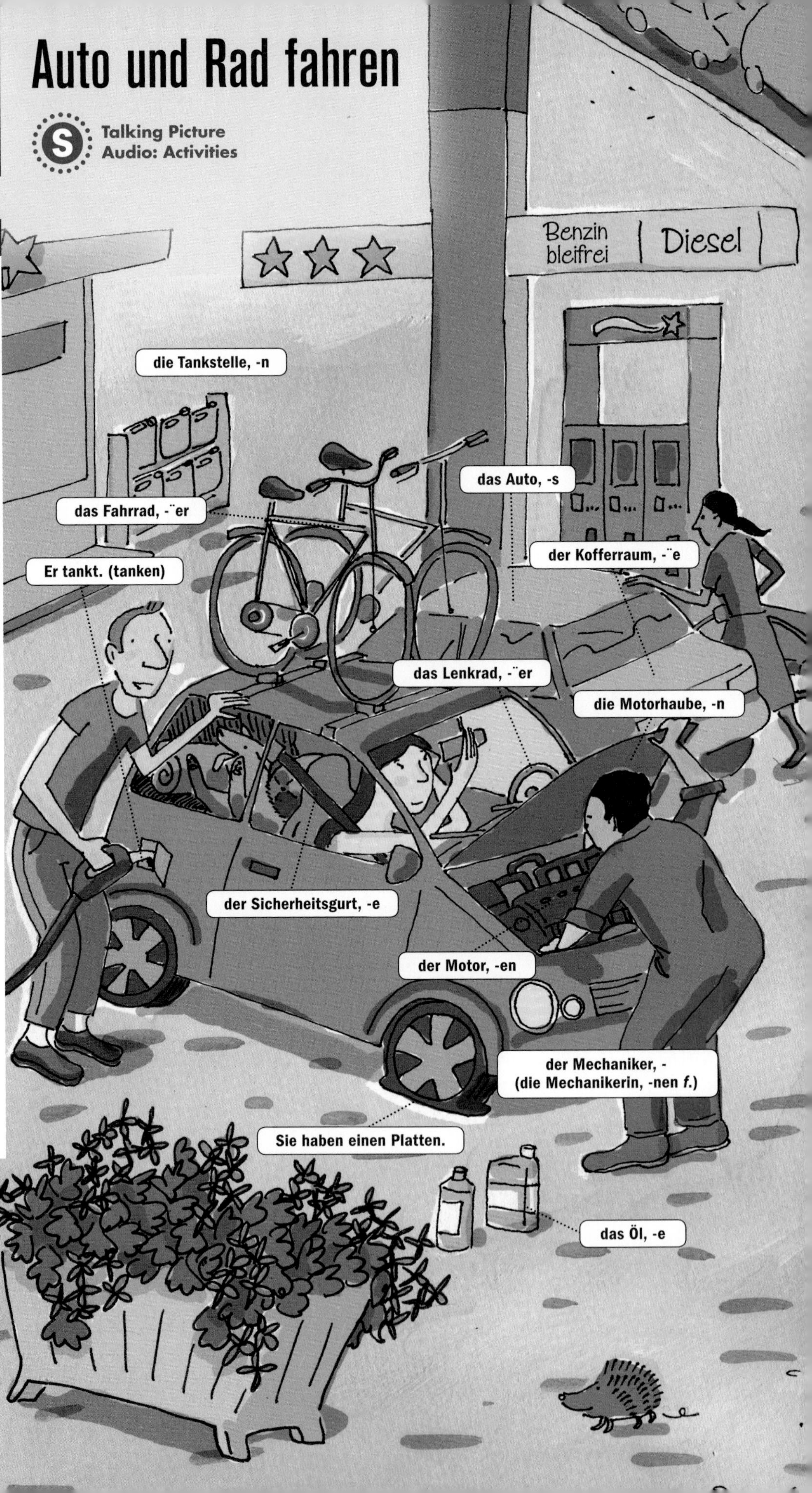

Wortschatz

Auto fahren	***driving***
die Autobahn, -en	highway
der Fahrer, - / die Fahrerin, -nen	driver
die Straße, -n	street
geradeaus fahren	to go straight ahead
einen Unfall haben	to have an accident
parken	to park
rechts/links abbiegen (biegt... ab)	to turn right/left
das Verkehrsmittel	***means of transportation***
das Boot, -e	boat
der Bus, -se	bus
der LKW, -s	truck
das Schiff, -e	ship
das Taxi, -s	taxi
die U-Bahn, -en	subway
der Zug, -¨e	train
Auto	***cars***
das Benzin	gas
die Bremse, -n	brakes
das Nummernschild, -er	license plate
reparieren	to repair
die öffentlichen Verkehrsmittel	***public transportation***
der Bahnsteig, -e	track; platform
die Bushaltestelle, -n	bus stop
das Bußgeld, -er	fine
die erste/zweite Klasse, -n	first/second class
der Fahrkartenschalter, -	ticket office
der Fahrplan, -¨e	schedule
der Schaffner, -	ticket collector
(die Fahrkarte) entwerten	to validate (a ticket)

Ressourcen

SAM	SAM	
WB: pp. 45–46	LM: p. 30	vhlcentral.com

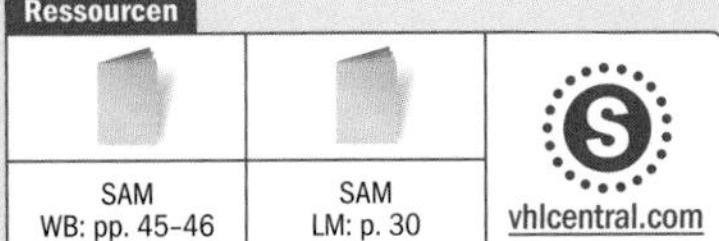

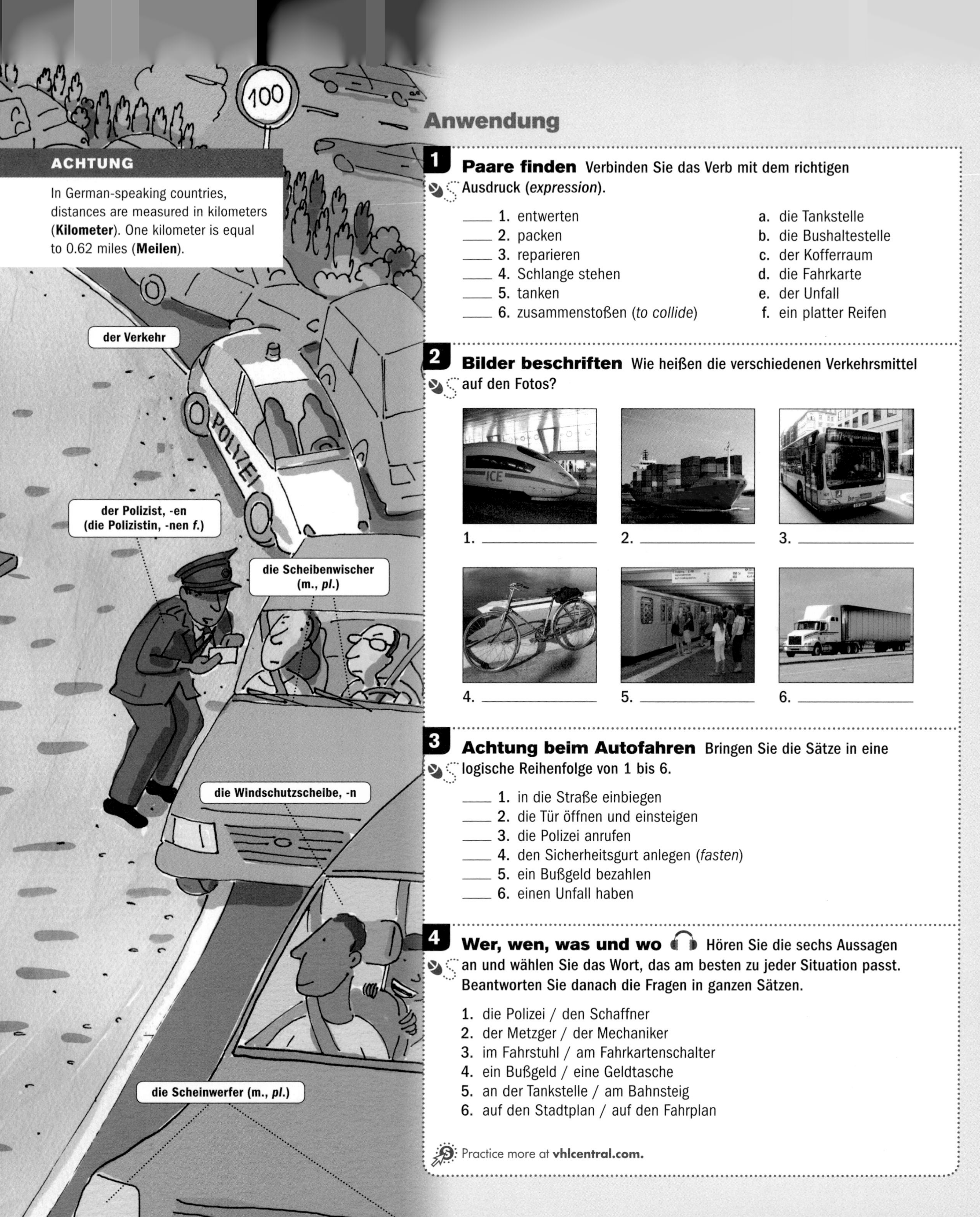

ACHTUNG

In German-speaking countries, distances are measured in kilometers (**Kilometer**). One kilometer is equal to 0.62 miles (**Meilen**).

Anwendung

1 Paare finden Verbinden Sie das Verb mit dem richtigen Ausdruck (*expression*).

____ 1. entwerten	a. die Tankstelle
____ 2. packen	b. die Bushaltestelle
____ 3. reparieren	c. der Kofferraum
____ 4. Schlange stehen	d. die Fahrkarte
____ 5. tanken	e. der Unfall
____ 6. zusammenstoßen (*to collide*)	f. ein platter Reifen

2 Bilder beschriften Wie heißen die verschiedenen Verkehrsmittel auf den Fotos?

1. ____________ 2. ____________ 3. ____________

4. ____________ 5. ____________ 6. ____________

3 Achtung beim Autofahren Bringen Sie die Sätze in eine logische Reihenfolge von 1 bis 6.

____ 1. in die Straße einbiegen
____ 2. die Tür öffnen und einsteigen
____ 3. die Polizei anrufen
____ 4. den Sicherheitsgurt anlegen (*fasten*)
____ 5. ein Bußgeld bezahlen
____ 6. einen Unfall haben

4 Wer, wen, was und wo Hören Sie die sechs Aussagen an und wählen Sie das Wort, das am besten zu jeder Situation passt. Beantworten Sie danach die Fragen in ganzen Sätzen.

1. die Polizei / den Schaffner
2. der Metzger / der Mechaniker
3. im Fahrstuhl / am Fahrkartenschalter
4. ein Bußgeld / eine Geldtasche
5. an der Tankstelle / am Bahnsteig
6. auf den Stadtplan / auf den Fahrplan

Practice more at **vhlcentral.com.**

Kommunikation

5 Aus dem Polizeibericht Schauen Sie sich das Bild an und lesen Sie den kurzen Zeitungsartikel dazu. Beantworten Sie danach die Fragen. Arbeiten Sie mit einem Partner / einer Partnerin zusammen.

Unfall in Frankfurter Innenstadt

Ein 23-jähriger Peugeotfahrer hat nicht aufgepasst und fuhr am Donnerstagabend bei Rot über die Kreuzung (*intersection*) Kaiserstraße und Friedensstraße. Ein LKW kam von links und die zwei Fahrzeuge sind zusammengestoßen (*collided*). Beide Fahrer trugen Sicherheitsgurte und blieben unverletzt (*unhurt*). Der junge Mann sagte aus, er wollte nur schnell auf sein Handydisplay schauen und sah dann die rote Ampel (*traffic light*) und den LKW nicht. An der rechten Straßenseite war ein Motorrad geparkt und es ist beim Unfall auch zu Schaden (*damage*) gekommen. Der 23-Jährige bekam ein Bußgeld von 400 Euro. Seit 2001 gibt es ein Handyverbot (*cell phone ban*) am Steuer. An den drei Fahrzeugen entstand (*occurred*) insgesamt ein Schaden in Höhe von 5.500 Euro.

1. Was ist am Donnerstagabend passiert?
2. Welche Fahrzeuge waren in den Unfall verwickelt (*involved*)?
3. Wer hat den Unfall verursacht (*caused*)?
4. Was war die Ursache (*cause*) des Unfalls?
5. Gab es Verletzte?
6. Wie hoch war der Schaden an den drei Fahrzeugen?
7. Musste der Peugeotfahrer ein Bußgeld bezahlen?
8. Was ist ein Handyverbot?

6 Sieben Unterschiede Ihr Professor / Ihre Professorin gibt Ihnen zwei verschiedene Blätter. Finden Sie sieben Unterschiede zwischen Ihrem Bild und dem Bild Ihres Partner / Ihrer Partnerin.

BEISPIEL

S1: *Ich sehe vier Fahrräder.*
S2: *Mein Bild hat zwei Fahrräder. Und es gibt eine Bushaltestelle.*
S1: *Ich sehe keine Bushaltestelle…*

7 Verkehrsmittel Diskutieren Sie in kleinen Gruppen, welche Verkehrsmittel Sie nehmen, um an die verschiedenen Orte zu kommen. Machen Sie danach eine Liste mit allen Verkehrsmitteln, die Sie normalerweise (*usually*) benutzen. Vergleichen Sie schließlich Ihre Liste mit der Liste einer anderen Gruppe.

BEISPIEL

S1: *Um in die Innenstadt zu kommen, nehme ich die U-Bahn.*
S2: *Wirklich? Ich fahre mit meinem Fahrrad.*
S3: *Ich gehe zu Fuß, aber…*

Verkehrsmittel	Orte
das Auto	das Ausland
der Bus	das Haus von meinen Eltern
das Fahrrad	das Fußballstadion
das Flugzeug	der Supermarkt
zu Fuß	die Diskothek
das Taxi	die Innenstadt
die U-Bahn	die Unibibliothek
der Zug	?

Aussprache und Rechtschreibung

Audio: Presentation
Record & Compare Activities

Long and short vowels with an *Umlaut*

You have already learned that adding an **Umlaut** to the vowels **a**, **o**, and **u** changes their pronunciation. Vowels with an **Umlaut** have both long and short forms.

Räder **Männer** **löhnen** **löschen** **Züge** **fünf**

The long **ä** is pronounced similarly to the *a* in the English word *bay*, without the final *y* sound. The short **ä** is pronounced like the *e* in *pet*.

Faxgerät **Unterwäsche** **Fahrpläne** **Spaziergänge**

To produce the long **ö** sound, start by saying the German long **e**, but round your lips as if you were about to whistle. To produce the short **ö** sound, start by saying the short **e**, but keep your lips rounded.

Öl **öffentlich** **schön** **Töchter**

To produce the long **ü** sound, start to say the German long **i**, but round your lips tightly. To produce the short **ü** sound, make the short **i** sound, but with tightly rounded lips. In some loanwords, the German **y** is pronounced like **ü**. In other loanwords, the German **y** is pronounced like the English consonant *y*.

Schüler **zurück** **Typ** **Physik**

1 Sprechen Sie nach Wiederholen Sie die Wörter, die Sie hören.

1. Rad / Räder
2. Kopf / Köpfe
3. Zug / Züge
4. Käse / Kästchen
5. mögen / möchten
6. fühlen / füllen
7. kämen / kämmen
8. lösen / löschen
9. Dünen / dünn
10. typisch
11. MP3-Player
12. Handy

2 Artikulieren Sie Wiederholen Sie die Sätze, die Sie hören.

1. In der Küche kocht die Köchin mit einem großen Kochlöffel.
2. Sie ändern morgen alle Fahrpläne für die Züge in Österreich.
3. Lösch alles auf der Festplatte, bevor du deinen PC verkaufst.
4. Jürgen fährt mit den öffentlichen Verkehrsmitteln zur Universität.
5. Grüne Fahrräder sind schöner als rote oder schwarze Fahrräder.
6. Der blonde Typ da hat sein Handy verloren.

3 Sprichwörter Wiederholen Sie die Sprichwörter, die Sie hören.

Ein goldener Schlüssel öffnet alle Türen.[1]
Der Apfel fällt nicht weit vom Stamm.[2]

[1] A golden key opens all doors.
[2] The apple doesn't fall far from the tree.

Ressourcen
SAM LM: p. 31
vhlcentral.com

Ein Ende mit Schrecken

Video: *Fotoroman*

Sabite und Torsten gehen zusammen auf der Museumsinsel spazieren. Es ist Sabites Lieblingsort, aber es wird ein trauriger Tag.

GEORGE Berlin hat die besten öffentlichen Verkehrsmittel! In Milwaukee haben wir nur Busse und kein S-Bahn-System.
HANS Hast du kein Auto?
GEORGE Doch, aber es ist alt und hat oft Pannen. Das Ölwarnlicht leuchtet ständig, und die Kupplung rutscht.
HANS Warum behältst du es?
GEORGE Es bringt mich zur Uni und zurück.

TORSTEN Sabite... es tut mir leid.
SABITE Wie bitte?
TORSTEN Es tut mir leid. An dem Abend im Restaurant, als ich von deinen Plänen erfahren habe...

SABITE Ich habe nicht darüber geredet, weil es nur eine Idee war. Ich hatte die Idee schon gehabt, bevor ich mit Lorenzo im Restaurant darüber gesprochen habe. Wir haben über Kunst geredet und da habe ich es zum ersten Mal laut ausgesprochen.
TORSTEN Ich habe das einfach nicht gewusst und bin wütend geworden.

SABITE Torsten, ich... ich glaube nicht...
TORSTEN Ich möchte nicht, dass du aus Berlin weggehst.
SABITE Warum?
TORSTEN Weil ich dich liebe.

SABITE Oh, Torsten, ich habe letzte Woche mit meiner Mutter zu Mittag gegessen. Wir haben etwas beschlossen. Meine ganze Familie verbringt den Sommer in der Türkei.

TORSTEN Ach so. Ich möchte nicht, dass du gehst, aber ich weiß, dass ich dich nicht davon abhalten kann. Du bist so stark, wie du schön bist. Was ich jetzt sagen muss, ist sehr schwer.
SABITE Torsten, machst du Schluss mit mir?
TORSTEN Liebst du mich?

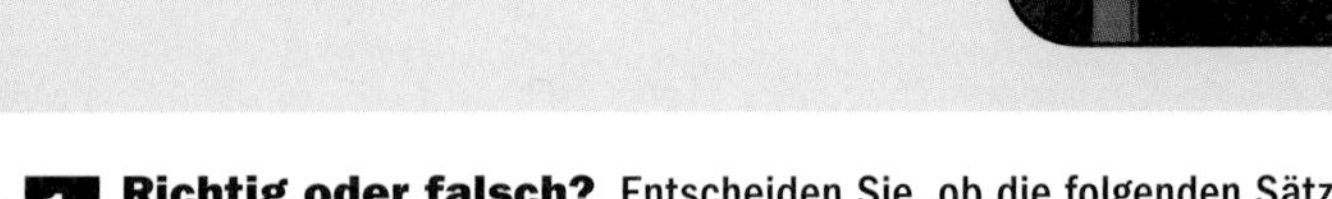

ÜBUNGEN

1 **Richtig oder falsch?** Entscheiden Sie, ob die folgenden Sätze **richtig** oder **falsch** sind.

1. In Milwaukee gibt es Busse und ein S-Bahn-System.
2. Georges Auto ist alt und hat oft Pannen.
3. Sabite hat mit Lorenzo im Restaurant über Kunst gesprochen.
4. Dort hat sie zum ersten Mal laut über die Türkei gesprochen
5. Torsten war im Restaurant geduldig und ist ruhig geblieben.
6. Sabite hat letzte Woche mit ihrer Mutter zu Abend gegessen.
7. Torsten möchte, dass Sabite nach Istanbul geht.
8. George und Hans fahren mit dem Bus in Berlin herum.
9. Torsten hat mit Sabite auf der Museumsinsel Schluss gemacht.
10. Sabite mag die Museumsinsel nicht.

PERSONEN

George

Hans

Meline

Sabite

Torsten

MELINE Hallo, Sabite. Wie geht's? Okay... Süße... es ist schon okay. Wo bist du? Bleib dort, ich bin gerade an einer U-Bahn-Station vorbeigekommen. Ich bin in einer Viertelstunde da. (*Zu sich selbst.*) Torsten. Er ist so dumm, wie er gemein ist.

GEORGE Sabite, hey. Hans und ich fahren mit der Bahn in der ganzen Stadt herum. Das ist die interessanteste Weise, Berlin zu sehen. Was? Jetzt mal ganz ruhig. Du bist wo? Er hat was? Wo sind wir?

HANS Spandau. Wir sind in der U-Bahn-Station Altstadt Spandau! Wo ist sie?

GEORGE Museumsinsel. Wir kommen so schnell wie möglich.

MELINE Er hat dich bis hierher zur Museumsinsel geschleppt, nur um mit dir Schluss zu machen?

SABITE Es war meine Idee, hierher zu kommen. Ich liebe diesen Ort. Ah, da kommen sie.

HANS Hey, Sabite, es tut mir so, so, so leid.

MELINE Hans. Hans!

HANS Also... du hast mit ihm Schluss gemacht?

SABITE Ich wollte mit ihm Schluss machen. Aber er... er war schneller als ich!

Nützliche Ausdrücke

- **die Panne**
  breakdown
- **Das Ölwarnlicht leuchtet ständig, und die Kupplung rutscht.**
  The oil warning light is always on, and the clutch slips.
- **erfahren (von)**
  to find out (about)
- **Wir haben über Kunst geredet und da habe ich es zum ersten Mal laut ausgesprochen.**
  We were talking about art, and that was the first time I said it out loud.
- **wütend**
  furious
- **Wir haben etwas beschlossen.**
  We decided something.
- **Ich möchte nicht, dass du gehst, aber ich weiß, dass ich dich nicht davon abhalten kann.**
  I don't want you to go, but I know I can't stop you.
- **vorbeikommen**
  to pass
- **herumfahren**
  to ride around
- **Wir kommen so schnell wie möglich.**
  We'll be there as soon as possible.
- **schleppen**
  to drag

4A.1

- **Berlin hat die besten öffentlichen Verkehrsmittel!**
  Berlin has the best public transportation!

4A.2

- **Ich hatte die Idee schon gehabt, bevor ich mit Lorenzo im Restaurant darüber gesprochen habe.**
  I'd had the idea before Lorenzo and I discussed it at the restaurant.

2 **Zum Besprechen** Schreiben Sie zu zweit einen Dialog zwischen Sabite und Torsten. Versuchen Sie, die Beziehung zu retten (*to save the relationship*).

3 **Vertiefung** In Deutschland gibt es viele Autobahnen. Wie sind sie nummeriert? Welche haben eine, welche zwei und welche drei Ziffern (*digits*)? Welche haben gerade (*even*) und welche ungerade (*odd*) Nummern?

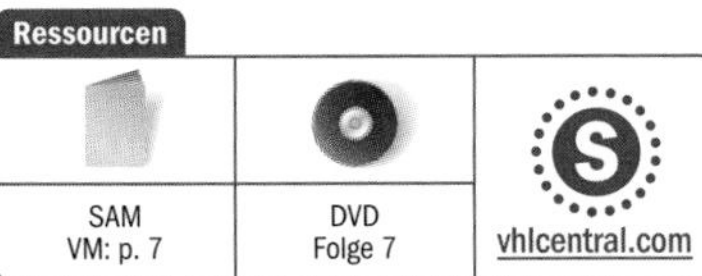

Die erste Autofernfahrt°

HEUTE IST DEUTSCHLAND EIN Autoland. Es ist berühmt für Autos wie Audis, Porsches, Mercedes und BMWs. Und es ist bekannt für seine schnellen Autobahnen. Als Karl Benz und Gottlieb Daimer 1886 das erste Auto entwickelten°, war das noch anders. Das erste Auto hatte drei Räder und einen 1,5 PS starken Motor mit einer Höchstgeschwindigkeit° von 20 Stundenkilometern. Auto fahren war nicht sehr bequem. Dieses Auto hatte keine Federung° und man spürte jede Unebenheit° in der Straße.

Autoerfindungen aus Deutschland		
1886	das Auto	Karl Benz und Gottlieb Daimler
1890	der Dieselmotor	Rudolf Diesel
1902	die Zündkerze°	Robert Bosch
1926	der Fensterheber°	Max Brose
1951	der Airbag	Walter Linderer

Am 5. August 1888 ging Bertha Benz, die Frau von Karl Benz, mit ihren zwei Söhnen zum ersten Mal mit einem Auto auf Fernfahrt. Sie wollte von Mannheim nach Pforzheim fahren, um ihre Eltern zu besuchen.

EIN KLEINER TIPP

The abbreviation **PS** stands for **Pferdstärke** (*horsepower*). One **PS** is equal to roughly 750 watts.

Ihrem Mann Karl sagte sie nicht Bescheid°. Sie fuhr los, als Karl noch schlief!

Die 106 Kilometer lange Autofahrt dauerte den ganzen Tag. In Wiesloch musste Bertha Benz tanken. Sie kaufte 2 Liter Ligroin, eine Art Benzin, in der Wieslocher Stadtapotheke°. Damit wurde die Apotheke die erste Tankstelle der Welt. Als eine Kette° riss°, half ihr ein Schmied° in Bruchsal. Eine verstopfte Benzinleitung° reparierte Bertha Benz selber mit ihrer Hutnadel°. Und einen Berg hinter Wilferdingen schaffte das Auto nur, weil zwei Jungen schoben°. Aber Frau Benz kam in Pforzheim an!

Am Abend schickte Bertha ein Telegramm an ihren Mann in Mannheim: „Lieber Carl! Erste Fernfahrt ist gelungen. Sind gut in Pforzheim angekommen."

Autofernfahrt *long-distance car trip* **entwickelten** *developed* **Höchstgeschwindigkeit** *top speed* **Federung** *suspension* **Unebenheit** *unevenness* **sagte... Bescheid** *informed* **Stadtapotheke** *city pharmacy* **Kette** *chain* **riss** *broke* **Schmied** *blacksmith* **verstopfte Benzinleitung** *blocked fuel line* **Hutnadel** *hatpin* **schoben** *pushed* **Zündkerze** *spark plug* **Fensterheber** *window crank*

ÜBUNGEN

1 Richtig oder falsch? Sind die Aussagen richtig oder falsch? Korrigieren Sie die falschen Aussagen mit einem Partner / einer Partnerin.

1. Die erste Autofernfahrt war 106 Kilometer lang.
2. Bertha Benz wollte die Eltern ihres Mannes besuchen.
3. Bertha Benz fragte ihren Mann, ob sie das Auto haben könnte.
4. Außer Bertha Benz fuhren auch ihre zwei Söhne mit.
5. Die erste Tankstelle der Welt war eine Apotheke.
6. Bertha Benz hatte einen Unfall.
7. Ein Schmied musste die verstopfte Benzinleitung reparieren.
8. Am Abend der ersten Autofernfahrt schickte Bertha Benz ihrem Mann ein Telegramm.
9. Ferdinand Porsche erfand die erste Zündkerze.
10. 1951 erfand Max Brose den ersten Fensterheber.

 Practice more at **vhlcentral.com.**

DEUTSCH IM ALLTAG

Verkehrsschilder

die Kreuzung	*intersection*
das Stoppschild	*stop sign*
(die) Ausfahrt	*exit*
(die) Baustelle	*construction zone*
(die) Einbahnstraße	*one-way street*
(die) Umleitung	*detour*

DIE DEUTSCHSPRACHIGE WELT

Fahrrad fahren

In Deutschland besitzen mehr Haushalte° Fahrräder als ein Auto. Bei Familien haben sogar 96% der Haushalte Fahrräder. Deshalb gibt es in vielen Städten separate Fahrradwege°. Für das Fahrradfahren gibt es besondere Regeln°: Wenn es keinen Fahrradweg gibt, müssen Fahrradfahrer, die über 11 Jahre alt sind, auf der rechten Seite der Straße fahren. Besondere Schilder zeigen, wann Fahrradfahrer in Einbahnstraßen entgegen der Fahrtrichtung° fahren dürfen. In Fußgängerzonen° dürfen Radfahrer nur im Schritttempo° fahren. Außerdem muss jedes Fahrrad ein festes Fahrradlicht haben.

Haushalte *households* **Fahrradwege** *bike lanes* **Regeln** *rules* **entgegen der Fahrtrichtung** *against the flow of traffic* **Fußgängerzonen** *pedestrian zones* **Schritttempo** *walking speed*

PORTRÄT

Trabant

Der Trabant war das bekannteste Auto der DDR°. In Zwickau bauten die Hersteller° zwischen 1957 und 1991 3.051.726 Autos. Der Trabant war preiswert° und robust. Er hatte einen einfachen Motor und wenig Komfort. Die meisten Menschen in der DDR nannten das Auto einfach „Trabi“. Bürger, die einen Trabant kaufen wollten, mussten zwischen 12 und 15 Jahre auf ihr neues Auto warten. Nach der Wende° wurde der Trabi zu einem Kultauto. Im Jahr 2011 gab es immerhin noch 33.726 Trabis, die auf deutschen Straßen fuhren. In Weberstadt und in Berlin gibt es besondere Trabi-Museen.

DDR (Deutsche Demokratische Republik) *East Germany* **Hersteller** *manufacturers* **preiswert** *inexpensive* **Wende** *German reunification*

IM INTERNET

Suchen Sie Informationen zu der Internationalen Automobil-Ausstellung (IAA). Wo und wann war die letzte Ausstellung?

For more information on this **Kultur**, go to **vhlcentral.com**.

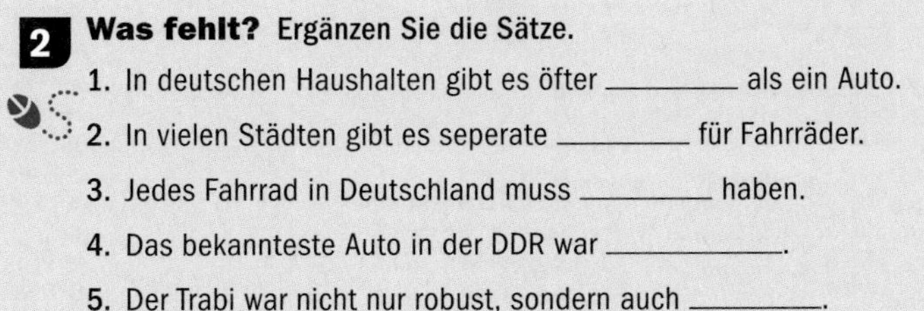

2 Was fehlt? Ergänzen Sie die Sätze.

1. In deutschen Haushalten gibt es öfter ________ als ein Auto.
2. In vielen Städten gibt es seperate ________ für Fahrräder.
3. Jedes Fahrrad in Deutschland muss ________ haben.
4. Das bekannteste Auto in der DDR war ________.
5. Der Trabi war nicht nur robust, sondern auch ________.
6. Das Kultauto kann man heute im ________ in Weberstadt finden.

3 Lieblingstransportmittel Diskutieren Sie mit einem Partner / einer Partnerin Ihr Lieblingstransportmittel. Wie bewegen Sie sich am liebsten fort? Sind Sie ein Fan von Fahrrad, Auto oder Bus? Gehen Sie am liebsten zu Fuß? Warum bewegen Sie sich gerne so fort? Was sind die Vorteile und Nachteile?

4A.1 Das Plusquamperfekt

Presentation

Startblock Use the **Plusquamperfekt** tense to refer to a past event that occurred before another event in the past.

Ich **hatte** die Idee schon **gehabt**, bevor ich mit Lorenzo im Restaurant darüber gesprochen habe.

Wir **hatten** über Kunst **geredet** und da habe ich es zum ersten Mal laut ausgesprochen.

Das Plusquamperfekt

QUERVERWEIS

See **1A.1** and **1B.1** to review the formation of the **Perfekt** tense. See **2A.1** to review the formation of the **Präteritum**.

- To form the **Plusquamperfekt**, use the **Präteritum** form of **haben** or **sein** with the past participle of the verb that expresses the action.

Ich **hatte vergessen**, die Tür zu schließen.
*I **had forgotten** to close the door.*

Jasmin **war** noch nie nach Zürich **gefahren**.
*Jasmin **had** never **been** to Zurich.*

- Since the **Plusquamperfekt** refers to a past event that was completed prior to another past event, both events are often described in the same sentence.

Der Zug fährt ab. — **Ich komme am Bahnsteig an.**

14.45 Uhr **Plusquamperfekt** **14.47 Uhr** **Perfekt/Präteritum**

PRÄTERITUM	PLUSQUAMPERFEKT
Als ich am Bahnsteig **ankam**,	**war** der Zug schon **abgefahren**.
*When I **arrived** at the platform,*	*the train **had** already **left**.*

Bevor Stefan in die Stadt gezogen ist, **hatte** er nie öffentliche Verkehrsmittel **benutzt**.
*Before Stefan moved to the city, he **had** never **used** public transportation.*

Nachdem der Mechaniker das Auto **repariert hatte**, **fuhr** er damit zur Tankstelle.
*After the mechanic **had fixed** the car, he **drove** it to the gas station.*

Bevor ich nach England **reiste, hatte** ich meinen Neffen noch nie **gesehen**.
***Before** I **went** to England, I **had** never **met** my nephew.*

Als wir im Kino **ankamen**, **hatte** der Film schon **angefangen**.
***When** we **got** to the movie theater, the film **had** already **started**.*

Conjunctions *als, bevor, nachdem*

- Use the subordinating conjunctions **als** (*when*), **bevor** (*before*), and **nachdem** (*after*) to indicate the sequence in which two past events occurred.

Als Jan ins Restaurant **kam**, **hatte** seine Freundin schon **bestellt**.
*By the time Jan **got** to the restaurant, his girlfriend **had** already **ordered**.*

Unsere Eltern sind erst nach Hause gekommen, **nachdem** wir schon ins Bett **gegangen waren**.
***By the time** our parents came home, we **had** already **gone** to bed.*

- When a clause begins with **als**, **bevor**, or **nachdem**, move the conjugated verb to the end of the clause.

Bevor ich in Deutschland **wohnte**...
***Before** I **lived** in Germany...*

Als Heike **anrief**...
***When** Heike **called**...*

- After **bevor** and **als**, use the **Perfekt** or **Präteritum** and put the main clause in the **Plusquamperfekt**.

Als Torsten zur Bushaltestelle **kam**, **war** der Bus schon **abgefahren**.
*By the time Torsten **got** to the bus stop, the bus **had** already **left**.*

Bevor ich Kalifornien **besucht habe**, **hatte** ich noch nie Artischocken **gegessen**.
*Before I **visited** California, I **had** never **eaten** artichokes.*

- After **nachdem**, use the **Plusquamperfekt** and put the main clause in the **Perfekt** or **Präteritum**.

Der Bus **ist** endlich **gekommen**, **nachdem** wir schon 30 Minuten **gewartet hatten**.
*The bus finally **came**, after we **had been waiting** for 30 minutes.*

Nachdem Simone ins Bett **gegangen war**, **hat** ihre Mutter **angerufen**.
***After** Simone **had gone** to bed, her mother **called**.*

- If the clause with **bevor**, **nachdem**, or **als** is first in the sentence, the main clause after the comma begins with the verb. If that verb is in the **Plusquamperfekt** or **Perfekt**, put the helping verb first and the past participle at the end.

Als wir am Flughafen **ankamen**, **war das Flugzeug** schon **abgeflogen**.
*By the time we **got** to the airport, the plane **had** already **taken off**.*

Das Flugzeug **war** schon **abgeflogen**, als wir am Flughafen **ankamen**.
*The plane **had** already **taken off** by the time we **got** to the airport.*

QUERVERWEIS

To review coordinating conjunctions, see **2A.3**.

ACHTUNG

If the main clause comes first in the sentence, use the normal subject-verb word order.

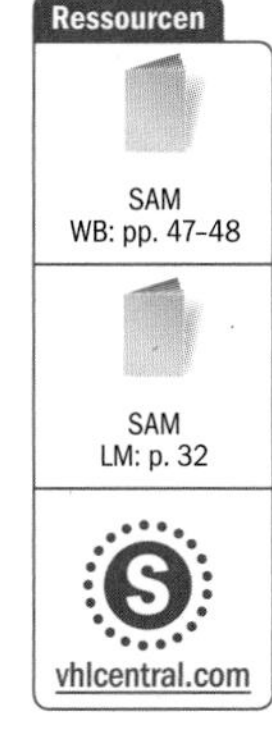

Jetzt sind Sie dran! **Schreiben Sie die Sätze ins Plusquamperfekt um.**

1. Haben Sie Ihre Freundin angerufen?
   Hatten Sie Ihre Freundin angerufen?
2. Ich habe das Auto zum Mechaniker gebracht.
   ______
3. Bist du zu spät aufgestanden?
   ______
4. Benjamin ist noch nie in Berlin gewesen.
   ______
5. Ihr habt die Fahrkarte schon entwertet, nicht?
   ______
6. Die Mechanikerin hat den LKW schon repariert.
   ______
7. Oma und Opa sind gerade zurückgekommen.
   ______
8. Wir haben falsch geparkt.
   ______
9. Papa hat das Auto letzte Woche verkauft.
   ______
10. Wir haben das Buch noch nicht (*not yet*) gelesen.
   ______
11. Seid ihr in die Stadt gefahren?
   ______
12. Hast du das gewusst?
   ______

Anwendung

1 Was passt zusammen? Welche Sätze in der rechten Spalte ergänzen die Sätze in der linken Spalte?

____ 1. Nachdem Paul seine Sachen gepackt hatte,
____ 2. Als Amila nach Hause kam,
____ 3. Wir haben noch lange geredet,
____ 4. Bevor du zurückkamst,
____ 5. Hattest du meinen Geburtstag vergessen,
____ 6. Ich war sehr traurig,

a. nachdem wir gegessen hatten.
b. hatte ihre Familie schon mit dem Essen angefangen.
c. oder wolltest du mich überraschen?
d. hat er eine Karte an Elke geschrieben.
e. nachdem du weggegangen warst.
f. hatte ich dich überall gesucht.

2 Dornröschen Dornröschen (*Sleeping Beauty*) wacht im Jahr 2000 auf (*wakes up*). Erzählen Sie, was für Dornröschen alles neu ist. Bilden Sie Sätze im Plusquamperfekt.

BEISPIEL in einem Auto fahren
Sie war noch nie in einem Auto gefahren.

1. in einem Flugzeug sein
2. einen Film sehen
3. mit dem Zug reisen
4. ein Taxi nehmen
5. eine Fahrkarte entwerten
6. einen Sicherheitsgurt tragen

3 Ergänzen Sie Ergänzen Sie die Sätze mit den richtigen Plusquamperfektformen.

1. Vor meiner Reise nach Paris ______ ich viel darüber ______. (lesen)
2. Nachdem wir ______ ______, sind wir zuerst ins Hotel gefahren. (landen)
3. Wir ______ kein Auto ______, sondern sind immer mit der U-Bahn gefahren. (mieten)
4. Jasmin ______ ihr Geld in den Hotelsafe ______, bevor sie ausgegangen ist. (legen)
5. Sie sind ins Museum gegangen, nachdem sie ______ ______. (tanken)
6. Als sie dort ankamen, ______ ihre Freunde schon lange auf sie ______. (warten)

4 Erzählen Sie Schreiben Sie zu jedem Bild einen Satz im Plusquamperfekt und erzählen Sie, was diese Personen gemacht hatten, bevor sie jemand fotografiert hat. Benutzen Sie Wörter aus der Liste oder Ihre eigenen. Seien Sie kreativ.

BEISPIEL
Manfred
war zur Tankstelle gefahren.

besuchen	kaufen
fahren	parken
gehen	warten (+ auf)

1. Herr Maier
2. Karl
3. Birgit und Lara
4. Sebastian

Practice more at **vhlcentral.com.**

Kommunikation

5 **Faul oder fleißig** Besprechen Sie mit Ihrem Partner / Ihrer Partnerin, was Jens und Maria gestern gemacht haben. Wechseln Sie sich ab.

BEISPIEL

S1: *Maria hat um 8 Uhr gefrühstückt.*
S2: *Um 8 Uhr war Jens noch nicht aufgestanden.*

	Jens	Maria
8.00	--	frühstücken
9.00	aufstehen	mit dem Bus zur Uni fahren
10.00	Kaffee trinken	Chemieprüfung schreiben
11.00	mit Freunden chatten	mit der Professorin sprechen
12.00	Musik hören	ins Fitnessstudio gehen
13.00	mit Martin Videospiele spielen	--

6 **Warum wohl?** Stellen Sie Ihrem Partner / Ihrer Partnerin zu jedem Bild eine Frage und erfinden Sie eine Antwort.

die Küche nicht aufräumen	im Regen dreckig werden	keine Brille tragen
eine gute Note bekommen	kein Hotelzimmer buchen	zu spät nach Hause kommen

Heiko / einen Unfall haben

BEISPIEL

S1: *Warum hat Heiko einen Unfall gehabt?*
S2: *Er war vielleicht zu schnell gefahren.*

1. Hasan und Greta / streiten

2. Sophia / Kopfschmerzen (*headache*) haben

3. Günther / laut singen

4. Paula und Rolf / Hund waschen

5. Ben und Hans / im Wald campen

6. Tom / einen Platten haben

7 **Wichtige Ereignisse** Sagen Sie Ihren Mitstudenten, in welchem Jahr Sie geboren sind. Ein anderer Student / eine andere Studentin nennt dann ein Ereignis (*event*), das schon vorher (*before that*) passiert war.

BEISPIEL

S1: *Ich bin 1994 geboren.*
S2: *25 Jahre vorher waren Astronauten schon auf dem Mond gelandet.*

1946: man baut das erste Mobiltelefon	1984: Steve Jobs stellt den ersten Mac vor
1959: die Barbiepuppe kommt auf den Markt	1989: die Berliner Mauer fällt
1973: in Deutschland gibt es eine Ölkrise	

4A.2 Comparatives and superlatives

Startblock Use the comparative and superlative forms of adjectives and adverbs to compare two or more people or things.

Mein Vater fährt gern **schneller als** 150.

Es ist einer der **schönsten** Orte in Berlin.

ACHTUNG

Note that when you make a comparison between two nouns, both nouns are in the nominative case.

The two-syllable word **gesund** (*healthy*) also has an umlaut on the **u** in the comparative form:
gesund ⟶ gesünder

For adjectives ending in **-el** or **-er**, German speakers usually drop the **-e-** before adding the comparative **-er** ending.
teuer ⟶ teurer
dunkel ⟶ dunkler

Der Komparativ

- There are three forms of adjectives and adverbs: **die Grundform (schnell)**, **der Komparativ (schneller)**, and **der Superlativ (am schnellsten)**. When describing similarities between two people or things, use the expression **so... wie** (*as... as*) or **genauso... wie** (*just as... as*) with the **Grundform** of an adjective or adverb.

  Dieser LKW ist **so groß wie** ein Bus.
  *That truck is **as big as** a bus.*

  Der Zug fährt **genauso schnell wie** ein Auto.
  *The train goes **just as fast as** a car.*

- To describe differences between two people or things, you can use the expression **nicht so... wie** (*not as... as*), or you can use the **Komparativ**. Form the **Komparativ** by adding the ending **-er** to the **Grundform** of an adjective or adverb, followed by the word **als**.

  Inga fährt **nicht so langsam wie** Sara.
  *Inga **doesn't** drive **as slowly as** Sara.*

  Sara fährt **langsamer als** Inga.
  *Sara drives **more slowly than** Inga.*

- Common one-syllable words with the stem vowel **a**, **o**, or **u** often have an umlaut on the vowel in the comparative.

a ⟶ ä		o ⟶ ö		u ⟶ ü	
alt	**älter**	**groß**	**größer**	**dumm** (*dumb*)	**dümmer**
lang	**länger**	**oft**	**öfter**	**jung**	**jünger**
stark	**stärker**	**rot**	**röter**	**kurz**	**kürzer**

Meine Geschwister sind alle **älter** als ich.
*My siblings are all **older** than I am.*

Die Fahrt nach Frankfurt dauert mit dem Auto **länger** als mit dem Zug.
*The trip to Frankfurt takes **longer** by car than by train.*

- A small number of adjectives and adverbs have irregular comparative forms.

GRUNDFORM		KOMPARATIV
gern	⟶	**lieber**
gut	⟶	**besser**

GRUNDFORM		KOMPARATIV
hoch	⟶	**höher**
viel	⟶	**mehr**

Ich fahre **lieber** mit der U-Bahn als mit dem Bus.
*I'd **rather** take the subway than the bus.*

Benzin kostet in Deutschland **mehr** als in den USA.
*Gasoline is **more expensive** in Germany than in the USA.*

- When a comparative adjective precedes a noun, add the appropriate case ending after the **-er** ending.

Leider kostet der **schnellere** Zug mehr. *Unfortunately the **faster** train costs more.*	Ich brauche einen **größeren** Koffer. *I need a **bigger** suitcase.*

Der Superlativ

- Use the **Superlativ** form of an adjective or adverb to indicate that a person or thing has more of a particular quality than anyone or anything else.

Welches ist **das größte** Tier der Welt? *What's **the biggest** animal in the world?*	Wie komme ich **am besten** zur Tankstelle? *What's **the best** way to get to the gas station?*

- To form the superlative of an adjective, add **-st** to the **Grundform**. If the **Grundform** ends in **-d**, **-t**, or an **s** sound, add **-est**. When an adjective in the superlative precedes a noun, use a definite article before the superlative and add the appropriate case ending.

Warum habt ihr **die teuersten** Fahrkarten gekauft? *Why did you buy **the most expensive** tickets?*	Wir wollten mit **dem schnellsten** Zug fahren. *We wanted to take **the fastest** train.*

- To form the superlative of adverbs and of adjectives that come after **sein**, **werden**, or **bleiben**, use the word **am** before the adverb or adjective and add **-(e)sten** as the superlative ending.

Wer fährt **am langsamsten**? *Who drives **the slowest**?*	Welches Auto ist **am schnellsten**? *Which car is **the fastest**?*

- If an adjective or adverb has an added umlaut in the comparative, it will also have an umlaut in the superlative.

a → ä			o → ö			u → ü		
alt	**älter**	**ältest-**	**hoch**	**höcher**	**höchest-**	**jung**	**jünger**	**jüngst-**

- If an adjective or adverb is irregular in the comparative form, the superlative form is also irregular.

GRUNDFORM	KOMPARATIV	SUPERLATIV
gern	**lieber**	**liebst-**
groß	**größer**	**größt-**
gut	**besser**	**best-**
hoch	**höher**	**höchst-**
viel	**mehr**	**meist-**

ACHTUNG

The adjective **nah** (*near*) has a stem vowel change, as well as an additional spelling change in the superlative: **nah** / **näher** / **nächst-**

Most German speakers do not use the superlative form **öftest-**; instead, they use **(am) häufigst-** (*most often*).

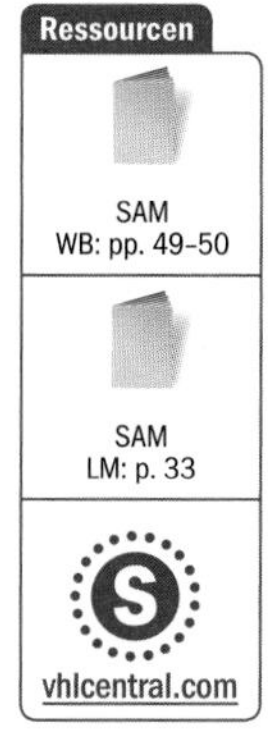

Ressourcen
SAM
WB: pp. 49–50
SAM
LM: p. 33
vhlcentral.com

Jetzt sind Sie dran! **Ergänzen Sie die Lücken mit den richtigen Formen der Adjektive.**

	Base form	*Komparativ*	*Superlativ*		Base form	*Komparativ*	*Superlativ*
1.	groß	*größer*	am größten	7.	________	jünger	am jüngsten
2.	________	besser	am besten	8.	kurz	kürzer	am ________
3.	lang	länger	am ________	9.	________	gesünder	am gesündesten
4.	klein	________	am kleinsten	10.	einfach	einfacher	am ________
5.	hoch	________	am höchsten	11.	viel	________	am meisten
6.	spät	später	am ________	12.	________	lieber	am liebsten

Anwendung

1 Meinungen Ergänzen Sie die Sätze mit dem Adjektiv oder dem Adverb im Superlativ.

BEISPIEL Von allen Verkehrsmitteln benutzen wir die U-Bahn *am häufigsten*. (häufig)

1. Von allen Automodellen findet Ingrid einen Mercedes __________. (schön)
2. Von allen meinen Kursen finde ich Chemie __________. (schwierig)
3. Von allen Getränken trinkt Emil Tee __________. (selten)
4. Von allen Obstsorten schmecken dir Bananen __________? (gut)
5. Von allen meinen Kursen interessiert mich Mathematik __________. (viel)
6. Von allen meinen Freunden habe ich Peter __________. (gern)

2 Komparative Bilden Sie Sätze im Komparativ. + bedeutet **-er als**, = bedeutet **(genau)so... wie** und ≠ bedeutet **nicht so... wie**.

BEISPIEL ein Auto / ist / ≠ groß / ein LKW
Ein Auto ist nicht so groß wie ein LKW.

1. die Mozartstraße / ist / + lang / die Beethovenstraße
2. Kiara / fährt / + gut / Dana
3. der Verkehr am Freitagabend / ist / = schlecht / der Verkehr am Montagmorgen
4. ich / reise / + gern / mit dem Zug / mit dem Flugzeug
5. Die erste Klasse / ist / + teuer / die zweite Klasse
6. heute / ist / es / ≠ warm / gestern

3 Vergleichen Sie Bilden Sie Sätze und benutzen Sie dabei die Komparativformen der angegebenen Adjektive.

BEISPIEL ein Bus / ein Auto (klein)
Ein Auto ist kleiner als ein Bus.

1. eine U-Bahn / ein Flugzeug (schnell)

2. Kevin / Claudia (alt)

3. Heike bezahlt 350 € Miete. / Holger bezahlt 320 € Miete. (viel)

4. Ihr esst Fisch einmal pro Monat. / Ihr esst Hähnchen einmal pro Woche. (gern)

Practice more at **vhlcentral.com.**

Kommunikation

4 **Komparative** Ergänzen Sie die Fragen mit den Komparativformen der angegebenen Adjektive und beantworten Sie die Fragen Ihres Partners.

BEISPIEL Wer ist _schüchterner_, du oder dein bester Freund? (schüchtern)

S1: *Wer ist schüchterner, du oder dein bester Freund?*
S2: *Ich bin viel schüchterner!*

1. Was isst du __________, Joghurt oder Schokolade? (gern)
2. Womit fährst du __________, mit dem Fahrrad oder mit dem Auto? (selten)
3. Welchen Schauspieler (*actor*) findest du __________, Jet Li oder Brad Pitt? (gut)
4. Welches Fach findest du __________, Marketing oder Anthropologie? (interessant)
5. Wovon verstehst du __________, von Mode oder von Sport? (viel)
6. Was machst du am Wochenende __________, Hausaufgaben oder schlafen? (häufig)

5 **Wie gut ist Ihr Allgemeinwissen?** Finden Sie mit Ihrem Partner / Ihrer Partnerin zu jedem Begriff (*concept*) zwei Sachen, die man vergleichen kann, und stellen Sie einem anderen Paar Ihre Fragen.

BEISPIEL welcher Kontinent / groß

S1: *Welcher Kontinent ist größer, Europa oder Asien*
S2: *Natürlich ist Asien größer!*

1. welches Land / klein
2. welche Stadt / alt
3. welcher Fluss / lang
4. welcher Flughafen / groß
5. welches Auto / schnell
6. welches Hotel / teuer
7. welche Person / reich
8. welche Universität / gut

6 **Beschreiben Sie** Besprechen Sie mit einem Partner / einer Partnerin die Leute im Bild. Machen Sie so viele Vergleiche wie möglich.

BEISPIEL

S1: *Sarah ist so groß wie Sabrina.*
S2: *Ja, aber David ist am größten.*

7 **Ein kleines Interview** Interviewen Sie zwei Mitstudenten und schreiben Sie ihre Antworten auf. Stellen Sie dann Ihre Informationen vor. Benutzen Sie dabei Komparativ- und Superlativformen.

BEISPIEL

S1: *Wie alt bist du, Emily?*
S2: *Ich bin 18. Und du, Michael?*
S3: *Ich bin 21.*
S1: *Ich bin älter als Emily und jünger als Michael. Michael ist am ältesten.*

Name:	
Wie alt bist du?	
Wie groß bist du?	
Wie viele Geschwister hast du?	
Wie oft machst du Sport?	

Wiederholung

1 **Vergleiche** Schreiben Sie mit einem Partner / einer Partnerin auf, was Sie auf den Fotos sehen. Benutzen Sie so viele Vergleiche wie möglich. Arbeiten Sie dann mit einem anderen Paar zusammen: Diskutieren Sie, was sie über die Bilder geschrieben haben.

BEISPIEL

S1: *Taxis sind teurer als Busse.*
S2: *Aber Busse fahren nicht so schnell wie Taxis.*

1.

2.

2 **Das beste Auto** Sie und Ihr Partner / Ihre Partnerin bekommen von Ihrem Professor / Ihrer Professorin verschiedene Autostatistiken. Sehen Sie sich die Statistiken der vier Autos an und vergleichen Sie dann, wie schnell, wie sparsam (*economical*), wie stark und wie teuer die Autos sind.

BEISPIEL

S1: *Wie schnell ist der Audi?*
S2: *Der Audi ist 247 Stundenkilometer schnell.*
S1: *Also ist der Audi am schnellsten.*

3 **Werbung** Entwerfen Sie (*Design*) in einer Dreiergruppe ein Zukunftsfahrzeug (*vehicle of the future*). Wie heißt das Fahrzeug? Machen Sie auch eine Liste mit der Ausstattung (*features*). Schreiben Sie dann eine Werbung, in der Sie das Zukunftsfahrzeug mit einem Auto von heute vergleichen.

BEISPIEL

S1: *„Futura" – das Auto des 21. Jahrhunderts. Es kann CO_2 tanken.*
S2: *Unser Auto verbraucht viel weniger als die Autos von gestern.*

4 **Gestern** Fragen Sie andere im Unterricht, was sie gestern gemacht haben und wann. Berichten Sie dann, wer was wann gemacht hat. Benutzen Sie das Plusquamperfekt.

BEISPIEL

S1: *Bist du gestern zum Englischunterricht gegangen?*
S2: *Ja.*
S1: *Wann?*
S2: *Um 8.15 Uhr.*
S3: *Peter war schon zum Englischunterricht gegangen, bevor Julia Kaffee getrunken hat.*

5 **Die Party** Sie geben eine Party mit Ihren Freunden. Besprechen Sie, was Sie alle gemacht haben, um die Party vorzubereiten.

BEISPIEL

S1: *Seid ihr einkaufen gegangen?*
S2: *Ja, aber bevor wir einkaufen gegangen sind, hatten wir die Küche geputzt.*

6 **Eine Reise nach Erfurt** Sie planen eine Zugfahrt von Marburg nach Erfurt. Spielen Sie mit Ihrem Partner / Ihrer Partnerin ein Gespräch im Reisebüro der Deutschen Bahn. Der Reiseberater (*travel agent*) hilft dem Reisenden, sich für eine Zugverbindung zu entscheiden.

BEISPIEL

S1: *Wie kann ich Ihnen helfen?*
S2: *Ich möchte von Marburg nach Erfurt fahren und brauche eine Fahrkarte.*
S1: *Wann möchten Sie abfahren...?*

EIN KLEINER TIPP

Here are some abbreviations used in train schedules.

Umst. = Umsteigen (*transfer*)
RE = Regional-Express
IC = Intercity
ICE = Intercity-Express

ZUG — **Ihre Hinfahrtmöglichkeiten**

Bahnhof	Zeit	Dauer	Umst	Produkte	Preis
MARBURG ERFURT	ab 8.21 an 12.40	4.19	2	RE, IC	51€
MARBURG ERFURT	ab 10.04 an 13.33	3.29	1	IC, ICE	65€
MARBURG ERFURT	ab 10.56 an 14.40	3.44	2	IC	51€
MARBURG ERFURT	ab 13.50 an 16.28	2.38	1	IC	51€

S Video: TV Clip

Mercedes mit Allradantrieb°

Mercedes-Benz hat in dieser Werbung Mika Häkkinen, Michael Schumacher und Franz Beckenbauer zusammengebracht. Mika Häkkinen und Michael Schumacher sind ehemalige° Formel 1 Rennfahrer. Häkkinen kommt aus Finnland und war zweimal Weltmeister°. Sein deutscher Konkurrent° Michael Schumacher war siebenmal Weltmeister. Franz Beckenbauer ist ein sehr berühmter° deutscher Fußballspieler. 1974 war er Fußballweltmeister. Außerdem hat er viele andere Titel gewonnen.

„Sonntagsfahrer!"

Mika Häkkinen überholt° Michael Schuhmacher.

„Wusst' ich's doch. Rentner°!"

Allradantrieb *four-wheel drive* **ehemalige** *former* **Weltmeister** *world champion* **Konkurrent** *opponent* **berühmter** *famous* **überholt** *passes* **Rentner** *senior citizen*

 **Verständnis** Beantworten Sie die Fragen mit den Informationen aus dem Video.

1. Wer fährt in dieser Werbung am langsamsten?
   a. Mika Häkkinen b. Franz Beckenbauer
   c. Michael Schumacher
2. Wer nennt einen anderen Fahrer „Rentner "?
   a. Mika Häkkinen b. Franz Beckenbauer
   c. Michael Schumacher

Diskussion Diskutieren Sie die folgenden Fragen mit einem Partner / einer Partnerin.

1. Haben Sie oder hat Ihre Familie ein Auto? Vergleichen Sie Ihr Auto mit einem Auto aus dem Video.
2. Suchen Sie Informationen im Internet über einen der drei Männer im Werbeclip: Wer ist er? Warum ist er berühmt? Diskutieren Sie die Ergebnisse Ihrer Internetsuche.

Communicative Goals

You will learn how to:

- talk about electronic communication
- talk about computer technology

Technik und Medien

Talking Picture
Audio: Activities

Wortschatz

Technik bedienen	***using technology***
anmachen (macht... an)	*to turn on*
aufnehmen (nimmt... auf)	*to record*
ausmachen (macht... aus)	*to turn off*
drucken	*to print*
fernsehen (sieht... fern)	*to watch television*
funktionieren	*to work, to function*
herunterladen (lädt... herunter)	*to download*
laden (lädt)	*to charge; to load*
löschen	*to delete*
online sein	*to be online*
speichern	*to save*
starten	*to start*
im Internet surfen	*to surf the Web*
die Technik	***technology***
der Benutzername, -n	*screen name*
die CD, -s	*compact disc, CD*
die Datei, -en	*file*
die Digitalkamera, -s	*digital camera*
das Dokument, -e	*document*
die E-Mail, -s	*e-mail*
der Kopfhörer, -	*headphones*
das Ladegerät, -e	*battery charger*
der Laptop, -s	*laptop (computer)*
das Mikrofon, -e	*microphone*
das Passwort, -¨er	*password*
das Programm, -e	*program*
der Sender, -	*channel*
die SMS, -	*text message*
die Website, -s	*Web site*

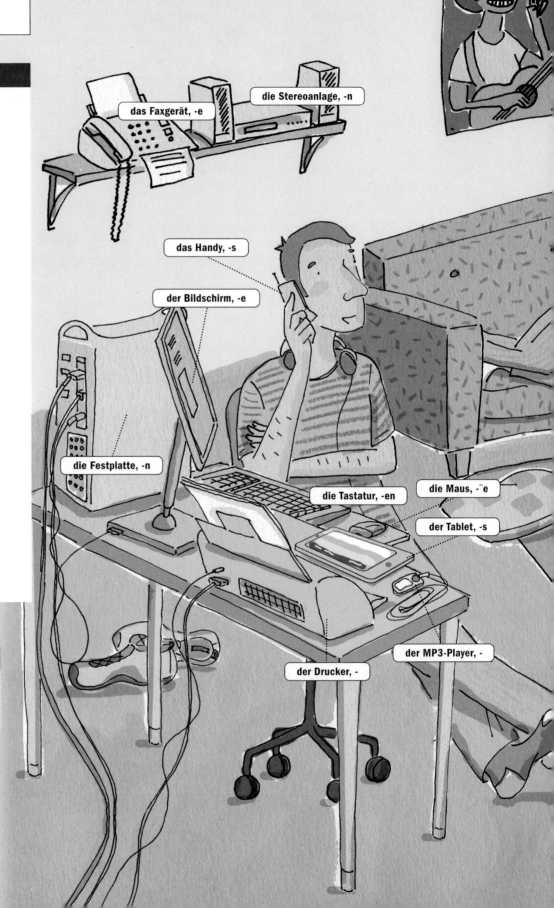

das Faxgerät, -e
die Stereoanlage, -n
das Handy, -s
der Bildschirm, -e
die Festplatte, -n
die Tastatur, -en
die Maus, -¨e
der Tablet, -s
der MP3-Player, -
der Drucker, -

ACHTUNG

The word **Gerät**, found in the compound nouns **Faxgerät** and **Ladegerät**, is used by itself to refer to any kind of device or appliance.

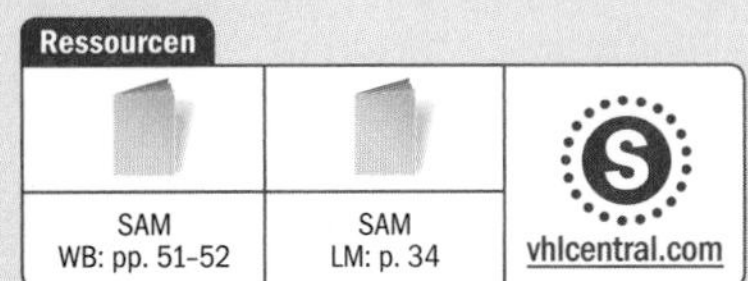

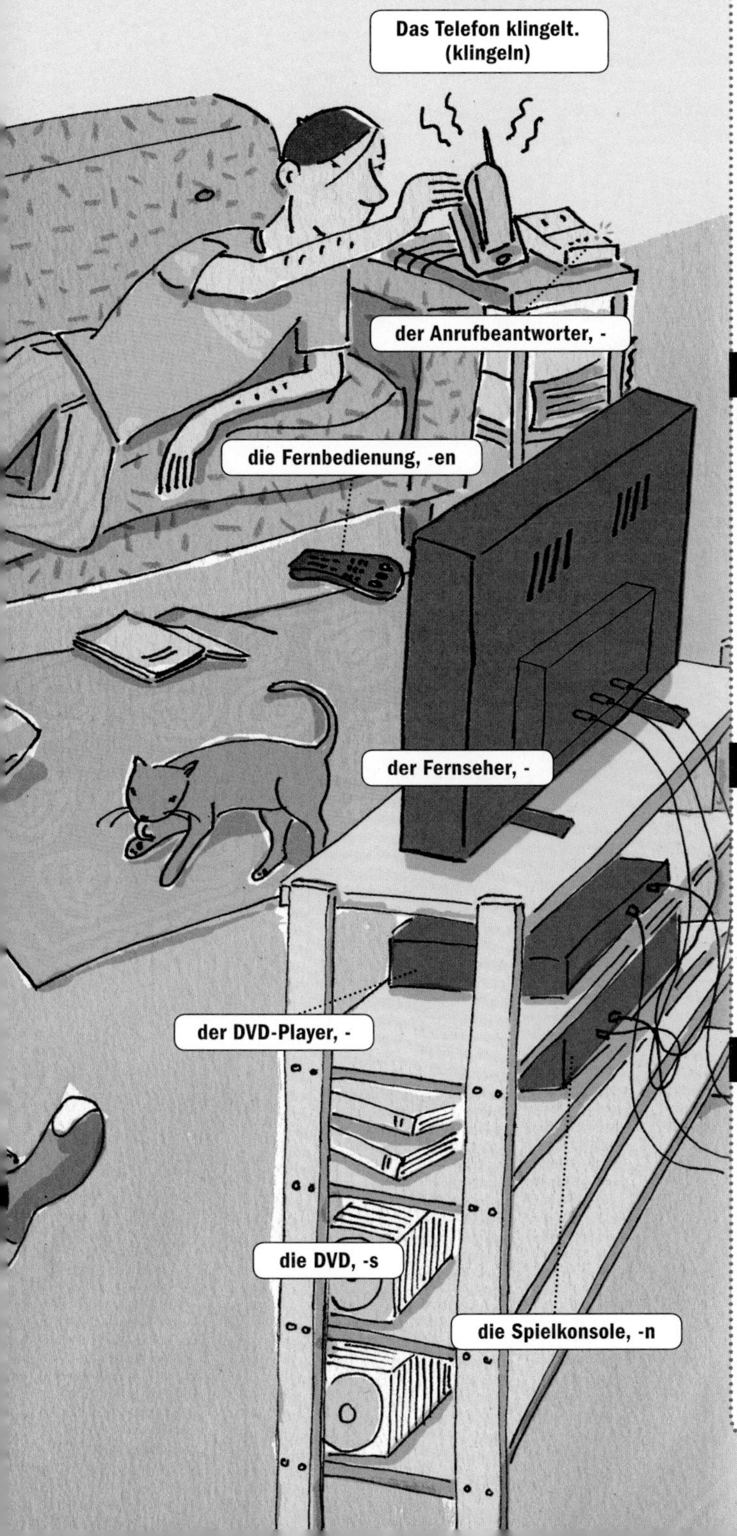

Das Telefon klingelt. (klingeln)

der Anrufbeantworter, -

die Fernbedienung, -en

der Fernseher, -

der DVD-Player, -

die DVD, -s

die Spielkonsole, -n

Anwendung

1 Bilder beschriften Wie heißen die Geräte auf den Fotos?

a. der Drucker	**c.** der Fernseher	**e.** der Laptop
b. die Fernbedienung	**d.** die Kamera	**f.** das Mikrofon

1. ____
2. ____ 
3. ____ 
4. ____ 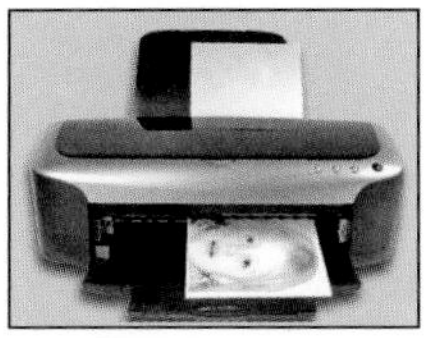
5. ____ 
6. ____ 

2 Ergänzen Sie Ergänzen Sie die Sätze mit einem passenden Wort aus der Vokabelliste.

1. Vergessen Sie nicht, Ihr Dokument zu __________, bevor Sie den Computer ausmachen.
2. Um das Handy zu laden, braucht man ein __________.
3. Man soll nicht für jede Website dasselbe __________ benutzen.
4. Recyceln Sie Ihren Computer nicht, ohne alle Dokumente zu __________.
5. Der Klingelton auf meinem __________ ist ein Lied von Lady Gaga.
6. X-Box und Playstation sind __________.

3 Kategorien Finden Sie für jede Kategorie passende Wörter aus Ihrer Vokabelliste.

Computer	Telefon	Fernseher
________	________	________
________	________	________
________	________	________
________	________	________

4 Hören Sie zu Hören Sie sich die Dialoge 1-4 an und entscheiden Sie dann, welche Geräte die Personen brauchen. Schreiben Sie zu jedem Gerät die Nummer des passenden Dialogs.

1. ____ das Telefon
2. ____ die Kamera
3. ____ der CD-Player
4. ____ die Fernbedienung

Practice more at **vhlcentral.com.**

Kommunikation

5 **Im Elektronikladen** Was kann man hier im Elektronikladen (*electronics store*) alles kaufen? Fragen Sie Ihren Partner / Ihre Partnerin, wie er/sie die verschiedenen elektronischen Geräte findet.

BEISPIEL

S1: *Wie findest du den Laptop?*
S2: *Er ist in Ordnung. Die Festplatte ist ziemlich groß.*

der Bildschirm	die Festplatte	die Tastatur
der Fernseher	der Drucker	die Videokamera

6 **Kreuzworträtsel** Sie und Ihr Partner / Ihre Partnerin bekommen zwei verschiedene Versionen desselben Kreuzworträtsels (*crossword puzzle*). Lesen Sie sich gegenseitig die fehlenden Definitionen vor.

BEISPIEL

S1: *Eins Senkrecht: Man macht das mit einem neuen Programm.*
S2: *Das ist LADEN.*

7 **Technische Geräte** Erzählen Sie in Dreiergruppen, welche technischen Geräte Sie und die Mitglieder Ihrer Familie haben und auch oft benutzen.

BEISPIEL

S1: *Meine Schwester kann ohne ihr Handy nicht leben. Sie schreibt bestimmt zweihundert SMS jeden Tag!*
S2: *Meine Eltern haben eine super Stereoanlage. Sie hören gern klassische Musik.*

8 **Wie macht man das?** Beschreiben Sie mit einem Partner / einer Partnerin zusammen möglichst genau, was Sie tun müssen, um die folgenden Tätigkeiten auszuführen (*carry out*).

BEISPIEL

S1: *Zuerst muss man die Fernbedienung finden.*
S2: *Dann macht man den Fernseher an und...*

- DVD ansehen
- Fotos drucken
- ein Buch herunterladen
- Informationen für ein Referat finden
- eine SMS schicken (*send*)

Aussprache und Rechtschreibung

Audio: Presentation
Record & Compare Activities

The German l

To pronounce the German **l**, place your tongue firmly against the ridge behind your top front teeth and open your mouth wider than you would for the English *l*.

lang **Laptop** **Telefon** **normal** **stellen**

Unlike the English *l*, the German **l** is always produced with the tongue in the same position, no matter what sound comes before or after it. Practice saying **l** after the following consonants and consonant clusters.

Platten **schlafen** **Kleid** **pflegen** **fleißig**

Practice saying **l** at the end of words and before the consonants **d**, **m**, and **n**. Be sure to use the German **l**, even in words that are spelled the same in English and German.

Ball **Spiel** **Wald** **Film** **Zwiebeln**

Practice saying the German **l** in front of the consonant clusters **sch** and **ch**.

solch **falsch** **Milch** **Kölsch** **Elch**

1 Sprechen Sie nach Wiederholen Sie die Wörter, die Sie hören.

1. Lenkrad
2. Fahrplan
3. Öl
4. Klasse
5. schlank
6. Geld
7. Köln
8. welch

2 Artikulieren Sie Wiederholen Sie die Sätze, die Sie hören.

1. Viele warten an der Bushaltestelle auf den letzten Bus nach Ludwigsfelde.
2. Luise, kannst du das Nummernschild von dem LKW lesen?
3. Lothar hatte leider einen Platten auf einer verlassenen Landstraße.
4. Man soll den Ölstand im Auto regelmäßig kontrollieren.
5. Natürlich hat der Laptop einen DVD-Player und eine Digitalkamera.
6. Klicken Sie auf das Bild, um den Film herunterzuladen.

3 Sprichwörter Wiederholen Sie die Sprichwörter, die Sie hören.

Wer im Glashaus sitzt, sollte nicht mit Steinen werfen.[1]
Ein Unglück kommt selten allein.[2]

Ressourcen
SAM LM: p. 35
vhlcentral.com

[1] People in glass houses shouldn't throw stones.
[2] It never rains, but it pours. (lit. *Misfortune seldom comes alone.*)

Ein Spaziergang durch Spandau

Video: ***Fotoroman***

George und Sabite haben Spaß zusammen, doch ein älteres Paar sieht mehr in ihnen. Hans und Meline haben leider nicht so viel Spaß.

GEORGE Unter uns sind zwei Flüsse. Dieser Fluss ist die Havel, und das da ist die Spree. Die Spandauer Zitadelle wurde im 16. Jahrhundert anstelle einer alten Burg erbaut. Endlich besuche ich sie mal. Viel besser, als nur darüber im Internet zu lesen. Die Architektur Deutschlands ist sagenhaft!

SABITE Er hat nicht angerufen, keine E-Mail und keine SMS geschickt. Ich habe seine Nummer von meinem Handy gelöscht. Doch trotz meiner Gefühle habe ich seinen Schal behalten.
GEORGE Die Farbe steht dir gut.
SABITE Danke. Sie steht dir besser.

HANS Ich habe mich aus meiner Wohnung ausgeschlossen. Darf ich hier warten, bis George zurückkommt?
MELINE Wieso gehst du nicht in ein Café oder in die Bibliothek? Oder... oder... machst einen Spaziergang im Viertel.
HANS Mein Mantel, mein Handy und mein Geldbeutel sind in meiner Wohnung.

MELINE Hier ist etwas Geld und Lorenzos Pullover. Geh solange ins Café um die Ecke. Ich schicke George dann zu dir.
HANS Warum hast du den Pullover deines Ex-Freundes noch?
MELINE Tschüss, Hans.

GEORGE Wie nennst du es?
SABITE „Spandau... Spandau Ballet." Dein Handy klingelt.
GEORGE Es ist eine SMS von Meline. „Dein Mitbewohner, der Idiot, hat sich ausgeschlossen. Ich habe ihn ins Café geschickt. Bitte hol ihn dort ab. Lass dir Zeit."

MANN Berlin ist ein herrlicher Ort, um verliebt zu sein.
GEORGE Wie bitte?
FRAU Sie haben eine Verbindung. Wenn sie lacht, leuchten Ihre Augen.
MANN Katharinas Lächeln wärmt mein Herz noch immer.
FRAU Haben Sie noch viel Spaß.

ÜBUNGEN

1 Wer ist das? Welche Personen beschreiben die folgenden Sätze: George, Hans, Meline oder Sabite?

1. Er/Sie hat über die Spandauer Zitadelle im Internet gelesen.
2. Er/Sie hat Torstens Nummer von seinem/ihrem Handy gelöscht.
3. Er/Sie hat sich aus seiner/ihrer Wohnung ausgeschlossen.
4. Er/Sie hat Lorenzos Pullover behalten.
5. Sein/Ihr Handy klingelt.
6. Sein/Ihr Mitbewohner hat sich aus der Wohnung ausgeschlossen.
7. Das ältere Paar glaubt, dass sie verliebt sind.
8. Er/Sie entschuldigt sich (*apologizes*) bei Hans.
9. Er/Sie isst ein Stück Kuchen.
10. Er/Sie hat ein Problem mit dem Computer.

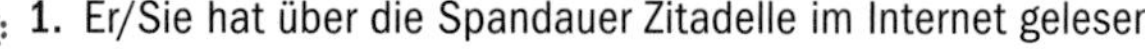

PERSONEN

George

Hans

Meline

Sabite

Frau

Mann

GEORGE Das ist verrückt. Wir sind Freunde. Gute Freunde.
SABITE Genau.

GEORGE Es tut mir leid, Sabite.
SABITE Es tut mir leid. Das war schrecklich.
GEORGE Ja, schrecklich. Die beiden waren trotz ihres Alters nicht wirklich weise.

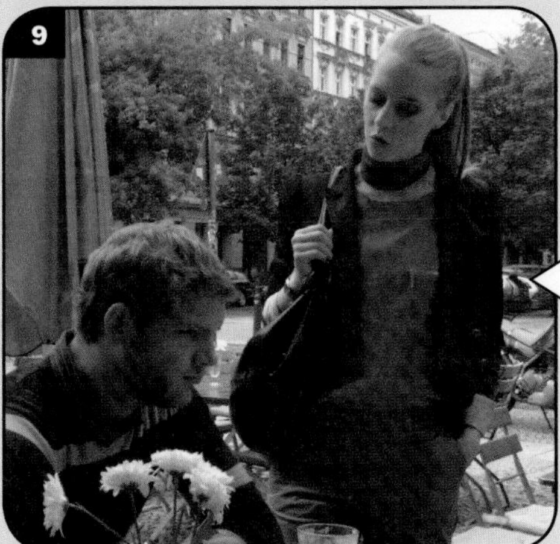

MELINE Hans, es tut mir leid.
HANS Was willst du, Meline?
MELINE Ich? Nichts. Ich... ich bin unhöflich zu dir gewesen und bin hierher gekommen, um mich zu entschuldigen.
HANS Danke, ich nehme an. Setz dich doch. Kuchen?

MELINE Danke. Also, du kennst dich gut mit Computern aus?
HANS Ja...
MELINE Ich habe während eines Chats eine Datei runtergeladen, dann wurde mein Bildschirm plötzlich dunkel und die Festplatte hat angefangen, ein komisches Geräusch zu machen.
HANS Speichere deine Dateien ab und schalte den Computer aus.

Nützliche Ausdrücke

- **Die Spandauer Zitadelle wurde im 16. Jahrhundert anstelle einer alten Burg erbaut.**
  The Spandau Citadel was built during the 16th century, on the site of an old castle.
- **sagenhaft**
  legendary
- **schicken**
  to send
- **das Gefühl**
  feeling
- **Die Farbe steht dir gut.**
  The color looks good on you.
- **Ich habe mich aus meiner Wohnung ausgeschlossen.**
  I'm locked out of my apartment.
- **das Viertel**
  neighborhood
- **der Geldbeutel**
  wallet
- **Berlin ist ein herrlicher Ort, um verliebt zu sein.**
  Berlin is a beautiful place to be in love.
- **Katharinas Lächeln wärmt mein Herz noch immer.**
  Katharina's smile still warms my heart.
- **unhöflich**
  rude

4B.1

- **Die Beiden waren trotz ihres Alters nicht wirklich weise.**
  In spite of their age, those two weren't really wise.

4B.2

- **Dieser Fluss ist die Havel, und das da ist die Spree.**
  This river is the Havel and that one is the Spree.

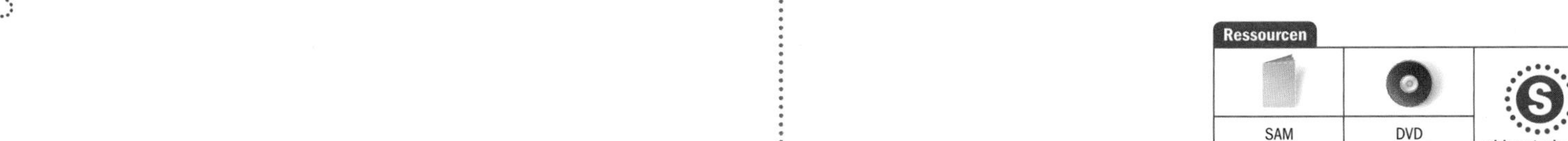

2 **Zum Besprechen** Beschreiben Sie zu zweit, wie Sie Technologie täglich nutzen. Haben Sie einen Computer? Wofür benutzen Sie ihn? Schreiben Sie einen Blog? Was machen Sie, wenn Sie Probleme mit dem Computer haben?

3 **Vertiefung** Viele technische Erfindungen (*inventions*) kommen aus Deutschland, Österreich, Liechtenstein oder der Schweiz. Suchen Sie im Internet nach einer Erfindung und informieren Sie Ihre Klasse über den Erfinder, Ort und Zeit der Erfindung sowie den Zweck (*purpose*).

Ressourcen

SAM VM: p. 8 | DVD Folge 8 | vhlcentral.com

Max-Planck-Gesellschaft°

Max Planck (1858-1947) war ein deutscher Physiker. Er entwickelte° die Quantentheorie und bekam dafür 1918 den Nobelpreis für Physik. Nach ihm ist die deutsche Max-Planck-Gesellschaft (MPG) benannt.

Diese Gesellschaft existiert seit 1948. Sie ist Nachfolgerin der Kaiser-Wilhelm-Gesellschaft die Kaiser Wilhelm II. 1911 in Berlin gegründet hatte. In beiden Gesellschaften bekamen und bekommen Spitzenforscher° weltweit beste Arbeitsbedingungen°, um sich voll auf ihre Forschungsinteressen konzentrieren zu können. Niemand sagt ihnen, was sie machen müssen, und die Forscher dürfen sich ihre Mitarbeiter selber aussuchen.

Heute besteht die MPG aus 80 Instituten in den Bereichen° Natur-, Sozial- und Geisteswissen-schaften°. Immer wieder entstehen° neue Institute in neuen Forschungsbereichen und alte Institute schließen wieder. Zwischen 1948 und 2012 waren 17 Nobelpreisträger Mitglieder° der MPG, ein weiteres Zeichen für die herausragende° Arbeit dieser Gesell-schaft. Bisher war Christiane Nüsslein-Volhard die einzige Frau unter ihnen, aber das könnte sich ändern°. Im Jahre 2008 waren immerhin 26% der Wissenschaftler an den Instituten Frauen.

EIN KLEINER TIPP

Note that the German words **die Forschung** (*research*), **ein Forscher / eine Forscherin** (*researcher*), and **forschen** (*to research*) are all closely related.

Nobelpreisträger der Max-Planck-Gesellschaft

Chemie	Medizin	Physik
Gerhard Ertl (2007)	Christiane Nüsslein-Volhard (1995)	Theodor Hänsch (2005)
Paul Crutzen (1995)	Erwin Neher (1991)	Ernst Ruska (1986)
Robert Huber (1988)	Bert Sakmann (1991)	Klaus von Klitzing (1985)
Hartmut Michel (1988)	Georges Köhler (1984)	Walter Bothe (1954)
Johann Deisenhofer (1988)	Konrad Lorenz (1973)	
Manfred Eigen (1967)	Feodor Lynen (1964)	
Karl Zigler (1963)		

Gesellschaft *society* **entwickelte** *developed* **Nachfolgerin** *successor* **Spitzenforscher** *top researchers* **Arbeitsbedingungen** *work conditions* **Bereichen** *areas* **Geisteswissenschaften** *humanities* **entstehen** *form* **Mitglieder** *members* **herausragende** *prominent* **sich ändern** *to change*

ÜBUNGEN

1 Richtig oder falsch? Sind die Aussagen richtig oder falsch? Korrigieren Sie die falschen Aussagen mit einem Partner / einer Partnerin.

1. Max Planck war Chemiker.
2. Planck entwickelte die Quantentheorie.
3. Die MPG entstand nach dem Zweiten Weltkrieg.
4. Vor der MPG gab es in Deutschland die Kaiser-Wilhelm-Gesellschaft.
5. In der MPG dürfen sich die Forscher ihre Mitarbeiter selber aussuchen.
6. Die 80 Institute der MPG arbeiten im Bereich Naturwissenschaft.
7. Siebzehn Forscher der MPG erhielten einen Nobelpreis.
8. Nur ein Prozent aller Wissenschaftler der MPG sind Frauen.
9. Der erste Nobelpreisträger der MPG war Feodor Lynen.
10. Die meisten Nobelpreisträger der MPG waren Chemiker.

Practice more at **vhlcentral.com.**

DEUTSCH IM ALLTAG

Wortfeld: machen

aufmachen	*to open*
durchmachen	*to experience*
mitmachen	*to participate*
nachmachen	*to imitate*
vormachen	*to fool somebody*
wettmachen	*to make up for something*
zumachen	*to close*

DIE DEUTSCHSPRACHIGE WELT

Deutsche Mediengiganten°

Die zwei deutschen Mediengiganten sind die Bertelsmann AG und die Axel Springer AG. Die Bertelsmann AG, ein 1835 in Gütersloh gegründetes deutsches Familienunternehmen°, ist das größte Medienhaus Europas. Weltweit arbeiten 104.000 Mitarbeiter für dieses Unternehmen. Neben Buchclubs sind auch Software-Entwicklung° und Fernsehsender Teil des Unternehmens. Die 1946 gegründete Axel Springer AG ist der zweite deutsche Mediengigant. Sie verlegt° mehr als 230 Zeitungen und Zeitschriften°. Die bekannteste ist die *Bild*, eine Zeitung mit täglich mehr als 12 Millionen Lesern.

Mediengiganten *media giants* **Familienunternehmen** *family-owned company* **Entwicklung** *development* **verlegt** *publishes* **Zeitschriften** *magazines*

PORTRÄT

Darmstadt

Darmstadt, eine Stadt in Hessen, gilt als Wissenschaftsstadt°. Hier wohnen zwar nur 144.000 Einwohner, aber es gibt drei Universitäten mit insgesamt mehr als 35.000 Studenten. Neben den Universitäten gibt es auch Forschungseinrichtungen° wie zum Beispiel das Europäische Raumflugkontrollzentrum° (ESOC), die Europäische Organisation für die Nutzung° meteorologischer Satelliten (EUMETSAT) und drei Institute der Fraunhofer-Gesellschaft. Im GSI Helmholtzzentrum für Schwerionenforschung° entdeckten Forscher 1994 das chemische Element Darmstadtium, das man unter der Ordnungsnummer 110 im Periodensystem finden kann.

Wissenschaftsstadt *city of science* **Forschungseinrichtungen** *research institutions* **Raumflugkontrollzentrum** *space flight control center* **Nutzung** *use* **Schwerionenforschung** *heavy ion research*

IM INTERNET

Suchen Sie Informationen über digitale Medien in der deutschsprachigen Welt. Was sind die neuesten Trends?

For more information on this **Kultur**, go to **vhlcentral.com**.

2 Was fehlt? Ergänzen Sie die Sätze.

1. Die Bertelsmann AG ist ein deutsches ____________ in Gütersloh.
2. Bertelsmann ist das ____________ Medienhaus Europas.
3. Die ____________ ist die bekannteste Zeitung der Axel Springer AG.
4. Darmstadt gilt auch als ____________.
5. In Darmstadt studieren mehr als ____________ Studenten.
6. Forscher entdeckten 1994 das chemische Element ____________.

3 Technologie und digitale Medien Diskutieren Sie mit einem Partner / einer Partnerin digitale Medien und Technologien, die Sie gerne benutzen. Warum mögen Sie sie? Gibt es ältere Technologien, die Sie bevorzugen? Warum?

BEISPIEL

S1: *Welche digitalen Medien und Technologien benutzt du gerne?*
S2: *Ich schreibe gerne E-Mails. Und du?*

Ressourcen

4B.1 The genitive case

Startblock German speakers often use constructions with **von** to indicate a relationship of ownership or close connection between two nouns. To talk about these relationships in more formal speech or writing, use the genitive case (**der Genitiv**).

- In conversation, the preposition **von** is used with a noun in the dative case to indicate ownership or a close relationship.

Hast du den neuen Klingelton **von meinem Handy** schon gehört?
*Have you heard **my cell phone's** new ringtone?*

Um die Website **von Professor Giese** zu sehen, braucht man ein Passwort.
*You need a password to access **Professor Giese's** website.*

- Another way to indicate ownership or a close relationship, especially in more formal speech and writing, is to use the genitive case.

Torsten hat die Rede **des Bundespräsidenten** heruntergeladen.
*Torsten downloaded **the president's** speech.*

Das Mikrofon **der Professorin** hat nicht funktioniert.
***The professor's** microphone didn't work.*

- The forms of definite articles, indefinite articles, and possessive adjectives used with genitive nouns differ from the nominative, accusative, and dative forms. Masculine and neuter nouns also change in the genitive case: those with more than one syllable add **-s**, and those with only one syllable add **-es**.

definite articles				
	masculine	**feminine**	**neuter**	**plural**
nominative	**der** Drucker	**die** Festplatte	**das** Handy	**die** E-Mails
accusative	**den** Drucker	**die** Festplatte	**das** Handy	**die** E-Mails
dative	**dem** Drucker	**der** Festplatte	**dem** Handy	**den** E-Mails
genitive	**des** Druckers	**der** Festplatte	**des** Handys	**der** E-Mails

ACHTUNG

Possessive adjectives have the same genitive endings as the indefinite articles: **meines Druckers, meiner Festplatte, meines Handys, meiner E-Mails.**

indefinite articles				
	masculine	**feminine**	**neuter**	**plural**
nominative	**ein** Drucker	**eine** Festplatte	**ein** Handy	**keine** E-Mails
accusative	**einen** Drucker	**eine** Festplatte	**ein** Handy	**keine** E-Mails
dative	**einem** Drucker	**einer** Festplatte	**einem** Handy	**keinen** E-Mails
genitive	**eines** Druckers	**einer** Festplatte	**eines** Handys	**keiner** E-Mails

Was ist der Preis **der Spielkonsole**?
*What is the price **of the game console**?*

Der Bildschirm **dieses Computers** ist sehr schmutzig.
***This computer's** screen is very dirty.*

Ich habe diese Fotos mit der Kamera **meines Vaters** gemacht.
*I took these photos with **my father's** camera.*

Ich kann die Telefonnummer **meiner Schwester** nicht finden.
*I can't find **my sister's** phone number.*

- Some masculine nouns add **-n** or **-en** in the accusative, dative, and genitive cases: **der Herr, den Herrn, dem Herrn, des Herrn**. The **n**-nouns you have learned so far are: **der Architekt, der Dozent, der Journalist, der Junge, der Neffe, der Polizist, der Student, der Tourist**.

Der Laptop **des Dozenten** funktioniert nicht.
The instructor's *laptop isn't working.*

Ich habe **meinem Neffen** eine E-Mail geschrieben.
I wrote an e-mail to ***my nephew****.*

- In the genitive case, an adjective *preceded by* an **ein**-word or a **der**-word always ends in **-en**. *Unpreceded* adjectives in the genitive case have the endings: **-en**, **-er**, **-en**, and **-er**.

Ich mag das Aroma **schwarzen Kaffees.**
I like the smell ***of black coffee.***

Mögen Sie den Geschmack **grüner Paprikas**?
Do you like the taste ***of green peppers****?*

- When using the name of a person or place in the genitive, add **-s** to the end of the name. If the name already ends with an **s** sound, add an apostrophe instead.

Magst du **Ramonas** Website?
Do you like ***Ramona's*** *website?*

Benjamin hat **Hans'** Ladegerät verloren.
Benjamin lost ***Hans's*** *charger.*

- Most nouns in the genitive case follow the noun they modify. However, the name of a person or place comes before the noun it modifies.

Die Eltern **meines Freundes** sind sehr nett.
My friend's *parents are really nice.*

Rainers Digitalkamera ist sehr klein.
Rainer's *digital camera is really small.*

- Use the genitive question word **wessen** to ask *whose*?

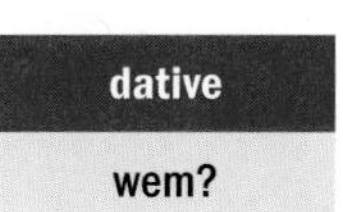

nominative	accusative	dative	genitive
wer?	wen?	wem?	wessen?

Wessen Telefon klingelt?
Whose *phone is ringing?*

Ich glaube, es ist **Josefs** Handy.
I think it's ***Josef's*** *cell phone.*

- The genitive case is also used after certain prepositions.

prepositions with the genitive			
(an)statt	*instead of*	**trotz**	*despite, in spite of*
außerhalb	*outside of*	**während**	*during*
innerhalb	*inside of, within*	**wegen**	*because of*

Anstatt einer Stereoanlage bekam mein Bruder ein Handy zum Geburtstag.
Instead of a stereo*, my brother got a cell phone for his birthday.*

Trotz des Regens wollten unsere Freunde wandern gehen.
Despite the rain*, our friends wanted to go hiking.*

ACHTUNG

A small number of **n**-nouns also add **-s** in the genitive case: **der Name**, **den Namen**, **dem Namen**, **des Namens**.

QUERVERWEIS

You will learn more about **der**-words in **4B.2**.

See **1B.3** to review two-way prepositions.

ACHTUNG

Be careful not to confuse the genitive **-s** ending with the **'s** ending used in English. In German, the apostrophe is added instead of an **s**, never before it.

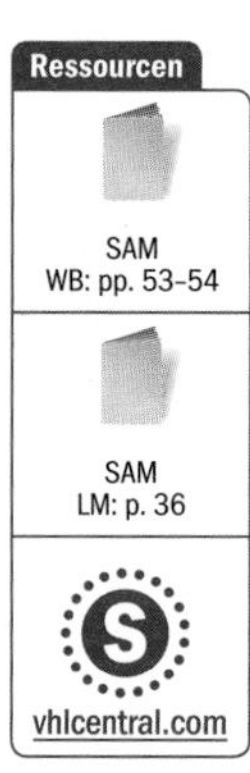

Jetzt sind Sie dran!

Wählen Sie die richtigen Genitivformen.

1. Das ist der Computer (meines Bruders / meinen Bruder).
2. Wo ist der Kopfhörer (die Studenten / des Studenten)?
3. Der Fernseher (eures Vaters / euren Vater) steht im Wohnzimmer.
4. Die Website (der neuen Professorin / die neue Professorin) ist sehr interessant.
5. Ich darf den DVD-Player (meine ältere Schwester / meiner älteren Schwester) benutzen.
6. Der Bildschirm (unserem neuen Laptop / unseres neuen Laptops) ist kaputt.

Anwendung

1 **Wessen?** Beantworten Sie die Fragen mit einem ganzen Satz und benutzen Sie dabei den Genitiv der angegebenen Substantive.

▶ **BEISPIEL** Wessen Bücher sind das? (die Professorin)
Das sind die Bücher der Professorin.

1. Wessen Laptop ist das? (die Ingenieurin)
2. Wessen Fahrrad ist das? (das Kind)
3. Wessen Auto war das? (Tobias)
4. Wessen Mikrofon ist das? (der Journalist)
5. Wessen Kamera ist das? (Jutta)
6. Wessen Personalausweis ist das? (Heike)
7. Wessen Fahrplan ist das? (der Schaffner)
8. Wessen Abschlussfeier (*graduation party*) war das? (die Deutschstudenten)

2 **Ergänzen Sie** Ergänzen Sie die Sätze mit der Genitivform der Wörter in Klammern.

BEISPIEL

Das Auto *meiner kleinen Schwester* ist ein Mercedes. (meine kleine Schwester)

1. Gefällt dir die Farbe ________________? (mein tolles Kleid)
2. Das Büro (*office*) ________________ ist schwer zu finden. (die neue Dozentin)
3. Wir müssen immer über die Eskapaden ________________ lachen. (unsere jungen Hunde)
4. Das Visum ________________ ist abgelaufen (*expired*). (der amerikanische Tourist)
5. Der Klingelton ________________ ist sehr laut (*loud*). (ihr billiges Handy)
6. Der Bildschirm ________________ ist größer als ein Fenster. (der teure Fernseher)
7. Der DVD-Player ________________ funktioniert nicht mehr. (mein alter Computer)

3 **Dativ oder Genitiv?** Schreiben Sie die Sätze so um, dass Sie statt des Dativs den Genitiv benutzen.

BEISPIEL Der Benutzername von meinem Partner ist wirklich sehr lustig.
Der Benutzername meines Partners ist wirklich sehr lustig.

1. Die Vorlesungen von unserem Professor sind interessant.
2. Die Website von der Universität ist nicht sehr benutzerfreundlich (*user friendly*).
3. Die Stereoanlage von Alexander ist alt.
4. Die Festplatte von deinem Computer ist nicht groß.
5. Meine Eltern verkaufen das Auto von meinen Großeltern.
6. Der Fußball von dem Jungen ist zwischen die geparkten Autos gefallen.
7. Die Katze von meinem Neffen ist sehr aggressiv.
8. Die neue CD von Herbert Grönemeyer ist gerade (*just now*) auf den Markt gekommen.

Kommunikation

4 **Bilder beschreiben** Beschreiben Sie mit einem Partner / einer Partnerin zusammen, was man auf den Bilder sehen kann. Benutzen Sie den Genitiv und verwenden Sie dabei die Wörter aus der Liste.

BEISPIEL

S1: *Was sieht man auf diesem Bild?*
S2: *Man sieht den Bildschirm eines Fernsehers.*

der Ausgang	das Innere (*inside*)	die Tastatur
der Bildschirm	der Seminarraum	

1.

2.

3.

4.

5 **Bedeutende Erfinder** Finden Sie zusammen mit einem Partner / einer Partnerin heraus, was diese Personen erfunden (*invented*) haben. Verwenden Sie in Ihren Antworten den Genitiv und wechseln Sie sich ab.

BEISPIEL

S1: *Wer war Melitta Bentz?*
S2: *Sie war die Erfinderin des Kaffeefilters.*

der Bunsenbrenner	das Luftschiff
der Dieselmotor	die Röntgenstrahlen (*X-rays*)
die Jeans	der Rorschachtest
der Kaffeefilter	der Sportschuh

1. Rudolf Diesel
2. Levi Strauss
3. Wilhelm Röntgen
4. Ferdinand von Zeppelin
5. Hermann Rorschach
6. Robert Bunsen
7. Adi Dassler
8. Melitta Bentz

6 **Wann machst du das?** Fragen Sie Ihren Partner / Ihre Partnerin, wann er/sie diese Aktivitäten macht. Verwenden Sie bei Ihren Antworten einen Zeitausdruck aus jeder (*each*) Spalte.

BEISPIEL

S1: *Wann schreibst du die meisten Prüfungen?*
S2: *Am Ende des Semesters.*

Am Ende	das Semester
Am Anfang	die Woche
Während	der Tag
	das Jahr
	der Sommer
	die Ferien
	das Abendessen

1. Wann lernst du neue Mitstudenten kennen?
2. Wann surfst du im Internet?
3. Wann fährst du mal für ein paar Tage weg?
4. Wann rufst du deine Familie an?
5. Wann bekommst du deine Noten?
6. Wann suchst du einen Ferienjob?

4B.2 Demonstratives

Startblock Use demonstrative pronouns and adjectives to refer to something that has already been mentioned, or to point out a specific person or thing.

Dieser Fluss ist die Havel, und **das** da ist die Spree.

Es war meine Idee, hierher zu kommen. Ich liebe **diesen** Ort.

Demonstrative pronouns

- Use demonstrative pronouns to refer to a person or thing that has already been mentioned or whose identity is clear, instead of repeating the noun.

Ist Grete online?
—Ja, **die** schreibt eine E-Mail.
Is Grete online?
*—Yes, **she**'s writing an e-mail.*

Gefällt dir dein neuer Drucker?
—Ja, **der** funktioniert sehr gut!
Do you like your new printer?
*—Yes, **it** works really well!*

- The forms of the demonstrative pronoun are identical to the definite article, except for the genitive and dative plural forms. Use the demonstrative pronoun that agrees in gender and number with the noun it is replacing.

ACHTUNG

When referring to people, the demonstrative pronoun is equivalent to *she*, *he*, *it*, or *they*. When referring to things, it is equivalent to *it*, *that*, or *those*.

A demonstrative pronoun usually appears at or near the beginning of a clause, even when it is an object.

Dem kann man nicht helfen.

Das will ich schnell löschen.

demonstrative pronouns				
	masculine	**feminine**	**neuter**	**plural**
nominative	der	die	das	die
accusative	den	die	das	die
dative	dem	der	dem	denen
genitive	dessen	deren	dessen	deren

Der Anrufbeantworter ist wirklich alt. **Den** habe ich schon seit Jahren.
*The answering machine is really old. I've had **it** for years.*

Ramona ist sehr zuverlässig. **Die** wird nicht zu spät kommen.
*Ramona is very reliable. **She** won't come too late.*

Was sagen deine Eltern? Hast du **denen** schon dein Zeugnis gezeigt?
*What do your parents say? Have you shown **them** your report card yet?*

Ich habe nur eine Fernbedienung, aber mit **der** kann man alles an- und ausmachen.
*I only have one remote, but you can turn everything on and off with **it**.*

- Use the genitive demonstrative pronouns **dessen** or **deren** in cases where the possessive adjectives **sein** or **ihr** might cause confusion.

Erik hat Daniel auf **seinem** neuen Boot gesehen.
*Erik saw Daniel on **his (Erik's? Daniel's?)** new boat.*

Erik hat Daniel auf **dessen** neuen Boot gesehen.
*Erik saw Daniel on **his (Daniel's)** new boat.*

- Use **hier** or **da** with a demonstrative to distinguish between *this one* or *that one*.

Der da gefällt Wolfgang besser. *Wolfgang likes **that one** better.*	Vergiss nicht, **das hier** zu drucken! *Don't forget to print **this one**!*

Der-words

- **Der**-words include **dieser** (*this; that*), **jeder** (*each, every*), and its plural counterpart **alle** (*all*) **mancher** (*some*), and **solcher** (*such*), as well as the question word **welcher** (*which*).

Gina, **welcher** Laptop gefällt dir am besten? *Gina, **which** laptop do you like best?*	Ich finde **diesen** Laptop am schönsten. *I think **this** laptop is the nicest.*

- **Der**-words are so called because they have the same endings as the definite articles. The chart below shows only **dieser**, but all the other **der**-words have the same endings.

***der*-words**				
	masculine	**feminine**	**neuter**	**plural**
nominative	dieser Mann	diese Frau	dieses Kind	diese Kinder
accusative	diesen Mann	diese Frau	dieses Kind	diese Kinder
dative	diesem Mann	dieser Frau	diesem Kind	diesen Kindern
genitive	dieses Mannes	dieser Frau	dieses Kindes	dieser Kinder

Mit **dieser** Tastatur können Sie viel schneller tippen. *With **this** keyboard, you can type much faster.*	Speichert dein neues Handy **jede** SMS? *Does your new cellphone save **every** text message?*
Manche Sender haben keine guten Programme. ***Some** stations don't have any good programs.*	**Solche** Websites gefallen mir nicht. *I don't like **those kinds of** websites.*

- Adjectives after **der**-words have the same endings as adjectives after definite articles.

Diese kleine Digitalkamera macht sehr schöne Fotos. ***That little** digital camera takes great photos.*	**Welchen neuen** Film wollt ihr heute Abend sehen? ***Which new** film do you want to see tonight?*

ACHTUNG

Jeder is only used with singular nouns while **alle** is only used in the plural. The accusative forms of **jeder** appear in time expressions such as **jeden Tag/Monat**, **jede Woche**, and **jedes Jahr**.

Solcher is used mainly in the plural. Instead of using **solcher** in the singular, German speakers typically use **so ein** to mean *that kind of* or *such a*:
So einen Mann möchte ich heiraten.

QUERVERWEIS

To review adjective endings after **der**-words, see **4B.1**.

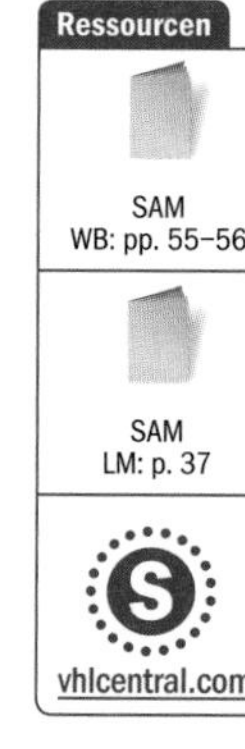

Jetzt sind Sie dran!

Wählen Sie die passende Form.

1. (Welches / Welcher) Mikrofon funktioniert am besten?
2. Karin speichert (jede / jedes) Dokument auf der Festplatte.
3. Frau Kaufmann hat einen neuen Laptop gekauft. (Die / Der) hat 700 € gekostet.
4. Von (welcher / welchem) Schwester hast du die Stereoanlage zum Geburtstag bekommen?
5. Danke für den guten Saft! (Den / Dem) trinken wir heute Abend.
6. Bringst du bitte das Ladegerät mit? (Das / Dem) brauche ich sofort (*right away*).
7. Mira speichert (manchen / manche) E-Mails und löscht den Rest.
8. Ich schreibe (jeder / jeden) Benutzernamen auf, um ihn nicht zu vergessen.
9. Mit (solche / solchen) Handys kann man E-Mails schreiben, SMS schicken (*send*) und telefonieren.
10. Ihr wolltet den Fernseher mit der Fernbedienung anmachen, aber (die / das) war nirgendwo (*nowhere*) zu finden.
11. (Welches / Welcher) Freund hat dir mit deiner Website geholfen?
12. Daniela hat Rainer und (dessen / deren) Frau das Dokument gezeigt.

Anwendung

1 **Ergänzen Sie** Ergänzen Sie die Sätze mit den richtigen Demonstrativpronomen.

1. Kennst du die Deutschdozentin? Nein, _____ kenne ich nicht.
2. Welcher Computer ist der bessere? _____ da für 1.200 €.
3. Welches Kleid ziehst du auf die Party an? _____ da auf meinem Bett.
4. Welchem Kind gehört der Fußball? _____ dort auf dem Spielfeld.
5. Haben Schmidts dich schon angerufen? _____ Tochter ist letzte Woche ausgezogen (*moved out*).
6. Was machen deine Großeltern? Ach, _____ geht's leider nicht sehr gut.
7. Bringt ihr euren Hund ins Hundehotel während eurer Reise? Nein, _____ nehmen wir natürlich mit.
8. Welcher Zug geht nach Kassel? _____ fährt dort drüben auf Bahnsteig 7A.

2 **Wählen Sie** Wählen Sie die passenden **der**-Wörter.

1. (Solches / Welches) Auto hast du denn jetzt gekauft?
2. (Jede / Manche) Modelle haben nur einen kleinen Kofferraum.
3. Heute kann man mit (jedem / welchem) Handy im Internet surfen.
4. Hast du (diese / jede) Website schon gesehen? Die ist wirklich interessant!
5. (Manche / Solche) Probleme möchte ich haben!
6. Mit (solchen / welchen) Leuten kann man leider nicht reden.

3 **Elektronische Geräte** Beantworten Sie die Fragen mit **ja** oder **nein**. Verwenden Sie die **der**-Wörter in Klammern und ein passendes Adjektiv aus der Liste. Achten Sie auf die Adjektivendungen.

alt | amerikanisch | billig | flach (*flat*) | kaputt | klein | nutzlos

BEISPIEL

Hat der Bildschirm des Fernsehers eine bessere Bildqualität? (so ein)

Ja, der Bildschirm so eines flachen Fernsehers hat wirklich eine bessere Bildqualität.

1. Kann man mit dem Handy auch SMS schreiben? (all-)

2. Hat der Computer auch einen DVD-Player? (so ein)

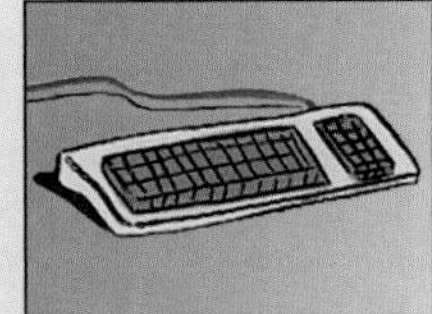

3. Kann man diese Tastatur auch in Deutschland benutzen? (dies-)

4. Möchtest du den Camcorder meiner Mutter kaufen? (dies-)

5. Kannst du mit deinem Kopfhörer alles hören? (dies-)

Practice more at **vhlcentral.com.**

Kommunikation

4 **Wie findest du das?** Fragen Sie Ihren Partner / Ihre Partnerin nach seiner/ihrer Meinung (*opinion*). Benutzen Sie Demonstrativpronomen und wechseln Sie sich ab.

BEISPIEL

S1: *Wie findest du die Band Train?*
S2: *Die ist einfach fantastisch!*

Wie findest du...

1. die Musik von...?
2. die Kunst von...?
3. den Fernsehsender...?
4. den Film...?
5. die Kurse von Professor/Professorin...?
6. die Bücher von...?

egoistisch	langweilig
eingebildet	lustig
fade	romantisch
fantastisch	schlecht
hübsch	süß
intelligent	toll
interessant	

5 **Immer das Gleiche** Schreiben Sie, was Sie jeden Tag, jede Woche, jeden Monat und jedes Jahr machen, und dann interviewen Sie Ihre Mitstudenten.

BEISPIEL

S1: *Was machst du jeden Tag?*
S2: *Ich esse jeden Tag in der Mensa. Und du, was machst du jeden Tag?*

jeden Tag:	
jede Woche:	
jeden Monat:	
jedes Jahr:	

6 **Rollenspiel: Im Modehaus** Sie sind Verkäufer / Verkäuferin in einem Modehaus. Leider hat der Kunde / die Kundin (*customer*) immer etwas auszusetzen (*criticize*). Erfinden Sie mit einem Partner / einer Partnerin einen Dialog.

BEISPIEL

S1: *Wie finden Sie diesen Pullover?*
S2: *Der ist viel zu klein!*
S1: *Und wie gefällt Ihnen dieses rote Kleid?*
S2: *So ein hässliches Kleid habe ich noch nie gesehen!*

der Anzug	die Krawatte	billig	gestreift
die Baseballmütze	die Lederjacke	dunkel	hässlich
das Baumwollkleid	der Minirock	einfach	lang
die Halskette	die Sandalen	elegant	langweilig
die Handtasche	der Schal	eng	schmutzig
die Hose	das Trägerhemd	furchtbar	teuer

Wiederholung

1 Logische Verbindungen

Sehen Sie sich mit einem Partner / einer Partnerin die Wortliste und die Bilder an. Welche Wörter passen zu welchen Bildern?

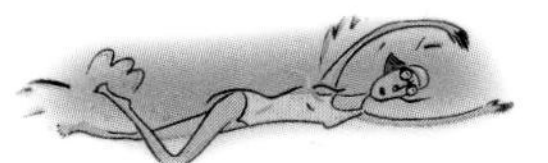

BEISPIEL

Das ist die Schwimmerin des Jahres.

das Jahr der Monat das Restaurant	die Schülerin der Tag

1. 

2. 

3. 

4. 

2 Geographie

Sehen Sie sich die Tabelle mit statistischen Informationen über Deutschland, Liechtenstein und die Schweiz an. Fragen Sie Ihren Partner / Ihre Partnerin nach den fehlenden Informationen.

BEISPIEL

S1: *Wie lang ist der längste Fluss der Schweiz?*
S2: *Das ist der Rhein. Er ist 375 Kilometer lang.*

3 Manche Leute

Viele Menschen machen komische Sachen (*strange things*). Was denken Sie und Ihr Partner / Ihre Partnerin darüber? Was sollen diese Menschen anders machen?

BEISPIEL

S1: *Manche Menschen tanzen im Regen.*
S2: *Solche Menschen sind dynamisch, aber sie sollen sich einen Regenschirm kaufen.*

im Haus Rad fahren unter dem Bett lesen auf dem Dach lesen	draußen schlafen im Regen tanzen im Winter kurze Kleider tragen

4 Wem gehört's?

Sehen Sie sich die Bilder an. Fragen Sie einen Partner / eine Partnerin, wem die Dinge gehören. Wechseln Sie sich ab.

BEISPIEL

S1: *Wessen Stereoanlage ist das?*
S2: *Das ist die Stereoanlage des Studenten.*

meine Eltern Harald das Mädchen	mein Opa der Student

1. 

2. 

3. 

4. 

5 Was gefällt dir?

Fragen Sie andere im Unterricht, was ihnen gefällt. Schreiben Sie sich die Antworten auf.

BEISPIEL Autor: Stephen King / Jane Austen

S1: *Welchen Autor liest du lieber, Stephen King oder Jane Austen?*
S2: *Mir ist Stephen King lieber.*

6 Technologie

Unterhalten Sie sich mit Ihrem Partner / Ihrer Partnerin, über die Geräte, die sie besitzen. Was halten Sie von solchen Geräten? Benutzen sie viele Menschen? Sind sie für jeden geeignet (*suitable*)?

BEISPIEL

S1: *Ich habe eine Spielkonsole.*
S2: *Ich habe auch eine Spielkonsole. Viele Studenten mögen sie.*
S1: *Was spielst du am liebsten?*
S2: *Am liebsten spiele ich…*

7 Im Kleidergeschäft Sehen Sie sich die Kleidung an und fragen Sie Ihren Partner / Ihre Partnerin nach seiner/ihrer Meinung.

BEISPIEL

S1: *Gefällt dir der blaue Rock?*
S2: *Der gefällt mir, aber diese grüne Hose gefällt mir nicht.*

8 Genitivpräpositionen Schreiben Sie mit einem Partner / einer Partnerin ein Gedicht (*poem*) aus fünf Sätzen. Außer der letzten Zeile (*line*) muss jede Zeile mit einer Genitivpräposition beginnen.

BEISPIEL

Außerhalb der Stadt stürmt es.
Trotz des schlechten Wetters spielen wir Tennis.
Während des Spiels rollt der Ball in den Fluss.
Wegen des verlorenen Balls hören wir auf (we stop).
Das nächste Mal bleiben wir lieber mit der Spielkonsole zu Hause.

9 Wahrheiten und Lügen Schreiben Sie zwei Sätze darüber, was Sie schon vor Ihrem 14. Geburtstag gemacht haben. Eine der Aussagen ist wahr (*true*), eine Aussage ist eine Lüge (*lie*). Ihre Mitstudenten müssen erraten, welcher Satz die Lüge ist.

BEISPIEL

Ich war schon zweimal nach Europa geflogen.
Ich hatte schon meine eigene (own) Website gebaut.

Mein Wör|ter|buch

Schreiben Sie noch fünf weitere Wörter in Ihr persönliches Wörterbuch zu den Themen **Verkehrsmittel** und **Technologie**.

der Führerschein

Übersetzung
driver's license

Wortart
ein Substantiv

Gebrauch
In Amerika darf man den Führerschein mit 16 Jahren machen. In Deutschland muss man 18 Jahre alt sein und der Führerschein ist viel teurer.

Synonyme
die Fahrerlaubnis

Antonyme
—

Hessen und Thüringen

Hessen in Zahlen

- **Fläche:** *21.114 km^2*
- **Bevölkerung:** *6 Millionen Menschen*
- **Religion:** *evangelisch-lutherisch 40,8%, römisch-katholisch 25,4%*
- **Städte:** *Frankfurt (680.000 Einwohner), Wiesbaden (275.000), Kassel (195.000)*
- **Flüsse:** *der Main, der Neckar*
- **Wichtige Industriezweige:** *chemische Industrie, Pharmaindustrie, Fahrzeugbau, Banken*
- **Touristenattraktionen:** *Römischer Grenzwall° Limes, Fossilienlagerstätte° Grube Messel, Benediktiner-Abtei° und Kloster° Lorsch*
  Touristen können in Marburg die Märchen der Gebrüder Grimm entdecken. Wirtschaftlich ist Hessen für die Banken in Frankfurt und die chemische und Pharmaindustrie bekannt.

QUELLE: Landesportal Hessen

Thüringen in Zahlen

- **Fläche:** *16.172 km^2*
- **Bevölkerung:** *2,2 Millionen Menschen*
- **Religion:** *keine Religion 66%, evangelisch-lutherisch 26%*
- **Städte:** *Erfurt (200.000 Einwohner), Jena (105.000), Gera (99.000)*
- **Wichtige Industriezweige:** *Automobil, Metallverarbeitung, Lebensmittelindustrie, Tourismus*
- **Touristenattraktionen:** *Weimar, Wartburg (Eisenach), Schloss Friedenstein (Gotha)*
  Touristen können in Eisenach die Spuren berühmter Deutscher wie Luther und Bach entdecken. Wirtschaftlich ist Thüringen eines der erfolgreichsten° ostdeutschen Bundesländer.

QUELLE: Thüringen Tourismus

Berühmte Hessen und Thüringer

- **Johann Sebastian Bach,** *Komponist (1685–1750)*
- **Johann Wolfgang von Goethe,** *Autor (1749–1832)*
- **Anne Frank,** *Autorin und Opfer° des Nationalsozialismus (1929–1945)*

römischer Grenzwall *Roman boundary wall* **Fossilienlagerstätte** *natural fossil deposit* **Abtei** *abbey* **Kloster** *monastery* **erfolgreichsten** *most successful* **Opfer** *victim* **Karfreitag** *Good Friday* **Tanzverbot** *ban on dancing* **drohen** *threaten* **Geldstrafen** *fines*

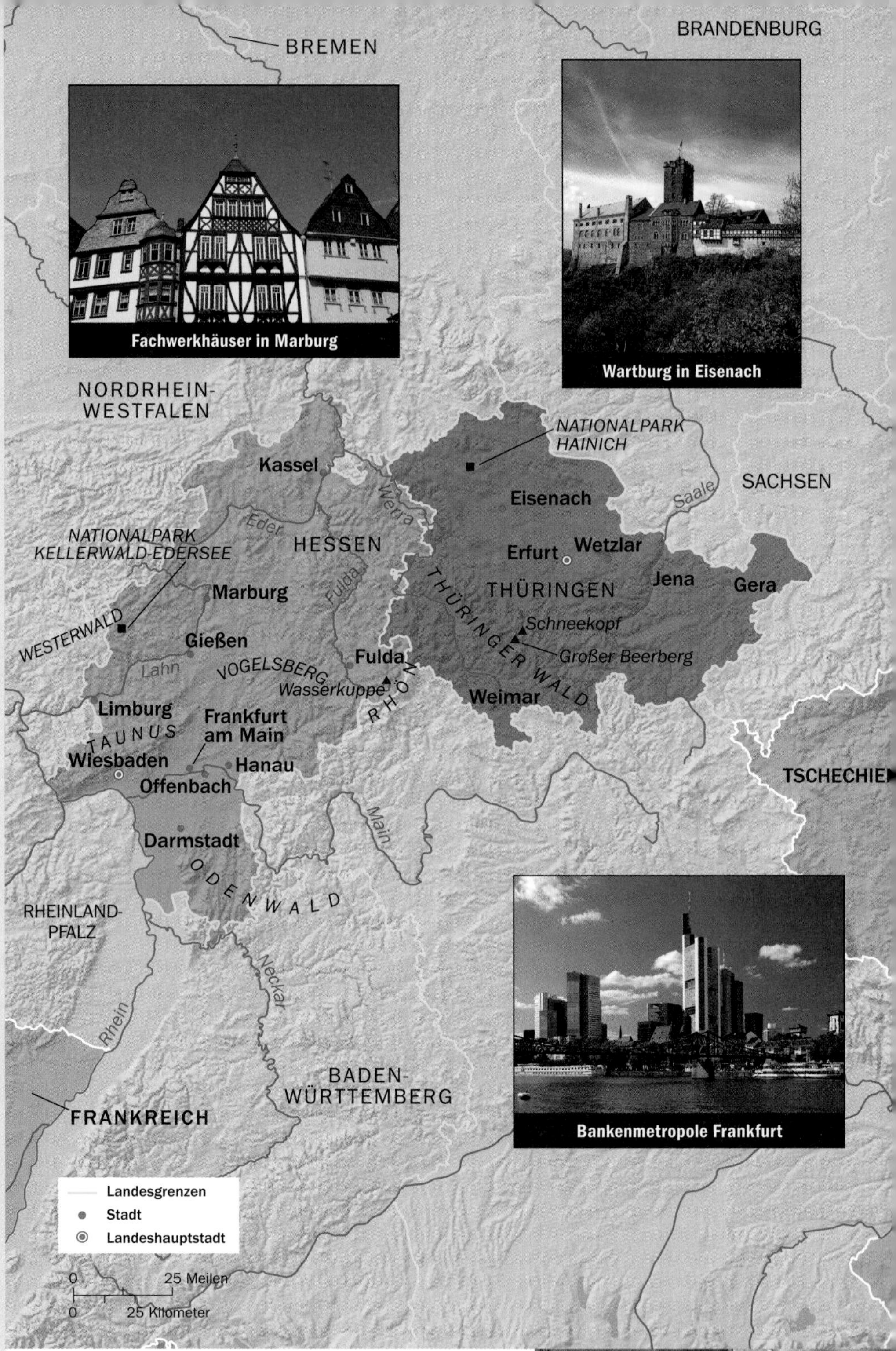

Fachwerkhäuser in Marburg

Wartburg in Eisenach

Bankenmetropole Frankfurt

Landesgrenzen
Stadt
Landeshauptstadt

0 25 Meilen
0 25 Kilometer

Unglaublich, aber wahr!

Am Karfreitag° und an anderen religiösen Feiertagen darf man in vielen Bundesländern nicht tanzen. Hessen und Thüringen sind zwei von dreizehn Bundesländern, in denen das Tanzverbot° am Karfreitag 24 Stunden dauert. Seit 1952 dürfen Diskotheken an diesem Tag keine Tanzveranstaltungen organisieren oder es drohen° hohe Geldstrafen°.

Städte

Weimar

Weimar ist die viertgrößte Stadt in Thüringen. Im Jahre 1919 beschloss die Nationalversammlung° hier die deutsche Verfassung°. Deshalb nennt man die erste deutsche Demokratie auch „Weimarer Republik". Für die Literatur ist Weimar wichtig, weil Autoren wie Goethe und Nietzsche hier lebten. Berühmte Musiker, die in Weimar komponierten, waren Johann Sebastian Bach und Franz Liszt. Im Bereich der Architektur entwickelte° der Architekt Walter Gropius die Bauhaus Schule in Weimar.

Kultur

Skat

Skat ist eines der beliebtesten Kartenspiele in Deutschland. Manche Menschen nennen es auch „das Spiel der Deutschen". Etwa 20 Millionen Deutsche spielen Skat. Das Spiel wurde circa 1810 in der thüringischen Stadt Altenburg erfunden°. Seit 1938 gibt es deutsche Meisterschaften°. Altenburg ist immer noch die Skathauptstadt der Welt, in der der Deutsche Skatverband seine Geschäftsstelle° hat. Hier gibt es auch die berühmte Kartenfabrik Altenburger Spielkarten. 2007 feierte die Firma ihr 175-jähriges Jubiläum.

Geographie

Wald und Jagd° in Deutschland

In Hessen und Thüringen bestehen große Landesflächen aus Wäldern. In Hessen gibt es 895.000 Quadratkilometer Wald, etwa 42% der Landesfläche, mehr als in jedem anderen deutschen Bundesland. Der Nationalpark Thüringer Wald bietet ein sehr beliebtes Urlaubsziel für Wanderer, Fahrradfahrer und Skifahrer an. Seit dem 19. Jahrhundert nennt man Thüringen „das grüne Herz Deutschlands". Auch Jäger° besuchen diese Region gerne zur Jagd von Rehen und Hirschen°.

Menschen

Heilige Elisabeth

Die heilige° Elisabeth, auch bekannt als Landgräfin Elisabeth von Thüringen, lebte zwischen 1207 und 1231. Sie war die Tochter des ungarischen° Königs Andreas II. und lebte die meiste Zeit ihres Lebens im hessischen Marburg. Sie starb im Alter von 24 Jahren, aber die Menschen liebten sie, weil sie während ihres Lebens sehr vielen Menschen geholfen hat. Nur vier Jahre nach ihrem Tod sprach Papst Gregor IX. Elisabeth heilig°. In Marburg kann man heute ihr Grab° in der Elisabethkirche besuchen.

Nationalversammlung *national assembly* **Verfassung** *constitution* **entwickelte** *developed* **erfunden** *invented* **Meisterschaften** *championships* **Geschäftsstelle** *office* **Wald und Jagd** *forest and hunting* **Jäger** *hunters* **Rehen und Hirschen** *deer and stags* **heilige** *saint* **ungarischen** *Hungarian* **sprach... heilig** *canonized* **Grab** *grave*

IM INTERNET

1. Suchen Sie im Internet Informationen über Weimar: Was sind die berühmtesten Gebäude Weimars? Machen Sie eine Liste. Wie viele Touristen besuchen Weimar jedes Jahr?
2. Suchen Sie im Internet andere Spiele, die man in Deutschland spielt. Wo spielt man diese Spiele?

For more information on this **Panorama**, go to **vhlcentral.com**.

Was haben Sie gelernt? Ergänzen Sie die Sätze.

1. In vielen deutschen Bundesländern darf man an religiösen Feiertagen nicht ________.
2. Seit ________ gibt es Karfreitag ein Tanzverbot.
3. Die erste deutsche ________ nennt man auch die „Weimarer Republik".
4. Autoren, die in Weimar gelebt haben, sind ________ und Nietzsche.
5. Skat wurde circa ________ in Altenburg in Thüringen erfunden.
6. Etwa ________ Deutsche spielen heute Skat.
7. In Hessen sind ________ der Landesfläche Wald.
8. Der Nationalpark ________ ist ein beliebtes Urlaubsziel in Thüringen.
9. Die heilige Elisabeth starb schon mit ________ Jahren.
10. In der Elisabethkirche in ________ ist das Grab von Elisabeth.

Practice more at **vhlcentral.com.**

Lesen

Reading: Audio

Vor dem Lesen

Strategien

Guessing meaning from context

As you read in German, you will often see words you have not learned. You can guess their meaning by looking at surrounding words. Read this e-mail and guess what **erleichtert** means.

Hallo Sylvia! Ich habe heute meinen Führerschein gemacht. Zuerst musste ich durch die Stadt fahren. Das war ziemlich schwer, denn alle Ampeln waren rot. Danach ging es auf die Autobahn. Ich war sehr nervös und wollte keinen Fehler machen. Am Ende war ich sehr erleichtert, als ich die Prüfung bestanden hatte, weil es sehr stressig war. Jetzt darf ich endlich Auto fahren.
Liebe Grüße,
Lina

If you guessed *relieved*, you are correct. You can conclude that Lina is feeling happy about the outcome of the test.

Untersuchen Sie den Text Sehen Sie sich mit einem Partner / einer Partnerin den Text an und beschreiben Sie das Format. Um was geht es in dem Text Ihrer Meinung nach (*in your opinion*)? Suchen Sie die folgenden Wörter und Ausdrücke im Text. Benutzten Sie den Kontext, um die Bedeutung zu erraten.

- Zubehör
- Luftfeuchtigkeit
- Tintenpatrone
- Wandsteckdose
- Papiergröße
- Laufwerk

Inhalt erraten Sie wissen schon etwas über das Format des Texts und einige Wörter: sagen Sie, was Sie wahrscheinlich in dem Text lernen werden.

- wie man eine Internetverbindung einrichtet
- wie man eine CD abspielt
- wie man einen Drucker anschließt
- wie man ein Dokument druckt
- wie man Tintenpatronen recycelt

Drucker MI6-0070

Vierfarbdrucker Installationsanleitung

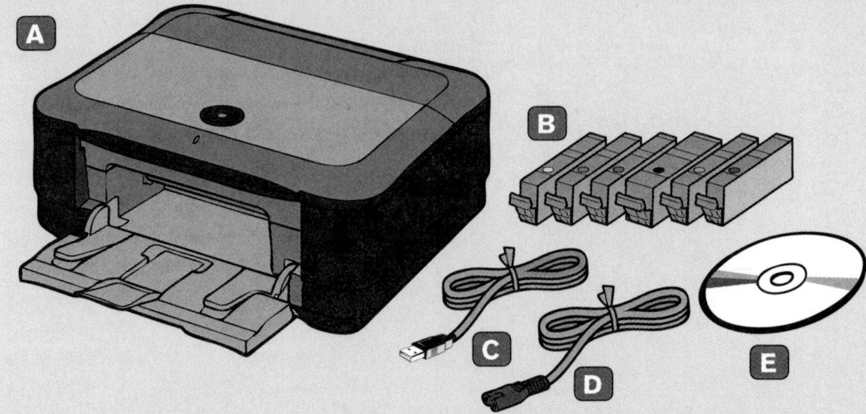

A. Drucker **B.** Tintenpatronen **C.** USB-Kabel **D.** Netzkabel **E.** CD

Schritt 1 Auspacken

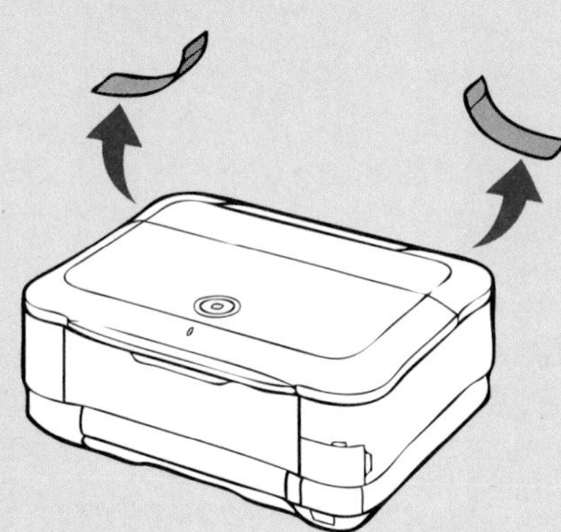

Heben Sie den Drucker und das Zubehör vorsichtig aus dem Karton. Prüfen Sie°, ob Sie alle Komponenten haben. Entfernen Sie° das Klebeband° vom Drucker. Entfernen Sie auch das Klebeband an der Rückseite des Druckers.

Schritt 2 Aufstellen des Druckers

Der Drucker darf nicht zu nahe an anderen Geräten stehen. Es muss genügend Platz um den Drucker herum sein, damit er nicht zu heiß wird. Die ideale Zimmertemperatur für den Drucker ist 23°C. Die Zimmertemperatur darf aber zwischen 10°C und 32°C variieren. Die Luftfeuchtigkeit darf zwischen 20% und 80% variieren. Die ideale Luftfeuchtigkeit beträgt 60%.

Schritt 3 Tintenpatrone einsetzen

Vor der ersten Verwendung° des Druckers müssen Sie die Tintenpatrone einsetzen. Öffnen Sie zuerst die obere Abdeckung° des Druckers. Nehmen Sie die Tintenpatronen aus der Verpackung°. Ziehen Sie den Schutzstreifen vorsichtig ab. Setzen Sie die Tintenpatrone in den Drucker ein. Drücken Sie fest auf die mit *PUSH HERE* gekennzeichneten° Stellen. Schließen Sie jetzt den Drucker.

Schritt 4 Drucker an den Computer anschließen

Schließen Sie ein Ende des USB-Kabels an der Rückseite des Druckers an. Schließen Sie das andere Ende des USB-Kabels an den USB-Anschluss des Computers an.

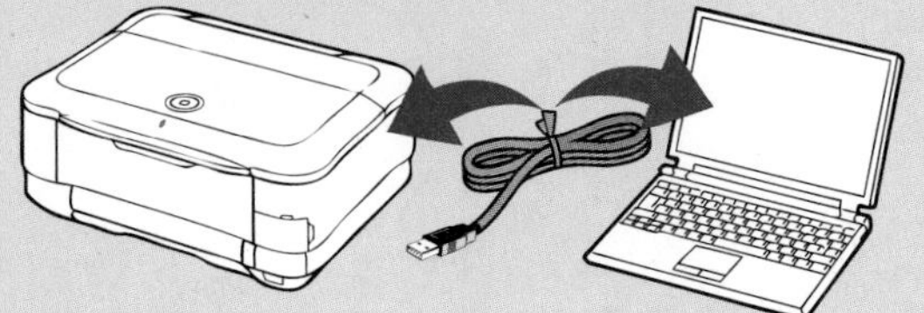

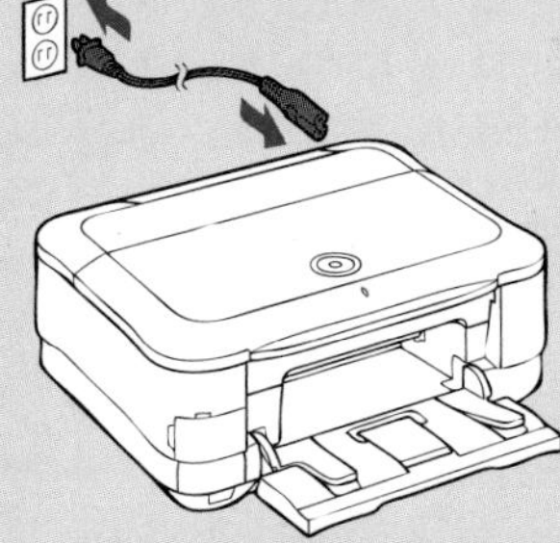

Schritt 5 Netzkabel anschließen

Verwenden Sie nur das Kabel, das mit dem Drucker geliefert wurde. Wenn der Drucker ausgeschaltet ist, schließen Sie das Netzkabel an den Anschluss° auf der Rückseite des Druckers an. Schließen Sie dann das andere Ende des Netzkabels an eine Wandsteckdose an.

Schritt 6 Papier in Kassette einlegen

Sie können 250 Blatt Papier in die Papierkassette einlegen. Ziehen Sie zuerst die Papierkassette aus dem Drucker heraus. Legen Sie jetzt das Papier in die Kassette ein und schließen Sie den Drucker wieder.

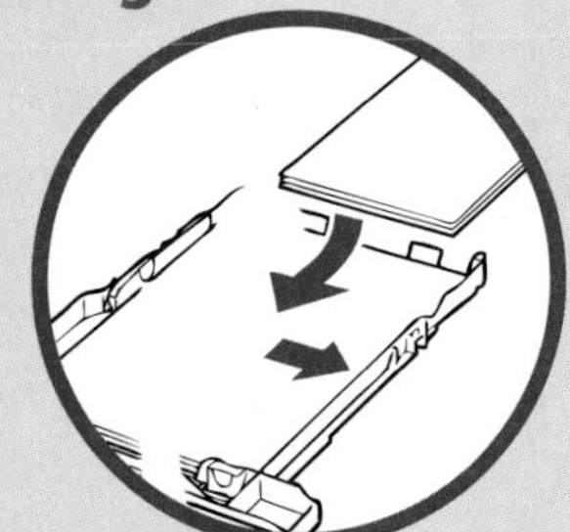

Schritt 7 Installation der Treiber

Schalten Sie den Drucker ein und schieben Sie die CD in das CD-Laufwerk. Installieren Sie das Programm „Drucker.exe" auf Ihrem Computer. Wenn Sie mit der Installation fertig sind, öffnet sich automatisch ein neues Fenster. Jetzt ist Ihr Drucker fertig installiert.

Schritt 8 Statusseite drucken

Testen Sie den Drucker, indem Sie eine Statusseite drucken. Schalten Sie den Drucker ein. Drücken Sie mindestens 3 Sekunden auf den EIN/AUS Knopf. Der Drucker sollte jetzt eine Statusseite drucken.

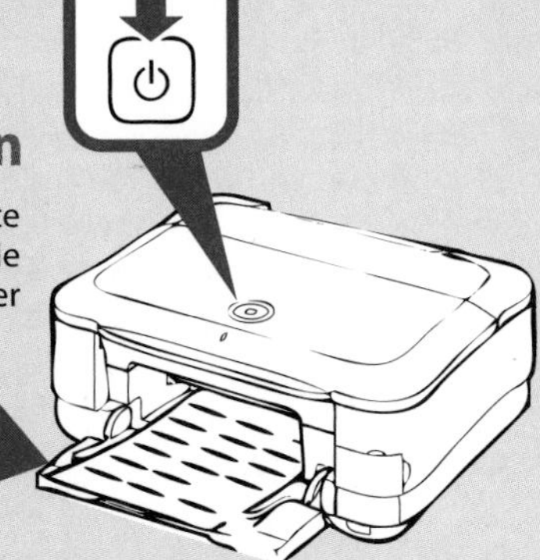

Prüfen Sie *Check* **Entfernen Sie** *Remove* **Klebeband** *adhesive tape* **Verwendung** *use* **Abdeckung** *cover* **Verpackung** *packaging* **gekennzeichneten** *marked* **Anschluss** *connection*

Nach dem Lesen

Richtig oder falsch Sind die Sätze **richtig** oder **falsch**? Korrigieren Sie die falschen Sätze.

	richtig	falsch
1. In dem Karton ist nur der Drucker.	☐	☐
2. Die Zimmertemperatur muss immer 23°C sein.	☐	☐
3. Man muss erst die Tintenpatrone einsetzen, bevor man das erste Mal drucken kann.	☐	☐
4. Den Drucker muss man mit einem USB-Kabel an den Computer anschließen.	☐	☐
5. Das Netzkabel schließt man auf der Vorderseite des Druckers an.	☐	☐
6. Man kann nur 150 Blatt Papier in die Kassette einlegen.	☐	☐
7. Den Treiber für den Drucker installiert man mit einer CD auf dem Computer.	☐	☐
8. Am Ende kann man eine Statusseite drucken.	☐	☐

Druckerprobleme Arbeiten Sie mit einem Partner / einer Partnerin. Einer von Ihnen hat ein Problem mit dem Drucker. Beschreiben Sie das Problem. Versuchen Sie dann mit Ihrem Partner / Ihrer Partnerin, das Problem zu lösen.

BEISPIEL

S1: *Ich habe meinen Drucker gerade installiert. Aber ich kann die Statusseite nicht drucken.*
S2: *Hast du den Drucker eingeschaltet?*

Hören

Strategien

Recognizing the genre of spoken discourse

You will encounter many different types of speech in German. For example, you may hear a political speech, a radio interview, a commercial, a voicemail message, or a news broadcast. Try to identify the context of the speech you hear, so that you can activate your background knowledge about that type of discourse and identify the speakers' motives and intentions.

 To practice this strategy, you will listen to two short selections. Identify the genre of each one.

Vorbereitung

Über was sollte man nachdenken, bevor man ein neues Handy kauft? Machen Sie eine Liste. Welche Funktionen sind Ihnen bei einem neuen Handy wichtig?

Zuhören  

Hören Sie Rolf und Karin zu, wie sie den Kauf eines neuen Handys diskutieren. Welche Funktionen von Ihrer Liste diskutieren Rolf und Karin? Kreisen Sie die richtigen Antworten ein. Hören Sie sich dann das Gespräch nochmal an. Schreiben Sie jetzt die anderen Antworten in die Tabelle.

Name + Kosten	*Anbieter*	*Beschreibung*	*andere Merkmale*
1.			*unbegrenztes Datenvolumen*
2.		*einfach zu benutzen*	
3.	*o2*		
4. LG P700 (259 Euro)		*dünn*	

Practice more at **vhlcentral.com.**

Verständnis

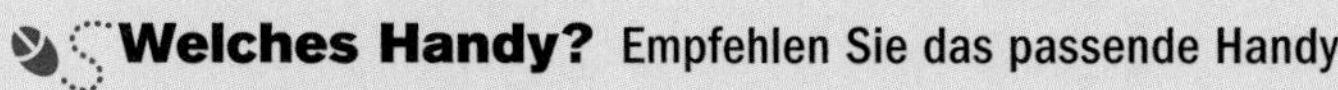

Welches Handy? Empfehlen Sie das passende Handy.

1. Ich will lange telefonieren.
   Kauf dir das iPhone.
2. Ich brauche nur ein einfaches Telefon.
   ____
3. Ich will ein dünnes Telefon.
   ____
4. Ich habe nicht viel Geld für ein Handy.
   ____
5. Ich will ein Telefon, damit ich viel im Internet surfen kann.
   ____
6. Ich will ein Telefon, das nicht sehr kompliziert ist.
   ____
7. Ich will viele Videos sehen und viel Musik hören.
   ____

Das beste Telefon Sie haben gehört, wie Rolf und Karin den Kauf eines neuen Handys diskutieren. Sprechen Sie mit einem Partner / einer Partnerin über die Vorteile der Handys. Entscheiden Sie, welches Handy das beste für Sie und Ihren Partner / Ihre Partnerin ist.

Schreiben

Strategien

Expressing and supporting opinions

Written reviews are one of the many kinds of writing that require you to state your opinions. In order to convince your reader to take your opinions seriously, it is important to support them as thoroughly as possible, using details, facts, examples, and other forms of evidence. In a car review, for example, readers will want details about size, speed, fuel consumption, comfort, extra features, etc.

It is easier to include details that support your opinions if you plan ahead. Before trying out a product or going to an event that you are planning to review, write a list of questions that your readers might ask. Decide which aspects of the experience you are going to rate, and list the details that will help you decide upon a rating. You can then organize these lists into a questionnaire and a rating sheet. Bring these with you to remind you of the kind of information you need to gather in order to support your opinions. Later, the information you wrote down will help you organize your review into logical categories. It can also provide the details and evidence you need to convince your readers of your opinions.

Thema

Schreiben Sie einen Bericht

Schreiben Sie einen Bericht (*review*) über ein Auto. Nennen Sie zuerst den Namen des Autos und sprechen Sie dann die folgenden Kategorien an. Bilden Sie sich zum Schluss eine eigene Meinung. Ist das ein gutes Auto?

- **Beschreibung**
  Wie groß ist das Auto? Wie viel wiegt (*weighs*) das Auto? Was für einen Motor hat es? Wie viele Liter verbraucht es je 100 Kilometer? Wie viele Gänge (*gears*) hat es? Was ist die Höchstgeschwindigkeit (*top speed*)? Wie viel Platz (*room*) haben die Passagiere? Wie groß ist der Kofferraum?
- **Ausstattung**
  Welche Farbe hat das Auto? Wie sieht es im Innenraum aus? Hat es hinten ein Kamerasystem zum Ein- und Ausparken? Kann es automatisch parken? Wie viele Türen hat das Auto? Hat es ein Sonnenfenster? Ist es ein Kombi (*station wagon*)?
- **Fahrzeugtyp**
  Ist es ein Familienauto? Ist es ein Sportauto? Ist es ein Geländewagen (*SUV*)?
- **Andere Funktionen**
  Welche Art von Elektronik hat das Auto? Wie bequem ist das Auto? Hat das Auto ein gutes Image? Wie viel kostet das Auto? Ist das Auto umweltfreundlich (*environmentally friendly*)? Wie ist der Wiederverkaufswert (*resale value*) des Autos?

Auto fahren

die Autobahn, -en	*highway*
der Fahrer, - / die Fahrerin, -nen	*driver*
der Polizist, -en / die Polizistin, -nen	*police officer*
die Straße, -n	*street*
die Tankstelle, -n	*gas station*
der Verkehr	*traffic*
geradeaus fahren	*to go straight ahead*
einen Platten haben	*to have a flat tire*
einen Unfall haben	*to have an accident*
parken	*to park*
rechts/links abbiegen (biegt... ab)	*to turn right/left*

Auto

das Benzin	*gas*
die Bremse, -n	*brakes*
der Kofferraum, -¨e	*trunk*
das Lenkrad, -¨er	*steering wheel*
der Mechaniker, - / die Mechanikerin, -nen	*mechanic*
der Motor, -en	*engine*
die Motorhaube, -n	*hood*
das Nummernschild, -er	*license plate*
das Öl, -e	*oil*
der Scheibenwischer, -	*windshield wiper*
der Scheinwerfer, -	*headlight*
der Sicherheitsgurt, -e	*seatbelt*
die Windschutzscheibe, -n	*windshield*
reparieren	*to repair*
tanken	*to fill up*

die öffentlichen Verkehrsmittel

der Bahnsteig, -e	*track; platform*
die Bushaltestelle, -n	*bus stop*
der Fahrkartenschalter, -	*ticket office*
der Fahrplan, -¨e	*schedule*
das Bußgeld, -er	*fine*
die erste/zweite Klasse, -n	*first/second class*
der Schaffner, -	*ticket collector*
(die Fahrkarte) entwerten	*to validate (a ticket)*

Technik bedienen

anmachen (macht... an)	*to turn on*
aufnehmen (nimmt... auf)	*to record*
ausmachen (macht... aus)	*to turn off*
drucken	*to print*
fernsehen (sieht... fern)	*to watch television*
funktionieren	*to work, to function*
herunterladen (lädt... herunter)	*to download*
klingeln	*to ring*
laden (lädt)	*to charge; to load*
löschen	*to delete*
online sein	*to be online*
speichern	*to save*
starten	*to start*
im Internet surfen	*to surf the Web*

das Verkehrsmittel

das Auto, -s	*car*
das Boot, -e	*boat*
der Bus, -se	*bus*
das Fahrrad, -¨er	*bicycle*
der LKW, -s	*truck*
das Schiff, -e	*ship*
das Taxi, -s	*taxi*
die U-Bahn, -en	*subway*
der Zug, -¨e	*train*

die Technik

der Anrufbeantworter, -	*answering machine*
der Benutzername, -n	*screen name*
der Bildschirm, -e	*screen*
die CD, -s	*compact disc, CD*
der CD-Player, -s	*CD player*
die Datei, -en	*file*
die Digitalkamera, -s	*digital camera*
das Dokument, -e	*document*
der Drucker, -	*printer*
die DVD, -s	*DVD*
der DVD-Player, -	*DVD-player*
die E-Mail, -s	*e-mail*
das Faxgerät, -e	*fax machine*
die Fernbedienung, -en	*remote control*
der Fernseher, -	*television*
die Festplatte, -n	*hard drive*
das Handy, -s	*cell phone*
der Kopfhörer, -	*headphones*
das Ladegerät, -e	*battery charger*
der Laptop, -s	*laptop (computer)*
die Maus, -¨e	*mouse*
das Mikrofon, -e	*microphone*
der MP3-Player, -	*mp3 player*
das Passwort, -¨er	*password*
das Programm, -e	*program*
der Sender, -	*channel*
die SMS, -	*text message*
die Spielkonsole, -n	*game console*
die Stereoanlage, -n	*stereo system*
der Tablet, -s	*tablet*
die Tastatur, -en	*keyboard*
das Telefon, -e	*telephone*
die Website, -s	*Web site*

Das Plusquamperfekt	*See pp. 162-163.*
Comparatives and superlatives	*See pp. 166-167.*
The genitive case	*See pp. 180-181.*
Demonstratives	*See pp. 184-185.*

Appendix A

Appendix B

Appendix C

die Welt

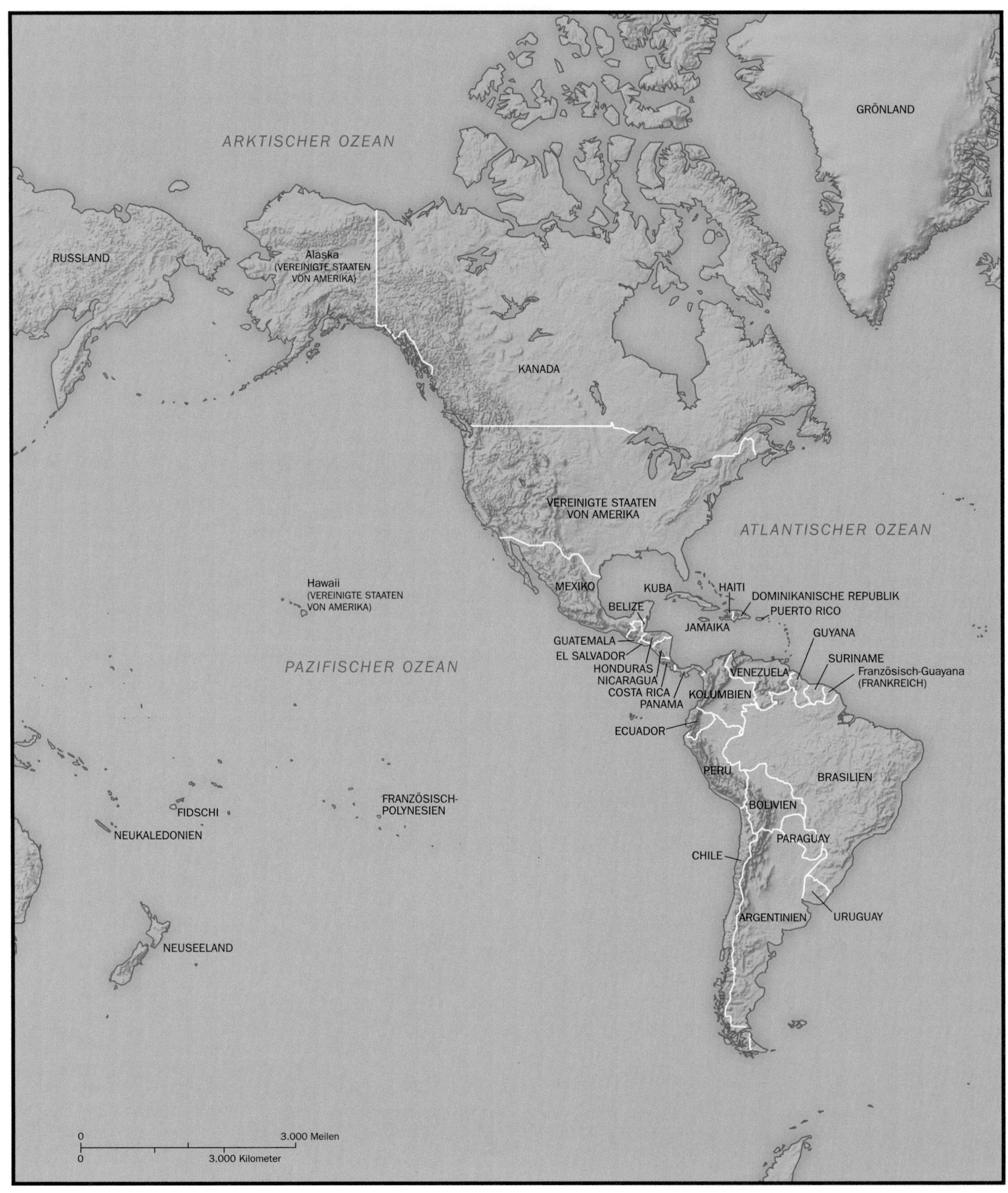

ARKTISCHER OZEAN
GRÖNLAND
RUSSLAND
Alaska
(VEREINIGTE STAATEN
VON AMERIKA)
KANADA
VEREINIGTE STAATEN
VON AMERIKA
ATLANTISCHER OZEAN
MEXIKO
KUBA
HAITI
DOMINIKANISCHE REPUBLIK
PUERTO RICO
BELIZE
JAMAIKA
Hawaii
(VEREINIGTE STAATEN
VON AMERIKA)
GUATEMALA
EL SALVADOR
HONDURAS
NICARAGUA
COSTA RICA
PANAMA
GUYANA
SURINAME
Französisch-Guayana
(FRANKREICH)
VENEZUELA
KOLUMBIEN
ECUADOR
PAZIFISCHER OZEAN
PERU
BRASILIEN
BOLIVIEN
PARAGUAY
CHILE
URUGUAY
ARGENTINIEN
FIDSCHI
FRANZÖSISCH-
POLYNESIEN
NEUKALEDONIEN
NEUSEELAND
0
3.000 Meilen
0
3.000 Kilometer

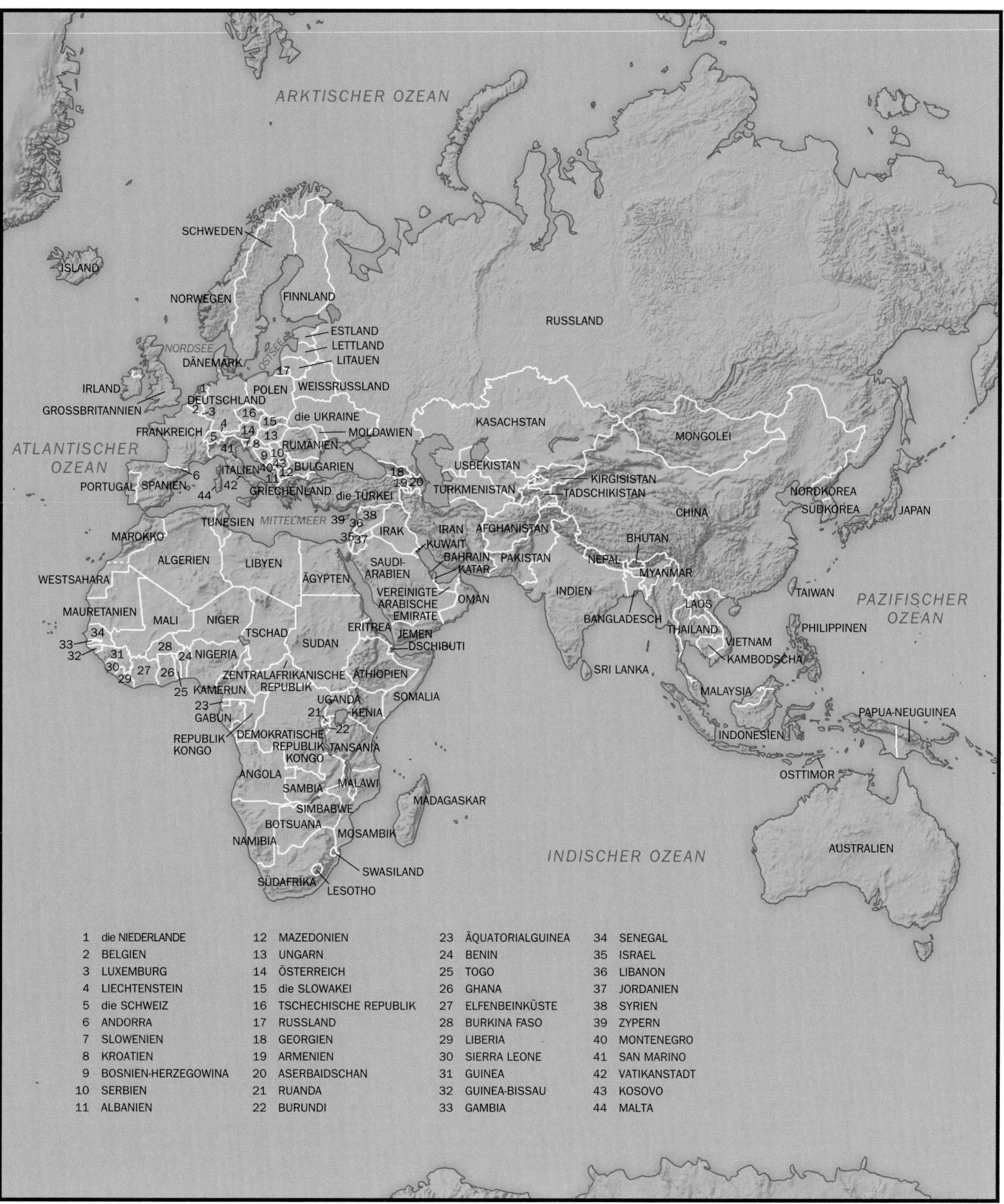
ARKTISCHER OZEAN
ATLANTISCHER OZEAN
PAZIFISCHER OZEAN
INDISCHER OZEAN
NORDSEE
OSTSEE
MITTELMEER
ISLAND
SCHWEDEN
NORWEGEN
FINNLAND
ESTLAND
LETTLAND
LITAUEN
DÄNEMARK
IRLAND
GROSSBRITANNIEN
DEUTSCHLAND
POLEN
WEISSRUSSLAND
die UKRAINE
MOLDAWIEN
FRANKREICH
RUMÄNIEN
BULGARIEN
ITALIEN
PORTUGAL
SPANIEN
GRIECHENLAND
die TÜRKEI
RUSSLAND
KASACHSTAN
MONGOLEI
USBEKISTAN
KIRGISISTAN
TURKMENISTAN
TADSCHIKISTAN
NORDKOREA
SÜDKOREA
JAPAN
CHINA
IRAN
AFGHANISTAN
IRAK
KUWAIT
BAHRAIN
KATAR
PAKISTAN
NEPAL
BHUTAN
SAUDI-ARABIEN
VEREINIGTE ARABISCHE EMIRATE
OMAN
INDIEN
MYANMAR
BANGLADESCH
LAOS
TAIWAN
THAILAND
VIETNAM
PHILIPPINEN
KAMBODSCHA
SRI LANKA
MALAYSIA
INDONESIEN
PAPUA-NEUGUINEA
OSTTIMOR
AUSTRALIEN
TUNESIEN
MAROKKO
ALGERIEN
LIBYEN
ÄGYPTEN
WESTSAHARA
MAURETANIEN
MALI
NIGER
TSCHAD
SUDAN
ERITREA
JEMEN
DSCHIBUTI
NIGERIA
ZENTRALAFRIKANISCHE REPUBLIK
ÄTHIOPIEN
KAMERUN
UGANDA
SOMALIA
GABUN
KENIA
REPUBLIK KONGO
DEMOKRATISCHE REPUBLIK KONGO
TANSANIA
ANGOLA
SAMBIA
MALAWI
SIMBABWE
MADAGASKAR
BOTSUANA
MOSAMBIK
NAMIBIA
SWASILAND
SÜDAFRIKA
LESOTHO
1 die NIEDERLANDE
2 BELGIEN
3 LUXEMBURG
4 LIECHTENSTEIN
5 die SCHWEIZ
6 ANDORRA
7 SLOWENIEN
8 KROATIEN
9 BOSNIEN-HERZEGOWINA
10 SERBIEN
11 ALBANIEN
12 MAZEDONIEN
13 UNGARN
14 ÖSTERREICH
15 die SLOWAKEI
16 TSCHECHISCHE REPUBLIK
17 RUSSLAND
18 GEORGIEN
19 ARMENIEN
20 ASERBAIDSCHAN
21 RUANDA
22 BURUNDI
23 ÄQUATORIALGUINEA
24 BENIN
25 TOGO
26 GHANA
27 ELFENBEINKÜSTE
28 BURKINA FASO
29 LIBERIA
30 SIERRA LEONE
31 GUINEA
32 GUINEA-BISSAU
33 GAMBIA
34 SENEGAL
35 ISRAEL
36 LIBANON
37 JORDANIEN
38 SYRIEN
39 ZYPERN
40 MONTENEGRO
41 SAN MARINO
42 VATIKANSTADT
43 KOSOVO
44 MALTA

Europa

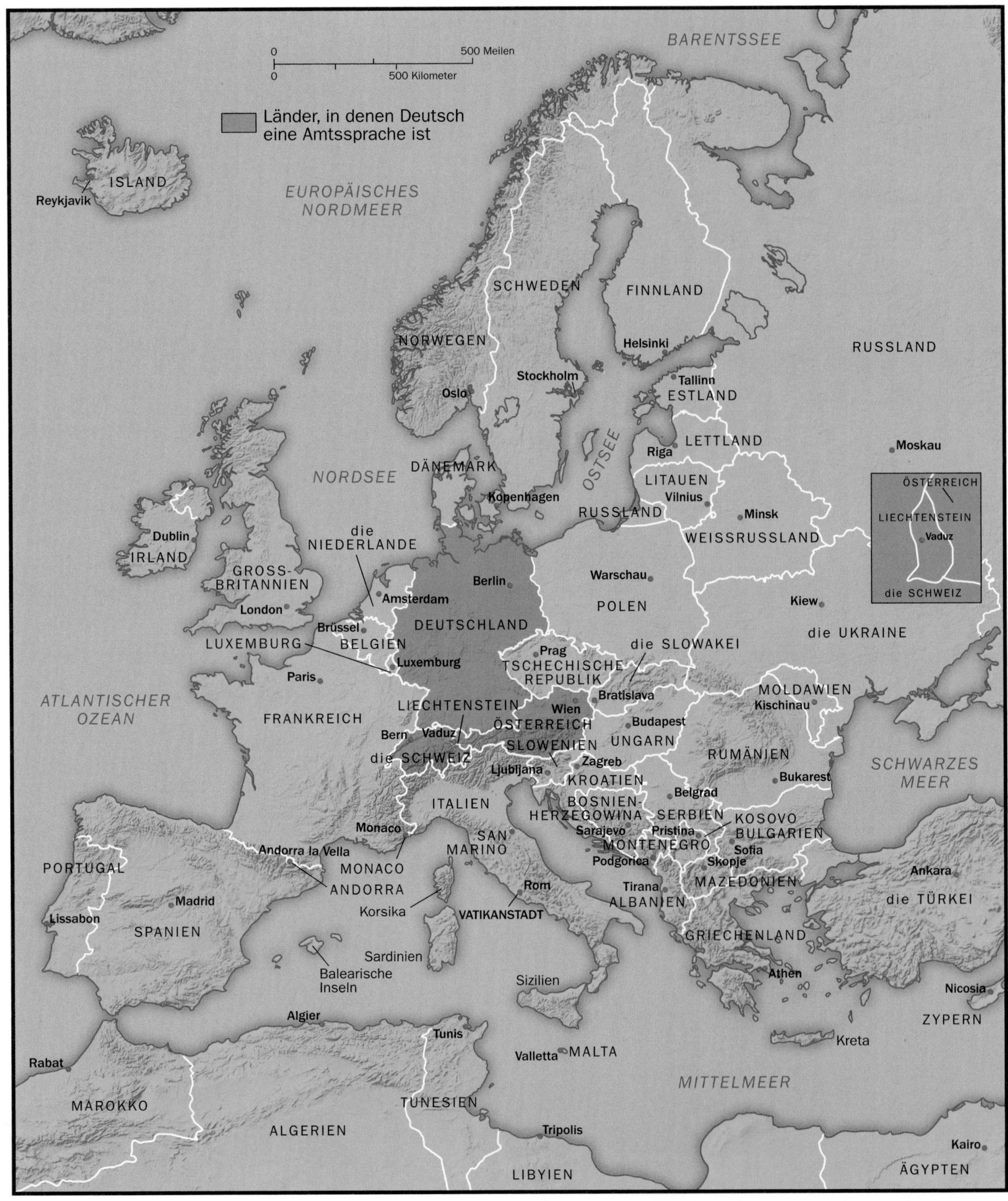

0
500 Meilen
0
500 Kilometer
Länder, in denen Deutsch eine Amtssprache ist
BARENTSSEE
ISLAND
Reykjavik
EUROPÄISCHES NORDMEER
SCHWEDEN
FINNLAND
NORWEGEN
RUSSLAND
Helsinki
Stockholm
Tallinn
ESTLAND
Oslo
OSTSEE
LETTLAND
Riga
Moskau
NORDSEE
DÄNEMARK
LITAUEN
Vilnius
Kopenhagen
RUSSLAND
Minsk
WEISSRUSSLAND
Dublin
IRLAND
die NIEDERLANDE
GROSS-BRITANNIEN
London
Amsterdam
Berlin
Warschau
POLEN
Kiew
die UKRAINE
Brüssel
DEUTSCHLAND
LUXEMBURG
BELGIEN
Luxemburg
Paris
Prag
TSCHECHISCHE REPUBLIK
die SLOWAKEI
Bratislava
MOLDAWIEN
Kischinau
ATLANTISCHER OZEAN
FRANKREICH
LIECHTENSTEIN
Wien
ÖSTERREICH
Budapest
Bern
Vaduz
SLOWENIEN
UNGARN
RUMÄNIEN
die SCHWEIZ
Ljubljana
Zagreb
KROATIEN
Bukarest
SCHWARZES MEER
ITALIEN
Belgrad
BOSNIEN-HERZEGOWINA
SERBIEN
KOSOVO
Sarajevo
Pristina
BULGARIEN
Monaco
SAN MARINO
MONTENEGRO
Sofia
Andorra la Vella
MONACO
Podgorica
Skopje
PORTUGAL
ANDORRA
Tirana
MAZEDONIEN
Ankara
Madrid
Korsika
Rom
ALBANIEN
die TÜRKEI
Lissabon
SPANIEN
VATIKANSTADT
GRIECHENLAND
Sardinien
Balearische Inseln
Sizilien
Athen
Nicosia
Algier
ZYPERN
Tunis
Kreta
Rabat
Valletta
MALTA
MITTELMEER
MAROKKO
TUNESIEN
ALGERIEN
Tripolis
Kairo
LIBYIEN
ÄGYPTEN
ÖSTERREICH
LIECHTENSTEIN
Vaduz
die SCHWEIZ

Deutschland

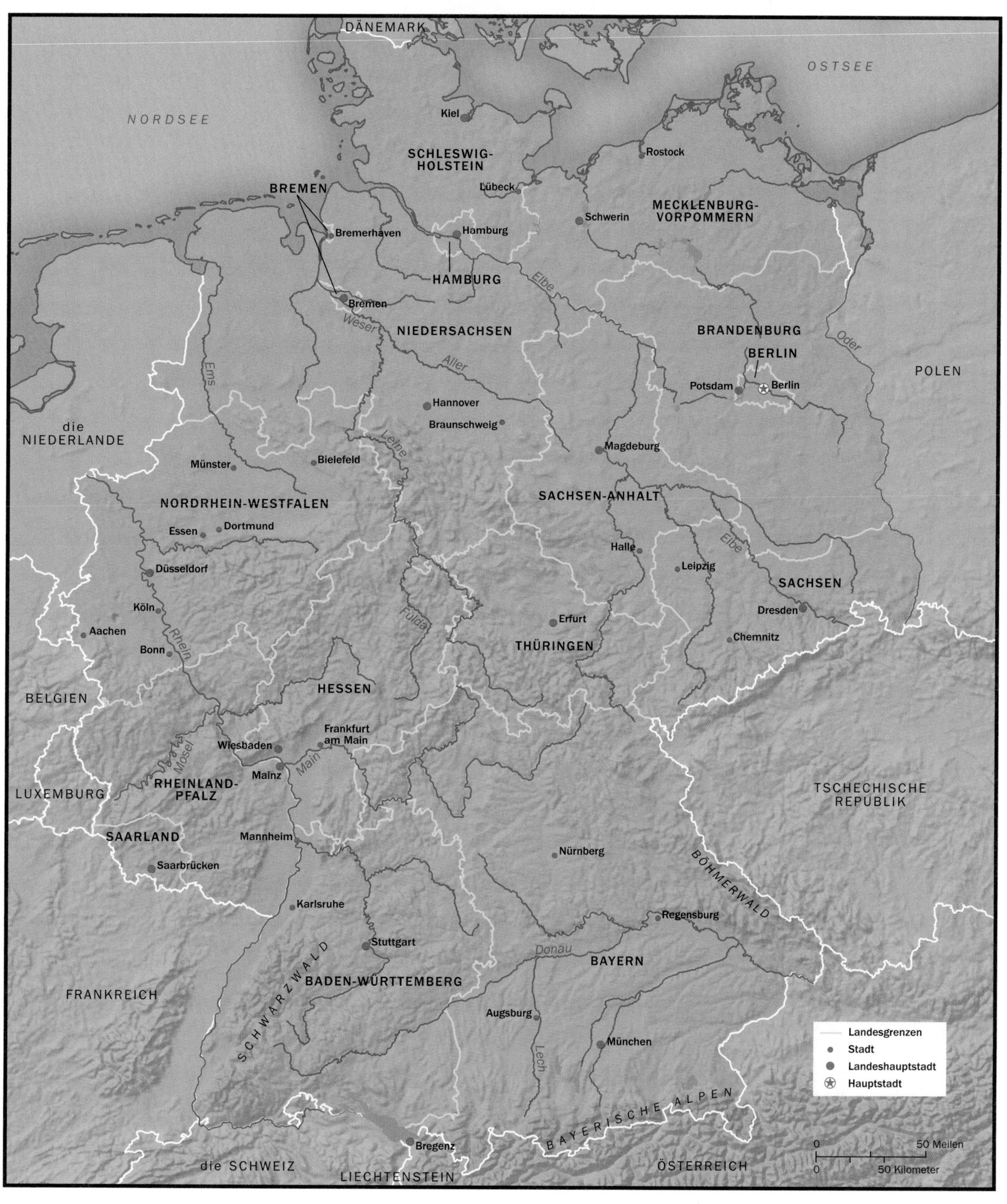

Österreich

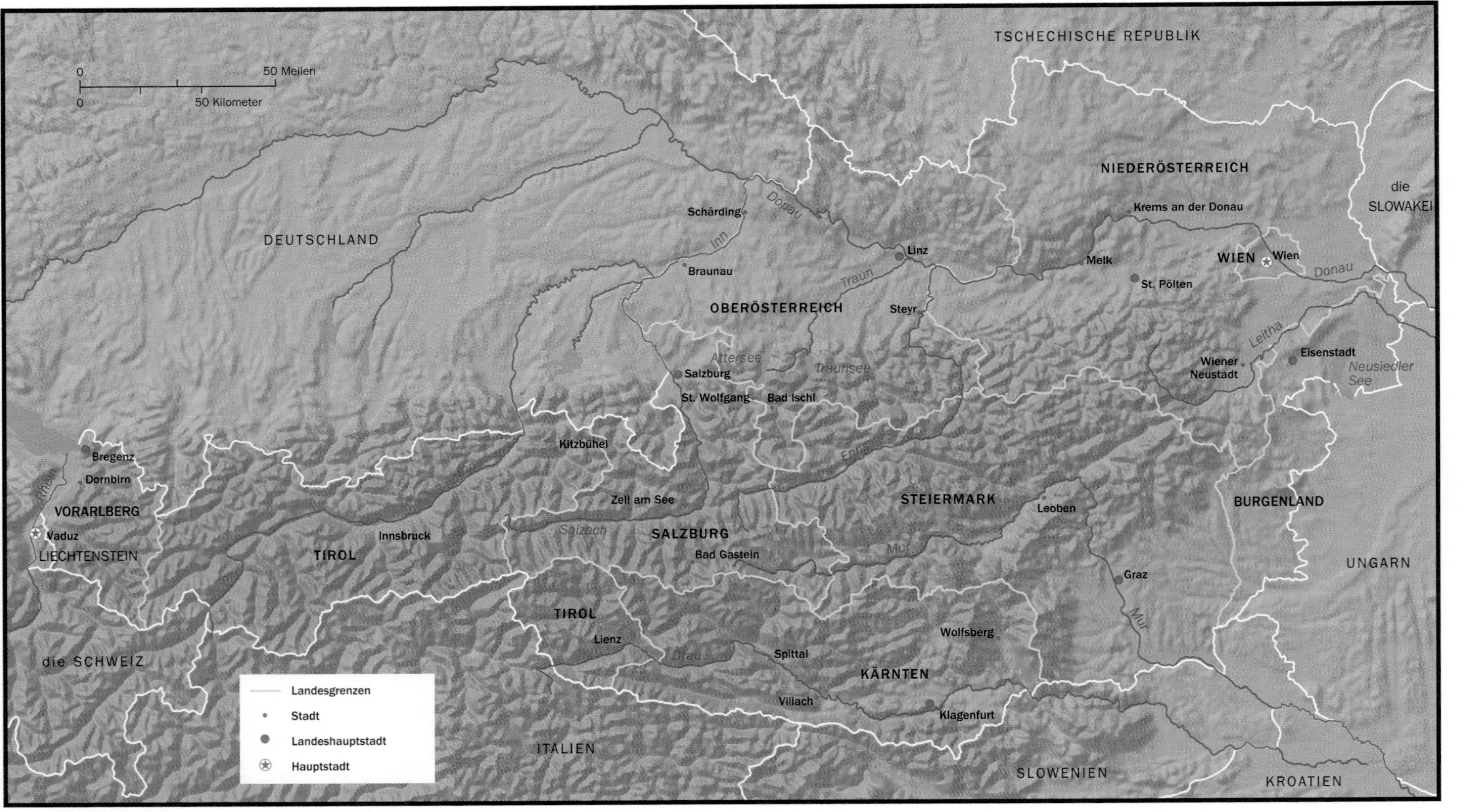

TSCHECHISCHE REPUBLIK
0
50 Meilen
0
50 Kilometer
NIEDERÖSTERREICH
die SLOWAKEI
Krems an der Donau
DEUTSCHLAND
Schärding
Donau
Linz
Melk
WIEN
Wien
Donau
Inn
Braunau
Traun
St. Pölten
OBERÖSTERREICH
Steyr
Leitha
Eisenstadt
Wiener Neustadt
Neusiedler See
Attersee
Salzburg
Traunsee
St. Wolfgang
Bad Ischl
Kitzbühel
Enns
Bregenz
Dornbirn
Rhein
VORARLBERG
Zell am See
STEIERMARK
Leoben
BURGENLAND
Salzach
SALZBURG
Vaduz
Innsbruck
LIECHTENSTEIN
TIROL
Bad Gastein
Mur
UNGARN
Graz
TIROL
Mur
Wolfsberg
Lienz
Drau
Spittal
die SCHWEIZ
KÄRNTEN
Landesgrenzen
Stadt
Villach
Klagenfurt
Landeshauptstadt
ITALIEN
Hauptstadt
SLOWENIEN
KROATIEN

die Schweiz

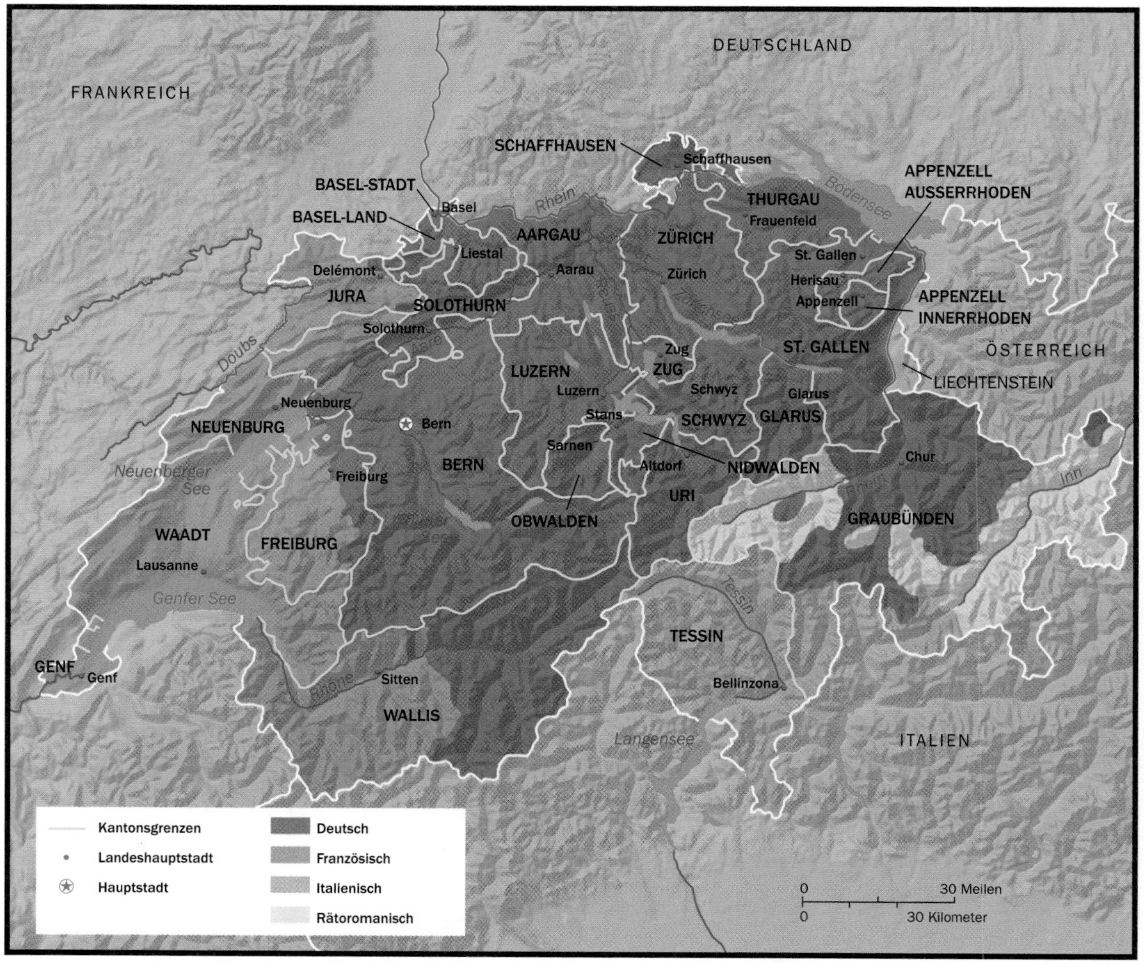

Liechtenstein

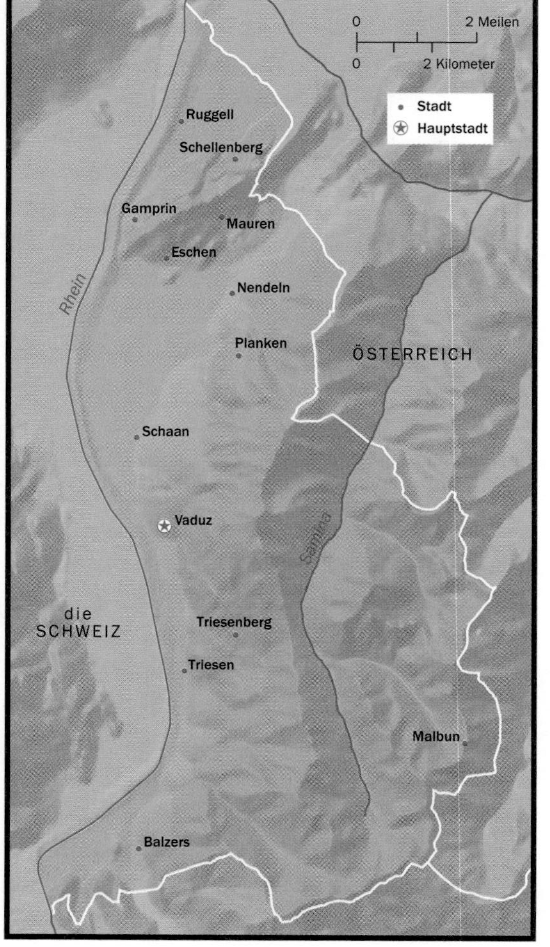

Declension of articles

definite articles				
	masculine	feminine	neuter	plural
nominative	der	die	das	die
accusative	den	die	das	die
dative	dem	der	dem	den
genitive	des	der	des	der

der-words				
	masculine	feminine	neuter	plural
nominative	dieser	diese	dieses	diese
accusative	diesen	diese	dieses	diese
dative	diesem	dieser	diesem	diesen
genitive	dieses	dieser	dieses	dieser

indefinite articles				
	masculine	feminine	neuter	plural
nominative	ein	eine	ein	-
accusative	einen	eine	ein	-
dative	einem	einer	einem	-
genitive	eines	einer	eines	-

ein-words				
	masculine	feminine	neuter	plural
nominative	mein	meine	mein	meine
accusative	meinen	meine	mein	meine
dative	meinem	meiner	meinem	meinen
genitive	meines	meiner	meines	meiner

Declension of nouns and adjectives

nouns and adjectives with *der*-words				
	masculine	**feminine**	**neuter**	**plural**
nominative	der gute Rat	die gute Landschaft	das gute Brot	die guten Freunde
accusative	den guten Rat	die gute Landschaft	das gute Brot	die guten Freunde
dative	dem guten Rat	der guten Landschaft	dem guten Brot	den guten Freunden
genitive	des guten Rates	der guten Landschaft	des guten Brotes	der guten Freunde

nouns and adjectives with *ein*-words				
	masculine	**feminine**	**neuter**	**plural**
nominative	ein guter Rat	eine gute Landschaft	ein gutes Brot	meine guten Freunde
accusative	ein guten Rat	eine gute Landschaft	ein gutes Brot	meine guten Freunde
dative	einem guten Rat	einer guten Landschaft	einem guten Brot	meinen guten Freunden
genitive	eines guten Rates	einer guten Landschaft	eines guten Brotes	meiner guten Freunde

unpreceded adjectives				
	masculine	**feminine**	**neuter**	**plural**
nominative	guter Rat	gute Landschaft	gutes Brot	gute Freunde
accusative	guten Rat	gute Landschaft	gutes Brot	gute Freunde
dative	gutem Rat	guter Landschaft	gutem Brot	guten Freunden
genitive	guten Rates	guter Landschaft	guten Brotes	guter Freunde

Declension of pronouns

personal pronouns										
nominative	ich	du	Sie	er	sie	es	wir	ihr	Sie	sie
accusative	mich	dich	Sie	ihn	sie	es	uns	euch	Sie	sie
accusative reflexive	mich	dich	sich	sich	sich	sich	uns	euch	sich	sich
dative	mir	dir	Ihnen	ihm	ihr	ihm	uns	euch	Ihnen	ihnen
dative reflexive	mir	dir	sich	sich	sich	sich	uns	euch	sich	sich

Glossary of Grammatical Terms

ADJECTIVE Words that describe people, places, or things. An attributive adjective comes before the noun it modifies and takes an ending that matches the gender and case of the noun. A predicate adjective comes after the verb **sein**, **werden**, or **bleiben** and describes the noun that is the subject of the sentence. Predicate adjectives take no additional endings.

Thomas hat eine sehr **gute** Stelle gefunden.
*Thomas found a really **good** job.*

Hast du mein **kleines** Adressbuch gesehen?
*Have you seen my **little** address book?*

Mein Bruder ist **klein**.
*My brother is **short**.*

Deine Schwester wird **groß**.
*Your sister is getting **tall**.*

Possessive adjectives Words that are placed before a noun to indicate ownership or belonging. Each personal pronoun has a corresponding possessive adjective. Possessive adjectives take the same endings as the indefinite article **ein**.

Meine Schwester ist hier.
***My** sister is here.*

Wo ist **dein** Vater?
*Where is **your** father?*

ADVERB Words or phrases that modify a verb, an adjective, or another adverb. Adverbs and adverbial phrases describe *when*, *how*, or *where* an action takes place.

Der Kuchen ist **fast** fertig.
*The cake is **almost** ready.*

Du isst **viel zu** schnell.
*You eat **much too** quickly.*

ARTICLE A word that precedes a noun and indicates its gender, number, and case.

Definite article Equivalent to *the* in English. Its form indicates the gender and case of the noun, and whether it is singular or plural.

der Tisch (*m. s.*)
the table
die Tische (*m. pl.*)
the tables
die Tür (*f. s.*)
the door

die Türen (*f. pl.*)
the doors
das Fenster (*n. s.*)
the window
die Fenster (*n. pl.*)
the windows

Indefinite article Corresponds to *a* or *an* in English. It precedes the noun and matches its gender and case. There is no plural indefinite article in German.

ein Tisch (*m.*)
a table
eine Tür (*f.*)
a door

ein Fenster (*n.*)
a window

CASE There are four cases in German. The case indicates the function of each noun in a sentence. The case of a noun determines the form of the definite or indefinite article that precedes the noun, the form of any adjectives that modify the noun, and the form of the pronoun that can replace the noun.

Nominativ (*nominative*)**: Der Professor** ist alt.
***The professor** is old.*

Akkusativ (*accusative*)**:** Ich verstehe **den Professor**.
*I understand **the professor**.*

Dativ (*dative*)**:** Der Assistent zeigt **dem Professor** den neuen Computer.
*The assistant is showing **the professor** the new computer.*

Genitiv (*genitive*)**:** Das ist **des Professors** Assistent.
*This is **the professor's** assistant.*

The nominative case The grammatical subject of a sentence is always in the nominative case. The nominative case is also used for nouns that follow a form of **sein**, **werden**, or **bleiben**. In German dictionaries, nouns, pronouns, and numbers are always listed in their nominative form.

Das ist **eine gute Idee.**
*That's **a good idea.***

Die Kinder schlafen.
***The kids** are sleeping.*

The accusative case A noun that functions as a direct object is in the accusative case.

Der Lehrer hat **den Stift**.
*The teacher has **the pen**.*

Ich kaufe **einen Tisch**.
*I'm going to buy **a table**.*

Sie öffnet **die Tür**.
*She's opening **the door**.*

Ich habe **ein Problem**.
*I have **a problem**.*

The dative case An object in the dative case indicates to whom or for whom an action is performed.

Ich bringe **dem Lehrer** einen Apfel.
*I'm bringing **the teacher** an apple.*

Zeig **der Professorin** deine Arbeit.
*Show your work **to the professor**.*

The genitive case A noun in the genitive case modifies another noun. The genitive case indicates ownership or a close relationship between the genitive noun and the noun it modifies, which may be a subject or an object.

Thorsten hat die Rede **des Bundespräsidenten** heruntergeladen.
*Thorsten downloaded **the president's** speech.*

Das Mikrofon **der Professorin** funktioniert nicht.
***The professor's** microphone doesn't work.*

CLAUSE A group of words that contains both a conjugated verb and a subject, either expressed or implied.

Main (or independent) clause A clause that can stand alone as a complete sentence.

Ich bezahle immer bar, weil ich keine Kreditkarte habe.
I always pay cash, *because I don't have a credit card.*

Subordinate clause A subordinate clause explains how, when, why, or under what circumstances the action in the main clause occurs. The conjugated verb of a subordinate clause moves to the end of that clause.

Ich lese die Zeitung, **wenn** ich Zeit **habe**.
I read the newspaper ***when*** *I* ***have*** *the time.*

COMPARATIVE The form of an adjective or adverb that compares two or more people or things.

Meine Geschwister sind alle **älter** als ich.
My siblings are all ***older*** *than I am.*

Die Fahrt dauert mit dem Auto **länger** als mit dem Zug.
The trip takes ***longer*** *by car than by train.*

CONJUNCTION A word used to connect words, clauses, or phrases.

Coordinating conjunctions Words that combine two related sentences, words, or phrases into a single sentence. There are five coordinating conjunctions in German: **aber** (*but*), **denn** (*because; since*), **oder** (*or*), **sondern** (*but, rather*), **und** (*and*). All other conjunctions are subordinating.

Ich möchte eine große Küche, **denn** ich koche gern.
I want a big kitchen, ***because*** *I like to cook.*

Lola braucht einen Schrank **oder** eine Kommode.
Lola needs a closet ***or*** *a dresser.*

Subordinating conjunctions Words used to combine a subordinate clause with a main clause.

Ich lese die Zeitung, **wenn** ich Zeit **habe**.
I read the newspaper ***when*** *I* ***have*** *the time.*

DEMONSTRATIVE Pronouns or adjectives that refer to something or someone that has already been mentioned, or that point out a specific person or thing.

Ist Grete online? –Ja, **die** schreibt eine E-Mail.
Is Grete online? –Yes, ***she's*** *writing an e-mail.*

Gefällt dir dieser Sessel? –Ja, **der** ist sehr bequem!
Do you like that chair? –Yes, ***it's*** *very comfortable!*

DER-WORDS Words that take the same endings as the forms of the definite article **der**. These include the demonstrative pronouns **dieser** (*this; that*), **jeder** (*each, every*), **jener** (*that*), **mancher** (*some*), and **solcher** (*such*), and the question word **welcher** (*which*).

Welcher Laptop gefällt dir am besten?
Which *laptop do you like best?*

Ich finde **diesen** Laptop am schönsten.
I think ***this*** *laptop is the nicest.*

DIRECT OBJECT A noun or pronoun that directly receives the action of the verb. Direct objects are in the accusative.

Kennst du **diesen Mann**? *Do you know* ***that man****?*	Ich mache **eine Torte**. *I'm making* ***a cake****.*

EIN-WORDS Words that take the same endings as the forms of the indefinite article **ein**. These include the negation **kein** and all of the possessive adjectives.

Hast du **ein** Hund? *Do you have* ***a*** *dog?*	Ich habe **keinen** Fußball. *I* ***don't*** *have* ***a*** *soccer ball.*

GENDER The grammatical categorization of nouns, pronouns, and adjectives as masculine, feminine, or neuter.

Masculine
articles: **der**, **ein**
pronouns: **er**, **der**
adjectives: **guter**, **schöner**

Feminine
articles: **die**, **eine**
pronouns: **sie**, **die**
adjectives: **gute**, **schöne**

Neuter
articles: **das**, **ein**
pronouns: **es**, **das**
adjectives: **gutes**, **schönes**

HELPING VERB *See VERB, Auxiliary verb.*

IMPERATIVE Imperatives are verb forms used to express commands, requests, suggestions, directions, or instructions.

Mach deine Hausaufgaben! ***Do*** *your homework!*	**Backen wir** einen Kuchen! ***Let's bake*** *a cake!*

INDIRECT OBJECT A noun or pronoun that receives the action of the verb indirectly. The indirect object is often a person to whom or for whom the action of the sentence is performed. Indirect objects are in the dative case.

Manfred hat **dem Kind** ein Buch geschenkt.
Manfred gave ***the kid*** *a book.*

INFINITIVE The basic, unconjugated form of a verb. Most German infinitives end in **-en**. A few end in **-ern** or **-eln**.

sehen, **essen**, **lesen**, **wandern**, **sammeln**
to see, to eat, to read, to hike, to collect

NOUN A word that refers to one or more people, animals, places, things, or ideas. Nouns in German may be masculine, feminine, or neuter, and are either singular or plural.

der **Junge**, die **Katze**, das **Café**
*the **boy**, the **cat**, the **café***

Compound noun Two or more simple nouns can be combined to form a compound noun. The gender of a compound noun matches the gender of the last noun in the compound.

die Nacht + das Hemd = **das Nachthemd**
*night + shirt = **nightshirt***

NUMBER A grammatical term that refers to the quantity of a noun. Nouns in German are either singular or plural. The plural form of a noun may have an added umlaut and/or an added ending. Adjectives, articles, and verbs also have different endings, depending on whether they are singular or plural.

Singular:
der **Mann**, die **Frau**, das **Kind**
*the **man**, the **woman**, the **child***

Plural:
die **Männer**, die **Frauen**, die **Kinder**
*the **men**, the **women**, the **children***

NUMBERS Words that represent quantities.

Cardinal numbers Numbers that indicate specific quantities. Cardinal numbers typically modify nouns, but do not add gender or case endings.

zwei Männer, **fünfzehn** Frauen, **sechzig** Kinder
***two** men, **fifteen** women, **sixty** children*

Ordinal numbers Words that indicate the order of a noun in a series. Ordinal numbers add the same gender and case endings as adjectives.

der **erste** Mann, die **zweite** Frau, das **dritte** Kind
*the **first** man, the **second** woman, the **third** child*

PARTICIPLE A participle is formed from a verb but may be used as an adjective or adverb. Present participles are used primarily in written German. Past participles are used in compound tenses, including the **Perfekt** and the **Plusquamperfekt**.

Der **aufgehende** Mond war sehr schön.
*The **rising** moon was beautiful.*

Habt ihr schon **gegessen**?
*Have you already **eaten**?*

PREPOSITION A preposition links a noun or pronoun to other words in a sentence. Combined with a noun or pronoun, it forms a prepositional phrase, which can be used like an adverb to answer the question *when, how,* or *where*. In German, certain prepositions are always followed by a noun in the accusative case, while others are always followed by a noun in the dative case. A small number of prepositions are used with the genitive case.

ohne das Buch
***without** the book*

mit dem Auto
***by** car*

trotz des Regens
***in spite of** the rain*

Two-way prepositions can be followed by either the dative or the accusative, depending on the situation. They are followed by the accusative when used with a verb that indicates movement toward a destination. With all other verbs, they are followed by the dative.

Stell deine Schuhe nicht **auf den Tisch**!
*Don't put your shoes **on the table**!*

Dein Schal liegt **auf dem Tisch**.
*Your scarf is lying **on the table**.*

PRONOUN A word that takes the place of a noun.

Subject pronouns Words used to replace a noun in the nominative case.

Maria ist nett.
***Maria** is nice.*

Der Junge ist groß.
***The boy** is tall.*

Sie ist nett.
***She** is nice.*

Er ist groß.
***He** is tall.*

Accusative pronouns Words used to replace a noun that functions as the direct object.

Wer hat **die Torte** gebacken?
*Who baked **the cake**?*

Ich habe **sie** gebacken.
*I baked **it**.*

Dative pronouns Words used to replace a noun that functions as the indirect object.

Musst du **deiner Oma** eine E-Mail schicken?
*Do you need to send an e-mail **to your grandma**?*

Nein, ich habe **ihr** schon geschrieben.
*No, I already wrote **to her**.*

Indefinite pronouns Words that refer to an unknown or nonspecific person or thing.

Jemand hat seinen Personalausweis vergessen.
***Someone** forgot his I.D. card.*

Herr Klein will mit **niemandem** sprechen.
*Mr. Klein **doesn't** want to speak with **anyone**.*

Reflexive pronouns The pronouns used with reflexive verbs. When the subject of a reflexive verb is also its direct object, it takes an accusative reflexive pronoun. When the subject of a reflexive verb is not its direct object, it takes a dative reflexive pronoun.

Ich wasche **mich**.
I'm washing (myself).

Ich wasche **mir** das Gesicht.
I'm washing my face.

SUBJUNCTIVE A verb form (**der Konjunktiv II**) used to talk about hypothetical, unlikely or impossible conditions, to express wishes, and to make polite requests. German also has an additional subjunctive tense, der **Konjunktiv I**, used to report what someone else has said without indicating whether the information is true or false.

Ich **hätte** gern viel Geld.
*I'd **like to have** a lot of money.*

Wenn er sportlicher **wäre**, **würde** er häufiger trainieren.
*If he **were** more athletic, he **would exercise** more.*

SUPERLATIVE The form of an adjective or adverb used to indicate that a person or thing has more of a particular quality than anyone or anything else.

Welches ist **das größte** Tier der Welt?
*What's **the biggest** animal in the world?*

Wie komme ich **am besten** zur Tankstelle?
*What's **the best** way to get to the gas station?*

TENSE A set of verb forms that indicates if an action or state occurs in the past, present, or future.

Compound tense A tense made up of an auxiliary verb and a participle or infinitive.

Wir **haben** ihren Geburtstag **gefeiert**.
*We **celebrated** her birthday.*

VERB A word that expresses actions or states of being. German verbs are classified as *weak*, *mixed*, or *strong*, based on the way their past participles are formed.

weak: Ich **habe** eine Torte **gemacht**.
*I **made** a cake.*

strong: Wir **haben** Kekse **gegessen**.
*We **ate** cookies.*

mixed: Er **hat** eine CD **gebrannt**.
*He **burned** a CD.*

Auxiliary verb A conjugated verb used with the participle or infinitive of another verb. The auxiliary verbs **haben** and **sein** are used with past participles to form compound tenses including the **Perfekt** and **Plusquamperfekt**. **Werden** is used with an infinitive to form the future tense, and with a past participle to form a passive construction. Modals are also frequently used as auxiliary verbs.

Habt ihr den Tisch **gedeckt**?
*Did you **set** the table?*

Jasmin **war** noch nie nach Zürich **gefahren**.
*Jasmin **had** never **been** to Zurich.*

Wir **werden** uns in einer Woche wieder **treffen**.
*We'**ll** meet again in one week.*

Es **wird** hier nur Deutsch **gesprochen**.
*Only German **is spoken** here.*

Modal verbs Verbs that modify the meaning of another verb. Modals express an attitude toward an action, such as permission, obligation, ability, desire, or necessity.

Ich **muss** Französisch **lernen**.
*I **have to study** French.*

Ich **will** Französisch **lernen**.
*I **want to learn** French.*

Principal parts German verbs are usually listed in dictionaries by their *principal parts* (**Stammformen**): the infinitive, the third-person singular present tense form (if the verb is irregular in the present), the third-person singular **Präteritum** form, and the past participle. Knowing the principal parts of a verb allows you to produce all of its conjugations in any tense.

geben (gibt)	**gab**	**gegeben**
to give (gives)	*gave*	*given*

Reflexive verbs Verbs that indicate an action you do to yourself or for yourself. The subject of a reflexive verb is also its object.

Ich **fühle mich** nicht **wohl**.
*I **don't feel well**.*

Wir **haben uns entspannt**.
*We'**ve been relaxing**.*

Reciprocal reflexive verbs Verbs that express an action done by two or more people or things to or for one another.

Wir rufen **uns** jeden Tag an.
***We** call **each other** every day.*

Meine Großeltern lieben **sich** sehr.
***My grandparents** love **each other** very much.*

Verb conjugation tables

Here are the infinitives of all verbs introduced as active vocabulary in **Mosaik**. Each verb is followed by a model verb that follows the same conjugation pattern. The number in parentheses indicates where in the verb tables, pages A16–A25, you can find the conjugated forms of the model verb. The word (***sein***) after a verb means that it is conjugated with **sein** in the **Perfekt** and **Plusquamperfekt**. For irregular reflexive verbs, the list may point to a non-reflexive model verb. A full conjugation of the simple forms of a reflexive verb is presented in Verb table 6 on page A17. Verbs followed by an asterisk (*) have a separable prefix.

abbiegen* (*sein*) like schieben (42)
abbrechen* like sprechen (47)
abfahren* (*sein*) like tragen (51)
abfliegen* (*sein*) like schieben (41)
abheben* like heben (30)
abschicken* like machen (3)
abstauben* like machen (3)
(sich) abtrocknen* like arbeiten (1)
adoptieren like probieren (4)
anbieten* like schieben (41)
anfangen* like fangen (23)
angeln like sammeln (5)
ankommen* (*sein*) like kommen (33)
anmachen* like machen (3)
anrufen* like rufen (40)
anschauen* like machen (3)
anstoßen* like stoßen (50)
antworten like arbeiten (1)
(sich) anziehen* like schieben (41)
arbeiten (1)
(sich) ärgern like fordern (26)
aufgehen* (*sein*) like gehen (29)
auflegen* like machen (3)
aufmachen* like machen (3)
aufnehmen* like nehmen (36)
aufräumen* like machen (3)
aufstehen* (*sein*) like stehen (48)
aufwachen* (*sein*) like machen (3)
ausfüllen like machen (3)
ausgehen like gehen (29)
ausmachen like machen (3)
(sich) ausruhen like sich freuen (6)
ausschalten* like arbeiten (1)
(sich) ausziehen* like schieben (41)
backen like waschen (54)
(sich) baden like arbeiten (1)
bauen like machen (3)
beantworten like arbeiten (1)
bedeuten like arbeiten (1)
bedienen like machen (3)
(sich) beeilen like sich freuen (6)
beginnen like schwimmen (44)
behaupten like arbeiten (1)
bekommen like kommen (33)
belegen like machen (3)
benutzen like machen (3)
berichten like arbeiten (1)
beschreiben like bleiben (20)
besprechen like sprechen (47)
bestehen like stehen (48)
bestellen like machen (3)
besuchen like machen (3)
(sich) bewegen like heben (30)
(sich) bewerben like helfen (32)
bezahlen like machen (3)
bieten like schieben (41)
bleiben (*sein*) (19)
braten like schlafen (43)
brauchen like machen (3)
brechen like sprechen (46)
brennen like rennen (17)
bringen like denken (16)
buchen like machen (3)
büffeln like sammeln (5)
bügeln like sammeln (5)
bürsten like arbeiten (1)
danken like machen (3)
decken like machen (3)
denken like denken (16)
drücken like fragen (26)
drucken like machen (3)
durchfallen* (*sein*) like fallen (22)
durchmachen* like machen (3)
dürfen (10)
(sich) duschen like sich freuen (6)
einkaufen* like machen (3)
einladen* like tragen (50)
einschlafen* (*sein*) like schlafen (42)
einzahlen* like machen (3)
empfehlen like stehlen (49)
entdecken like machen (3)
entfernen like machen (3)
entgegennehmen* like nehmen (38)
entlassen like fallen (22)
(sich) entschließen like fließen (25)
(sich) entschuldigen like machen (3)
(sich) entspannen like sich freuen (6)
entwerten like arbeiten (1)
entwickeln like sammeln (5)
erfinden like trinken (52)
erforschen like machen (3)
ergänzen like machen (3)
erhalten like fallen (22)
(sich) erinnern like fordern (26)
(sich) erkälten like arbeiten (1)
erkennen like rennen (17)
erklären like machen (3)
erzählen like machen (3)
essen (21)
fahren (*sein*) like tragen (50)
fallen (*sein*) (22)
fangen (23)
(sich) färben like machen (3)
faulenzen like machen (3)
fegen like machen (3)
feiern (2)
fernsehen* like geben (28)
finden like trinken (52)
fliegen (*sein*) like schieben (41)
folgen (*sein*) like machen (3)
(sich) fragen like machen (3)
(sich) freuen (6)
(sich) fühlen like sich freuen (6)
füllen like machen (3)
funktionieren like probieren (4)
geben (27)
gefallen like fallen (22)
gehen (*sein*) (28)
gehören like machen (3)
genießen like fließen (25)
gewinnen like schwimmen (44)
(sich) gewöhnen like sich freuen (6)
glauben like machen (3)
gratulieren like probieren (4)
grüßen like machen (3)
haben like haben (7)
handeln like sammeln (5)
hängen like machen (3)
heiraten like arbeiten (1)
heißen (30)
helfen (32)
heruntergehen* (*sein*) like gehen (29)
herunterladen* like tragen (50)
(sich) hinlegen* like machen (3)
(sich) hinsetzen* like machen (3)
hinterlassen like fallen (22)
hochgehen* (*sein*) like gehen (28)
hören like machen (3)
husten like arbeiten (1)
(sich) informieren like probieren (4)
(sich) interessieren like probieren (4)
joggen (*sein*) like machen (3)
(sich) kämmen like machen (3)
kaufen like machen (3)
kennen like rennen (17)
klettern (*sein*) like fordern (26)
klingeln like sammeln (5)
kochen like machen (3)
kommen (*sein*) (32)
können (11)
korrigieren like probieren (4)
kosten like arbeiten (1)
küssen like machen (3)
lächeln like sammeln (5)
lachen like machen (3)
laden like tragen (50)
landen (*sein*) like arbeiten (1)
lassen like fallen (22)
laufen (*sein*) (33)
leben like machen (3)
legen like machen (3)
leiten like arbeiten (1)
lernen like machen (3)
lesen like geben (28)
lieben like machen (3)
liegen (35)
löschen like tragen (50)
lügen (36)
machen (3)
meinen like machen (3)
mieten like arbeiten (1)
mitbringen* like denken (16)
mitkommen* (*sein*) like kommen (33)
mitmachen* like machen (3)
mitnehmen* like nehmen (38)
mögen (12)
müssen (13)
nachmachen* like machen (3)
nehmen (38)
(sich) nennen like rennen (17)
niesen like machen (3)
öffnen like arbeiten (1)
packen like machen (3)
parken like machen (3)
passen like machen (3)
passieren (*sein*) like probieren (4)
probieren (4)
putzen like machen (3)

(sich) rasieren like probieren (4)
rauchen like machen (3)
recyceln like sammeln (5)
reden like arbeiten (1)
regnen like arbeiten (1)
reisen (*sein*) like machen (3)
reiten (*sein*) like pfeifen (39)
rennen (*sein*) (17)
reparieren like probieren (4)
retten like arbeiten (1)
sagen like machen (3)
schauen like machen (3)
scheitern (*sein*) like fordern (26)
schenken like machen (3)
schicken like machen (3)
schlafen (43)
schmecken like machen (3)
(sich) schminken like machen (3)
schneien like machen (3)
schreiben like bleiben (20)
schützen like machen (3)
schwänzen like machen (3)
schwimmen (*sein*) (44)
sehen like geben (28)
sein (*sein*) (8)
(sich) setzen like machen (3)
singen like trinken (52)
sitzen (46)
sollen (14)
sortieren like probieren (4)
spazieren (*sein*) like probieren (4)
speichern like fordern (26)
spielen like machen (3)
sprechen (46)
springen (*sein*) like trinken (52)
spülen like machen (3)
starten (*sein*) like arbeiten (1)
staubsaugen like saugen (41)
stehen (48)
stehlen (49)
steigen (*sein*) like bleiben (20)
stellen like machen (3)
sterben (*sein*) like helfen (32)
(sich) streiten like pfeifen (39)
studieren like probieren (4)
suchen like machen (3)
surfen (*sein*) like machen (3)
tanken like machen (3)
tanzen like machen (3)
tragen (51)
träumen like machen (3)
(sich) treffen (*sein*) like sprechen (46)
treiben (*sein*) like bleiben (20)
(sich) trennen like sich freuen (6)
trinken (52)
tun (53)
üben like machen (3)
(sich) überlegen like machen (3)
übernachten like arbeiten (1)
überqueren like machen (3)
überraschen like machen (3)
umtauschen* like machen (3)
(sich) umziehen* (*sein*) like schieben (42)
untergehen* (*sein*) like gehen (28)
(sich) unterhalten* like fallen (22)
unterschreiben like bleiben (20)
(sich) verbessern like fordern (26)
verbringen like denken (16)
verdienen like machen (3)
vereinbaren like machen (3)
vergessen like essen (21)
verkaufen like machen (3)
verkünden like arbeiten (1)
(sich) verlaufen like laufen (34)
(sich) verletzen like machen (3)
(sich) verlieben like machen (3)
verlieren like schieben (42)
verschmutzen (*sein*) like machen (3)
(sich) verspäten like sich freuen (6)
(sich) verstauchen like machen (3)
verstehen like stehen (48)
(sich) vorbereiten* like arbeiten (1)
vormachen* like machen (3)
vorschlagen* like tragen (51)
(sich) vorstellen* like machen (3)
wachsen (*sein*) (54)
wandern (*sein*) like fordern (26)
warten like arbeiten (1)
(sich) waschen (54)
wegräumen* like machen (3)
wegwerfen* like helfen (32)
weinen like machen (3)
werden (*sein*) (9)
wettmachen* like machen (3)
wiederholen like machen (3)
wiegen like schieben (41)
wischen like machen (3)
wissen (55)
wohnen like machen (3)
wollen (15)
(sich) wünschen like machen (3)
zeigen like machen (3)
ziehen (*sein*) like schieben (41)
zubereiten* like arbeiten (1)
zumachen* like machen (3)
(sich) zurechtfinden* like trinken (51)
zurückkommen* (*sein*) like kommen (33)
zuschauen* like machen (3)

Regular verbs: simple tenses

	Infinitiv Partizip I Partizip II Perfekt	INDIKATIV Präsens	INDIKATIV Präteritum	INDIKATIV Plusquamperfekt	KONJUNKTIV I Präsens	KONJUNKTIV II Präsens	KONJUNKTIV II Perfekt	IMPERATIV
1	**arbeiten**	arbeite	arbeitete	hatte gearbeitet	arbeite	arbeitete	hätte gearbeitet	
	(to work)	arbeitest	arbeitetest	hattest gearbeitet	arbeitest	arbeitetest	hättest gearbeitet	arbeite
	arbeitend	arbeitet	arbeitete	hatte gearbeitet	arbeite	arbeitete	hätte gearbeitet	
	gearbeitet	arbeiten	arbeiteten	hatten gearbeitet	arbeiten	arbeiteten	hätten gearbeitet	arbeiten wir
	gearbeitet haben	arbeitet	arbeitetet	hattet gearbeitet	arbeitet	arbeitetet	hättet gearbeitet	arbeitet
		arbeiten	arbeiteten	hatten gearbeitet	arbeiten	arbeiteten	hätten gearbeitet	arbeiten Sie
2	**feiern**	feiere	feierte	hatte gefeiert	feiere	feierte	hätte gefeiert	
	(to celebrate)	feierst	feiertest	hattest gefeiert	feierest	feiertest	hättest gefeiert	feiere
	feiernd	feiert	feierte	hatte gefeiert	feiere	feierte	hätte gefeiert	
	gefeiert	feiern	feierten	hatten gefeiert	feiern	feierten	hätten gefeiert	feiern wir
	gefeiert haben	feiert	feiertet	hattet gefeiert	feiert	feiertet	hättet gefeiert	feiert
		feiern	feierten	hatten gefeiert	feiern	feierten	hätten gefeiert	feiern Sie
3	**machen**	mache	machte	hatte gemacht	mache	machte	hätte gemacht	
	(to make; to do)	machst	machtest	hattest gemacht	machest	machtest	hättest gemacht	mache/mach
	machend	macht	machte	hatte gemacht	mache	machte	hätte gemacht	
	gemacht	machen	machten	hatten gemacht	machen	machten	hätten gemacht	machen wir
	gemacht haben	macht	machtet	hattet gemacht	machet	machtet	hättet gemacht	macht
		machen	machten	hatten gemacht	machen	machten	hätten gemacht	machen Sie
4	**probieren**	probiere	probierte	hatte probiert	probiere	probierte	hätte probiert	
	(to try)	probierst	probiertest	hattest probiert	probierest	probiertest	hättest probiert	probiere/probier
	probierend	probiert	probierte	hatte probiert	probiere	probierte	hätte probiert	
	probiert	probieren	probierten	hatten probiert	probieren	probierten	hätten probiert	probieren wir
	probiert haben	probiert	probiertet	hattet probiert	probieret	probiertet	hättet probiert	probiert
		probieren	probierten	hatten probiert	probieren	probierten	hätten probiert	probieren Sie
5	**sammeln**	sammle	sammelte	hatte gesammelt	sammle	sammelte	hätte gesammelt	
	(to collect)	sammelst	sammeltest	hattest gesammelt	sammlest	sammeltest	hättest gesammelt	sammle
	sammelnd	sammelt	sammelte	hatte gesammelt	sammle	sammelte	hätte gesammelt	
	gesammelt	sammeln	sammelten	hatten gesammelt	sammlen	sammelten	hätten gesammelt	sammeln wir
	gesammelt haben	sammelt	sammeltet	hattet gesammelt	sammlet	sammeltet	hättet gesammelt	sammelt
		sammeln	sammelten	hatten gesammelt	sammlen	sammelten	hätten gesammelt	sammeln Sie

Reflexive verbs

	Infinitiv Partizip I Partizip II Perfekt	INDIKATIV			KONJUNKTIV I	KONJUNKTIV II		IMPERATIV
		Präsens	Präteritum	Plusquamperfekt	Präsens	Präsens	Perfekt	
6	**sich freuen**	freue mich	freute mich	hatte mich gefreut	freue mich	freute mich	hätte mich gefreut	
	(to be happy)	freust dich	freutest dich	hattest dich gefreut	freuest dich	freutest dich	hättest dich gefreut	freue/freu dich
	sich freuend	freut sich	freute sich	hatte sich gefreut	freue sich	freute sich	hätte sich gefreut	
	sich gefreut	freuen uns	freuten uns	hatten uns gefreut	freuen uns	freuten uns	hätten uns gefreut	freuen wir uns
	sich gefreut haben	freut euch	freutet euch	hattet euch gefreut	freuet euch	freutet euch	hättet euch gefreut	freut euch
		freuen sich	freuten sich	hatten sich gefreut	freuen sich	freuten sich	hätten sich gefreut	freuen Sie sich

Auxiliary verbs

	Infinitiv Partizip I Partizip II Perfekt	INDIKATIV			KONJUNKTIV I	KONJUNKTIV II		IMPERATIV
		Präsens	Präteritum	Plusquamperfekt	Präsens	Präsens	Perfekt	
7	**haben**	habe	hatte	hatte gehabt	habe	hätte	hätte gehabt	
	(to have)	hast	hattest	hattest gehabt	habest	hättest	hättest gehabt	habe/hab
	habend	hat	hatte	hatte gehabt	habe	hätte	hätte gehabt	
	gehabt	haben	hatten	hatten gehabt	haben	hätten	hätten gehabt	haben wir
	gehabt haben	habt	hattet	hattet gehabt	habet	hättet	hättet gehabt	habt
		haben	hatten	hatten gehabt	haben	hätten	hätten gehabt	haben Sie
8	**sein**	bin	war	war gewesen	sei	wäre	wäre gewesen	
	(to be)	bist	warst	warst gewesen	seiest/seist	wärst/wärest	wärst/wärest gewesen	sei
	seiend	ist	war	war gewesen	sei	wäre	wäre gewesen	
	gewesen	sind	waren	waren gewesen	seien	wären	wären gewesen	seien wir
	gewesen sein	seid	wart	wart gewesen	seiet	wärt/wäret	wärt/wäret gewesen	seid
		sind	waren	waren gewesen	seien	wären	wären gewesen	seien Sie
9	**werden**	werde	wurde	war geworden	werde	würde	wäre geworden	
	(to become)	wirst	wurdest	warst geworden	werdest	würdest	wärst geworden	werde
	werdend	wird	wurde	war geworden	werde	würde	wäre geworden	
	geworden	werden	wurden	waren geworden	werden	würden	wären geworden	werden wir
	geworden sein	werdet	wurdet	wart geworden	werdet	würdet	wärt geworden	werdet
		werden	wurden	waren geworden	werden	würden	wären geworden	werden Sie

Compound tenses

Hilfsverb	INDIKATIV				KONJUNKTIV I		KONJUNKTIV II	
	Perfekt		Plusquamperfekt		Präsens	Perfekt	Präsens	Perfekt
haben	habe		hatte		habe		hätte	
	hast	gemacht	hattest	gemacht	habest	gemacht	hättest	gemacht
	hat	gearbeitet	hatte	gearbeitet	habe	gearbeitet	hätte	gearbeitet
	haben	studiert	hatten	studiert	haben	studiert	hätten	studiert
	habt	gefeiert	hattet	gefeiert	habet	gefeiert	hättet	gefeiert
	haben	gesammelt	hatten	gesammelt	haben	gesammelt	hätten	gesammelt
sein	bin gegangen		war gegangen		sei gegangen		wäre gegangen	
	bist gegangen		warst gegangen		seiest/seist gegangen		wärst/wärest gegangen	
	ist gegangen		war gegangen		sei gegangen		wäre gegangen	
	sind gegangen		waren gegangen		seien gegangen		wären gegangen	
	seid gegangen		wart gegangen		seiet gegangen		wärt/wäret gegangen	
	sind gegangen		waren gegangen		seien gegangen		wären gegangen	

	Futur I/II	Futur I/II	Futur I/II
werden	werde machen / gemacht haben	werde machen / gemacht haben	würde machen / gemacht haben
	wirst machen / gemacht haben	werdest machen / gemacht haben	würdest machen / gemacht haben
	wird machen / gemacht haben	werde machen / gemacht haben	würde machen / gemacht haben
	werden machen / gemacht haben	werden machen / gemacht haben	würden machen / gemacht haben
	werdet machen / gemacht haben	werdet machen / gemacht haben	würdet machen / gemacht haben
	werden machen / gemacht haben	werden machen / gemacht haben	würden machen / gemacht haben

Modal verbs

	Infinitiv / Partizip I / Partizip II / Perfekt	INDIKATIV Präsens	INDIKATIV Präteritum	INDIKATIV Plusquamperfekt	KONJUNKTIV I Präsens	KONJUNKTIV II Präsens	KONJUNKTIV II Perfekt	IMPERATIV
10	**dürfen**	darf	durfte	hatte gedurft	dürfe	dürfte	hätte gedurft	*Modal verbs are not used in the imperative.*
	(to be permitted to)	darfst	durftest	hattest gedurft	dürfest	dürftest	hättest gedurft	
	dürfend	darf	durfte	hatte gedurft	dürfe	dürfte	hätte gedurft	
	gedurft/dürfen	dürfen	durften	hatten gedurft	dürfen	dürften	hätten gedurft	
	gedurft haben	dürft	durftet	hattet gedurft	dürfet	dürftet	hättet gedurft	
		dürfen	durften	hatten gedurft	dürfen	dürften	hätten gedurft	
11	**können**	kann	konnte	hatte gekonnt	könne	könnte	hätte gekonnt	*Modal verbs are not used in the imperative.*
	(to be able to)	kannst	konntest	hattest gekonnt	könnest	könntest	hättest gekonnt	
	könnend	kann	konnte	hatte gekonnt	könne	könnte	hätte gekonnt	
	gekonnt/können	können	konnten	hatten gekonnt	können	könnten	hätten gekonnt	
	gekonnt haben	könnt	konntet	hattet gekonnt	könnet	könntet	hättet gekonnt	
		können	konnten	hatten gekonnt	können	könnten	hätten gekonnt	
12	**mögen**	mag	mochte	hatte gemocht	möge	möchte	hätte gemocht	*Modal verbs are not used in the imperative.*
	(to like)	magst	mochtest	hattest gemocht	mögest	möchtest	hättest gemocht	
	mögend	mag	mochte	hatte gemocht	möge	möchte	hätte gemocht	
	gemocht/mögen	mögen	mochten	hatten gemocht	mögen	möchten	hätten gemocht	
	gemocht haben	mögt	mochtet	hattet gemocht	möget	möchtet	hättet gemocht	
		mögen	mochten	hatten gemocht	mögen	möchten	hätten gemocht	
13	**müssen**	muss	musste	hatte gemusst	müsse	müsste	hätte gemusst	*Modal verbs are not used in the imperative.*
	(to have to)	musst	musstest	hattest gemusst	müssest	müsstest	hättest gemusst	
	müssend	muss	musste	hatte gemusst	müsse	müsste	hätte gemusst	
	gemusst/müssen	müssen	mussten	hatten gemusst	müssen	müssten	hätten gemusst	
	gemusst haben	müsst	musstet	hattet gemusst	müsset	müsstet	hättet gemusst	
		müssen	mussten	hatten gemusst	müssen	müssten	hätten gemusst	
14	**sollen**	soll	sollte	hatte gesollt	solle	sollte	hätte gesollt	*Modal verbs are not used in the imperative.*
	(to be supposed to)	sollst	solltest	hattest gesollt	sollest	solltest	hättest gesollt	
	sollend	soll	sollte	hatte gesollt	solle	sollte	hätte gesollt	
	gesollt/sollen	sollen	sollten	hatten gesollt	sollen	sollten	hätten gesollt	
	gesollt haben	sollt	solltet	hattet gesollt	sollet	solltet	hättet gesollt	
		sollen	sollten	hatten gesollt	sollen	sollten	hätten gesollt	
15	**wollen**	will	wollte	hatte gewollt	wolle	wollte	hätte gewollt	*Modal verbs are not used in the imperative.*
	(to want to)	willst	wolltest	hattest gewollt	wollest	wolltest	hättest gewollt	
	wollend	will	wollte	hatte gewollt	wolle	wollte	hätte gewollt	
	gewollt/wollen	wollen	wollten	hatten gewollt	wollen	wollten	hätten gewollt	
	gewollt haben	wollt	wolltet	hattet gewollt	wollet	wolltet	hättet gewollt	
		wollen	wollten	hatten gewollt	wollen	wollten	hätten gewollt	

Mixed verbs

	Infinitiv Partizip I Partizip II Perfekt	INDIKATIV			KONJUNKTIV I	KONJUNKTIV II		IMPERATIV
		Präsens	Präteritum	Plusquamperfekt	Präsens	Präsens	Perfekt	
16	**denken**	denke	dachte	hatte gedacht	denke	dächte	hätte gedacht	
	(to think)	denkst	dachtest	hattest gedacht	denkest	dächtest	hättest gedacht	denke/denk
	denkend	denkt	dachte	hatte gedacht	denke	dächte	hätte gedacht	
	gedacht	denken	dachten	hatten gedacht	denken	dächten	hätten gedacht	denken wir
	gedacht haben	denkt	dachtet	hattet gedacht	denket	dächtet	hättet gedacht	denkt
		denken	dachten	hatten gedacht	denken	dächten	hätten gedacht	denken Sie
17	**rennen**	renne	rannte	war gerannt	renne	rennte	wäre gerannt	
	(to run)	rennst	ranntest	warst gerannt	rennest	renntest	wärest gerannt	renne/renn
	denkend	rennt	rannte	war gerannt	renne	rennte	wäre gerannt	
	gerannt	rennen	rannten	waren gerannt	rennen	rennten	wären gerannt	rennen wir
	gerannt sein	rennt	ranntet	wart gerannt	rennet	renntet	wärt gerannt	rennt
		rennen	rannten	waren gerannt	rennen	rennten	wären gerannt	rennen Sie
18	**senden**	sende	sandte	hatte gesandt	sende	sendete	hätte gesandt	
	(to send)	sendest	sandtest	hattest gesandt	sendest	sendetest	hättest gesandt	sende
	sendend	sendet	sandte	hatte gesandt	sende	sendete	hätte gesandt	
	gesendet	senden	sandten	hatten gesandt	senden	sendeten	hätten gesandt	senden wir
	gesendet haben	sendet	sandtet	hattet gesandt	sendet	sendetet	hättet gesandt	sendet
		senden	sandten		senden	sendeten	hätten gesandt	senden Sie

Irregular verbs

	Infinitiv Partizip I Partizip II Perfekt	INDIKATIV			KONJUNKTIV I	KONJUNKTIV II		IMPERATIV
		Präsens	Präteritum	Plusquamperfekt	Präsens	Präsens	Perfekt	
19	**bitten**	bitte	bat	hatte gebeten	bitte	bäte	hätte gebeten	
	(to ask)	bittest	batest	hattest gebeten	bittest	bätest	hättest gebeten	bitte
	bittend	bittet	bat	hatte gebeten	bitte	bäte	hätte gebeten	
	gebeten	bitten	baten	hatten gebeten	bitten	bäten	hätten gebeten	bitten wir
	gebeten haben	bittet	batet	hattet gebeten	bittet	bätet	hättet gebeten	bittet
		bitten	baten	hatten gebeten	bitten	bäten	hätten gebeten	bitten Sie
20	**bleiben**	bleibe	bliebe	war geblieben	bleibe	bliebe	wäre geblieben	
	(to stay)	bleibst	bliebst	warst geblieben	bleibest	bliebest	wärest geblieben	bleibe/bleib
	bleibend	bleibt	blieb	war geblieben	bleibe	bliebe	wäre geblieben	
	geblieben	bleiben	blieben	waren geblieben	bleiben	blieben	wären geblieben	bleiben wir
	geblieben sein	bleibt	bliebt	wart geblieben	bleibet	bliebet	wärt geblieben	bleibt
		bleiben	blieben	waren geblieben	bleiben	blieben	wären geblieben	bleiben Sie

	Infinitiv Partizip I Partizip II Perfekt	INDIKATIV			KONJUNKTIV I	KONJUNKTIV II		IMPERATIV
		Präsens	**Präteritum**	**Plusquamperfekt**	**Präsens**	**Präsens**	**Perfekt**	
21	**essen**	esse	aß	hatte gegessen	esse	äße	hätte gegessen	
	(to eat)	isst	aßest	hattest gegessen	essest	äßest	hättest gegessen	iss
	essend	isst	aß	hatte gegessen	esse	äße	hätte gegessen	
	gegessen	essen	aßen	hatten gegessen	essen	äßen	hätten gegessen	essen wir
	gegessen haben	esst	aßt	hattet gegessen	esset	äßet	hättet gegessen	esst
		essen	aßen	hatten gegessen	essen	äßen	hätten gegessen	essen Sie
22	**fallen**	falle	fiel	war gefallen	falle	fiele	wäre gefallen	
	(to fall)	fällst	fielst	warst gefallen	fallest	fielest	wärest gefallen	falle/fall
	fallend	fällt	fiel	war gefallen	falle	fiele	wäre gefallen	
	gefallen	fallen	fielen	waren gefallen	fallen	fielen	wären gefallen	fallen wir
	gefallen sein	fallt	fielt	wart gefallen	fallet	fielet	wäret gefallen	fallt
		fallen	fielen	waren gefallen	fallen	fielen	wären gefallen	fallen Sie
23	**fangen**	fange	fing	hatte gefangen	fange	finge	hätte gefangen	
	(to catch)	fängst	fingst	hattest gefangen	fangest	fingest	hättest gefangen	fange/fang
	fangend	fängt	fing	hatte gefangen	fange	finge	hätte gefangen	
	gefangen	fangen	fingen	hatten gefangen	fangen	fingen	hätten gefangen	fangen wir
	gefangen haben	fangt	fingt	hattet gefangen	fanget	finget	hättet gefangen	fangt
		fangen	fingen	hatten gefangen	fangen	fingen	hätten gefangen	fangen Sie
24	**flechten**	flechte	flocht	hatte geflochten	flechte	flöchte	hätte geflochten	
	(to braid)	flichtst	flochtest	hattest geflochten	flechtest	flöchtest	hättest geflochten	flicht
	flechtend	flicht	flocht	hatte geflochten	flechte	flöchte	hätte geflochten	
	geflochten	flechten	flochten	hatten geflochten	flechten	flöchten	hätten geflochten	flechten wir
	geflochten haben	flechtet	flochtet	hattet geflochten	flechtet	flöchtet	hättet geflochten	flechtet
		flechten	flochten	hatten geflochten	flechten	flöchten	hätten geflochten	flechten Sie
25	**fließen**	fließe	loss	war geflossen	fließe	flösse	wäre geflossen	
	(to flow)	fließt	flossest/flosst	warst geflossen	fließest	flössest	wärest geflossen	fließe/fließ
	fließend	fließt	floss	war geflossen	fließe	flösse	wäre geflossen	
	geflossen	fließen	flossen	waren geflossen	fließen	flössen	wären geflossen	fließen wir
	geflossen sein	fließt	flosst	wart geflossen	fließet	flösset	wärt geflossen	fließt
		fließen	flossen	waren geflossen	fließen	flössen	wären geflossen	fließen Sie
26	**fordern**	ford(e)re	fragte	hatte gefordert	fordere	forderte	hätte gefordert	
	(to demand)	forderst	fragtest	hattest gefordert	forderest	fordertest	hättest gefordert	fordere/fordre
	fordernd	fordert	fragte	hatte gefordert	fordere	forderte	hätte gefordert	
	gefordert	fordern	fragten	hatten gefordert	forderen	forderten	hätten gefordert	fordern wir
	gefordert haben	fordert	fragtet	hattet gefordert	forderet	fordertet	hättet gefordert	fordert
		fordern	fragten	hatten gefordert	forderen	forderten	hätten gefordert	fordern Sie
27	**fragen**	frage	forderte	hatte gefragt	frage	fragte	hätte gefragt	
	(to ask)	fragst	fordertest	hattest gefragt	fragest	fragtest	hättest gefragt	frage/frag
	fragend	fragt	forderte	hatte gefragt	frage	fragte	hätte gefragt	
	gefragt	fragen	forderten	hatten gefragt	fragen	fragten	hätten gefragt	fragen wir
	gefragt haben	fragt	fordertet	hattet gefragt	fraget	fragtet	hättet gefragt	fragt
		fragen	forderten	hatten gefragt	fragen	fragten	hätten gefragt	fragen Sie

	Infinitiv Partizip I Partizip II Perfekt	INDIKATIV Präsens	INDIKATIV Präteritum	INDIKATIV Plusquamperfekt	KONJUNKTIV I Präsens	KONJUNKTIV II Präsens	KONJUNKTIV II Perfekt	IMPERATIV
28	**geben**	gebe	gab	hatte gegeben	gebe	gäbe	hätte gegeben	
	(to give)	gibst	gabst	hattest gegeben	gebest	gäbest	hättest gegeben	gib
	gebend	gibt	gab	hatte gegeben	gebe	gäbe	hätte gegeben	
	gegeben	geben	gaben	hatten gegeben	geben	gäben	hätten gegeben	geben wir
	gegeben haben	gebt	gabt	hattet gegeben	gebet	gäbet	hättet gegeben	gebt
		geben	gaben	hatten gegeben	geben	gäben	hätten gegeben	geben Sie
29	**gehen**	gehe	ging	war gegangen	gehe	ginge	wäre gegangen	
	(to go)	gehst	gingst	warst gegangen	gehest	gingest	wärest gegangen	gehe/geh
	gehend	geht	ging	war gegangen	gehe	ginge	wäre gegangen	
	gegangen	gehen	gingen	waren gegangen	gehen	gingen	wären gegangen	gehen wir
	gegangen sein	geht	gingt	wart gegangen	gehet	ginget	wäret gegangen	geht
		gehen	gingen	waren gegangen	gehen	gingen	wären gegangen	gehen Sie
30	**heben**	hebe	hob	hatte gehoben	hebe	höbe	hätte gehoben	
	(to lift)	hebst	hobst	hattest gehoben	hebest	höbest/höbst	hättest gehoben	hebe/heb
	hebend	hebt	hob	hatte gehoben	hebe	höbe	hätte gehoben	
	gehoben	heben	hoben	hatten gehoben	heben	höben	hätten gehoben	heben wir
	gehoben haben	hebt	hobt	hattet gehoben	hebet	höbet/höbt	hättet gehoben	hebt
		heben	hoben	hatten gehoben	heben	höben	hätten gehoben	heben Sie
31	**heißen**	heiße	hieß	hatte geheißen	heiße	hieße	hätte geheißen	
	(to be called)	heißt	hießest	hattest geheißen	heißest	hießest	hättest geheißen	heiß/heiße
	heißend	heißt	hieß	hatte geheißen	heiße	hieße	hätte geheißen	
	geheißen	heißen	hießen	hatten geheißen	heißen	hießen	hätten geheißen	heißen wir
	geheißen haben	heißt	hießt	hattet geheißen	heißet	hießet	hättet geheißen	heißt
		heißen	hießen	hatten geheißen	heißen	hießen	hätten geheißen	heißen Sie
32	**helfen**	helfe	half	hatte geholfen	helfe	hälfe	hätte geholfen	
	(to help)	hilfst	halfst	hattest geholfen	helfest	hälfest/hälfst	hättest geholfen	hilf
	helfend	hilft	half	hatte geholfen	helfe	hälfe	hätte geholfen	
	geholfen	helfen	halfen	hatten geholfen	helfen	hälfen	hätten geholfen	helfen wir
	geholfen haben	helft	halft	hattet geholfen	helfet	hälfet/hälft	hättet geholfen	helft
		helfen	halfen	hatten geholfen	helfen	hälfen	hätten geholfen	helfen Sie
33	**kommen**	komme	kam	war gekommen	komme	käme	wäre gekommen	
	(to come)	kommst	kamst	warst gekommen	kommest	kämest	wärest gekommen	komme/komm
	kommend	kommt	kam	war gekommen	komme	käme	wäre gekommen	
	gekommen	kommen	kamen	waren gekommen	kommen	kämen	wären gekommen	kommen wir
	gekommen sein	kommt	kamt	wart gekommen	kommet	kämet	wäret gekommen	kommt
		kommen	kamen	waren gekommen	kommen	kämen	wären gekommen	kommen Sie
34	**laufen**	laufe	lief	war gelaufen	laufe	liefe	wäre gelaufen	
	(to run)	läufst	liefst	warst gelaufen	laufest	liefest	wärest gelaufen	laufe/lauf
	laufend	läuft	lief	war gelaufen	laufe	liefe	wäre gelaufen	
	gelaufen	laufen	liefen	waren gelaufen	laufen	liefen	wären gelaufen	laufen wir
	gelaufen sein	lauft	lieft	wart gelaufen	laufet	liefet	wäret gelaufen	lauft
		laufen	liefen	waren gelaufen	laufen	liefen	wären gelaufen	laufen Sie

	Infinitiv Partizip I Partizip II Perfekt	INDIKATIV Präsens	INDIKATIV Präteritum	INDIKATIV Plusquamperfekt	KONJUNKTIV I Präsens	KONJUNKTIV II Präsens	KONJUNKTIV II Perfekt	IMPERATIV
35	**liegen**	liege	lag	hatte gelegen	liege	läge	hätte gelegen	
	(to lie; to be lying)	liegst	lagst	hattest gelegen	liegest	lägest	hättest gelegen	liege/lieg
	liegend	liegt	lag	hatte gelegen	liege	läge	hätte gelegen	
	gelegen	liegen	lagen	hatten gelegen	liegen	lägen	hätten gelegen	liegen wir
	gelegen haben	liegt	lagt	hattet gelegen	lieget	läget	hättet gelegen	liegt
		liegen	lagen	hatten gelegen	liegen	lägen	hätten gelegen	liegen Sie
36	**lügen**	lüge	log	hatte gelogen	lüge	löge	hätte gelogen	
	(to lie)	lügst	logst	hattest gelogen	lügest	lögest	hättest gelogen	lüge/lüg
	lügend	lügt	log	hatte gelogen	lüge	löge	hätte gelogen	
	gelogen	lügen	logen	hatten gelogen	lügen	lögen	hätten gelogen	lügen wir
	gelogen haben	lügt	logt	hattet gelogen	lüget	löget	hättet gelogen	lügt
		lügen	logen	hatten gelogen	lügen	lögen	hätten gelogen	lügen Sie
37	**mahlen**	mahle	mahlte	hatte gemahlt/gemahlen	mahle	mahlte	hätte gemahlt/gemahlen	
	(to grind)	mahlst	mahltest	hattest gemahlt/gemahlen	mahlest	mahltest	hättest gemahlt/gemahlen	mahle/mahl
	mahlend	mahlt	mahlte	hatte gemahlt/gemahlen	mahle	mahlte	hätte gemahlt/gemahlen	
	gemahlt/gemahlen	mahlen	mahlten	hatten gemahlt/gemahlen	mahlen	mahlten	hätten gemahlt/gemahlen	mahlen wir
	gemahlt/gemahlen haben	mahlt	mahltet	hattet gemahlt/gemahlen	mahlet	mahltet	hättet gemahlt/gemahlen	mahlt
		mahlen	mahlten	hatten gemahlt/gemahlen	mahlen	mahlten	hätten gemahlt/gemahlen	mahlen Sie
38	**nehmen**	nehme	nahm	hatte genommen	nehme	nähme	hätte genommen	
	(to take)	nimmst	nahmst	hattest genommen	nehmest	nähmest	hättest genommen	nimm
	nehmend	nimmt	nahm	hatte genommen	nehme	nähme	hätte genommen	
	genommen	nehmen	nahmen	hatten genommen	nehmen	nähmen	hätten genommen	nehmen wir
	genommen haben	nehmt	nahmt	hattet genommen	nehmet	nähmet	hättet genommen	nehmt
		nehmen	nahmen	hatten genommen	nehmen	nähmen	hätten genommen	nehmen Sie
39	**pfeifen**	pfeife	pfiff	hatte gepfiffen	pfeife	pfiffe	hätte gepfiffen	
	(to whistle)	pfeifst	pfiffst	hattest gepfiffen	pfeifest	pfiffest	hättest gepfiffen	pfeife/pfeif
	pfeifend	pfeift	pfiff	hatte gepfiffen	pfeife	pfiffe	hätte gepfiffen	
	gepfiffen	pfeifen	pfiffen	hatten gepfiffen	pfeifen	pfiffen	hätten gepfiffen	pfeifen wir
	gepfiffen haben	pfeift	pfifft	hattet gepfiffen	pfeifet	pfiffet	hättet gepfiffen	pfeift
		pfeifen	pfiffen	hatten gepfiffen	pfeifen	pfiffen	hätten gepfiffen	pfeifen Sie
40	**rufen**	rufe	rief	hatte gerufen	rufe	riefe	hätte gerufen	
	(to call)	rufst	riefst	hattest gerufen	rufest	riefest	hättest gerufen	rufe/ruf
	rufend	ruft	rief	hatte gerufen	rufe	riefe	hätte gerufen	
	gerufen	rufen	riefen	hatten gerufen	rufen	riefen	hätten gerufen	rufen wir
	gerufen haben	ruft	rieft	hattet gerufen	rufet	riefet	hättet gerufen	ruft
		rufen	riefen	hatten gerufen	rufen	riefen	hätten gerufen	rufen Sie
41	**saugen**	sauge	saugte/sog	hatte gesaugt/gesogen	sauge	saugte/söge	hätte gesaugt/gesogen	
	(to suck)	saugst	saugtest/sogst	hattest gesaugt/gesogen	saugest	saugtest/sögest	hättest gesaugt/gesogen	sauge/saug
	saugend	saugt	saugte/sog	hatte gesaugt/gesogen	sauge	saugte/söge	hätte gesaugt/gesogen	
	gesaugt/gesogen	saugen	saugten/sogen	hatten gesaugt/gesogen	saugen	saugten/sögen	hätten gesaugt/gesogen	saugen wir
	gesaugt/gesogen haben	saugt	saugtet/sogt	hattet gesaugt/gesogen	sauget	saugtet/söget	hättet gesaugt/gesogen	saugt
		saugen	saugten/sogen	hatten gesaugt/gesogen	saugen	saugten/sögen	hätten gesaugt/gesogen	saugen Sie

	Infinitiv Partizip I Partizip II Perfekt	INDIKATIV Präsens	INDIKATIV Präteritum	INDIKATIV Plusquamperfekt	KONJUNKTIV I Präsens	KONJUNKTIV II Präsens	KONJUNKTIV II Perfekt	IMPERATIV
42	**schieben**	schiebe	schob	hatte geschoben	schiebe	schöbe	hätte geschoben	
	(to push)	schiebst	schobst	hattest geschoben	schiebest	schöbest	hättest geschoben	schiebe/schieb
		schiebt	schob	hatte geschoben	schiebe	schöbe	hätte geschoben	
	schiebend	schieben	schoben	hatten geschoben	schieben	schöben	hätten geschoben	schieben wir
	geschoben	schiebt	schobt	hattet geschoben	schiebet	schöbet	hättet geschoben	schiebt
	geschoben haben	schieben	schoben	hatten geschoben	schieben	schöben	hätten geschoben	schieben Sie
43	**schlafen**	schlafe	schlief	hatte geschlafen	schlafe	schliefe	hätte geschlafen	
	(to sleep)	schläfst	schliefst	hattest geschlafen	schlafest	schliefest	hättest geschlafen	schlafe/schlaf
		schläft	schlief	hatte geschlafen	schlafe	schliefe	hätte geschlafen	
	schlafend	schlafen	schliefen	hatten geschlafen	schlafen	schliefen	hätten geschlafen	schlafen wir
	geschlafen	schlaft	schlieft	hattet geschlafen	schlafet	schliefet	hättet geschlafen	schlaft
	geschlafen haben	schlafen	schliefen	hatten geschlafen	schlafen	schliefen	hätten geschlafen	schlafen Sie
44	**schwimmen**	schwimme	schwamm	war geschwommen	schwimme	schwömme	wäre geschwommen	
	(to swim)	schwimmst	schwammst	warst geschwommen	schwimmest	schwömmest	wärest geschwommen	schwimme/schwimm
		schwimmt	schwamm	war geschwommen	schwimme	schwömme	wäre geschwommen	
	schwimmend	schwimmen	schwammen	waren geschwommen	schwimmen	schwömmen	wären geschwommen	schwimmen wir
	geschwommen	schwimmt	schwammt	wart geschwommen	schwimmet	schwömmet	wäret geschwommen	schwimmt
	geschwommen sein	schwimmen	schwammen	waren geschwommen	schwimmen	schwömmen	wären geschwommen	schwimmen Sie
45	**schwören**	schwöre	schwor	hatte geschworen	schwöre	schwüre	hätte geschworen	
	(to swear)	schwörst	schworst	hattest geschworen	schwörest	schwürest/schwürst	hättest geschworen	schwöre/schwör
		schwört	schwor	hatte geschworen	schwöre	schwüre	hätte geschworen	
	schwörend	schwören	schworen	hatten geschworen	schwören	schwüren	hätten geschworen	schwören wir
	geschworen	schwört	schwort	hattet geschworen	schwöret	schwüret	hättet geschworen	schwört
	geschworen haben	schwören	schworen	hatten geschworen	schwören	schwüren	hätten geschworen	schwören Sie
46	**sitzen**	sitze	saß	hatte gesessen	sitze	säße	hätte gesessen	
	(to sit)	sitzt	saßest	hattest gesessen	sitzest	säßest	hättest gesessen	sitze/sitz
		sitzt	saß	hatte gesessen	sitze	säße	hätte gesessen	
	sitzend	sitzen	saßen	hatten gesessen	sitzen	säßen	hätten gesessen	sitzen wir
	gesessen	sitzt	saßet	hattet gesessen	sitzet	säßet	hättet gesessen	sitzt
	gesessen haben	sitzen	saßen	hatten gesessen	sitzen	säßen	hätten gesessen	sitzen Sie
47	**sprechen**	spreche	sprach	hatte gesprochen	spreche	spräche	hätte gesprochen	
	(to speak)	sprichst	sprachst	hattest gesprochen	sprechest	sprächest	hättest gesprochen	sprich
		spricht	sprach	hatte gesprochen	spreche	spräche	hätte gesprochen	
	sprechend	sprechen	sprachen	hatten gesprochen	sprechen	sprächen	hätten gesprochen	sprechen wir
	gesprochen	sprecht	spracht	hattet gesprochen	sprechet	sprächet	hättet gesprochen	sprecht
	gesprochen haben	sprechen	sprachen	hatten gesprochen	sprechen	sprächen	hätten gesprochen	sprechen Sie
48	**stehen**	stehe	stand	hatte gestanden	stehe	stünde/stände	hätte gestanden	
	(to stand)	stehst	standest/standst	hattest gestanden	stehest	stündest/ständest	hättest gestanden	stehe/steh
		steht	stand	hatte gestanden	stehe	stünde/stände	hätte gestanden	
	stehend	stehen	standen	hatten gestanden	stehen	stünden/ständen	hätten gestanden	stehen wir
	gestanden	steht	standet	hattet gestanden	stehet	stündet/ständet	hättet gestanden	steht
	gestanden haben	stehen	standen	hatten gestanden	stehen	stünden/ständen	hätten gestanden	stehen Sie

	Infinitiv Partizip I Partizip II Perfekt	INDIKATIV			KONJUNKTIV I	KONJUNKTIV II		IMPERATIV
		Präsens	Präteritum	Plusquamperfekt	Präsens	Präsens	Perfekt	
49	**stehlen**	stehle	stahl	hatte gestohlen	stehle	stähle/stöhle	hätte gestohlen	
	(to steal)	stiehlst	stahlst	hattest gestohlen	stehlest	stählest/stöhlest	hättest gestohlen	stiehl
	stehlend	stiehlt	stahl	hatte gestohlen	stehle	stähle/stöhle	hätte gestohlen	
	gestohlen	stehlen	stahlen	hatten gestohlen	stehlen	stählen/stöhlen	hätten gestohlen	stehlen wir
	gestohlen haben	stehlt	stahlt	hattet gestohlen	stehlet	stählet/stöhlet	hättet gestohlen	stehlt
		stehlen	stahlen	hatten gestohlen	stehlen	stählen/stöhlen	hätten gestohlen	stehlen Sie
50	**stoßen**	stoße	stieß	hatte gestoßen	stoße	stieße	hätte gestoßen	
	(to bump)	stößt	stießest/stießt	hattest gestoßen	stoßest	stießest	hättest gestoßen	stoße/stoß
	stoßend	stößt	stieß	hatte gestoßen	stoße	stieße	hätte gestoßen	
	gestoßen	stoßen	stießen	hatten gestoßen	stoßen	stießen	hätten gestoßen	stoßen wir
	gestoßen haben	stoßt	stießt	hattet gestoßen	stoßet	stießet	hättet gestoßen	stoßt
		stoßen	stießen	hatten gestoßen	stoßen	stießen	hätten gestoßen	stoßen Sie
51	**tragen**	trage	trug	hatte getragen	trage	trüge	hätte getragen	
	(to carry)	trägst	trugst	hattest getragen	tragest	trügest	hättest getragen	trage/trag
	tragend	trägt	trug	hatte getragen	trage	trüge	hätte getragen	
	getragen	tragen	trugen	hatten getragen	tragen	trügen	hätten getragen	tragen wir
	getragen haben	tragt	trugt	hattet getragen	traget	trüget	hättet getragen	tragt
		tragen	trugen	hatten getragen	tragen	trügen	hätten getragen	tragen Sie
52	**trinken**	trinke	trank	hatte getrunken	trinke	tränke	hätte getrunken	
	(to drink)	trinkst	trankst	hattest getrunken	trinkest	tränkest	hättest getrunken	trinke/trink
	trinkend	trinkt	trank	hatte getrunken	trinke	tränke	hätte getrunken	
	getrunken	trinken	tranken	hatten getrunken	trinken	tränken	hätten getrunken	trinken wir
	getrunken haben	trinkt	trankt	hattet getrunken	trinket	tränket	hättet getrunken	trinkt
		trinken	tranken	hatten getrunken	trinken	tränken	hätten getrunken	trinken Sie
53	**tun**	tue	tat	hatte getan	tue	täte	hätte getan	
	(to do)	tust	tatest	hattest getan	tuest	tätest	hättest getan	tue/tu
	tuend	tut	tat	hatte getan	tue	täte	hätte getan	
	getan	tun	taten	hatten getan	tuen	täten	hätten getan	tun wir
	getan haben	tut	tatet	hattet getan	tuet	tätet	hättet getan	tut
		tun	taten	hatten getan	tuen	täten	hätten getan	tun Sie
54	**waschen**	wasche	wusch	hatte gewaschen	wasche	wüsche	hätte gewaschen	
	(to wash)	wäschst	wuschest/wuschst	hattest gewaschen	waschest	wüschest/wüschst	hättest gewaschen	wasche/wasch
	waschend	wäscht	wusch	hatte gewaschen	wasche	wüsche	hätte gewaschen	
	gewaschen	waschen	wuschen	hatten gewaschen	waschen	wüschen	hätten gewaschen	waschen wir
	gewaschen haben	wascht	wuscht	hattet gewaschen	waschet	wüschet/wüscht	hättet gewaschen	wascht
		waschen	wuschen	hatten gewaschen	waschen	wüschen	hätten gewaschen	waschen Sie
55	**wissen**	weiß	wusste	hatte gewusst	wisse	wüsste	hätte gewusst	
	(to know)	weißt	wusstest	hattest gewusst	wissest	wüsstest	hättest gewusst	wisse
	wissend	weiß	wusste	hatte gewusst	wisse	wüsste	hätte gewusst	
	gewusst	wissen	wussten	hatten gewusst	wissen	wüssten	hätten gewusst	wissen wir
	gewusst haben	wisst	wusstet	hattet gewusst	wisset	wüsstet	hättet gewusst	wisst
		wissen	wussten	hatten gewusst	wissen	wüssten	hätten gewusst	wissen Sie

Irregular verbs

The following is a list of the principal parts of all strong and mixed verbs that are introduced as active vocabulary in **Mosaik**, as well as other sample verbs. For the complete conjugations of these verbs, consult the verb list on pages **A14–A15** and the verb charts on pages **A16–A25**. The verbs listed here are base forms. See **Strukturen 2B.2** and **3A.1** to review **Perfekt** and **Präteritum** forms of separable and inseparable prefix verbs.

Infinitiv		**Präteritum**	**Partizip II**
backen (bäckt)	*to bake*	backte	gebacken
beginnen	*to begin*	begann	begonnen
bieten	*to bid, to offer*	bot	geboten
binden	*to tie, to bind*	band	gebunden
bitten	*to request*	bat	gebeten
bleiben	*to stay*	blieb	(ist) geblieben
braten (brät)	*to fry, to roast*	briet	gebraten
brechen (bricht)	*to break*	brach	gebrochen
brennen	*to burn*	brannte	gebrannt
bringen	*to bring*	brachte	gebracht
denken	*to think*	dachte	gedacht
dürfen (darf)	*to be allowed to*	durfte	gedurft
empfehlen (empfiehlt)	*to recommend*	empfahl	empfohlen
essen (isst)	*to eat*	aß	gegessen
fahren (fährt)	*to go, to drive*	fuhr	(ist) gefahren
fallen (fällt)	*to fall*	fiel	(ist) gefallen
fangen (fängt)	*to catch*	fing	gefangen
finden	*to find*	fand	gefunden
fliegen	*to fly*	flog	(ist) geflogen
fließen	*to flow, to pour*	floss	(ist) geflossen
frieren	*to freeze*	fror	gefroren
geben (gibt)	*to give*	gab	gegeben
gehen	*to go, to walk*	ging	(ist) gegangen
gelten	*to be valid*	galt	gegolten
genießen	*to enjoy*	genoss	genossen
geschehen	*to happen*	geschah	(ist) geschehen
gewinnen	*to win*	gewann	gewonnen
gleichen	*to resemble*	glich	geglichen
graben (gräbt)	*to dig*	grub	gegraben
haben (hat)	*to have*	hatte	gehabt
halten (hält)	*to hold, to keep*	hielt	gehalten
hängen	*to hang*	hing	gehangen
heben	*to raise, to lift*	hob	gehoben
heißen	*to be called, to mean*	hieß	geheißen
helfen (hilft)	*to help*	half	geholfen
kennen	*to know*	kannte	gekannt
klingen	*to sound, to ring*	klang	geklungen
kommen	*to come*	kam	(ist) gekommen
können (kann)	*to be able to, can*	konnte	gekonnt
laden (lädt)	*to load, to charge*	lud	geladen
lassen (lässt)	*to let, to allow*	ließ	gelassen
laufen (läuft)	*to run, to walk*	lief	(ist) gelaufen

Infinitiv		Präteritum	Partizip II
leiden	*to suffer*	litt	gelitten
leihen	*to lend*	lieh	geliehen
lesen (liest)	*to read*	las	gelesen
liegen	*to lie, to rest*	lag	gelegen
lügen	*to lie, to tell lies*	log	gelogen
meiden	*to avoid*	mied	gemieden
messen	*to measure*	maß	gemessen
mögen (mag)	*to like*	mochte	gemocht
müssen (muss)	*to have, to must*	musste	gemusst
nehmen (nimmt)	*to take*	nahm	genommen
nennen	*to name, to call*	nannte	genannt
preisen	*to praise*	pries	gepriesen
raten (rät)	*to guess*	riet	geraten
reiben	*to rub, to grate*	rieb	gerieben
riechen	*to smell*	roch	gerochen
rufen	*to call, to shout*	rief	gerufen
schaffen (schafft)	*to accomplish*	schuf	geschaffen
scheiden	*to divorce, to depart*	schied	(ist) geschieden
scheinen	*to shine, to appear*	schien	geschienen
schieben	*to push, to shove*	schob	geschoben
schießen	*to shoot*	schoss	geschossen
schlafen (schläft)	*to sleep*	schlief	geschlafen
schlagen (schlägt)	*to beat, to hit*	schlug	geschlagen
schließen	*to close*	schloss	geschlossen
schlingen	*to loop, to gulp*	schlang	geschlungen
schneiden	*to cut*	schnitt	geschnitten
schreiben	*to write*	schrieb	geschrieben
schwimmen	*to swim*	schwamm	(ist) geschwommen
sehen	*to see*	sah	gesehen
sein (ist)	*to be*	war	(ist) gewesen
senden	*to send*	sandte/sendete	gesandt/gesendet
singen	*to sing*	sang	gesungen
sinken	*to sink*	sank	(ist) gesunken
sitzen	*to sit*	saß	gesessen
sollen (soll)	*to be supposed to*	sollte	gesollt
sprechen (spricht)	*to speak*	sprach	gesprochen
stehen	*to stand*	stand	gestanden
stehlen	*to steal*	stahl	gestohlen
steigen	*to climb, to rise*	stieg	gestiegen
sterben	*to die*	starb	(ist) gestorben
stoßen	*to push, to thrust*	stieß	gestoßen
streichen	*to paint, to cancel*	strich	gestrichen
streiten	*to argue*	stritt	gestritten
tragen (trägt)	*to carry*	trug	getragen
treffen (trifft)	*to hit, to meet*	traf	getroffen
treten (tritt)	*to kick*	trat	getreten
trinken	*to drink*	trank	getrunken
tun	*to do*	tat	getan
vergessen (vergisst)	*to forget*	vergaß	vergessen

Infinitiv		Präteritum	Partizip II
verlieren	*to lose*	verlor	verloren
wachsen (wächst)	*to grow*	wuchs	(ist) gewachsen
waschen (wäscht)	*to wash*	wusch	gewaschen
weisen	*to indicate, to show*	wies	gewiesen
wenden	*to turn, to flip*	wandte/wendete	gewandt/gewendet
werben	*to advertise*	warb	geworben
werden (wird)	*to become*	wurde	(ist) geworden
werfen (wirft)	*to throw*	warf	geworfen
winden	*to wind*	wand	gewunden
wissen	*to know*	wusste	gewusst
wollen (will)	*to want*	wollte	gewollt
ziehen	*to pull, to draw*	zog	gezogen

Abbreviations used in this glossary

acc.	accusative	*gen.*	genitive	*poss.*	possessive
adj.	adjective	*inf.*	informal	*prep.*	preposition
adv.	adverb	*interr.*	interrogative	*pron.*	pronoun
conj.	conjunction	*m.*	masculine noun	*sing.*	singular
dat.	dative	*n.*	neuter noun	*v.*	verb
f.	feminine noun	*nom.*	nominative		
form.	formal	*pl.*	plural		

Understanding the Glossary references

The numbers following each entry can be understood as follows:
(2) 1A = (Mosaik Volume) Chapter, Lesson
So, the entry above would be found in Mosaik 2, Chapter 1, Lesson A.

Deutsch-Englisch

A

abbiegen *v.* to turn (2) **4A**
rechts/links abbiegen *v.* to turn right/left (2) **4A**
abbrechen *v.* to cancel (2) **3B**
Abend, -e *m.* evening (1) **2B**
abends *adv.* in the evening (1) **2A**
Abendessen, - *n.* dinner (1) **4B**
aber *conj.* but (2) **2A**
abfahren *v.* to leave (2) **4A**
Abfall, -¨e *m.* waste (3) **4B**
abfliegen *v.* to take off (2) **3B**
Abflug, -¨e *m.* departure (2) **3B**
abheben *v.* to withdraw (money) (3) **2A**
Absatz, -¨e *m.* paragraph (2) **1B**
abschicken *v.* to send (3) **3B**
Abschied, -e *m.* leave-taking; farewell (1) **1A**
Abschluss, -¨e *m.* degree (1) **2A**
einen Abschluss machen *v.* to graduate (2) **1A**
Abschlusszeugnis, -se *n.* diploma (transcript) (1) **2A**
abstauben *v.* to dust (2) **2B**
sich abtrocknen *v.* to dry oneself off (3) **1A**
acht eight (1) **2A**
Achtung! Attention!
adoptieren *v.* to adopt (1) **3A**
Adressbuch, -¨er *n.* address book (3) **3A**
Adresse, -n *f.* address (3) **2A**
Allee, -n *f.* avenue (3) **2B**
allein *adv.* alone; by oneself (1) **4A**
Allergie, -n *f.* allergy (3) **1B**
allergisch (gegen) *adj.* allergic (to) (3) **1B**
alles *pron.* everything (2) **3B**
Alles klar? Everything OK? (1) **1A**
alles Gute all the best (3) **2A**
Alles Gute zum Geburtstag! Happy birthday! (2) **1A**
Alltagsroutine *f.* daily routine (3) **1A**
im Alltag in everyday life
als *conj.* as; when (2) **4A**
als ob as if (3) **2A**
also *conj.* therefore; so (3) **1B**
alt *adj.* old (1) **3A**
Altkleider *f.* second-hand clothing (3) **4B**
Altpapier *n.* used paper (3) **4B**
Amerika *n.* America (3) **2B**
amerikanisch *adj.* American (3) **2B**
Amerikaner, - / Amerikanerin, -nen *m./f.* American (3) **2B**
Ampel, -n *f.* traffic light (3) **2B**
an *prep.* at; on; by; in; to (2) **1B**, (3) **2B**
Ananas, - *f.* pineapple (1) **4A**
anbieten *v.* to offer (3) **4B**
anfangen *v.* to begin (1) **4A**
Angebot, -e *n.* offer
im Angbot on sale (2) **1B**
angeln gehen *v.* to go fishing (1) **2B**
angenehm *adj.* pleasant (1) **3B**
Angenehm. Nice to meet you. (1) **1A**
angesagt *adj.* trendy (2) **1B**
Angestellte, -n *m./f.* employee (3) **3A**
Angst, -¨e *f.* fear (2) **3A**
Angst haben (vor) *v.* to be afraid (of) (2) **3A**
ankommen *v.* to arrive (1) **4A**
Ankunft, -¨e *f.* arrival (2) **3B**
anmachen *v.* to turn on (2) **4B**
Anruf, -e *m.* phone call (3) **3A**
einen Anruf entgegennehmen *v.* to answer the phone (3) **3A**
Anrufbeantworter *m.* answering machine (2) **4B**
anrufen *v.* to call (1) **4A**
sich anrufen *v.* to call each other (3) **1A**
anschauen *v.* to watch, look at (2) **3A**
anspruchsvoll *adj.* demanding (3) **3B**
anstatt *prep.* instead of (2) **4B**
anstoßen *v.* to toast (2) **1A**
Antwort, -en *f.* answer
antworten (auf) *v.* to answer (1) **2A**, (2) **3A**
Anwendung *f.* application; usage
anziehen *v.* to put on (2) **1B**
sich anziehen *v.* to get dressed (3) **1A**
Anzug, -¨e *m.* suit (2) **1B**
Apfel, ¨- *m.* apple (1) **1A**
Apotheke, -n *f.* pharmacy (3) **1B**
April *m.* April (1) **2A**, (2) **3A**
Arbeit, -en *f.* work (3) **3B**
Arbeit finden *v.* to find a job (3) **3A**
arbeiten (an) *v.* to work (on) (1) **2A**, (2) **3A**
arbeitslos *adj.* unemployed (3) **2A**
Arbeitszimmer, - *n.* home office (2) **2A**
Architekt, -en / Architektin, -nen *m./f.* architect (1) **3B**
Architektur, -en *f.* architecture (1) **2A**
sich ärgern (über) *v.* to get angry (about) (3) **1A**
arm *adj.* poor; unfortunate (1) **3B**
Arm, -e *m.* arm (3) **1A**
Art, -en *f.* species; type (3) **4B**
Artischocke, -n *f.* artichoke (1) **4A**
Arzt, -¨e / Ärztin, -nen *m./f.* doctor (3) **1B**
zum Arzt gehen *v.* to go to the doctor (3) **1B**
Assistent, -en / Assistentin, -nen *m./f.* assistant (3) **3A**
Aubergine, -n *f.* eggplant (1) **4A**
auch *adv.* also (1) **1A**
auf *prep.* on, onto, to (2) **1B**
Auf Wiedersehen. Good-bye. (1) **1A**
aufgehen *v.* to rise (sun) (3) **4A**
auflegen *v.* to hang up (3) **3A**
aufmachen *v.* to open (2) **4B**
aufnehmen *v.* to record (2) **4B**
aufräumen *v.* to clean up (2) **2B**
aufregend *adj.* exciting (3) **4A**
aufrichtig *adj.* sincere (1) **3B**
aufstehen *v.* to get up (1) **4A**
aufwachen *v.* to wake up (3) **1A**
Auge, -n *n.* eye (1) **3A**; (3) **1A**
Augenbraue, -n *f.* eyebrow (3) **1A**
August *m.* August (1) **2A**, (2) **3A**
aus *prep.* from (1) **4A**
Ausbildung, - en *f.* education (3) **3A**
Ausdruck *m.* expression
Ausfahrt, -en *f.* exit (2) **4A**
ausfüllen *v.* to fill out (3) **2A**
ein Formular ausfüllen *v.* to fill out a form (3) **2A**
Ausgang -¨e *m.* exit (2) **3B**
ausgefallen *adj.* offbeat (2) **1B**
ausgehen *v.* to go out (1) **4A**
Ausland *n.* abroad (2) **3B**
ausmachen *v.* to turn off (2) **4B**
sich ausruhen *v.* to rest (3) **1A**
ausschalten *v.* turn out, to turn off (3) **4B**
Aussehen *n.* look (style) (2) **1B**
außer *prep.* except (for) (1) **4B**
außerhalb *prep.* outside of (2) **4B**
Aussprache *f.* pronunciation
Aussterben *n.* extinction (3) **4B**
sich ausziehen *v.* to get undressed (3) **1A**
Auto, -s *n.* car (1) **1A**, (2) **4A**
Autobahn, -en *f.* highway (2) **4A**

B

Baby, -s *n.* baby (1) **3A**
backen *v.* to bake (1) **2B**
Bäckerei, -en *f.* bakery (1) **4A**
Badeanzug, -¨e *m.* bathing suit (2) **1B**
Bademantel, ¨- *m.* bathrobe (3) **1A**
sich baden *v.* to bathe, take a bath (3) **1A**
Badewanne, -n *f.* bathtub (2) **2A**
Badezimmer, - *n.* bathroom (2) **2A**, (3) **1A**
Bahnsteig, -e *m.* track; platform (2) **4A**
bald *adv.* soon
Bis bald. See you soon. (1) **1A**
Balkon, - e *m.* balcony (2) **2A**

Ball, -¨e *m.* ball (1) **2B**
Ballon, -e *m.* balloon (2) **1A**
Banane, -n *f.* banana (1) **4A**
Bank, -¨e *f.* bench (3) **2B**
Bank, -en *f.* bank (3) **2A**
auf der Bank *f.* at the bank (3) **2B**
Bankangestellte, -n *m./f.* bank employee (3) **3B**
bar *adj.* cash (3) **2A**
bar bezahlen *v.* to pay in cash (3) **2A**
Bargeld *n.* cash (3) **2A**
Bart, -¨e *m.* beard (3) **1A**
Baseball *m.* baseball (1) **2B**
Basketball *m.* basketball (1) **2B**
Bauch, -¨e *m.* belly (3) **1A**
Bauchschmerzen *m. pl.* stomachache (3) **1B**
bauen *v.* to build (1) **2A**
Bauer, -n / Bäuerin, -nen *m./f.* farmer (3) **3B**
Bauernhof, -¨e *m.* farm (3) **4A**
Baum, -¨e *m.* tree (3) **4A**
Baumwolle *f.* cotton (2) **1B**
Baustelle, -n *f.* construction zone (2) **4A**
beantworten *v.* to answer (1) **4B**
bedeuten *v.* to mean (1) **2A**
bedeutend *adj.* important (3) **4A**
bedienen *v.* to operate, use (2) **4B**
Bedürfnisse *n./pl.* needs (3) **1B**
sich beeilen *v.* to hurry (3) **1A**
Beförderung, -en *f.* promotion (3) **3B**
beginnen *v.* to begin (2) **2A**
Begrüßung, -en *f.* greeting (1) **1A**
behaupten *v.* to claim (3) **4B**
bei *prep.* at; near; with (1) **4A**
Beilage, -n *f.* side dish (1) **4B**
Bein, -e *n.* leg (3) **1A**
Beitrag-¨e *m.* contribution (3) **4B**
bekannt *adj.* well-known (3) **2A**
bekommen *v.* to get, to receive (2) **1A**
belegen *v.* to take (a class) (1) **2A**
benutzen *v.* to use (2) **4A**
Benutzername, -n *m.* screen name (2) **4B**
Benzin, -e *n.* gasoline (2) **4A**
Berg -e *m.* mountain (1) **2B**, (3) **4A**
berichten *v.* to report (3) **4B**
Beruf, -e *m.* profession; job (1) **3B**, (3) **3A**
Berufsausbildung, -en *f.* professional training (3) **3A**
bescheiden *adj.* modest (1) **3B**
beschreiben *v.* to describe (1) **2A**
Beschreibung, -en *f.* description (1) **3B**
Besen, - *m.* broom (2) **2B**
Besitzer, - / Besitzerin, -nen *m./f.* owner (1) **3B**
besonderes special *adj.* (3) **2A**
nichts Besonderes *adj.* nothing special (3) **2A**
besorgt worried *adj.* (1) **3B**
Besorgung, -en *f.* errand (3) **2A**
Besorgungen machen *v.* to run errands (3) **2A**
besprechen *v.* to discuss (2) **3A**
Besprechung, -en *f.* review (2) **4B**, meeting (3) **3B**
besser *adj.* better (2) **4A**
Besserwisser, - / Besserwisserin, -nen *m./f.* know-it-all (1) **2A**
beste *adj.* best (2) **4A**
Besteck *n.* silverware (1) **4B**
bestehen *v.* to pass (a test) (1) **1B**
bestellen *v.* to order (1) **4A**
bestimmt *adv.* definitely. (1) **4A**
besuchen *v.* to visit (1) **4A**
Bett, -en *n.* bed (2) **2A**
das Bett machen *v.* to make the bed (2) **2B**
ins Bett gehen *v.* to go bed (3) **1A**
Bettdecke, - n *f.* duvet (2) **2B**
bevor *conj.* before (2) **4A**
sich bewegen *v.* to move (around)
sich bewerben *v.* to apply (3) **3A**
Bewerber, - / die Bewerberin, -nen *m./f.* applicant (3) **3A**
Bewertung, -en *f.* rating (2) **3B**
bezahlen *v.* to pay (for) (1) **4A**
Bibliothek, -en *f.* library (1) **1B**
Bier, -e *n.* beer (1) **4B**
bieten *v.* to offer (3) **1B**
Bild, -er *n.* picture (2) **2A**
Bildschirm, -e *m.* screen (2) **4B**
billig *adj.* cheap (2) **1B**
Bioladen, -¨ *m.* health-food store (3) **1B**
Biologie *f.* biology (1) **2A**
biologisch *adj.* organic (3) **4B**
Birne, -n *f.* pear (1) **4A**
bis *prep.* until (1) **3B**
Bis bald. See you soon. (1) **1A**
Bis dann. See you later. (1) **1A**
Bis gleich. See you soon. (1) **1A**
Bis morgen. See you tomorrow. (1) **1A**
Bis später. See you later. (1) **1A**
bis zu *prep.* up to; until (3) **2B**
Bitte. Please. / You're welcome. (1) **1A**
Blatt, -¨er *n.* leaf (3) **4A**
blau *adj* blue. (1) **3A**
blaue Fleck, -e *m.* bruise (3) **1B**
bleiben *v.* to stay (2) **1B**
Bleiben Sie bitte am Apparat. *v.* Please hold. (3) **3A**
Bleistift, -e *m.* pencil (1) **1B**
Blitz, -e *m.* lightning (2) **3A**
blond *adj.* blond (1) **3A**
blonde Haare *n. pl.* blond hair (1) **3A**
Blume, -n *f.* flower (1) **1A**
Blumengeschäft, -e *n.* flower shop (3) **2A**
Bluse, -n *f.* blouse (2) **1B**
Blutdruck *m.* blood pressure (3) **1B**
Boden, -¨ *m.* floor; ground (2) **2A**
Bohne, -n *f.* bean (1) **4A**
grüne Bohne *f.* green bean (1) **4A**
Boot, -e *n.* boat (2) **4A**
Bordkarte, -n *f.* boarding pass (2) **3B**
braten *v.* to fry (1) **2B**
brauchen *v.* to need (1) **2A**
braun *adj.* brown (2) **1B**
braunhaarig *adj.* brown-haired, brunette (1) **3A**
brechen *v.* to break (1) **2B**
sich (den Arm / das Bein) brechen *v.* to break (an arm / a leg) (3) **1B**
Bremse, -n *f.* brake (2) **4A**
brennen *v.* to burn (2) **1A**
Brief, -e *m.* letter (3) **2A**
einen Brief abschicken *v.* to mail a letter (3) **2A**
Briefkasten, -¨ *m.* mailbox (3) **2A**
Briefmarke, -n *f.* stamp (3) **2A**
Briefträger, - / Briefträgerin, -nen *m./f.* mail carrier (3) **2A**
Briefumschlag, -¨e *m.* envelope (3) **2A**
Brille, -n *f.* glasses (2) **1B**
bringen *v.* to bring (1) **2A**
Brot, -e *n.* bread (1) **4A**
Brötchen, - *n.* roll (1) **4A**
Brücke, -n *f.* bridge (3) **2B**
Bruder, -¨ *m.* brother (1) **1A**
brünett *adj.* brown-haired, brunette (1) **3A**
Brunnen, - *m.* fountain (3) **2B**
Buch, -¨er *n.* book (1) **1A**
buchen *v.* to make a (hotel) reservation (2) **3B**
Bücherregal, -e *n.* bookshelf (2) **2A**
Buchhalter, - / Buchhalterin, -nen *m./f.* accountant (3) **3B**
büffeln *v.* to cram (for a test) (1) **2A**
Bügelbrett, -er *n.* ironing board (2) **2B**
Bügeleisen, - *n.* iron (2) **2B**
bügeln *v.* to iron (2) **2B**
Bundespräsident, -en / Bundespräsidentin, -nen *m./f.* (federal) president (2) **4B**
bunt *adj.* colorful (3) **2A**
Bürgermeister, - / Bürgermeisterin, -nen *m./f.* mayor (3) **2B**
Bürgersteig, -e *m.* sidewalk (3) **2B**
Büro, -s *n.* office (3) **3B**
Büroklammer, -n *f.* paperclip (3) **3A**
Büromaterial *n.* office supplies (3) **3A**
Bürste, -n *f.* brush (3) **1A**
bürsten *v.* to brush
sich die Haare bürsten *v.* to brush one's hair (3) **1A**
Bus, -se *m.* bus (2) **4A**
Busch, -¨e *m.* bush (3) **4A**
Bushaltestelle, -n *f.* bus stop (2) **4A**
Businessklasse *f.* business class (2) **3B**
Bußgeld, -er *n.* fine (monetary) (2) **4A**
Butter *f.* butter (1) **4A**

C

Café, -s *n.* café (1) **2A**
Cafeteria (*pl.* Cafeterien) *f.* cafeteria
Camping *n.* camping (1) **2B**
CD, -s *f.* compact disc, CD (2) **4B**
CD-Player, - *m.* CD player (2) **4B**
Chef, -s / Chefin, -nen *m./f.* boss (3) **3B**
Chemie *f.* chemistry (1) **2A**
China *n.* China (3) **2B**
Chinese, -n / Chinesin, -nen *m./f.* Chinese (person) (3) **2B**
Chinesisch *n.* Chinese (language) (3) **2B**
Computer, - *m.* computer (1) **1B**
Cousin, -s / Cousine, -n *m./f.* cousin (1) **3A**

D

da there (1) **1A**
Da ist/sind... There is/are... (1) **1A**
Dachboden, -¨ *m.* attic (2) **2A**
dafür *adv.* for it (2) **2A**

daher *adv.* from there (2) **2A**
dahin *adv.* there (2) **2A**
damit *conj.* so that (3) **2A**
danach *conj.* Then, after that (3) **1B**
danken *v.* to thank (1) **2A**
Danke. Thank you. (1) **1A**
dann *adv.* then (2) **3B**
daran *adv.* on it (2) **2A**
darauf *adv.* on it (2) **2A**
darin *adv.* in it (2) **2A**
das *n.* the; this/that (1) **1A**
dass *conj.* that (3) **2A**
Datei, - en *f.* file (2) **4B**
Datum (*pl.* **Daten**) *n.* date (2) **3A**
davon *adv.* of it (2) **2A**
davor *adv.* before it (2) **2A**
Decke, -n *f.* blanket (2) **2B**
decken *v.* to cover (2) **2B**
den Tisch decken *v.* to set the table (2) **2B**
denken *v.* to think (2) **1A**
denken an *v.* to think about (2) **3A**
denn *conj.* for; because (2) **2A**
der *(m.)* the (1) **1A**
deshalb *conj.* Therefore; so (3) **1B**
deswegen *conj.* that's why; therefore (3) **1B**
deswegen *conj.* that's why; therefore (3) **1B**
deutsch German *adj.* (3) **2A**
Deutsch German (language) *n.* (3) **2B**
Deutsche *m./f.* German (man/woman) (3) **2B**
Deutschland *n.* Germany (1) **4A**
deutschsprachig *adj.* German-speaking
Dezember *m.* December (1) **2A**, (2) **3A**
Diät, -en *f.* diet (1) **4B**
auf Diät sein *v.* to be on a diet (1) **4B**
dick *adj.* fat (1) **3A**
die *the* (1) **1A**
Dienstag, -e *m.* Tuesday (1) **2A**
dienstags *adv.* on Tuesdays (1) **2A**
dieser/diese/dieses *pron.* this; these (2) **4B**
diesmal *adv.* this time (2) **3B**
Digitalkamera, -s *f.* digital camera (2) **4B**
Ding, -e *n.* thing
Diplom, -e *n.* diploma (degree) (1) **2A**
diskret adj. discreet (1) 3B
doch *adv.* yes (contradicting a negative statement or question) (1) **2B**
Dokument, -e *n.* document (2) **4B**
Donner, - *m.* thunder (2) **3A**
Donnerstag, -e *n.* Thursday (1) **2A**
donnerstags *adv.* on Thursdays (1) **2A**
dort *adv.* there (1) **1A**
Dozent, -en / Dozentin, -nen *m./f.* college instructor (1) **2A**
draußen *prep.* outside (2) **2A**, *adv.* out (2) **3A**
Es ist schön draußen. It's nice out. (2) **3A**
dreckig *adj.* filthy (2) **2B**
drei three (1) **2A**
dritte third *adj.* (1) **2A**
Drogerie, -n *f.* drugstore (3) **2A**
drüben *adv.* over there (1) **4A**
drücken *v.* to push (1) **3B**; to print (2) **4B**
Drucker, - *m.* printer (2) **4B**
du pron. *(sing. inf.)* you (1) **1A**
dumm *adj.* dumb (2) **4A**
dunkel *adj.* dark (1) **3A**
dunkelhaarig *adj.* dark-haired (1) **3A**
dünn *adj.* thin (1) **3A**
durch *prep.* through (1) **3B**
durchfallen *v.* to flunk; to fail (1) **1B**
durchmachen *v.* to experience (2) **4B**
dürfen *v.* to be allowed to; may (1) **3B**
(sich) duschen *v.* to take a shower (3) **1A**
Dutzend, -e *n.* dozen (1) **4A**
DVD, -s *f.* DVD (2) **4B**
DVD-Player, - *m.* DVD-player (2) **4B**
dynamisch *adj.* dynamic (1) **3B**

E

Ecke, -n *f.* corner (3) **2B**
egoistisch *adj.* selfish (1) **3B**
Ehe, -n *f.* marriage (2) **1A**
Ehefrau, -en *f.* wife (1) **3A**
Ehemann, -¨er *m.* husband (1) **3A**
Ei, -er *n.* egg (1) **4A**
Eichhörnchen, - *n.* squirrel (3) **4A**
eifersüchtig *adj.* jealous (1) **3B**
ein/eine/ein *m./f./n.* a (1) **1A**
Einbahnstraße, -n *f.* one-way street (2) **4A**
einfach *adj.* easy (1) **2A**
einfarbig *adj.* solid colored (2) **1B**
eingebildet *adj.* arrogant (1) **3B**
einkaufen *v.* to shop (1) **4A**
Einkaufen *n.* shopping (2) **1B**
Einkaufszentrum (*pl.* **Einkaufszentren**) *n.* mall; shopping center (3) **2B**
Einkommensgruppe, -n *f.* income bracket (2) **2B**
einladen *v.* to invite (2) **1A**
einmal *adv.* once (2) **3B**
eins one (1) **2A**
einschlafen *v.* to go to sleep (1) **4A**
einzahlen *v.* to deposit (money) (3) **2A**
Einzelkind, -er *n.* only child (1) **3A**
Eis *n.* ice cream (2) **1A**
Eisdiele, -n *f.* ice cream shop (1) **4A**
Eishockey *n.* ice hockey (1) **2B**
Eiswürfel, - *m.* ice cube (2) **1A**
elegant *adj.* elegant (2) **1B**
Elektriker, - / Elektrikerin, -nen *m./f.* electrician (3) **3B**
elf eleven (1) **2A**
Ellenbogen, - *m.* elbow (3) **1A**
Eltern *pl.* parents (1) **3A**
E-Mail, -s *f.* e -mail (2) **4B**
empfehlen *v.* to recommend (1) **2B**
Empfehlungsschreiben, - *n.* letter of recommendation (3) **3A**
endlich *adv.* finally (3) **1B**
Energie, -n *f.* energy (3) **4B**
energiesparend *adj.* energy-efficient (2) **2B**
eng *adj.* tight (2) **1B**
England *n.* England (3) **2B**
Engländer, - / Engländerin, -nen *m./f.* English (person) (3) **2B**
Englisch *n.* English (language) (3) **2B**
Enkelkind, -er *n.* grandchild. (1) **3A**
Enkelsohn, -¨e *m.* grandson (1) **3A**
Enkeltochter, -¨ *f.* granddaughter (1) **3A**
entdecken *v.* to discover (2) **2B**
entfernen *v.* to remove (2) **2B**
entlang *prep.* along, down (1) **3B**
entlassen *v.* to fire; to lay off (3) **3B**
sich entschließen *v.* to decide (1) **4B**
(sich) entschuldigen *v.* to apologize; to excuse
Entschuldigen Sie. Excuse me. (form.) (1) **1A**
Entschuldigung. Excuse me. (1) **1A**
sich entspannen *v.* to relax (3) **1A**
entwerten *v.* to validate (2) **4A**
eine Fahrkarte entwerten *v.* to validate a ticket (2) **4A**
entwickeln *v.* to develop (3) **4B**
er *pron.* he (1) **1A**
Erdbeben, - *n.* earthquake (3) **4A**
Erdbeere, - n *f.* strawberry (1) **4A**
Erde, -n *f.* earth (3) **4B**
Erderwärmung *f.* global warming (3) **4B**
Erdgeschoss, -e *n.* ground floor (2) **2A**
Erfahrung, -en *f.* experience (3) **3A**
erfinden *v.* to invent (2) **3A**
Erfolg, -e *m.* success (3) **3B**
erforschen *v.* to explore (3) **4A**
ergänzen *v.* complete
Ergebnis, -se *n.* result; score (1) **1B**
erhalten *v.* to preserve (3) **4B**
sich erinnern (an) *v.* to remember (3) **1A**
sich erkälten *v.* to catch a cold (3) **1A**
Erkältung, -en *f.* cold (3) **1B**
erkennen *v.* to recognize (2) **3A**
erklären *v.* to explain (1) **4A**
erneuerbare Energie *f.* renewable energy (3) **4B**
ernst *adj.* serious (1) **3B**
erster/erste/erstes *adj.* first (1) **2A**
erwachsen grown-up adj. (3) **2A**
erzählen *v.* to tell (2) **3A**
erzählen von *v.* to talk about (2) **3A**
es *pron.* it (1) **1A**
Es gibt... There is/are... (1) **2B**
Essen, - *n.* food (1) **4A**
essen *v.* to eat (1) **2B**
essen gehen *v.* to eat out (1) **2B**
Esslöffel, - *m.* soup spoon (1) **4B**
Esszimmer, - *n.* dining room (2) **2A**
etwas *pron.* something (2) **3B**
etwas anderes something else (3) **2A**
euer *(pl. inf.) poss. adj.* your (1) **3A**

F

Fabrik, -en *f.* factory (3) **4B**
Fabrikarbeiter, - / Fabrikarbeiterin, -nen *m./f.* factory worker (3) **3B**
Fach, -¨er *n.* subject (1) **2A**
fade *adj.* bland (1) **4B**
fahren *v.* to drive; to go (1) **2B**
Auto fahren *v.* to drive a car (2) **4A**
Fahrrad fahren *v.* to ride a bicycle (1) **2B**
geradeaus fahren *v.* to go straight ahead (2) **4A**
Fahrer, - / Fahrerin, -nen *m./f.* driver (2) **4A**
Fahrgemeinschaft, -en *f.* carpool (3) **4B**

Fahrkarte, -n *f.* ticket (2) **4A**
eine Fahrkarte entwerten *v.* to validate a ticket (2) **4A**
Fahrkartenschalter, - *m.* ticket office (2) **4A**
Fahrplan, -¨e *m.* schedule (2) **4A**
Fahrrad, -¨er *n.* bicycle (1) **2B**, (2) **4A**
Fahrstuhl, -¨e *m.* elevator (2) **3B**
fallen *v.* to fall (1) **2B**
Familie, -n *f.* family (1) **3A**
Familienstand, -¨e *m.* marital status (1) **3A**
Fan, -s *m.* fan (1) **2B**
fangen *v.* to catch (1) **2B**
fantastisch *adj.* fantastic (3) **2A**
Farbe, -n *f.* color (2) **1B**
färben *v.* to dye
sich die Haare färben *v.* to dye one's hair (3) **1A**
fast *adv.* almost (1) **4A**
faul *adj.* lazy (1) **3B**
Faxgerät, -e *n.* fax machine (2) **4B**
Februar *m.* February (1) **2A**, (2) **3A**
fegen *v.* to sweep (2) **2B**
feiern *v.* to celebrate (2) **1A**
Feiertag, -e *m.* holiday (2) **1A**
Feinkostgeschäft, -e *n.* delicatessen (1) **4A**
Feld, -er *n.* field (3) **4A**
Fenster, - *n.* window (1) **1A**
Ferien *pl.* vacation
Fernbedienung *f.* remote control (2) **4B**
fernsehen *v.* to watch television (2) **4B**
Fernseher, - *m.* television (2) **4B**
fertig *adj.* ready; finished (3) **3B**
Fest, -e *n.* festival; celebration (2) **1A**
Festplatte, -n *f.* hard drive (2) **4B**
fett *adj.* fat (1) **3A**
Feuerwehrmann, -¨er / Feuerwehrfrau, -en (*pl.* **Feuerwehrleute**) *m./f.* **firefighter** (3) **3B**
Fieber, - *n.* fever (3) **1B**
Fieber haben *v.* to have a fever (3) **1B**
finden *v.* to find (1) **2A**
Finger, - *m.* finger (3) **1A**
Firma (*pl.* **die Firmen**) *f.* firm; company (3) **3A**
Fisch, -e fish *m.* (1) **4A**, (3) **4A**
Fischgeschäft, -e *n.* fish store (1) **4A**
fit *adj.* in good shape (1) **2B**
Flasche, -n *f.* bottle (1) **4B**
Fleisch *n.* meat (1) **4A**
fleißig *adj.* hard-working (1) **3B**
fliegen *v.* to fly (2) **3B**
Flug, -¨e *m.* flight (2) **3B**
Flughafen, -¨ *m.* airport (2) **3B**
Flugticket, -s *n.* (plane) ticket (2) **3B**
Flugzeug, -e *n.* airplane (2) **3B**
Flur, -e *m.* hall (2) **2A**
Fluss, ¨e *m.* river (1) **3B**, (3) **4A**
folgen *v.* to follow (2) **1A**, (3) **2B**
Form, -en *f.* shape, form
in guter/schlechter Form sein *v.* to be in/out of shape (3) **1B**
Formular, -e *n.* form (3) **2A**
ein Formular ausfüllen *v.* to fill out a form (3) **2A**
Foto, -s *n.* photo, picture (1) **1B**
Frage, -n *f.* question (1) **1B**
fragen *v.* to ask (1) **2A**
fragen nach *v.* to ask about (2) **3A**
sich fragen *v.* to wonder, ask oneself (3) **1A**
Frankreich *n.* France (3) **2B**
Franzose, -n / Französin, -nen *m./f.* French (person) (3) **2B**
Französisch *n.* French (language) (3) **2B**
Frau, -en *f.* woman (1) **1A**; wife (1) **3A**
Frau... Mrs./Ms. ...(1) **1A**
Freitag, -e *m.* Friday (1) **2A**
freitags *adv.* on Fridays (1) **2A**
Freizeit, -en *f.* free time, leisure (1) **2B**
Freizeitaktivität, - en *f.* leisure activity (1) **2B**
fremd *adj.* foreign (3) **2A**
Fremdsprache, -n *f.* foreign language (1) **2A**
sich freuen (über) *v.* to be happy (about) (3) **1A**
Freut mich. Pleased to meet you. (1) **1A**
sich freuen auf *v.* to look forward to (3) **1A**
Freund, -e / Freundin, - nen *m./f.* friend (1) **1A**
freundlich *adj.* friendly (1) **3B**
Mit freundlichen Grüßen Yours sincerely (1) **3B**
Freundschaft, -en *f.* friendship (2) **1A**
Frischvermählte, -n *m./f.* newlywed (2) **1A**
Friseur, -e / Friseurin, -nen *m./f.* hairdresser (1) **3B**
froh *adj.* happy (1) **3B**
Frohe Ostern! Happy Easter! (2) **1A**
Frohe Weihnachten! Merry Christmas! (2) **1A**
früh *adj.* early; in the morning (1) **2B**
morgen früh tomorrow morning (1) **2B**
Frühling, -e *m.* spring (1) **2B**, (2) **3A**
Frühstück, -e *n.* breakfast (1) **4B**
fühlen *v.* to feel (1) **2A**
sich (wohl) fühlen *v.* to feel (well) (3) **1A**
füllen *v.* to fill
fünf five (1) **2A**
funktionieren *v.* to work, function (2) **4B**
für *prep.* for (1) **3B**
furchtbar *adj.* awful (2) **3A**
Fuß, -¨e *m.* foot (3) **1A**
Fußball *m.* soccer (1) **2B**
Fußgänger, - / Fußgängerin, -nen *m./f.* pedestrian (3) **2B**

G

Gabel, -n *f.* fork (1) 4B
Gang, -¨e *m.* course
erster/zweiter Gang *m.* first/second course (1) **4B**
ganz *adj.* all, total (2) **3B**
ganztags *adj* full-time (3) **3B**
Garage, -n *f.* garage (2) **1B**
Garnele, -n *f.* shrimp (1) **4A**
Gartenabfall, -¨e *m.* yard waste (3) **4B**
Gärtner, - /Gärtnerin, -nen *m./f.* gardener (3) **3B**
Gast, -¨e *m.* guest (2) **1A**
Gastfamilie, -n *f.* host family (1) **4B**
Gastgeber, - / Gastgeberin, -nen *m./f.* host/ hostess (2) **1A**
Gebäck *n.* pastries; baked goods (2) **1A**
Gebäude, - *n.* building (3) **2A**
geben *v.* to give (1) **2B**
Es gibt... There is/are... (1) **2B**
Geburt, - en *f.* birth (2) **1A**
Geburtstag, -e *m.* birthday (2) **1A**
Wann hast du Geburtstag? When is your birthday? (2) **3A**
geduldig *adj.* patient (1) **3B**
Gefahr, -en *f.* danger (3) **4B**
gefährdet *adj.* endangered; threatened (3) **4B**
gefallen *v.* to please (2) **1A**
Gefrierschrank, -¨e *m.* freezer (2) **2B**
gegen *prep.* against (1) **3B**
gegenüber (von) *prep.* across (from) (3) **2B**
Gehalt, -¨ er *n.* salary (3) **3A**
hohes/niedriges Gehalt, -¨er high/low salary *n.* (3) **3A**
Gehaltserhöhung, -en *f.* raise (3) **3B**
gehen *v.* to go (1) **2A**
Geht es dir/Ihnen gut? *v.* Are you all right? (*inf./form.*) (1) **1A**
Wie geht es Ihnen? (*form.*) How are you? (1) **1A**
Wie geht's (dir)? (*inf.*) How are you? (1) **1A**
gehören *v.* to belong to (2) **1A**
Geländewagen, - *m.* SUV (2) **4B**
gelb *adj.* yellow (2) **1B**
Geld *n.* money (3) **2A**
Geld abheben/einzahlen *v.* to withdraw/deposit money (3) **2A**
Geldautomat, -en *m.* ATM (3) **2A**
Geldschein, -e *m.* bill (money) (3) **2A**
gemein *adj.* mean (1) **3B**
Gemüse *n.* vegetables (1) **4A**
genau *adv.* exactly
genauso wie just as (2) **4A**
genießen *v.* to enjoy
geöffnet *adj.* open (3) **2A**
Gepäck *n.* luggage (2) **3B**
geradeaus straight ahead *adv.* (2) **4A**
gern *adv.* with pleasure (1) **3A**
gern *(+verb)* to like to *(+verb)* (1) **3A**
ich hätte gern... I would like... (1) **4A**
Gern geschehen. My pleasure.; You're welcome. (1) **1A**
Geschäft, -e *n.* business (3) **3A**; store (1) **4A**
Geschäftsführer, - / Geschäftsführerin, -nen *m./f.* manager (3) **3A**
Geschäftsmann, -¨er / Geschäftsfrau, -en (*pl.* **Geschäftsleute**) *m./f.* businessman / businesswoman (1) **3B**
Geschenk, -e *n.* gift (2) **1A**
Geschichte, -n *f.* history (1) **2A**; story
geschieden *adj.* divorced (1) **3A**
Geschirr *n.* dishes (2) **2B**
Geschirr spülen *v.* to do the dishes (2) **2B**
geschlossen *adj.* closed (3) **2A**
Geschmack, -¨e *m.* flavor; taste (1) **4B**
Geschwister, - *n.* siblings (1) **3A**
Gesetz, -e *n.* law (3) **4B**
Gesicht, -er *n.* face (3) **1A**
gestreift *adj.* striped (2) **1B**
gesund *adj.* healthy (2) **4A**; (3) **1B**
gesund werden *v.* to get better (3) **1B**
Gesundheit *f.* health (3) **1B**
geteilt durch divided by (1) **1B**
Getränk, -e *n.* beverage (1) **4B**
getrennt *adj.* separated (1) **3A**

gewaltfrei *adj.* nonviolent (3) **4B**
Gewerkschaft, -en *f.* labor union (3) **3B**
gewinnen *v.* to win (1) **2B**
sich gewöhnen an *v.* to get used to (3) **1A**
gierig *adj.* greedy (1) **3B**
Giftmüll *m.* toxic waste (3) **4B**
Glas, -¨er *n.* glass (1) **4B**
glatt *adj.* straight (1) **3A**
glatte Haare *n. pl.* straight hair (1) **3B**
glauben *v.* to believe (2) **1A**
gleich *adj.* same
ist gleich *v.* equals, is (1) **1B**
Glück *n.* happiness (2) **1A**
glücklich *adj.* happy (1) **3B**
Golf *n.* golf (1) **2B**
Grad *n.* degree (2) **3A**
Es sind 18 Grad draußen. It's 18 degrees out. (2) **3A**
Gramm, -e *n.* gram (1) **4A**
Granit, -e *m.* granite (2) **2B**
Gras, -¨er *n.* grass (3) **4A**
gratulieren *v.* to congratulate (2) **1A**
grau *adj.* grey (2) **1B**
grausam *adj.* cruel
Grippe, -n *f.* flu (3) **1B**
groß *adj.* big; tall (1) **3A**
großartig *adj.* terrific (1) **3A**
Großeltern *pl.* grandparents (1) **1A**
Großmutter, -¨ *f.* grandmother (1) **3A**
Großvater, -¨ *m.* grandfather (1) **3A**
großzügig *adj.* generous (1) **3B**
grün *adj.* green (2) **1B**
grüne Bohne, (pl. die grünen Bohnen) f. green bean (1) 4A
Gruß, -¨e *m.* greeting
Mit freundlichen Grüßen Yours sincerely (1) **3B**
grüßen *v.* to greet (1) **2A**
Gürtel, - *m.* belt (2) **1B**
gut *adj.* good (1) **3B**; *adv.* Well (1) **1A**
gut aussehend *adj.* handsome (1) **3A**
gut gekleidet *adj.* well-dressed (2) **1B**
Gute Besserung! Get well! (2) **1A**
Guten Appetit! Enjoy your meal! (1) **4B**
Guten Abend. Good evening. (1) **1A**
Guten Morgen. Good morning. (1) **1A**
Gute Nacht. Good night. (1) **1A**
Guten Tag. Hello. (1) **1A**

H

Haar, -e hair *n.* (1) **3A**, (3) **1A**
Haartrockner, - *m.* hair dryer (3) **1A**
haben to have *v.* (1) **1B**
Hagel *m.* hail (2) **3A**
Hähnchen, - *n.* chicken (1) **4A**
halb *half;* half an hour before (1) **2A**
Halbbruder, -¨ *m.* half-brother (1) **3A**
Halbschwester, -n *f.* half-sister (1) **3A**
halbtags *adj.* part-time (3) **3B**
Hallo. Hello. (1) **1A**
Hals, -¨e *m.* neck (3) **1A**
Hals- und Beinbruch! Break a leg! (2) **1A**
Halskette, -n *f.* necklace (2) **1B**
Hand, -¨e *f.* hand (3) **1A**
handeln *v.* to act
handeln von *v.* to be about; have to do with (2) **3A**
Handgelenk, -e *n.* wrist (3) **1B**
Handgepäck *n.* carry-on luggage (2) **3B**
Handschuh, -e *m.* glove (2) **1B**
Handtasche, -n *f.* purse (2) **1B**
Handtuch, -¨er *n.* towel (3) **1A**
Handy, -s *n.* cell phone (2) **4B**
hängen *v.* to hang (2) **1B**
Hase, -n *m.* hare (3) **4A**
hässlich *adj.* ugly (1) **3A**
Hauptspeise, -n *f.* main course (1) **4B**
Hauptstraße, -n *f.* main road (3) **2B**
Haus, -¨er *n.* house (2) **2A**
nach Hause *adv.* home (2) **1B**
zu Hause *adv.* at home (1) **4A**
Hausarbeit *f.* housework (2) **2B**
Hausarbeit machen *v.* to do housework (2) **2B**
Hausaufgabe, -n *f.* homework (1) **1B**
Hausfrau, -en / Hausmann, -¨er *f./m.* homemaker (3) **3B**
hausgemacht *adj.* homemade (1) **4B**
Hausmeister, - / Hausmeisterin, -nen *m./f.* caretaker; custodian (3) **3B**
Hausschuh, -e *m.* slipper (3) **1A**
Haustier, -e *n.* pet (1) **3A**
Heft, -e *n.* notebook (1) **1B**
Hefter, - *m.* stapler (3) **3A**
heiraten *v.* to marry (1) **3A**
heiß *adj.* hot (2) **3A**
heißen *v.* to be named (1) **2A**
Ich heiße... My name is... (1) **1A**
helfen *v.* to help (1) **2B**
helfen bei *v.* to help with (2) **3A**
hell *adj.* light (1) **3A**; bright (2) **1B**
Hemd, -en *n.* shirt (2) **1B**
herauf *adv.* up; upwards (2) **2A**
heraus *adv.* out (2) **2A**
Herbst, -e *m.* fall, autumn (1) **2B**, (2) **3A**
Herd, -e *m.* stove (2) **2B**
Herr Mr. (1) **1A**
herunter *adv.* down; downwards (2) **2A**
heruntergehen *v.* to go down (3) **2B**
die Treppe heruntergehen *v.* to go downstairs (3) **2B**
herunterladen *v.* to download (2) **4B**
Herz, -en *n.* heart
Herzlichen Glückwunsch! Congratulations! (2) **1A**
heute *adv.* today (1) **2B**
Heute ist der... Today is the... (1) **2A**
Welcher Tag ist heute? What day is it today? (2) **3A**
Der Wievielte ist heute? What is the date today? (1) **2A**
hier *adv.* here (1) **1A**
Hier ist/sind... Here is/are... (1) **1B**
Himmel *m.* sky (3) **4A**
hin und zurück there and back (2) **3B**
sich hinlegen *v.* to lie down (3) **1A**
sich hinsetzen *v.* to sit down (3) **1A**
hinter *prep.* behind (2) **1B**
hinterlassen *v.* to leave (behind)
eine Nachricht hinterlassen *v.* to leave a message (3) **3A**
Hobby, -s *n.* hobby (1) **2B**
hoch *adj.* high (2) **4A**
hochgehen *v.* to go up, climb up (3) **2B**
die Treppe hochgehen *v.* to go upstairs (3) **2B**
Hochwasser, - *n.* flood (3) **4B**
Hochzeit, -en *f.* wedding (2) **1A**
Hockey *n.* hockey (1) **2B**
Höflichkeit, -en *f.* courtesy; polite expression (1) **1A**
Holz *n.* wood (2) **2B**
hören *v.* to hear; listen to (1) **2A**
Hörer, - *m.* receiver (3) **3A**
Hörsaal (*pl.* **Hörsäle**) *m.* lecture hall (1) **2A**
Hose, -n *f.* pants (2) **1B**
kurze Hose *f.* shorts (2) **1B**
Hotel, -s *n.* hotel (2) **3B**
Fünf-Sterne-Hotel *n* five-star hotel. (2) **3B**
Hotelgast, -¨e *m.* hotel guest (2) **3B**
hübsch *adj.* pretty (1) **3A**
Hund, -e *m.* dog (1) **3A**
Hundewetter *n.* terrible weather (2) **3A**
husten *v.* to cough (3) **1B**
Hut, -¨e *m.* hat (2) **1B**
Hybridauto, -s *n.* hybrid car (3) **4B**

I

ich *pron.* I (1) **1A**
Idee, -n *f.* idea (1) **1A**
Ihr *(form., sing /pl.) poss. adj.* your (1) **3A**
ihr *(inf., pl.) pron.* you (1) **1A**; *poss. adj.* her, their (1) **3A**
immer *adv.* always (1) **4A**
Immobilienmakler, - / Immobilienmaklerin, -nen *m./f.* real estate agent (3) **3B**
in *prep.* in (2) **1B**
Inder, - / Inderin, -nen *m./f.* Indian (person) (3) **2B**
Indien *n.* India (3) **2B**
indisch *adj.* Indian (3) **2B**
Informatik *f.* computer science (1) **2A**
sich informieren (über) *v.* to find out (about) (3) **1A**
Ingenieur, -e / Ingenieurin, -nen *m./f.* engineer (1) **3B**
Innenstadt, -¨e *f.* city center
innerhalb *prep.* inside of, within (2) **4B**
Insel, -n *f.* island (3) **4A**
intellektuell *adj.* intellectual (1) **3B**
intelligent *adj.* intelligent (1) **3B**
interessant *adj.* interesting (1) **3B**
sich interessieren (für) *v.* to be interested (in) (3) **1A**
Internet *n.* Web (2) **4B**
im Internet surfen *v.* to surf the Web (2) **4B**
Internetcafé, -s *n.* internet café (3) **2A**
Italien *n.* Italy (3) **2B**
Italiener, - / Italienerin, -nen *m./f.* Italian (person) (3) **2B**
Italienisch *n.* Italian (language) (3) **2B**

J

ja yes (1) **1B**
Jacke, -n *f.* jacket (2) **1B**
Jahr, -e *n.* year (2) **3A**
 Ein gutes neues Jahr! Happy New Year! (2) **1A**
 Ich bin... Jahre alt. I am... years old (1) **1B**
Jahrestag, -e *m.* anniversary (2) **1A**
Jahreszeit, -en *f.* season (2) **3A**
Januar *m.* January (1) **2A**, (2) **3A**
Jeans *f.* jeans (2) **1B**
jeder/jede/jedes *adj.* any, every, each (2) **4B**
jemand *pron.* someone (2) **3B**
jetzt *adv.* now (1) **4A**
joggen *v.* to jog (1) **2B**
Joghurt, -s *m.* yogurt (1) **4A**
Journalist, -en / Journalistin, -nen *m./f.* journalist (1) **3B**
Jugendherberge, -n *f.* youth hostel (2) **3B**
jugendlich *adj.* young; youthful (3) **2A**
Juli *m.* July (1) **2A**, (2) **3A**
jung *adj.* young (1) **3A**
Junge, -n *m.* boy (1) **1A**
Juni *m.* June (1) **2A**, (2) **3A**
Juweliergeschäft, -e *n.* jewelry store (3) **2A**

K

Kaffee, -s *m.* coffee (1) **4B**
Kaffeemaschine, -n *f.* coffeemaker (2) **2B**
kalt *adj.* cold (2) **3A**
sich (die Haare) kämmen *v.* comb (one's hair) (3) **1A**
Kanada *n.* Canada (3) **2B**
Kanadier, -/ Kanadierin, -nen *m./f.* Canadian (3) **2B**
Kandidat, -en *m.* candidate (3) **3A**
Kaninchen, *n.* rabbit (3) **4A**
Karotte, -n *f.* carrot (1) **4A**
Karriere, -n *f.* career (3) **3B**
Karte, -n *f.* map (1) **1B**, *f.* card (1) **2B**; (2) **1A**
 eine Karte lesen *v.* to read a map (2) **3B**
 mit der Karte bezahlen *v.* to pay by (credit) card (3) **2A**
Kartoffel, -n *f.* potato (1) **4A**
Käse, - *m.* cheese (1) **4A**
Katze, -n *f.* cat (1) **3A**
kaufen *v.* to buy (1) **2A**
Kaufhaus, -¨er *n.* department store (3) **2B**
Kaution, -en *f.* security deposit (2) **2A**
kein *adj.* no (1) **2B**
 Keine Zufahrt. Do not enter. (1) **3B**
Keks, -e *m.* cookie (2) **1A**
Keller, - *m.* cellar (2) **2A**
Kellner, - / Kellnerin, -nen *m./f.* waiter/ waitress (1) **3B**, (1) **4B**
kennen *v.* to know, be familiar with (2) **1B**
 sich kennen *v.* to know each other (3) **1A**
 (sich) kennen lernen *v.* to meet (one another) (1) **1A**
Keramik, -en *f.* ceramic (2) **2B**
Kernenergie *f.* nuclear energy (3) **4B**
Kernkraftwerk, -e *n.* nuclear power plant (3) **4B**
Kind, -er *n.* child (1) **1A**
Kiosk, -e *m.* newspaper kiosk (3) **2A**
Kirche, -n *f.* church (3) **2B**
Kissen, - *n.* pillow (2) **2B**
Klasse, -n *f.* class (1) **1B**
 erste/zweite Klasse, *-n* first/second class (2) **4A**
Klassenkamerad, -en / Klassenkameradin, -nen *m./f.* classmate (1) **1B**
Klassenzimmer, - *n.* classroom (1) **1B**
klassisch *adj.* classical (3) **2A**
Kleid, -er *n.* dress (2) **1B**
Kleidergröße, -n *f.* clothing size (2) **1B**
Kleidung *f. pl.* clothes (2) **1B**
klein *adj.* small; short (stature) (1) **3A**
Kleingeld *n.* change (3) **2A**
Klempner, - / Klempnerin, -nen *m./f.* plumber (3) **3B**
klettern *v.* to climb (mountain) (1) **2B**
klingeln *v.* to ring (2) **4B**
Klippe, -n *f.* cliff (3) **4A**
Knie, - *n.* knee (3) **1A**
Knoblauch, -e *m.* garlic (1) **4A**
Koch, -¨e / Köchin, -nen *m./f.* cook, chef (1) **4B**
kochen *v.* to cook (1) **2B**
Koffer, - *m.* suitcase (2) **3B**
Kofferraum, -¨e *m.* trunk (2) **4A**
Kombi, -s *m.* station wagon (2) **4B**
Komma, -s *n.* comma (1) **1B**
kommen *v.* to come (1) **2A**
Kommode, -n *f.* dresser (2) **2A**
kompliziert *adj.* complicated (3) **2A**
Konditorei, -en *f.* pastry shop (1) **4A**
können *v.* to be able, can (1) **3B**
Konto (pl. Konten) *n.* bank account (3) **2A**
Konzert, -e *n.* concert (2) **1B**
Kopf, -¨e *m.* head (3) **1A**
Kopfhörer, *m.* headphones (2) **4B**
Kopfschmerzen *(m. pl.) f.* headache (3) **1B**
Korea *n.* Korea (3) **2B**
der Koreaner, - / die Koreanerin, -nen *m./f.* Korean (person) (3) **2B**
Koreanisch *n.* Korean (language) (3) **2B**
Körper, - *m.* body (3) **1A**
korrigieren *v.* to correct (1) **2A**
Kosmetiksalon, -s *m.* beauty salon (3) **2A**
kosten *v.* to cost (1) **2A**
 Wie viel kostet das? *v.* How much is that? (1) **4A**
krank *adj.* sick (3) **1B**
 krank werden *v.* to get sick (3) **1B**
Krankenhaus, -¨er *n.* hospital (3) **1B**
Krankenpfleger, - / Krankenschwester, -n *m./f.* nurse (3) **1B**
Krankenwagen, - *m.* ambulance (3) **1B**
Krawatte, -n *f.* tie (2) **1B**
Kreuzfahrt, -en *f.* cruise (2) **3B**
Kreuzung, -en *f.* intersection (3) **2B**
Küche, -n *f.* kitchen (2) **2A**
Kuchen, - *m.* cake; pie (1) **4A**
Kuh, -¨e *f.* cow (3) **4A**
kühl *adj.* cool (2) **3A**
Kühlschrank, -¨e *m.* refrigerator (2) **2B**
Kuli, -s *m.* (ball-point) pen (1) **1B**
Kunde, -n / Kundin, -nen *m./f.* customers (3) **1B**
kündigen *v.* to resign (3) **3B**
Kunst, -¨e *f.* art (1) **2A**
Kunststoff, -e *m.* plastic (2) **2B**
kurz *adj.* short (1) **3A**
 kurze Haare *n. pl.* short hair
 kurze Hose *f.* shorts (2) **1B**
kurzärmlig *adj.* short-sleeved (2) **1B**
Kurzfilm, -e *m.* short film
Kuss, -¨e *m.* kiss (2) **1A**
küssen *v.* to kiss (2) **1A**
 sich küssen *v.* to kiss (each other) (3) **1A**
Küste, -n *f.* coast (3) **4A**

L

lächeln *v.* to smile (2) **1A**
lachen *v.* to laugh (1) **2A**
Ladegerät, -e *n.* battery charger (2) **4B**
laden *v.* to charge; load (2) **4B**
Lage, -n *f.* location (2) **3B**
Laken, - *n.* sheet (2) **2B**
Lampe, -n *f.* lamp (2) **2A**
Land, -¨er *n.* country (2) **3B**
landen *v.* to land (2) **3B**
Landkarte, -n *f.* map (2) **3B**
Landschaft, -en *f.* landscape (2) **3B**; countryside (3) **4A**
lang *adj.* long (1) **3A**
 lange Haare *n. pl.* long hair (1) **3A**
langärmlig *adj.* long-sleeved (2) **1B**
langsam *adj* slow. (1) **3B**
 Langsam fahren. Slow down. (1) **3B**
langweilig *adj.* boring (1) **3B**
Laptop, -s *m./n.* laptop (computer) (2) **4B**
lassen *v.* to let, allow (1) **2B**
laufen *v.* to run (1) **2B**
leben *v.* to live
Lebenslauf, -¨e *m.* résumé; CV (3) **3A**
Lebensmittelgeschäft, -e *n.* grocery store (1) **4A**
lecker *adj.* delicious (1) **4B**
Leder, - *n.* leather (2) **1B**
ledig *adj.* single (1) **3A**
legen *v.* to lay (2) **1B**; *v.* to put; lay (3) **1A**
Lehrbuch, -¨er *n.* textbook (university) (1) **1B**
Lehrer, - / Lehrerin, -nen *m./f.* teacher (1) **1B**
leicht *adj.* light (1) **4B**; mild (3) **1B**
Leichtathletik *f.* track and field (1) **2B**
leider *adv.* unfortunately (1) **4A**
leiten *v.* to manage (3) **3B**
Lenkrad, -¨er *n.* steering wheel (2) **4A**
lernen *v.* to study; to learn (1) **2A**
lesen *v.* to read (1) **2B**
letzter/letzte/letztes *adj.* last (1) **2B**
Leute *pl.* people (1) **3B**
Licht, -er *n.* light (3) **4B**
Liebe *f.* love (2) **1A**
 Lieber/Liebe *m./f.* Dear (1) **3B**
lieben *v.* to love (1) **2A**
 sich lieben *v.* to love each other (3) **1A**
lieber *adj.* rather (2) **4A**
liebevoll *adj.* loving (1) **3B**
Liebling, -e *m.* darling
 Lieblings- favorite (1) **3B**

liegen *v.* to lie; to be located (2) **1B**
lila *adj.* purple (2) **1B**
Linie, -n *f.* line
Lippe, -n *f.* lip (3) **1A**
Lippenstift, -e *m.* lipstick (3) **1A**
Literatur *f.* literature (1) **2A**
LKW, -s *m.* truck (2) **4A**
LKW-Fahrer, - / LKW-Fahrerin, -nen *m./f.* truck driver (3) **3B**
lockig *adj.* curly (1) **3A**
  lockige Haare *n. pl.* curly hair
Los! Start!; Go! (1) **2B**
löschen *v.* to delete (2) **4B**
Lösung, -en *f.* solution (3) **4B**
  eine Lösung vorschlagen *v.* to propose a solution (3) **4B**
Luft, -¨e *f.* air (3) **4A**
lügen *v.* to lie, tell a lie
Lust, -¨e *f.* desire
  Lust haben *v.* to feel like (2) **3B**
lustig *adj.* funny (1) **3B**

M

machen *v.* to do; make (1) **2A**
  Mach's gut! *v.* All the best! (1) **3B**
Mädchen, - *n.* girl (1) **1A**
Mahlzeit, -en *f.* meal (1) **4B**
Mai *m.* May (1) **2A**, (2) **3A**
Mal, -e *n.* time
  das erste/letzte Mal the first/last time (2) **3B**
  zum ersten/letzten Mal for the first/last time (2) **3B**
mal times (1) **1B**
Mama, -s *f.* mom (1) **3A**
man *pron.* one (2) **3B**
mancher/manche/manches *adj.* some. (2) **4B**
manchmal *adv.* sometimes (2) **3B**
Mann, -¨er *m.* man (1) **1A**; *m.* husband (1) **3A**
Mannschaft, -en *f.* team (1) **2B**
Mantel, -¨ *m.* coat (2) **1B**
Markt, ¨-e *m.* market (1) **4A**
Marmelade, -n *f.* jam (1) **4A**
Marmor *m.* marble (2) **2B**
März *m.* March (1) **2A**, (2) **3A**
Material, -ien *n.* material (2) **1B**
Mathematik *f.* mathematics (1) **2A**
Maus, -¨e *f.* mouse (3) **4A**
Mechaniker, - / Mechanikerin, -nen *m./f.* mechanic (2) **4A**
Medikament, -e *n.* medicine (3) **1B**
Medizin *f.* medicine (1) **2A**
Meer, -e *n.* sea; ocean (3) **4A**
Meeresfrüchte *f. pl.* seafood (1) **4A**
mehr *adj.* more (2) **4A**
mein *poss. adj.* my (1) **3A**
meinen *v.* to mean (1) **2A**; to believe; to maintain (3) **4B**
Meisterschaft, -en *f.* championship (1) **2B**
Melone, -n *f.* melon (1) **4A**
Mensa (pl. Mensen) *f.* cafeteria (college/university) (1) **1B**
Mensch, -en *m.* person
Messer, - *n.* knife (1) **4B**
Metzgerei, -en *f.* butcher shop (1) **4A**
Mexikaner, - / Mexikanerin, -nen *m./f.* Mexican (person) (3) **2B**
mexikanisch *adj.* Mexican (3) **2B**
Mexiko *n.* Mexico (3) **2B**
Miete, -n *f.* rent (2) **2A**
mieten *v.* to rent (2) **2A**
Mikrofon, -e *n.* microphone (2) **4B**
Mikrowelle, -n *f.* microwave (2) **2B**
Milch *f.* milk (1) **4B**
Minderheit, -en *f.* minority (3) **4B**
Mineralwasser *n.* sparkling water (1) **4B**
minus minus (1) **1B**
mir *pron.* myself, me (2) **3A**
  Mir geht's (sehr) gut. *v.* I am (very) well. (1) **1A**
  Mir geht's nicht (so) gut. *v.* I am not (so) well. (1) **1A**
mit with (1) **4B**
Mitbewohner, - / Mitbewohnerin, -nen *m./f.* roommate (1) **2A**
mitbringen *v.* to bring along (1) **4A**
mitkommen *v.* to come along (1) **4A**
mitmachen *v.* to participate (2) **4B**
mitnehmen *v.* to bring with (3) **2B**
  jemanden mitnehmen *v.* to give someone a ride (3) **2B**
Mittag, -e *m.* noon (1) **2A**
Mittagessen *n.* lunch (1) **4B**
Mitternacht *f.* midnight (1) **2A**
Mittwoch, -e *m.* Wednesday (1) **2A**
  mittwochs *adv.* on Wednesdays (1) **2A**
Möbel, - *n.* furniture (2) **2A**
Möbelstück, -e *n.* piece of furniture (2) **2A**
möbliert *adj.* furnished (2) **2A**
modern *adj.* modern (3) **2A**
modisch *adj.* fashionable (2) **1B**
mögen *v.* to like (1) **4B**
  Ich möchte... I would like... (1) **4B**
Monat, -e *m.* month (1) **2A**, (2) **3A**
Mond, -e *m.* moon (3) **4A**
Montag, -e *m.* Monday (1) **2A**
  montags *adv.* on Mondays (1) **2A**
Morgen, - *m.* morning (1) **2B**
  morgens *adv.* in the morning (1) **2A**
morgen adv. tomorrow (1) 2B
  morgen früh tomorrow morning (1) **2B**
Motor, -en *m.* engine (2) **4A**
Motorhaube, -n *f.* hood (of car) (2) **4A**
MP3-Player, - *m.* mp3 player (2) **4B**
müde *adj.* tired (1) **3B**
Müll *m.* trash (2) **2B**; *m.* waste (3) **4B**
  den Müll rausbringen *v.* to take out the trash (2) **2B**
Müllwagen, - *m.* garbage truck (3) **4B**
Mund, -¨er *m.* mouth (3) **1A**
Münze, -n *f.* coin (3) **2A**
Musiker, - / Musikerin, -nen *m./f.* musician (1) **3B**
müssen *v.* to have to; must (1) **3B**
mutig *adj.* brave (1) **3B**
Mutter, -¨ *f.* mother (1) **1A**
Mütze, -n *f.* cap (2) **1B**

N

nach *prep.* after; to; according to (1) **4B**; *prep.* past (time) (1) **2A**
  nach rechts/links to the right/left (2) **2A**
nachdem *conj.* after (3) **2A**
nachmachen *v.* to imitate (2) **4B**
Nachmittag, -e *m.* afternoon (1) **2B**
  nachmittags *adv.* in the afternoon (1) **2A**
Nachname, -n *m.* last name (1) **3A**
Nachricht, -en *f.* message (3) **3A**
  eine Nachricht hinterlassen *v.* to leave a message (3) **3A**
Nachspeise, -n *f.* dessert (1) **4B**
nächster/nächste/nächstes *adj.* next (1) **2B**
Nacht, -¨e *f.* night (1) **2B**
Nachttisch, -e *m.* night table (2) **2A**
nah(e) *adj.* near; nearby (3) **2B**
Nähe *f.* vicinity (3) **2B**
  in der Nähe von *f.* close to (3) **2B**
naiv *adj.* naïve (1) **3B**
Nase, -n *f.* nose (3) **1A**
  verstopfte Nase *f.* stuffy nose (3) **1A**
nass *adj.* wet (3) **4A**
Natur *f.* nature (3) **4A**
Naturkatastrophe, -n *f.* natural disaster (3) **4A**
Naturwissenschaft, -en *f.* science (1) **2A**
Nebel, - *m.* fog; mist (2) **3A**
neben *prep.* next to (2) **1B**
Nebenkosten *pl.* additional charges (2) **2A**
Neffe, -n *m.* nephew (2) **4B**
nehmen *v.* to take (1) **2B**
nein no (1) **1B**
nennen *v.* to call (2) **1A**
nervös *adj.* nervous (1) **3B**
nett *adj.* nice (1) **3B**
neugierig *adj.* curious (1) **3B**
neun nine (1) **2A**
nicht *adv.* not (1) **2B**
  nicht schlecht not bad (1) **1A**
nichts *pron.* nothing (2) **3B**
nie *adv.* never (1) **4A**
niedrig *adj.* low (3) **3A**
niemals *adv.* never (2) **3B**
niemand *pron.* no one (2) **3B**
niesen *v.* to sneeze (3) **1B**
normalerweise *adv.* usually (3) **1B**
Notaufnahme, -n *f.* emergency room (3) **1B**
Note, -n *f.* grade (on an assignment) (1) **1B**
Notfall, -¨e *m.* emergency (3) **3B**
Notiz, -en *f.* note (1) **1B**
November *m.* November (1) **2A**, (2) **3A**
Nummernschild, -er *n.* license plate (2) **4A**
nur *adv.* only (1) **4A**
nützlich *adj.* useful (1) **2A**
nutzlos *adj.* useless (1) **2A**

O

ob *conj.* whether; if (3) **2A**
Obst *n.* fruit (1) **4A**
obwohl *conj.* even though (2) **2A**; *conj.* although (3) **2A**
oder *conj.* or (2) **2A**

Ofen, ¨- *m.* oven (2) **2B**
öffentlich *adj.* public (2) **4A**
öffentliche Verkehrsmittel *n.* public transportation (2) **4A**
öffnen *v.* to open (1) **2A**
oft *adv.* often (1) **4A**
ohne *prep.* without (1) **3B**
Ohr, -en *n.* ear (3) **1A**
Ökologie *f.* ecology (3) **4B**
ökologisch *adj.* ecological (3) **4B**
Oktober *m.* October (1) **2A**, (2) **3A**
Öl, -e *n.* oil (1) **4A**
Olivenöl, -e *n.* olive oil (1) **4A**
Oma, -s *f.* grandma (1) **3A**
online sein *v.* to be online (2) **4B**
Opa, -s *m.* grandpa (1) **3A**
orange *adj.* orange (2) **1B**
Orange, -n *f.* orange (1) **4A**
ordentlich *adj.* neat, tidy (2) **2B**
Ort, -e *m.* place (1) **1B**
Österreich *n.* Austria (3) **2B**
Österreicher, - / Österreicherin, -nen *m./f.* Austrian (person) (3) **2B**

P

Paar, -e *n.* couple (1) **3A**
packen *v.* to pack (2) **3B**
Paket, -e *n.* package (3) **2A**
Papa, -s *m.* dad (1) **3A**
Papier, -e *n.* paper
Blatt Papier (*pl.* **Blätter Papier**) *n.* sheet of paper (1) **1B**
Papierkorb, -¨e *m.* wastebasket (1) **1B**
Paprika, - *f.* pepper (1) **4A**
grüne/rote Paprika *f.* green/red pepper (1) **4A**
Park, -s *m.* park (1) **1A**
parken *v.* to park (2) **4A**
Parkverbot. No parking. (1) **3B**
Party, -s *f.* party (2) **1A**
eine Party geben *v.* to throw a party (2) **1A**
Passagier, -e / Passagierin, -nen *m./f.* passenger (2) **3B**
passen *v.* to fit; to match (2) **1A**
passieren *v.* to happen (2) **1B**
Passkontrolle, -n *f.* passport control (2) **3B**
Passwort, -¨er *n.* password (2) **4B**
Pasta *f.* pasta (1) **4A**
Patient, -en / Patientin, -nen *m./f.* patient (3) **1B**
Pause, -n *f.* break, recess (1) **1B**
Pension, -en *f.* guesthouse (2) **3B**
Person, -en *f.* person (1) **1A**
Personalausweis, -e *m.* ID card (2) **3B**
Personalchef, -s / die Personalchefin, -nen *m./f.* human resources manager (3) **3A**
persönlich *adj.* personal (1) **3B**
Pfanne, -n *f.* pan (2) **2B**
Pfeffer, - *m.* pepper (1) **4B**
Pferd, -e *n.* horse (3) **4A**
Pfirsich, -e *m.* peach (1) **4A**
Pflanze, -n *f.* plant (2) **2A**
Pfund, -e *n.* pound (1) **4A**
Physik *f.* physics (1) **2A**
Picknick, -s, *n.* picnic (3) **4A**
ein Picknick machen *v.* to have a picnic (3) **4A**
Pilz, -e *m.* mushroom (1) **4A**
Pinnwand, -¨e *f.* bulletin board (3) **3A**
Planet, -en *m.* planet (3) **4B**
den Planeten retten *v.* to save the planet (3) **4B**
Platten, - *m.* flat tire (2) **4A**
einen Platten haben *v.* to have a flat tire (2) **4A**
Platz, -¨e *m.* court (1) **1A**
plus *plus* (1) **1B**
Politiker, - / Politikerin, -nen *m./f.* politician (3) **3B**
Polizeiwache, -n *f.* police station (3) **2A**
Polizist, -en / Polizistin, -nen *m./f.* police officer (2) **4A**
Post *f.* post office; mail (3) **2A**
zur Post gehen *v.* to go to the post office (3) **2A**
Poster, - *n.* poster (2) **2A**
Postkarte, -n *f.* postcard (3) **2A**
Praktikum (pl. die Praktika) *n.* internship (3) **3A**
prima *adj.* great (1) **1A**
probieren *v.* to try (1) **3B**
Probieren Sie mal! Give it a try!
Problem, -e *n.* problem (1) **1A**
Professor, -en / Professorin, -nen *m./f.* professor (1) **1B**
Programm, -e n. program (2) 4B
Prost! Cheers! (1) **4B**
Prozent, - *n.* percent (1) **1B**
Prüfung, -en *f.* exam, test (1) **1B**
Psychologe, -n / Psychologin, -nen *m./f.* psychologist (3) **3B**
Psychologie *f.* psychology (1) **2A**
Pullover, - *m.* sweater (2) **1B**
Punkt, -e *m.* period (1) **1B**
pünktlich *adj.* on time (2) **3B**
putzen *v.* to clean (2) **2B**
sich die Zähne putzen *v.* to brush one's teeth (3) **1A**

Q

Querverweis, -e *m.* cross-reference

R

Radiergummi, -s *m.* eraser (1) **1B**
Rasen, - *m.* lawn, grass
Betreten des Rasens verboten. Keep off the grass. (1) **3B**
sich rasieren *v.* to shave (3) **1A**
Rasierer, - *m.* razor (3) **1A**
Rasierschaum, -¨e *m.* shaving cream (3) **1A**
Rathaus, -¨er *n.* town hall (3) **2A**
rauchen v. to smoke
Rauchen verboten. No smoking. (1) **3B**
rausbringen *v.* to bring out (2) **2B**
den Müll rausbringen *v.* to take out the trash (2) **2B**
realistisch *adj.* realistic (3) **2A**
Rechnung, -en *f.* check (1) **4B**
Rechtsanwalt, -¨e / Rechtsanwältin, -nen *m./f.* lawyer (1) **3B**
Rechtschreibung *f.* spelling
recyceln *v.* to recycle (3) **4B**
reden *v.* to talk (2) **1A**
reden über *v.* to talk about (2) **3A**
Referat, -e *n.* presentation (1) **2A**
Referenz, -en *f.* reference (3) **3A**
Regen *m.* rain (2) **3A**
Regenmantel, -¨ *m.* raincoat (2) **3A**
Regenschirm, -e *m.* umbrella (2) **3A**
Regierung, -en *f.* government (3) **4B**
regnen *v.* to rain (1) **2A**, (2) **3A**
Reis *m.* rice (1) **4A**
Reise, -n *f.* trip (2) **3B**
Reisebüro, -s *n.* travel agency (2) **3B**
reisen *v.* to travel (1) **2A**
Reisende, -n *m./f.* traveler (2) **3B**
Reiseziel, -e *n.* destination (2) **3B**
reiten *v.* to ride (1) **2B**
rennen *v.* to run (2) **1A**
Rente, -n *f.* pension
in Rente gehen *v.* to retire (2) **1A**
Rentner, - / Rentnerin, -nen *m./f.* retiree (3) **3B**
reparieren *v.* to repair (2) **4A**
Restaurant, -s *n.* restaurant (1) **4B**
retten *v.* to save (3) **4B**
Rezept, -e *n.* prescription (3) **1B**
Richter, - / Richterin, -nen *m./f.* judge (3) **3B**
Richtung, -en *f.* direction (3) **2B**
in Richtung *f.* toward (3) **2B**
Rindfleisch *n.* beef (1) **4A**
Rock, -¨e *m.* skirt (2) **1B**
rosa *adj.* pink (2) **1B**
rot *adj.* red. (1) **3A**
rothaarig *adj.* red-haired (1) **3A**
Rücken, - *m.* back (3) **1A**
Rückenschmerzen *m. pl.* backache (3) **1B**
Rucksack, -¨e *m.* backpack (1) **1B**
ruhig *adj.* calm (1) **3B**
Russe, -n / Russin, -nen *m./f.* Russian (person (3) **2B**
Russisch *n.* Russian (language) (3) **2B**
Russland *n.* Russia (3) **2B**

S

Sache, -n *f.* thing (1) **1B**
Saft, -¨e *m.* juice (1) **4B**
sagen *v.* to say (1) **2A**
Salat, -e *m.* lettuce; salad (1) **4A**
Salz, -e *n.* salt (1) **4B**
salzig *adj.* salty (1) **4B**
Samstag, -e *m.* Saturday (1) **2A**
samstags *adv.* on Saturdays (1) **2A**
sauber *adj.* clean (2) **2B**
saure Regen *m.* acid rain (3) **4B**
Saustall *n.* pigsty (2) **2B**
Es ist ein Saustall! It's a pigsty! (2) **2B**
Schach *n.* chess (1) **2B**
Schaf, -e *n.* sheep (3) **4A**
Schaffner, - / Schaffnerin, -nen *m./f.* ticket collector (2) **4A**
Schal, -s *m.* scarf (2) **1B**
scharf *adj.* spicy (1) **4B**
schauen *v.* to look (2) **3A**

Scheibenwischer, - *m.* windshield wiper (2) **4A**
Scheinwerfer, - *m.* headlight (2) **4A**
scheitern *v.* to fail (3) **3B**
schenken *v.* to give (a gift) (2) **1A**
schicken *v.* to send (3) **2A**
Schiff, -e *n.* ship (2) 4A
Schinken, - *m.* ham (1) **4A**
Schlafanzug, -¨e *m.* pajamas (3) **1A**
schlafen *v.* to sleep (1) **2B**
Schlafzimmer, - *n.* bedroom (2) **2A**
Schlange, -n *f.* line (2) **3B**; *f.* snake (3) **4A**
Schlange stehen *v.* to stand in line (2) **3B**
schlank *adj.* slim (1) **3A**
schlecht *adj.* bad (1) **3B**
schlecht gekleidet *adj.* badly dressed (2) **1B**
Schlüssel, - *m.* key (2) **3B**
schmecken *v.* to taste (1) **4B**
Schmerz, -en *m.* pain (3) **1B**
sich duschen *v.* to take a shower (3) **1A**
sich schminken *v.* to put on makeup (3) **1A**
schmutzig *adj.* dirty (2) **2B**
Schnee *m.* snow (2) **3A**
schneien *v.* to snow (2) **3A**
schnell *adj.* fast (1) **3B**
schon *adv.* already, yet (2) **1B**
schön *adj.* pretty; beautiful (1) **3A**
Schön dich/Sie kennen zu lernen. Nice to meet you. (1) **1A**
Schönen Tag noch! Have a nice day! (1) **1A**
Es ist schön draußen. It's nice out. (2) **3A**
Schrank, -¨e *m.* cabinet; closet (2) **2A**
schreiben *v.* to write (1) **2B**
schreiben an *v.* to write to (2) **3A**
sich schreiben *v.* to write one another (3) **1A**
Schreibtisch, -e *m.* desk (1) **1B**
Schreibwarengeschäft, -e *n.* paper-goods store (3) **2A**
Schublade, -n *f.* drawer (2) **2A**
schüchtern *adj.* shy (1) **3B**
Schuh, -e *m.* shoe (2) **1B**
Schulbuch, -¨er *n.* textbook (K–12) (1) **1B**
Schule, -n *f.* school (1) **1B**
Schüler, - / Schülerin, -nen (K-12) *m./f.* student (1) **1B**
Schulleiter, - / Schulleiterin, -nen *m./f.* principal (1) **1B**
Schulter, -n *f.* shoulder (3) **1A**
Schüssel, -n *f.* bowl (1) **4B**
schützen *v.* to protect (3) **4B**
schwach *adj.* weak (1) **3B**
Schwager, -¨ *m.* brother-in-law (1) **3A**
Schwägerin, -nen *f.* sister-in-law (1) **3A**
schwanger *adj.* pregnant (3) **1B**
schwänzen *v.* to cut class (1) **1B**
schwarz *adj.* black (2) **1B**
schwarzhaarig *adj.* black-haired (1) **3A**
Schweinefleisch *n.* pork (1) **4A**
Schweiz (die) *f.* Switzerland (2) **3A**
Schweizer, - / Schweizerin, -nen *m./f.* Swiss (person) (3) **2B**
schwer *adj.* rich, heavy (1) **4B**; *adj.* serious, difficult (3) **1B**
Schwester, -n *f.* sister (1) **1A**
Schwiegermutter, -¨ *f.* mother-in-law (1) **3A**
Schwiegervater, -¨ *m.* father-in-law (1) **3A**
schwierig *adj.* difficult (1) **2A**
Schwimmbad, -¨er *n.* swimming pool (1) **2B**
schwimmen *v.* to swim (1) **2B**
schwindlig *adj.* dizzy (3) **1B**
sechs six (1) **2A**
See, -n *m.* lake (3) **4A**
sehen *v.* to see (1) **2B**
sehr *adv.* very (1) **4A**
Seide, -n *f.* silk (2) **1B**
Seife, -n *f.* soap (3) **1A**
sein *v.* to be (1) **1A**
(gleich) sein *v.* to equal (1) **1B**
sein *poss. adj.* his, its (1) **3A**
seit since; for (1) **4B**
Sekt, -e *m.* champagne (2) **1A**
Sektor, -en *m.* field; sector (3) **3A**
selten *adv.* rarely (1) **4A**
Seminar, -e *n.* seminar (1) **2A**
Seminarraum, -räume *m.* seminar room (1) **2A**
Sender, - *m.* channel (2) **4B**
September *m.* September (1) **2A**, (2) **3A**
Serviette, -n *f.* napkin (1) **4B**
Sessel, - *m.* armchair (2) **2A**
setzen *v.* to put, place (2) **1B**; *v.* to put, set (3) **1A**
Shampoo, -s *n.* shampoo (3) **1A**
sicher *adv.* probably (3) **2A**
Sicherheitsgurt, -e *m.* seatbelt (2) **4A**
sie *pron.* she/they (1) **1A**
Sie *pron. (form., sing./pl.)* you (1) **1A**
sieben seven (1) **2A**
Silvester *n.* New Year's Eve (2) **1A**
singen *v.* to sing (1) **2B**
sitzen *v.* to sit (2) **1B**
Ski fahren *v.* to ski (1) **2B**
SMS, - *f.* text message (2) **4B**
Snack, -s *m.* snack (1) **4B**
so *adv.* so (1) **4A**
so lala so-so (1) **1A**
Socke, -n *f.* sock (2) **1B**
Sofa, -s *n.* sofa; couch (2) **2A**
Sofa surfen *v.* to couch surf (2) **3B**
Sohn, -¨e *m.* son (1) **3A**
solcher/solche/solches *pron.* such (2) **4B**
sollen *v.* to be supposed to (1) **3B**
Sommer, - *m.* summer (1) **2B**, (2) **3A**
sondern *conj.* but rather; instead (2) **2A**
Sonne, -n *f.* sun (3) **4A**
Sonnenaufgang, -¨e *m.* sunrise (3) **4A**
Sonnenbrand, -¨e *m.* sunburn (3) **1B**
Sonnenbrille, -n *f.* sunglasses (2) **1B**
Sonnenenergie *f.* solar energy (3) **4B**
Sonnenuntergang, -¨ e *m.* sunset (3) **4A**
sonnig *adj.* sunny (2) **3A**
Sonntag, -e *m.* Sunday (1) **2A**
sonntags *adv.* on Sundays (1) **2A**
Spanien *n.* Spain (3) **2B**
Spanier, - / Spanierin, -nen *m./f.* Spanish (person) (3) **2B**
Spanisch *n.* Spanish (language) (3) **2B**
spannend *adj.* exciting (3) **2A**
Spaß *m.* fun (2) **3B**
Spaß machen *v.* to be fun (2) **3B**
(keinen) Spaß haben *v.* to (not) have fun (2) **1A**
spät *adj.* late
Wie spät ist es? What time is it? (1) **2A**
spazieren gehen *v.* to go for a walk (1) **2B**
Spaziergang, -¨e *m.* walk
speichern *v.* to save (2) **4B**
Speisekarte, -n *f.* menu (1) **4B**
Spiegel, - *m.* mirror (2) **2A**
Spiel, -e *n.* match, game (1) **2B**
spielen *v.* to play (1) **2A**
Spieler, - / Spielerin, -nen *m./f.* player (1) **2B**
Spielfeld, -er *n.* field (1) **2B**
Spielkonsole, -n *f.* game console (2) **4B**
Spitze! *adj.* great! (1) **1A**
Sport *m.* sports (1) **2B**
Sport treiben *v.* to exercise (3) **1B**
Sportart, -en *f.* sport; type of sport (1) **2B**
Sporthalle, - n *f.* gym (1) **2A**
sportlich *adj.* athletic (1) **3A**
sprechen *v.* to speak (1) **2B**
sprechen über *v.* to speak about (2) **3A**
Spritze, -n *f.* shot (3) **1B**
eine Spritze geben *v.* to give a shot (3) **1B**
Spüle, -n *f.* (kitchen) sink (2) **2B**
spülen *v.* to rinse (2) **2B**
Geschirr spülen *v.* to do the dishes (2) **2B**
Spülmaschine, -n *f.* dishwasher (2) **2B**
Stadion (*pl.* **Stadien**) *n.* stadium (1) **2B**
Stadt, -¨e *f.* city (2) **1B**; *f.* town (3) **2B**
Stadtplan, -¨e *m.* city map (2) **3B**
Stahl *m.* steel (2) **2B**
stark *adj.* strong (1) **3B**
starten *v.* to start (2) **4B**
statt *conj.* instead of
Statue, -n *f.* statue (3) **2B**
staubsaugen *v.* to vacuum (2) **2B**
Staubsauger, - *m.* vacuum cleaner (2) **2B**
stehen *v.* to stand (2) **1B**
Schlange stehen *v.* to stand in line (2) **3B**
stehlen *v.* to steal (1) **2B**
steif *adj.* stiff (3) **1B**
steigen *v.* to climb (2) **1B**
Stein, -e *m.* rock (3) **4A**
Stelle, -n *f.* place, position (3) **2A**; job (3) **3A**
an deiner/Ihrer Stelle *f.* if I were you (3) **2A**
eine Stelle suchen *v.* to look for a job (3) **3A**
stellen *v.* to put, place (2) **1B**
Stellenangebot, -e *n.* job opening (3) **3A**
sterben *v.* to die (2) **1B**
Stereoanlage, -n *f.* stereo system (2) **4B**
Stern -e *m.* star (3) **4A**
Stiefel, - *m.* boot (2) **1B**
Stiefmutter, -¨ *f.* stepmother (1) **3A**
Stiefsohn, -¨e *m.* stepson (1) **3A**
Stieftochter, -¨ *f.* stepdaughter (1) **3A**
Stiefvater, -¨ *m.* stepfather (1) **3A**
Stift, -e *m.* pen (1) **1B**
Stil, -e *m.* style (2) **1B**
still *adj.* still (1) **4B**
stilles Wasser *n.* still water (1) **4B**
Stipendium, -en *n.* scholarship, grant (1) **2A**
Stock, -¨e *m.* floor (2) **2A**
erster/zweiter Stock first/second floor (2) **2A**

stolz *adj.* proud (1) **3B**
Stoppschild, -er *n.* stop sign (2) **4A**
Strand, -¨e *m.* beach (1) **2B**
Straße, -n *f.* street (2) **4A**
sich streiten *v.* to argue (3) **1A**
Strom, -¨e *m.* stream (3) **4A**
Student, -en / Studentin, -nen *m./f.* (college/university) student (1) **1A**
Studentenwohnheim, -e *n.* dormitory (1) **2A**
studieren *v.* to study; major in (1) **2A**
Studium (*pl.* **Studien**) *n.* studies (1) **2A**
Stuhl, -¨e *m.* chair (1) **1A**
Stunde, -n *f.* lesson (1) **1B**; hour (1) **2A**
Stundenplan, -¨e *m.* schedule (1) **2A**
Sturm, -¨e *m.* storm (2) **3A**
suchen *v.* to look for (1) **2A**
eine Stelle suchen *v.* to look for a job (3) **3A**
Supermarkt, ¨-e *m.* supermarket (1) **4A**
Suppe, -n *f.* soup (1) **4B**
surfen *v.* to surf (2) **4B**
im Internet surfen *v.* to surf the Web (2) **4B**
süß *adj.* sweet, cute (1) **3B**, (1) **4B**
Süßigkeit, - en *f.* candy (2) **1A**
Sweatshirt, -s *n.* sweatshirt (2) **1B**
Symptom, -e *n.* symptom (3) **1B**

T

Tablette, -n *f.* pill (3) **1B**
Tafel, -n *f.* board, black board (1) **1B**
Tag, -e *m.* day (1) **1A**, (2) **3A**
Welcher Tag ist heute? What day is it today? (2) **3A**
täglich *adv.* every day; daily (1) **4A**
Tal, -¨er *n.* valley (3) **4A**
tanken *v.* to fill up (2) **4A**
Tankstelle, -n *f.* gas station (2) **4A**
Tante, -n *f.* aunt (1) **3A**
tanzen *v.* to dance (1) **2B**
Taschenrechner, - *m.* calculator (1) **1B**
Taschentuch, -¨er *n.* tissue (3) **1B**
Tasse, -n *f.* cup (1) **4B**
Tastatur, -en *f.* keyboard (2) **4B**
Taxi, -s *n.* taxi (2) **4A**
Taxifahrer, - / Taxifahrerin, -nen *m./f.* taxi driver (3) **3B**
Technik *f.* technology (2) **4B**
Technik bedienen *v.* to use technology (2) **4B**
Tee, -s *m.* tea (1) **4B**
Teelöffel, - *m.* teaspoon (1) **4B**
Telefon, -e *n.* telephone (2) **4B**
am Telefon on the telephone (3) **3A**
Telefonnummer, -n *f.* telephone number (3) **3A**
Telefonzelle, -n *f.* phone booth (3) **2B**
Teller, - *m.* plate (1) **4B**
Tennis *n.* tennis (1) **2B**
Teppich, -e *m.* rug (2) **2A**
Termin, -e *m.* appointment (3) **3A**
einen Termin vereinbaren *v.* to make an appointment (3) **3A**
Terminkalender, - *m.* planner (1) **1B**
teuer *adj.* expensive (1) **3A**
Thermometer, - *n.* thermometer (3) **1B**
Thunfisch *m.* tuna (1) **4A**
Tier, -e *n.* animal (3) **4A**
Tierarzt, -¨e / Tierärztin, -nen *m./f.* veterinarian (3) **3B**
Tisch, -e *m.* table, desk (1) **1B**
den Tisch decken *v.* to set the table (2) **2B**
Tischdecke, -n *f.* tablecloth (1) **4B**
Toaster, - *m.* toaster (2) **2B**
Tochter, -¨ *f.* daughter (1) **3A**
Toilette, -n *f.* toilet (2) **2A**
Tomate, -n *f.* tomato (1) **4A**
Topf, -¨e *m.* pot (2) **2B**
Tor, -e *n.* goal (in soccer, etc.) (1) **2B**
Tornado, -s *m.* tornado (3) **4A**
Torte, -n *f.* cake (2) **1A**
Touristenklasse *f.* economy class (2) **3B**
tragen *v.* to carry; wear (1) **2B**
Trägerhemd, -en *n.* tank top (2) **1B**
trainieren *v.* to practice (1) **2B**
Traube, -n *f.* grape (1) **4A**
träumen *v.* to dream (1) **2A**
traurig *adj.* sad (1) **3B**
treffen *v.* to meet; to hit (1) **2B**
sich treffen *v.* to meet (each other) (3) **1A**
treiben *v.* to float; to push
Sport treiben *v.* to exercise (3) **1B**
Treibsand *m.* quicksand (3) **4A**
sich trennen *v.* to separate, split up (3) **1A**
Treppe, -n *f.* stairway (2) **2A**
trinken *v.* to drink (1) **3B**
Trinkgeld, -er *n.* tip (1) **4B**
trocken *adj.* dry (3) **4A**
trotz *prep.* despite, in spite of (2) 4B
Tschüss. Bye. (1) **1A**
T-Shirt, -s *n.* T-shirt (2) **1B**
tun *v.* to do (3) **1B**
Es tut mir leid. I'm sorry. (1) **1A**
weh tun *v.* to hurt (3) **1B**
Tür, -en *f.* door (1) **1B**
Türen schließen. Keep doors closed. (1) **3B**
Türkei (die) *f.* Turkey (3) **2B**
Türke, -n / die Türkin, -nen *m./f.* Turkish (person) (3) **2B**
Türkisch *n.* Turkish (language) (3) **2B**
Turnschuhe *m. pl.* sneakers (2) **1B**

U

U-Bahn *f.* subway (2) **4A**
übel *adj.* nauseous (3) **1B**
üben *v.* to practice (1) **2B**
über *prep.* over, above (2) **1B**
übernachten *v.* to spend the night (2) **3B**
überall *adv.* everywhere (1) **4A**
Überbevölkerung *f.* overpopulation (3) **4B**
überlegen *v.* to think over (1) **4A**
übermorgen *adv.* the day after tomorrow (1) **2B**
überqueren *v.* to cross (3) **2B**
überraschen *v.* to surprise (2) **1A**
Überraschung, -en *f.* surprise (2) **1A**
überzeugend *adj.* persuasive (3) **1B**
Übung, -en *f.* practice
Uhr, -en *f.* clock (1) **1B**
um... Uhr at... o'clock (1) **2A**
Wie viel Uhr ist es? *v.* What time is it? (1) **2A**
um *prep.* Around; at (time) (1) **3B**
um... zu in order to (2) **3B**
Umleitung, -en *f.* detour (2) **4A**
umtauschen *v.* to exchange (2) **2B**
Umwelt, -en *f.* environment (3) **4B**
umweltfreundlich *adj.* environmentally friendly (3) **4B**
Umweltschutz *m.* environmentalism (3) **4B**
umziehen *v.* to move (2) **2A**, (3) **1A**
sich umziehen *v.* to change clothes (3) **1A**
unangenehm *adj.* unpleasant (1) **3B**
und *conj.* and (2) **2A**
Unfall, -¨e *m.* accident (2) **4A**
einen Unfall haben *v.* to have an accident (2) **4A**
Universität, -en *f.* university; college (1) **1B**
unmöbliert *adj.* unfurnished (2) **2A**
unser *poss. adj.* our (1) **3A**
unter *prep.* under, below (2) **1B**
untergehen *v.* to set (sun) (3) **4A**
sich unterhalten *v.* to chat, have a conversation (3) **1A**
Unterkunft, -¨e *f.* accommodations (2) **3B**
Unterricht, -e *m.* class (1) **1B**
unterschreiben *v.* to sign (3) **2A**
Unterwäsche *f.* underwear (2) **1B**
Urgroßmutter, -¨ *f.* great grandmother (1) **3A**
Urgroßvater, -¨ *m.* great grandfather (1) **3A**
Urlaub, -e *m.* vacation (2) **3B**
Urlaub machen *v.* to go on vacation (2) **3B**
Urlaub nehmen *v.* to take time off (3) **3B**
USA (die) *pl.* U.S.A. (3) **2B**

V

Vase, -n *f.* vase (2) **2A**
Vater, -¨ *m.* father (1) **3A**
Veranstaltung, -en *f.* class (1) **2A**
Verb, -en *n.* verb (3) **1A**
verbessern *v.* to improve (3) **4B**
verbringen *v.* to spend (2) **3A**
verdienen *v.* to earn (3) **3B**
Vereinigten Staaten (die) *pl.* United States (3) **2B**
Vergangenheit *f.* past (3) **4A**
vergessen *v.* to forget (1) **2B**
verheiratet *adj.* married (1) **3A**
verkaufen *v.* to sell (1) **4A**
Verkäufer, - / Verkäuferin, -nen *m./f.* salesperson (2) **1B**
Verkehr *m.* traffic (2) **4A**
Verkehrsmittel *n.* transportation (2) **4A**
öffentliche Verkehrsmittel *n. pl.* public transportation (2) **4A**
verkünden *v.* to announce (3) **4B**
sich verlaufen *v.* to get lost (3) **2B**
sich verletzen *v.* to hurt oneself (3) **1B**
Verletzung, -en *f.* injury (3) **1B**
sich verlieben (in) *v.* to fall in love (with) (3) **1A**
verlieren *v.* to lose (1) **2B**
verlobt *adj.* engaged (1) **3A**
Verlobte, -n *m./f.* fiancé(e) (1) **3A**
verschmutzen *v.* to pollute (3) **4B**
Verschmutzung *f.* pollution (3) **4B**
sich verspäten *v.* to be late (3) **1A**
Verspätung, -en *f.* delay (2) **3B**
Verständnis, -se *n.* comprehension
sich (das Handgelenk / den Fuß) verstauchen *v.* to sprain (one's wrist/ankle) (3) **1B**

verstehen *v.* to understand (1) **2A**
verstopfte Nase *f.* stuffy nose (3) **1B**
verwandt *adj.* related (3) **2A**
Verwandte, -n *m.* relative (1) **3A**
viel *adv.* much, a lot (of) (1) **4A**
Viel Glück! Good luck! (2) **1A**
Vielen Dank. Thank you very much. (1) **1A**
vielleicht *adv.* maybe (1) **4A**
vier *four* (1) **2A**
Viertel, - *n.* quarter (1) **2A**
Viertel nach/vor quarter past/to (1) **2A**
Visum (*pl.* **Visa**) *n.* visa (2) **3B**
Vogel, -¨ *m.* bird (1) **3A**
voll *adj.* full (2) **3B**
voll besetzt *adj.* fully occupied (2) **3B**
Volleyball *m.* volleyball (1) **2B**
von *prep.* from (1) **4B**
vor *prep.* in front of, before (2) **1B**; *prep.* to (1) **2A**
vorbei *adv.* over, past (2) **3A**
vorbereiten *v.* to prepare (1) **4A**
sich vorbereiten (auf) *v.* to prepare oneself (for) (3) **1A**
Vorbereitung, -en *f.* preparation
Vorhang, -¨e *m.* curtain (2) **2A**
Vorlesung, -en *f.* lecture (1) **2A**
vormachen *v.* to fool (2) **4B**
Vormittag, -e *m.* midmorning (1) **2B**
vormittags *adv.* before noon (1) **2A**
Vorspeise, -n *f.* appetizer (1) **4B**
vorstellen *v.* to introduce (3) **1A**
sich vorstellen *v.* to introduce oneself (3) **1A**
sich (etwas) vorstellen *v.* to imagine (something) (3) **1A**
Vorstellungsgespräch, -e *n.* job interview (3) **3A**
Vortrag, -¨e *m.* lecture (2) **2B**
Vulkan, -e *m.* volcano (3) **4A**

W

wachsen *v.* to grow (2) **1B**
während *prep.* during (2) **4B**
wahrscheinlich *adv.* probably (3) **2A**
Wald, -¨er *m.* forest (1) **2B**, (3) **4A**
Wand, -¨e *f.* wall (2) **1B**
wandern *v.* to hike (1) **2A**
wann *interr.* when (1) **2A**
Wann hast du Geburtstag? When is your birthday? (2) **3A**
warm *adj.* warm (3) **2A**
warten *v.* to wait (for) (1) **2A**
warten auf *v.* to wait for (2) **3A**
in der Warteschleife sein *v.* to be on hold (3) **3B**
warum *interr.* why (1) **2A**
was *interr.* what (1) **2A**
Was geht ab? What's up? (1) **1A**
Was ist das? What is that? (1) **1B**
Wäsche *f.* laundry (2) **2B**
waschen *v.* to wash (1) **2B**
sich waschen *v.* to wash (oneself) (3) **1A**
Wäsche waschen *v.* to do laundry (2) **2B**
Wäschetrockner, - *m.* dryer (2) **2B**
Waschmaschine, -n *f.* washing machine (2) **2B**
Waschsalon, -s *m.* laundromat (3) **2A**
Wasser *n.* water (1) **4B**
Wasserfall, -¨e *m.* waterfall (3) **4A**
Wasserkrug, ¨e *m.* water pitcher (1) **4B**
Website, -s *f.* web site (2) **4B**
Weg, -e *m.* path (3) **4A**
wegen *prep.* because of (2) **4B**
wegräumen *v.* to put away (2) **2B**
wegwerfen *v.* to throw away (3) **4B**
weh tun *v.* to hurt (3) **1B**
Weihnachten, - *n.* Christmas (2) **1A**
weil *conj.* because (3) **2A**
Wein, -e *m.* wine (1) **4B**
weinen *v.* to cry (3) **1B**
weise *adj.* wise (1) **3B**
weiß *adj.* white (2) **1B**
weit *adj.* loose; big (2) **1B**; *adj.* far (3) **2B**
weit von *adj.* far from (3) **2B**
weiter geht's moving forward
welcher/welche/welches *interr.* which (1) **2A**
Welcher Tag ist heute? What day is it today? (2) **3A**
Welt, -en *f.* world (3) **4B**
wem *interr.* whom (dat.) (1) **4B**
wen *interr.* whom (acc.) (1) **2A**
Wende, -n *f.* turning point (3) **4B**
wenig *adj.* little; not much (3) **2A**
wenn *conj.* when; whenever; if (3) **2A**
wenn... dann if... then (3) **2A**
wenn... nur if... only (3) **2A**
wer *interr.* who (1) **2A**
Wer ist das? Who is it? (1) **1B**
Wer spricht? Who's calling? (3) **3A**
werden *v.* to become (1) **2B**
werfen *v.* to throw (1) **2B**
Werkzeug, -e *n.* tool kit
wessen *interr.* whose (2) **4B**
Wetter *n.* weather (2) **3A**
Wie ist das Wetter? What's the weather like? (2) **3A**
wichtig *adj.* important (2) **3B**
wie *interr.* how (1) **2A**
wie viel? *interr.* how much? (1) **2A**
wie viele? *interr.* how many? (1) **2A**
Wie alt bist du? How old are you? (1) **1B**
Wie heißt du? *(inf.)* What's your name? (1) **1A**
wiederholen *v.* to repeat (1) **2A**
Wiederholung, -en *f.* repetition; revision
wiegen *v.* to weigh (2) **4B**
willkommen welcome (1) **1A**
Herzlich willkommen! Welcome! (1) **1A**
Windenergie *f.* wind energy (3) **4B**
windig *adj.* windy (2) **3A**
Windschutzscheibe, -n *f.* windshield (2) **4A**
Winter, - *m.* winter (1) **2B**, (2) **3A**
wir *pron.* we (1) **1A**
wirklich *adv.* really (1) **4A**
Wirtschaft, -en *f.* business; economy (1) **2A**
wischen *v.* to wipe, mop (2) **2B**
wissen *v.* to know (information) (2) **1B**
Wissenschaftler, - / Wissenschaftlerin, -nen *m./f.* scientist (3) **3B**
Witwe, -n *f.* widow (1) **3A**
Witwer, - *m.* widower (1) **3A**
wo *interr.* where (1) **2A**
woanders *adv.* somewhere else (1) **4A**
Woche, -n *f.* week (1) **2A**
Wochenende, -n *n.* weekend (1) **2A**
woher *interr.* from where (1) **2A**; (2) **2A**
wohin *interr.* where to (1) **2A**
wohl *adv.* probably (3) **2A**
wohnen *v.* to live (somewhere) (1) **2A**
Wohnung, -en *f.* apartment (2) **2A**
Wohnzimmer, - *n.* living room (2) **2A**
Wolke, -n *f.* cloud (2) **3A**
wolkig *adj.* cloudy (2) **3A**
Wolle *f.* wool (2) **1B**
wollen *v.* to want (1) **3B**
Wörterbuch, -¨er *n.* dictionary (1) **1B**
Wortschatz, -¨e *m.* vocabulary
wünschen *v.* to wish (3) **1A**
sich (etwas) wünschen *v.* to wish (for something) (3) **1A**
Würstchen, - *n.* sausage (1) **4A**

Z

Zahn, -¨e *m.* tooth (3) **1A**
sich die Zähne putzen *m.* to brush one's teeth (3) **1A**
Zahnarzt, -¨e / Zahnärztin, -nen *m./f.* dentist (3) **1B**
Zahnbürste, -n *f.* toothbrush (3) **1A**
Zahnpasta (*pl.* **Zahnpasten**) *f.* toothpaste (3) **1A**
Zahnschmerzen *m. pl.* toothache (3) **1B**
Zapping *n.* channel surfing
Zebrastreifen, - *m.* crosswalk (3) **2B**
Zeh, -en *m.* toe (3) **1A**
zehn ten (1) **2A**
zeigen *v.* to show (2) **1A**
Zeit, -en *f.* time (2) **3B**
Zeitschrift, -en *f.* magazine (3) **2A**
Zeitung, -en *f.* newspaper (2) **3B**, (3) **2A**
Zelt, -e *n.* tent (2) **3B**
Zeltplatz, -¨e *m.* camping area (2) **3B**
Zeugnis, -se *n.* report card, grade report (1) **1B**
ziehen *v.* to pull (1) **3B**
ziemlich *adv.* quite
ziemlich gut pretty well (1) **1A**
Zimmer, - *n.* room (1) **1A**
Zimmer frei vacancy (2) **2A**
Zimmerservice *m.* room service (2) **3B**
Zoll *m.* customs (2) **3B**
zu *adv.* too (1) **4A**; *prep.* to; for; at (1) **4B**
bis zu *prep.* up to; until (3) **2B**
um... zu (in order) to (2) **3B**
Zum Wohl! Cheers! (1) **4B**
zubereiten *v.* to prepare (2) **3A**
zuerst *adv.* first (2) **3B**
Zug, -¨e *m.* train (2) **4A**
zumachen *v.* to close (2) **4B**
sich zurechtfinden *v.* to find one's way (3) **2B**
zurückkommen *v.* to come back (1) **4A**
zusammen *adv.* together (1) **4A**
zuschauen *v.* to watch (1) **4A**
zuverlässig *adj.* reliable (3) **3B**
zwanzig twenty (1) **2A**
zwei two (1) **2A**
zweite *adj.* second (1) **2A**
Zwiebel, -n *f.* onion (1) **4A**
Zwilling, -e *m.* twin (1) **3A**
zwischen *prep.* between (2) **1B**
zwölf twelve (1) **2A**

Englisch-Deutsch

A

a ein/eine (1) **1A**
able: to be able to können *v.* (1) **3B**
about über *prep.* (2) **1B**
to be about handeln von *v.* (2) **3A**
above über *prep.* (2) **1B**
abroad Ausland *n.* (2) **3B**
accident Unfall, -¨e *m.* (2) **4A**
to have an accident einen Unfall haben *v.* (2) **4A**
accommodation Unterkunft, -¨e *f.* (2) **3B**
according to nach *prep.* (1) **4B**
accountant Buchhalter, - / Buchhalterin, -nen *m./f* (3) **3B**
acid rain saurer Regen *m.* (3) **4B**
across (from) gegenüber (von) *prep.* (3) **2B**
address Adresse, -n *f.* (3) **2A**
address book Adressbuch, -¨er *n.* (3) **3A**
adopt adoptieren *v.* (1) **3A**
afraid: to be afraid of Angst haben vor *v.* (2) **3A**
after nach *prep.* (1) **4B**; nachdem *conj.* (3) **2A**
afternoon Nachmittag, -e *m.* (1) **2B**
in the afternoon nachmittags *adv.* (1) **2A**
against gegen *prep.* (1) **3B**
air Luft, -¨e *f.* (3) **4A**
airplane Flugzeug, -e *n.* (2) **3B**
airport Flughafen, -¨ *m.* (2) **3B**
all ganz *adj.* (2) **3B**; alle *pron.* (2) **3B**
allergic (to) allergisch (gegen) *adj.* (3) **1B**
allergy Allergie, -n *f.* (3) **1B**
allow lassen *v.* (1) **2B**
to be allowed to dürfen *v.* (1) **3B**
almost fast *adv* (1) **4A**
alone allein *adv.* (1) **4A**
along entlang *prep.* (1) **3B**
already schon (2) **1B**
alright: Are you alright? Alles klar? (1) **1A**;
also auch *adv.* (1) **4A**
although obwohl *conj.* (3) **2A**
always immer *adv.* (1) **4A**
ambulance Krankenwagen, - *m.* (3) **1B**
America Amerika *n.* (3) **2B**
American amerikanisch *adj.* (3) **2B**; **(person)** Amerikaner, - / Amerikanerin, -nen *m./f.* (3) **2B**
American football American Football *m.* (1) **2B**
and und *conj.* (2) **2A**
animal Tier, -e *n.* (3) **4A**
angry böse *adj.*
to get angry (about) sich ärgern (über) *v.* (3) **1A**
anniversary Jahrestag, -e *m.* (2) **1A**
announce verkünden *v.* (3) **4B**
answer antworten *v.* (1) **2A**; beantworten *v.* (1) **4B**; Antwort, -en *f.*
to answer the phone einen Anruf entgegennehmen *v.* (3) **3A**
answering machine Anrufbeantworter, - *m.* (2) **4B**
anything: Anything else? Noch einen Wunsch? (1) **4B**; Sonst noch etwas? (1) **4A**
apartment Wohnung, -en *f.* (2) **2A**
appetizer Vorspeise, -n *f.* (1) **4B**
apple Apfel, ¨- *m.* (1) **1A**
applicant Bewerber, - / Bewerberin, -nen *m./f.* (3) **3A**
apply sich bewerben *v.* (3) **3A**
appointment Termin, -e *m.* (3) **3A**
April April *m.* (1) **2A**
architect Architekt, -en / Architektin, -nen *m./f.* (1) **3B**
architecture Architektur, -en *f.* (1) **2A**
argue sich streiten *v.* (3) **1A**
arm Arm, -e *m.* (3) **1A**
armchair Sessel, - *m.* (2) **2A**
around um *prep.* (1) **3B**
arrival Ankunft, -¨e *f.* (2) **3B**
arrive ankommen *v.* (1) **4A**
arrogant eingebildet *adj.* (1) **3B**
art Kunst, -¨e *f.* (1) **2A**
artichoke Artischocke, -n *f.* (1) **4A**
as als *conj.* (2) **4A**
as if als ob (3) **2A**
ask fragen *v.* (1) **2A**
to ask about fragen nach *v.* (2) **3A**
assistant Assistent, -en / Assistentin, -nen *m./f.* (3) **3A**
at um *prep.* (1) **3B**; bei *prep.* (1) **4A**; an *prep.* (2) **1B**
at... o'clock um... Uhr (1) **2A**
athletic sportlich *adj.* (1) **2B**
ATM Geldautomat, -en *m.* (3) **2A**
Attention! Achtung!
attic Dachboden, -¨ *m.* (2) **2A**
August August *m.* (1) **2A**
aunt Tante, -n *f.* (1) **3A**
Austria Österreich *n.* (3) **2B**
Austrian österreichisch *adj.* (3) **2B**; **(person)** Österreicher, - / Österreicherin, -nen *m./f.* (3) **2B**
autumn Herbst, -e *m.* (1) **2B**
avenue Allee, -n *f.*
awful furchtbar *adj.* (2) **3A**

B

baby Baby, -s *n.* (1) **3A**
back Rücken, - *m.* (3) **1A**
backache Rückenschmerzen *m. pl.* (3) **1B**
backpack Rucksack, -¨e *m.* (1) **1B**
bad schlecht *adj.* (1) **3B**
badly dressed schlecht gekleidet *adj.* (2) **1B**
bake backen *v.* (1) **2B**
baked goods Gebäck *n.* (2) **1A**
bakery Bäckerei, -en *f.* (1) **4A**
balcony Balkon, - e *m.* (2) **2A**
ball Ball, -¨e *m.* (1) **2B**
balloon Ballon, -e *m.* (2) **1A**
ball-point pen Kuli, -s *m.* (1) **1B**
banana Banane, -n *f.* (1) **4A**
bank Bank, -en *f.* (3) **2A**
at the bank auf der Bank *f.* (3) **2B**
bank account Konto (*pl.* Konten) *n.* (3) **2A**
bank employee Bankangestellte, -n *m./f.* (3) **3B**
baseball Baseball *m.* (1) **2B**
basketball Basketball *m.* (1) **2B**
bath: to take a bath sich baden *v.* (3) **1A**
bathing suit Badeanzug, -¨e *m.* (2) **1B**
bathrobe Bademantel, ¨- *m.* (3) **1A**
bathroom Badezimmer, - *n.* (3) **1A**
bathtub Badewanne, -n *f.* (2) **2A**
battery charger Ladegerät, -e *n.* (2) **4B**
be sein *v.* (1) **1A**
Is/Are there... Ist/Sind hier...? *v.* (1) **1B**; Gibt es...? (1) **2B**
There is/are... Da ist/sind... *v.* (1) **1A**; Es gibt... (1) **2B**
beach Strand, -¨e *m.* (1) **2B**
bean Bohne, -n *f.*
beard Bart, -¨e *m.* (3) **1A**
beautiful schön *adj.* (1) **3A**
beauty salon Kosmetiksalon, -s *m.* (3) **2A**
because denn *conj.* (2) **2A**; weil *conj.* (3) **2A**
because of wegen *prep.* (2) **4B**
become werden *v.* (1) **2B**
bed Bett, -en *n.* (2) **2A**
to go to bed ins Bett gehen *v.* (3) **1A**
to make the bed das Bett machen *v.* (2) **2B**
bedroom Schlafzimmer, - *n.* (2) **2A**
beef Rindfleisch *n.* (1) **4A**
beer Bier, -e *n.* (1) **4B**
before vor *prep.* (2) **1B**; bevor *conj.* (2) **4A**
before noon vormittags *adv.* (1) **2A**
begin anfangen *v.* (1) **4A**; beginnen *v.* (2) **2A**
behind hinter *prep.* (2) **1B**
believe glauben *v.* (2) **1A**; meinen *v.* (3) **4B**
belly Bauch, -¨e *m.* (3) **1A**
belong gehören *v.* (2) **1A**
below unter *prep.* (2) **1B**
belt Gürtel, - *m.* (2) **1B**
bench Bank, -¨e *f.* (3) **2B**
best beste/bester/bestes *adj.* (2) **4A**
All the best! Mach's gut! *v.* (1) **3B**; alles Gute **(3) 2A**
better besser *adj.* (2) **4A**
to get better gesund werden *v.* (3) **1B**
between zwischen *prep.* (2) **1B**
beverage Getränk, -e *n.* (1) **4B**
bicycle Fahrrad, -¨er *n.* (1) **2B**
big groß, weit adj. (1) 3A
bill (money) Geldschein, -e m. (3) 2A
biology Biologie *f.* (1) **2A**
bird Vogel, -¨ *m.* (1) **3A**
birth Geburt, -en *f.* (2) **1A**
birthday Geburtstag, -e *m.* (2) **1A**
When is your birthday? Wann hast du Geburtstag? (2) **3A**
black schwarz *adj.* (2) **1B**
black board Tafel, -n *f.* (1) **1B**
black-haired schwarzhaarig *adj.* (1) **3A**
bland fade *adj.* (1) **4B**
blanket Decke, -n *f.* (2) **2B**
blond blond *adj.* (1) **3A**
blond hair blonde Haare *n. pl.* (1) **3A**
blood pressure Blutdruck *m.* (3) **1B**
blouse Bluse, -n *f.* (2) **1B**
blue blau *adj.* (1) **3A**
board Tafel, -n *f.* (1) **1B**
boarding pass Bordkarte, -n *f.* (2) **3B**
boat Boot, -e *n.* (2) **4A**
body Körper, - *m.* (3) **1A**

book Buch, -¨er *n.* (1) **1A**
bookshelf Bücherregal, -e *n.* (2) **2A**
boot Stiefel, - *m.* (2) **1B**
boring langweilig *adj.* (1) **3B**
boss Chef, -s / Chefin, -nen *m./f.* (3) **3B**
bottle Flasche, -n *f.* (1) **4B**
bowl Schüssel, -n *f.* (1) **4B**
boy Junge, -n *m.* (1) **1A**
brakes Bremse, -n *f.* (2) **4A**
brave mutig *adj.* (1) **3B**
bread Brot, -e *n.* (1) **4A**
break brechen *v.* (1) **2B**
to break (an arm / a leg) sich (den Arm /Bein) brechen *v.* (3) **1B**
Break a leg! Hals- und Beinbruch! (2) **1A**
breakfast Frühstück, -e *n.* (1) **4B**
bridge Brücke, -n *f.* (3) **2B**
bright hell *adj.* (2) **1B**
bring bringen *v.* (1) **2A**
to bring along mitbringen *v.* (1) **4A**
to bring out rausbringen (2) **2B**
to bring with mitnehmen *v.* (3) **2B**
broom Besen, - *m.* (2) **2B**
brother Bruder, -¨ *m.* (1) **1A**
brother-in-law Schwager, -¨ *m.* (1) **3A**
brown braun *adj.* (2) **1B**
brown-haired braunhaarig *adj.*; brünett *adj.* (1) **3A**
bruise blauer Fleck, -e *m.* (3) **1B**
brunette brünett *adj.* (1) **3A**
brush Bürste, -n *f.* (3) **1A**
to brush one's hair sich die Haare bürsten *v.* (3) **1A**
to brush one's teeth sich die Zähne putzen *v* (3) **1A**
build bauen *v.* (1) **2A**
building Gebäude, - *n.* (3) **2A**
bulletin board Pinnwand, -¨e *f.* (3) **3A**
burn brennen *v.* (2) **1A**
bus Bus, -se *m.* (2) **4A**
bus stop Bushaltestelle, -n *f.* (2) **4A**
bush Busch, -¨e *m.* (3) **4A**
business Wirtschaft, -en *f.* (1) **2A**; Geschäft, -e *n.* (3) **3A**
business class Businessklasse *f.* (2) **3B**
businessman / businesswoman Geschäftsmann, -¨er / Geschäftsfrau, -en *m./f.* (*pl.* Geschäftsleute) (1) **3B**
but aber *conj.* (2) **2A**
but rather sondern *conj.* (2) **2A**
butcher shop Metzgerei, -en *f.* (1) **4A**
butter Butter *f.* (1) **4A**
buy kaufen *v.* (1) **2A**
by an *prep.* (2) **1B**; bei; von (1) **4B**
Bye! Tschüss! (1) **1A**

C

cabinet Schrank, -¨e *m.* (2) **2A**
café Café, -s *n.* (1) **2A**
cafeteria Cafeteria, (*pl.* Cafeterien) *f.*; (**college/ university**) Mensa, Mensen *f.* (1) **1B**
cake Kuchen, - *m.* (1) **4A**
cake Torte, -n *f.* (2) **1A**
calculator Taschenrechner, - *m.* (1) **1B**
call anrufen *v.* (1) **4A**; sich anrufen (3) **1A**; nennen *v.* (2) **1A**
Who's calling? Wer spricht? (3) **3A**
calm ruhig *adj.* (1) **3B**
camping Camping *n.* (1) **2B**
camping area Zeltplatz, -¨e *m.* (2) **3B**
can können *v.* (1) **3B**
Canada Kanada *n.* (3) **2B**
Canadian kanadisch *adj.* (3) **2B**; **(person)** Kanadier, - / Kanadierin, -nen *m./f.* (3) **2B**
cancel abbrechen *v.* (2) **3B**
candidate Kandidat, -en *m.* (3) **3A**
candy Süßigkeit, -en *f.* (2) **1A**
cap Mütze, -n *f.* (2) **1B**
car Auto, -s *n.* (1) **1A**
to drive a car Auto fahren *v.* (2) **4A**
card Karte, -n *f.* (1) **2B**
career Karriere, -n *f.* (3) **3B**
caretaker Hausmeister, - / Hausmeisterin, -nen *m./f.* (3) **3B**
carpool Fahrgemeinschaft, -en *f.* (3) **4B**
carrot Karotte, -n *f.* (1) **4A**
carry tragen *v.* (1) **2B**
carry-on luggage Handgepäck *n.* (2) **3B**
cash bar *adj.* (3) **2A**; Bargeld *n.* (3) **2A**
to pay in cash bar bezahlen *v.* (3) **2A**
cat Katze, -n *f.* (1) **3A**
catch fangen *v.* (1) **2B**
to catch a cold sich erkälten *v.* (3) **1A**
CD player CD-Player, - *m.* (2) **4B**
celebrate feiern *v.* (2) **1A**
celebration Fest, -e *n.* (2) **1A**
cell phone Handy, -s *n.* (2) **4B**
cellar Keller, - *m.* (2) **2A**
ceramic Keramik, -en *f.* (2) **2B**
chair Stuhl, -¨e *m.* (1) **1A**
champagne Sekt, -e *m.* (2) **1A**
championship Meisterschaft, -en *f.* (1) **2B**
change Kleingeld *n.* (3) **2A**
to change clothes sich umziehen *v.* (3) **1A**
channel Sender, - *m.* (2) **4B**
channel surfing Zapping *n.*
charge laden *v.* (2) **4B**
chat sich unterhalten *v.* (3) **1A**
cheap billig *adj.* (2) **1B**
check Rechnung, -en *f.* (1) **4B**
Cheers! Prost! (1) **4B**; Zum Wohl! (1) **4B**
cheese Käse, - *m.* (1) **4A**
chemistry Chemie *f.* (1) **2A**
chess Schach *n* (1) **2B**
chicken Huhn,-¨er *n.* 12A; **(food)** Hähnchen, - *n.* (1) **4A**
child Kind, -er *n.* (1) **1A**
China China *n.* (3) **2B**
Chinese (person) Chinese, -n / Chinesin, -nen *m./f.* (3) **2B**; **(language)** Chinesisch *n.* (3) **2B**
Christmas Weihnachten, - *n.* (2) **1A**
church Kirche, -n *f.* (3) **2B**
city Stadt, -¨e *f.* (2) **1B**
city center Innenstadt, -¨e *f.*
claim behaupten *v.* (3) **4B**
class Klasse, -n *f.* (1) **1B**; Unterricht *m.* (1) **1B**; Veranstaltung, -en *f.* (1) **2A**
first/second class erste/zweite Klasse (2) **4A**
classical klassisch *adj.* (3) **2A**
classmate Klassenkamerad, -en / Klassenkameradin, -nen *m./f.* (1) **1B**
classroom Klassenzimmer, - *n.* (1) **1B**
clean sauber *adj.* (2) **2B**; putzen *v.* (2) **2B**
to clean up aufräumen *v.* (2) **2B**
cliff Klippe, -n *f.* (3) **4A**
climb steigen *v.* (2) **1B**
to climb (mountain) klettern *v.* (1) **2B**
to climb (stairs) (die Treppe) hochgehen *v.* (3) **2B**
clock Uhr, -en *f.* (1) **1B**
at... o'clock um... Uhr (1) **2A**
close zumachen *v.* (2) **4B**; nah *adj.* (3) **2B**
close to in der Nähe von *prep.* (3) **2B**
closed geschlossen *adj.* (3) **2A**
closet Schrank, -¨e *m.* (2) **2A**
clothes Kleidung *f.* (2) **1B**
cloud Wolke, -n *f.* (2) **3A**
cloudy wolkig *adj.* (2) **3A**
coast Küste, -n *f.* (3) **4A**
coat Mantel, -¨ *m.* (2) **1B**
coffee Kaffee, -s *m.* (1) **4B**
coffeemaker Kaffeemaschine, -n *f.* (2) **2B**
coin Münze, -n *f.* (3) **2A**
cold kalt *adj.* (2) **3A**; Erkältung, -en *f.* (3) **1B**
to catch a cold sich erkälten *v.* (3) **1A**
college Universität, -en *f.* (1) **1B**
college instructor Dozent, -en / Dozentin, -nen *m./f.* (1) **2A**
color Farbe, -n *f.* (2) **1B**
solid colored einfarbig *adj.* (2) **1B**
colorful bunt *adj.* (3) **2A**
comb Kamm, -¨e *m.* (3) **1A**
to comb (one's hair) sich (die Haare) kämmen *v.* (3) **1A**
come kommen *v.* (1) **2A**
to come along mitkommen *v.* (1) **4A**
to come back zurückkommen *v.* (1) **4A**
comma Komma, -s *f.* (1) **1B**
compact disc CD, -s *f.* (2) **4B**
company Firma (*pl.* die Firmen) *f.* (3) **3A**
complicated kompliziert *adj.* (3) **2A**
computer Computer, - *m.* (1) **1B**
computer science Informatik *f.* (1) **2A**
concert Konzert, -e *n.* (2) **1B**
congratulate gratulieren *v.* (2) **1A**
Congratulations! Herzlichen Glückwunsch! (2) **1A**
construction zone Baustelle, -n *f.* (2) **4A**
conversation: to have a conversation sich unterhalten *v.* (3) **1A**
cook kochen *v.* (1) **2B**; Koch, -¨e / Köchin, -nen *m./f.* (1) **4B**
cookie Keks, -e *m.* (2) **1A**
cool kühl *adj.* (2) **3A**
corner Ecke, -n *f.* (3) **2B**
correct korrigieren *v.* (1) **2A**
cost kosten *v.* (1) **2A**
cotton Baumwolle *f.* (2) **1B**
couch Sofa, -s *n.* (2) **3B**
to couch surf Sofa surfen *v.* (2) **3B**

cough husten *v.* (3) **1B**
country Land, -¨er *n.* (2) **3B**
countryside Landschaft, -en *f.* (3) **4A**
couple Paar, -e *n.* (1) **3A**
courageous mutig *adj.*
course Gang, -¨e *m.* (1) **4B**
first/second course erster/zweiter Gang *m.* (1) **4B**
main course Hauptspeise, -en *f.* (1) **4B**
court Platz, -¨e *m.* (1) **1A**
cousin Cousin, -s / Cousine, -n *m./f.* (1) **3A**
cover decken *v.* (2) **2B**
cow Kuh, -¨e *f.* (3) **4A**
cram (for a test) büffeln *v.* (1) **2A**
cross überqueren *v.* (3) **2B**
to cross the street die Straße überqueren *v.* (3) **2B**
cross-reference Querverweis, -e *m.*
crosswalk Zebrastreifen, - *pl.* (3) **2B**
cruel grausam *adj.*; gemein *adj.* (1) **3B**
cruise Kreuzfahrt, -en *f.* (2) **3B**
cry weinen *v.* (3) **1B**
cup Tasse, -n *f.* (1) **4B**
curious neugierig *adj.* (1) **3B**
curly lockig *adj.* (1) **3A**
curtain Vorhang, -¨e *m.* (2) **2A**
custodian Hausmeister, - / Hausmeisterin, -nen *m./f.* (3) **3B**
customer Kunde, -n /Kundin, -nen *m./f.* (3) **1B**
customs Zoll *m.* (2) **3B**
cut Schnitt, -e *m.* (2) **1B**
to cut class schwänzen *v.* (1) **1B**
cute süß *adj.* (1) **3B**
CV Lebenslauf, -¨e *m.* (3) **3A**

D

dad Papa, -s *m.* (1) **3A**
daily täglich *adv.* (1) **4A**
daily routine Alltagsroutine *f.* (3) **1A**
dance tanzen *v.* (1) **2B**
danger Gefahr, -en *f.* (3) **4B**
dark dunkel *adj.* (1) **3A**
dark-haired dunkelhaarig *adj.* (1) **3A**
darling Liebling, -e *m.*
date Datum (*pl.* Daten) *n.* (2) **3A**
What is the date today? Der wievielte ist heute? *v.* (1) **2A**
daughter Tochter, -¨ *f.* (1) **3A**
day Tag, -e *m.* (1) **1A**
every day täglich *adv.* (1) **4A**
Dear Lieber/Liebe *m./f.* (1) **3B**
December Dezember *m.* (1) **2A**
decide sich entschließen *v.* (1) **4B**
definitely bestimmt *adv.* (1) **4A**
degree Abschluss, -¨e *m.* (1) **2A**; Grad *n.* (2) **3A**
It's 18 degrees out. Es sind 18 Grad draußen. (2) **3A**
delay Verspätung, -en *f.* (2) **3B**
delete löschen *v.* (2) **4B**
delicatessen Feinkostgeschäft, -e *n.* (1) **4A**
delicious lecker *adj.* (1) **4B**
demanding anspruchsvoll *adj.* (3) **3B**
dentist Zahnarzt, -¨e / Zahnärztin, -nen *m./f.* (3) **1B**
department store Kaufhaus, -¨er *n.* (3) **2B**
departure Abflug, -¨e *m.* (2) **3B**
deposit (money) (Geld) einzahlen *v.* (3) **2A**
describe beschreiben *v.* (1) **2A**
description Beschreibung, -en *f.* (1) **3B**
desk Schreibtisch, -e *m.* (1) **1B**
despite trotz *prep.* (2) **4B**
dessert Nachspeise, -n *f.* (1) **4B**
destination Reiseziel, -e *n.* (2) **3B**
detour Umleitung, -en *f.* (2) **4A**
develop entwickeln *v.* (3) **4B**
dictionary Wörterbuch, -¨er *n.* (1) **1B**
die sterben *v.* (2) **1B**
diet Diät, -en *f.* (1) **4B**
to be on a diet auf Diät sein *v.* (1) **4B**
difficult schwierig *adj.* (1) **2A**
digital camera Digitalkamera, -s *f.* (2) **4B**
dining room Esszimmer, - *n.* (2) **2A**
dinner Abendessen, - *n.* (1) **4B**
diploma Abschlusszeugnis, -se *n.* (1) **2A**; Diplom, -e *n.* (1) **2A**
direction Richtung, -en *f.* (3) **2B**
dirty schmutzig *adj.* (2) **2B**
discover entdecken *v.* (2) **2B**
discreet diskret *adj.* (1) **3B**
discuss besprechen *v.* (2) **3A**
dishes Geschirr *n.* (2) **2B**
to do the dishes Geschirr spülen (2) **2B**
dishwasher Spülmaschine, -n *f.* (2) **2B**
dislike nicht gern (+*verb*) (1) **3A**
divided by geteilt durch (1) **1B**
divorced geschieden *adj.* (1) **3A**
dizzy schwindlig *adj.* (3) **1B**
do machen *v.* (1) **2A**; tun *v.* (3) **1B**
to do laundry Wäsche waschen *v.* (2) **2B**
to do the dishes Geschirr spülen *v.* (2) **2B**
to have to do with handeln von (2) **3A**
doctor Arzt, -¨e / Ärztin, -nen *m./f.* (3) **1B**
to go to the doctor zum Arzt gehen *v.* (3) **1B**
document Dokument, -e *n.* (2) **4B**
dog Hund, -e *m.* (1) **3A**
door Tür, -en *f.* (1) **1B**
dormitory Studentenwohnheim, -e *n.* (1) **2A**
down entlang *prep.* (1) **3B**; herunter *adv.* (2) **2A**
to go down heruntergehen *v.* (3) **2B**
download herunterladen *v.* (2) **4B**
dozen Dutzend, -e *n.* (1) **4A**
a dozen eggs ein Dutzend Eier (1) **4A**
drawer Schublade, -n *f.* (2) **2A**
dream träumen *v.* (1) **2A**
dress Kleid, -er *n.* (2) **1B**
to get dressed sich anziehen *v.* (3) **1A**
to get undressed sich ausziehen *v.* (3) **1A**
dresser Kommode, -n *f.* (2) **2A**
drink trinken *v.* (1) **3B**
drive fahren *v.* (2) **4A**
to drive a car Auto fahren *v.* (2) **4A**
driver Fahrer, - / Fahrerin, -nen *m./f.* (2) **4A**
drugstore Drogerie, -n *f.* (3) **2A**
dry trocken *adj.* (3) **4A**
to dry oneself off sich abtrocknen *v.* (3) **1A**
dryer Wäschetrockner, - *m.* (2) **2B**
dumb dumm *adj.* (2) **4A**
during während *prep.* (2) **4B**
dust abstauben *v.* (2) **2B**
duvet Bettdecke, - n *f.* (2) **2B**
DVD DVD, -s *f.* (2) **4B**
DVD-player DVD-Player, - *m.* (2) **4B**
dye (one's hair) sich (die Haare) färben *v.* (3) **1A**
dynamic dynamisch *adj.* (1) **3B**

E

ear Ohr, -en *n.* (3) **1A**
early früh *adj.* (1) **2B**
earn verdienen *v.* (3) **3B**
earth Erde, -n *f.* (3) **4B**
earthquake Erdbeben, - *n.* (3) **4A**
easy einfach *adj.* (1) **2A**
eat essen *v.* (1) **2B**
to eat out essen gehen *v.* (1) **2B**
ecological ökologisch *adj.* (3) **4B**
ecology Ökologie *f.* (3) **4B**
economy Wirtschaft, -en *f.* (1) **2A**
economy class Touristenklasse *f.* (2) **3B**
education Ausbildung, -en *f.* (3) **3A**
egg Ei, -er *n.* (1) **4A**
eggplant Aubergine, -n *f.* (1) **4A**
eight acht (1) **2A**
elbow Ellenbogen, - *m.* (3) **1A**
electrician Elektriker, - / Elektrikerin, -nen *m./f.* (3) **3B**
elegant elegant *adj.* (2) **1B**
elevator Fahrstuhl, -¨e *m.* (2) **3B**
eleven elf (1) **2A**
e-mail E-Mail, -s *f.* (2) **4B**
emergency Notfall, -¨e *m.* (3) **3B**
emergency room Notaufnahme, -n *f.* (3) **1B**
employee Angestellte, -n *m./f.* (3) **3A**
endangered gefährdet *adj.* (3) **4B**
energy Energie, -n *f.* (3) **4B**
energy-efficient energiesparend *adj.* (2) **2B**
engaged verlobt *adj.* (1) **3A**
engine Motor, -en *m.* (2) **4A**
engineer Ingenieur, -e / Ingenieurin, -nen *m./f.* (1) **3B**
England England *n.* (3) **2B**
English (person) Engländer, - / Engländerin, -nen *m./f.* (3) **2B**; **(language)** Englisch *n.* (3) **2B**
enjoy genießen *v.*
Enjoy your meal! Guten Appetit! (1) **4B**
envelope Briefumschlag, -¨e *m.* (3) **2A**
environment Umwelt, -en *f.* (3) **4B**
environmentally friendly umweltfreundlich *adj.* (2) **4B**
environmentalism Umweltschutz *m.* (3) **4B**
equal (gleich) sein *v.* (1) **1B**
eraser Radiergummi, -s *m.* (1) **1B**
errand Besorgung, -en *f.* (3) **2A**
to run errands Besorgungen machen *v.* (3) **2A**
even though obwohl *conj.* (2) **2A**
evening Abend, -e *m.* (1) **2B**
in the evening abends *adv.* (1) **2A**
every jeder/jede/jedes *adv.* (2) **4B**

everything alles *pron.* (2) **3B**
Everything OK? Alles klar? (1) **1A**
everywhere überall *adv.* (1) **4A**
exam Prüfung, -en *f.* (1) **1B**
except (for) außer *prep.* (1) **4B**
exchange umtauschen *v.* (2) **2B**
exciting spannend *adj.* (3) **2A**; aufregend *adj.* (3) **4A**
Excuse me. Entschuldigung. (1) **1A**
exercise Sport treiben *v.* (3) **1B**
exit Ausgang, -¨e *m.* (2) **3B**; Ausfahrt, -en *f.* (2) **4A**
expensive teuer *adj.* (1) **3A**
experience durchmachen *v.* (2) **4B**; Erfahrung, -en *f.* (3) **3A**
explain erklären *v.* (1) **4A**
explore erforschen *v.* (3) **4A**
expression Ausdruck, -¨e *m.*
extinction Aussterben *n.* (3) **4B**
eye Auge, -n *n.* (1) **3A**
eyebrow Augenbraue, -n *f.* (3) **1A**

F

face Gesicht, -er *n.* (3) **1A**
factory Fabrik, -en *f.* (3) **4B**
factory worker Fabrikarbeiter, - / Fabrikarbeiterin, -nen *m./f.* (3) **3B**
fail durchfallen *v.* (1) **1B**; scheitern *v.* (3) **3B**
fall fallen *v.* (1) **2B**; **(season)** Herbst, -e *m.* (1) **2B**
to fall in love (with) sich verlieben (in) *v.* (3) **1A**
familiar bekannt *adj.*
to be familiar with kennen *v.* (2) **1B**
family Familie, -n *f.* (1) **3A**
fan Fan, -s *m.* (1) **2B**
fantastic fantastisch *adj.* (3) **2A**
far weit *adj.* (3) **2B**
far from weit von *adj.* (3) **2B**
farm Bauernhof, -¨e *m.* (3) **4A**
farmer Bauer, -n / Bäuerin, -nen *m./f.* (3) **3B**
fashionable modisch *adj.* (2) **1B**
fast schnell *adj.* (1) **3B**
fat dick *adj.* (1) **3A**
father Vater, -¨ *m.* (1) **3A**
father-in-law Schwiegervater, -¨ *m.* (1) **3A**
favorite Lieblings- (1) **3B**
fax machine Faxgerät, -e *n.* (2) **4B**
fear Angst, -¨e *f.* (2) **3A**
February Februar *m.* (1) **2A**
feel fühlen *v.* (1) **2A**; sich fühlen *v.* (3) **1A**
to feel like Lust haben *v.* (2) **3B**
to feel well sich wohl fühlen *v.* (3) **1A**
fever Fieber, - *n.* (3) **1B**
to have a fever Fieber haben *v.* (3) **1B**
fiancé(e) Verlobte, -n *m./f.* (1) **3A**
field Spielfeld, -er *n.* (1) **2B**; Feld, -er *n.* (3) **4A**; Sektor, -en *m.* (3) **3A**
file Datei, -en *f.* (2) **4B**
fill füllen *v.*
to fill out ausfüllen *v.* (3) **2A**
to fill up tanken *v.* (2) **4A**
filthy dreckig *adj.* (2) **2B**
find finden *v.* (1) **2A**
to find one's way sich zurechtfinden *v.* (3) **2B**
to find out (about) sich informieren (über) *v.* (3) **1A**
fine (monetary) Bußgeld, -er *n.* (2) **4A**
I'm fine. Mir geht's gut. (1) **1A**
finger Finger, - *m.* (3) **1A**
fire entlassen *v.* (3) **3B**; Feuer, - *n.*
firefighter Feuerwehrmann, -¨er / Feuerwehrfrau, -en (*pl.* Feuerwehrleute) *m./f.* (3) **3B**
firm Firma (*pl.* die Firmen) *f.* (3) **3A**
first erster/erste/erstes *adj.* (1) **2A**; zuerst *adv.* (2) **3B**
first course erster Gang *m.* (1) **4B**
first class erste Klasse *f.* (2) **4A**
fish Fisch, -e *m.* (1) **4A**
to go fishing angeln gehen *v.* (1) **2B**
fish store Fischgeschäft, -e *n.* (1) **4A**
fit passen *v.* (2) **1A**; fit *adj.* (1) **2B**
five fünf (1) **2A**
flat tire Platten, - *m.* (2) **4A**
to have a flat tire einen Platten haben *v.* (2) **4A**
flavor Geschmack, -¨e *m.* (1) **4B**
flight Flug, -¨e *m.* (2) **3B**
flood Hochwasser, - *n.* (3) **4B**
floor Stock, -¨e *m.;* Boden, -¨ *m.* (2) **2A**
first/second floor erster/zweiter Stock (2) **2A**
flower Blume, -n *f.* (1) **1A**
flower shop Blumengeschäft, -e *n.* (3) **2A**
flu Grippe, -n *f.* (3) **1B**
flunk durchfallen *v.* (1) **1B**
fly fliegen *v.* (2) **3B**
fog Nebel, - *m.* (2) **3A**
follow folgen *v.* (2) **1A**
food Essen, - *n.* (1) **4A**
foot Fuß, -¨e *m.* (3) **1A**
football American Football *m.* (1) **2B**
for für *prep.* (1) **3B**; seit; zu *prep.* (1) **4B**
foreign fremd *adj.* (3) **2A**
foreign language Fremdsprache, -n *f.* (1) **2A**
forest Wald, -¨er *m.* (1) **2B**
forget vergessen *v.* (1) **2B**
fork Gabel, -n *f.* (1) **4B**
form Formular, -e *n.* (3) **2A**
to fill out a form ein Formular ausfüllen *v.* (3) **2A**
fountain Brunnen, - *m.* (3) **2B**
four vier (1) **2A**
France Frankreich *n.* (3) **2B**
French (person) Franzose, -n / Französin, -nen *m./f.* (3) **2B**; **(language)** Französisch *n.* (3) **2B**
free time Freizeit, -en *f.* (1) **2B**
freezer Gefrierschrank, -¨e *m.* (2) **2B**
Friday Freitag, -e *m.* (1) **2A**
on Fridays freitags *adv.* (1) **2A**
friend Freund, -e / Freundin, -nen *m./f.* (1) **1A**
friendly freundlich *adj.* (1) **3B**
friendship Freundschaft, -en *f.* (2) **1A**
from aus *prep.* (1) **4A**; von *prep.* (1) **4B**
where from woher *interr.* (1) **2A**
front: in front of vor *prep.* (2) **1B**
fruit Obst *n.* (1) **4A**
fry braten *v.* (1) **2B**
full voll *adj.* (2) **3B**
full-time ganztags *adj.* (3) **3B**
fully occupied voll besetzt *adj.* (2) **3B**
fun Spaß *m.* (2) **3B**
to be fun Spaß machen *v.* (2) **3B**
to (not) have fun (keinen) Spaß haben *v.* (2) **1A**
function funktionieren *v.* (2) **4B**
funny lustig *adj.* (1) **3B**
furnished möbliert *adj.* (2) **2A**
furniture Möbel, - *n.* (2) **2A**
piece of furniture Möbelstück, -e *n.* (2) **2A**

G

game Spiel, -e *n.* (1) **2B**
game console Spielkonsole, -en *f.* (2) **4B**
garage Garage, -n *f.* (2) **1B**
garbage truck Müllwagen, - *m.* (3) **4B**
gardener Gärtner, - / Gärtnerin, -nen *m./f.* (3) **3B**
garlic Knoblauch *m.* (1) **4A**
gas Benzin, -e *n.* (2) **4A**
gas station Tankstelle, -n *f.* (2) **4A**
generous großzügig *adj.* (1) **3B**
German (person) Deutsche *m./f.* (3) **2B**; **(language)** Deutsch *n.* (3) **2B**
Germany Deutschland *n.* (1) **4A**
get bekommen *v.* (2) **1A**
to get up aufstehen *v.* (1) **4A**
to get sick/better krank/gesund werden *v.* (3) **1B**
gift Geschenk, -e *n.* (2) **1A**
girl Mädchen, - *n.* (1) **1A**
give geben *v.* (1) **2B**
to give (a gift) schenken *v.* (2) **1A**
glass Glas, ¨er *n.* (1) **4B**
glasses Brille, -n *f.* (2) **1B**
global warming Erderwärmung *f.* (3) **4B**
glove Handschuh, -e *m.* (2) **1B**
go gehen *v.* (1) **2A**; fahren *v.* (1) **2B**
to go out ausgehen *v.* (1) **4A**
Go! Los! (1) **2B**
goal (in soccer) Tor, -e *n.* (1) **2B**
golf Golf *n.* (1) **2B**
good gut *adj.* (1) **3B**; nett *adj.*
Good evening. Guten Abend. (1) **1A**
Good morning. Guten Morgen. (1) **1A**
Good night. Gute Nacht. (1) **1A**
Good-bye. Auf Wiedersehen. (1) **1A**
Good luck! Viel Glück! (2) **1A**
government Regierung, -en *f.* (3) **4B**
grade Note, -n *f.* (1) **1B**
grade report Zeugnis, -se *n.* (1) **1B**
graduate Abschluss machen, -¨e *v.* (2) **1A**
graduation Abschluss, -¨e *m.* (1) **1B**
gram Gramm, -e *n.* (1) **4A**
100 grams of cheese 100 Gramm Käse (1) **4A**
granddaughter Enkeltochter, -¨ *f.* (1) **3A**
grandson Enkelsohn, -¨e *m.* (1) **3A**
grandchild Enkel, - *m.* (1) **3A**; Enkelkind, -er *n.* (1) **3A**
grandfather Großvater, -¨ *m.* (1) **3A**
grandma Oma, -s *f.* (1) **3A**
grandmother Großmutter, -¨ *f.* (1) **3A**
grandpa Opa, -s *m.* (1) **3A**
grandparents Großeltern *pl.* (1) **1A**

grape Traube, -n *f.* (1) **4A**
grass Gras, -¨er *n.* (3) **4A**
gray grau *adj.* (2) **1B**
great toll *adj.* (1) **3B**; prima *adj.*; spitze *adj.* (1) **1A**
great grandfather Urgroßvater, -¨ *m.* (1) **3A**
great grandmother Urgroßmutter, -¨ *f.* (1) **3A**
greedy gierig *adj.* (1) **3B**
green grün *adj.* (2) **1B**
green bean grüne Bohne (*pl.* die grünen Bohnen), -n *f.* (1) **4A**
greet grüßen *v.* (1) **2A**
greeting Begrüßung, -en *f.* (1) **1A**; Gruß, -¨e *m.* (1) **1A**
grocery store Lebensmittelgeschäft, -e *n.* (1) **4A**
ground floor Erdgeschoss, -e *n.* (2) **2A**
grow wachsen *v.* (2) **1B**
grown-up erwachsen *adj.* (3) **2A**
guest Gast, -¨e *m.* (2) **1A**
hotel guest Hotelgast, -¨e *m.* **7B**
guesthouse Pension, -en *f.* (2) **3B**
gym Sporthalle, -n *f.* (1) **2A**

H

hail Hagel *m.* (2) **3A**
hair Haar, -e *n* (1) **3A**
hair dryer Haartrockner, - *m.* (3) **1A**
hairdresser Friseur, -e / Friseurin, -nen *m./f.* (1) **3B**
half halb *adj.* (1) **2A**
half brother Halbbruder, -¨ *m.* (1) **3A**
half sister Halbschwester, -n *f.* (1) **3A**
hall Flur, -e *m.* (2) **2A**
ham Schinken, - *m.* (1) **4A**
hand Hand, -¨e *f.* (3) **1A**
handsome gut ausehend *adj.* (1) **3A**
hang hängen *v.* (2) **1B**
to hang up auflegen *v.* (3) **3A**
happen passieren *v.* (2) **1B**
happiness Glück *n.* (2) **1A**
happy glücklich *adj.* (1) **3B** froh *adj.* (1) **3B**
Happy birthday! Alles Gute zum Geburtstag! (2) **1A**
Happy Easter! Frohe Ostern! (2) **1A**
Happy New Year! Ein gutes neues Jahr! (2) **1A**
to be happy (about) sich freuen (über) *v.* (3) **1A**
hard schwer *adj.* (3) **1B**
hard drive Festplatte, -en *f.* (2) **4B**
hard-working fleißig *adj.* (1) **3B**
hare Hase, -n *m.* (3) **4A**
hat Hut, -¨e *m.* (2) **1B**
have haben *v.* (1) **1B**
Have a nice day! Schönen Tag noch! (1) **1A**
to have to müssen *v.* (1) **3B**
he er *pron.* (1) **1A**
head Kopf, -¨e *m.* (3) **1A**
headache Kopfschmerzen *m. pl.* (3) **1B**
headlight Scheinwerfer, -e *m.* (2) **4A**
headphones Kopfhörer, - *m.* (2) **4B**
health Gesundheit *f.* (3) **1B**
health-food store Bioladen, -¨ *m.* (3) **1B**
healthy gesund *adj.* (2) **4A**
hear hören *v.* (1) **2A**
heat stroke Hitzschlag, -¨e *m.* (3) **1B**
heavy schwer *adj.* (1) **4B**
hello Guten Tag.; Hallo. (1) **1A**
help helfen *v.* (1) **2B**
to help with helfen bei *v.* (2) **3A**
her ihr *poss. adj.* (1) **3A**
here hier *adv.* (1) **1A**
Here is/are... Hier ist/sind... (1) **1B**
high hoch *adj.* (2) **4A**
highway Autobahn, -en *f.* (2) **4A**
hike wandern *v.* (1) **2A**
his sein *poss. adj.* (1) **3A**
history Geschichte, -en *f.* (1) **2A**
hit treffen *v.* (1) **2B**
hobby Hobby, -s *n.* (1) **2B**
hockey Hockey *n.* (1) **2B**
hold: to be on hold in der Warteschleife sein *v.* (3) **3B**
Please hold. Bleiben Sie bitte am Apparat. (3) **3A**
holiday Feiertag, -e *m.* (2) **1A**
home Haus, -¨er *adv.* (2) **1B**
at home zu Hause *adv.* (1) **4A**
home office Arbeitszimmer, - *n.* (2) **2A**
homemade hausgemacht *adj.* (1) **4B**
homemaker Hausfrau, -en / Hausmann, -¨er *f./m.* (3) **3B**
homework Hausaufgabe, -n *f.* (1) **1B**
hood Motorhaube, -en *f.* (2) **4A**
horse Pferd, -e *n.* (3) **4A**
hospital Krankenhaus, -¨er *n.* (3) **1B**
host / hostess Gastgeber, - / Gastgeberin, -nen *m./f.* (2) **1A**
host family Gastfamilie, -n *f.* (1) **4B**
hot heiß *adj.* (2) **3A**
hotel Hotel, -s *n.* (2) **3B**
five-star hotel Fünf-Sterne-Hotel *n.* (2) **3B**
hour Stunde, -n *f.* (1) **2A**
house Haus, -¨er *n.* (2) **2A**
housework Hausarbeit *f.* (2) **2B**
to do housework Hausarbeit machen *v.* (2) **2B**
how wie *interr.* (1) **2A**
How are you? *(form.)* Wie geht es Ihnen? (1) **1A**
How are you? *(inf.)* Wie geht's (dir)? (1) **1A**
how many wie viele interr. (1) **2A**
how much wie viel *interr.* (1) **2A**
human resources manager Personalchef, -s / die Personalchefin, -nen *m./f.* (3) **3A**
humble bescheiden *adj.*
hurry sich beeilen *v.* (3) **1A**
hurt weh tun *v.* (3) **1B**
to hurt oneself sich verletzen *v.* (3) **1B**
husband Ehemann, -¨er *m.* (1) **3A**
hybrid car Hybridauto, -s *n.* (3) **4B**

I

I ich *pron.* (1) **1A**
ice cream Eis *n.* (2) **1A**
ice cream shop Eisdiele, -n *f.* (1) **4A**
ice cube Eiswürfel, - *m.* (2) **1A**
ice hockey Eishockey *n.* (1) **2B**
ID card Personalausweis, -e *m.* (2) **3B**
idea Idee, -n *f.* (1) **1A**
if wenn *conj.*; ob *conj.* (3) **2A**
as if als ob (3) **2A**
if I were you an deiner/Ihrer Stelle *f.* (3) **2A**
if... only wenn... nur (3) **2A**
if... then wenn... dann (3) **2A**
imagine sich (etwas) vorstellen *v.* (3) **1A**
imitate nachmachen *v.* (2) **4B**
important wichtig *adj.* (2) **3B**; bedeutend *adj.* (3) **4A**
improve verbessern *v.* (3) **4B**
in in *prep.* (2) **1B**
in the afternoon nachmittags *adv.* (1) **2A**
in the evening abends *adv.* (1) **2A**
in the morning morgens *adv.* (1) **2A**
in spite of trotz *prep.* (2) **4B**
India Indien *n.* (3) **2B**
Indian indisch *adj.* (3) **2B**; **(person)** Inder, - / Inderin, -nen *m./f.* (3) **2B**
injury Verletzung, -en *f.* (3) **1B**
inside (of) innerhalb *prep.* (2) **4B**
instead sondern *conj.* (2) **2A**
instead of statt *prep.*; anstatt *prep.* (2) **4B**
intellectual intellektuell *adj.* (1) **3B**
intelligent intelligent *adj.* (1) **3B**
interested: to be interested (in) sich interessieren (für) *v.* (3) **1A**
interesting interessant *adj.* (1) **3B**
internet café Internetcafé, -s *n.* (3) **2A**
internship Praktikum (*pl.* die Praktika) *n.* (3) **3A**
intersection Kreuzung, -en *f.* (3) **2B**
introduce: to introduce (oneself) (sich) vorstellen *v.* (3) **1A**
invent erfinden *v.* (2) **3A**
invite einladen *v.* (2) **1A**
iron Bügeleisen, - *n.* (2) **2B**; bügeln *v.* (2) **2B**
ironing board Bügelbrett, -er *n.* (2) **2B**
island Insel, -n *f.* (3) **4A**
it es *pron.* (1) **1A**
Italian (person) Italiener, - / Italienerin, -nen *m./f.* (3) **2B**; **(language)** Italienisch *n.* (3) **2B**
Italy Italien *n.* (3) **2B**
its sein *poss. adj.* (1) **3A**

J

jacket Jacke, -n *f.* (2) **1B**
jam Marmelade, -n *f.* (1) **4A**
January Januar *m.* (1) **2A**
jealous eifersüchtig *adj.* (1) **3B**
jeans Jeans *f.* (2) **1B**
jewelry store Juweliergeschäft, -e *n.* (3) **2A**
job Beruf, -e *m.* (3) **3B**; Stelle, -n *f.* (3) **3A**
to find a job Arbeit finden *v.* (3) **3A**
job interview Vorstellungsgespräch, -e *n.* (3) **3A**
job opening Stellenangebot, -e *n.* (3) **3A**
jog joggen *v.* (1) **2B**
journalist Journalist, -en / Journalistin, -nen *m./f.* (1) **3B**
judge Richter, - / Richterin, -nen *m./f.* (3) **3B**
juice Saft, -¨e *m.* (1) **4B**
July Juli *m.* (1) **2A**
June Juni *m.* (1) **2A**
just as genauso wie (2) **4A**

K

key Schlüssel, - *m.* (2) **3B**
keyboard Tastatur, -en *f.* (2) **4B**
kind nett *adj.*
kiosk Kiosk, -e *m.* (3) **2A**
kiss Kuss, -¨e *m.* (2) **1A**; küssen *v.* (2) **1A**
to kiss (each other) sich küssen *v.* (3) **1A**
kitchen Küche, -n *f.* (2) **2A**
knee Knie, - *n.* (3) **1A**
knife Messer, - *n.* (1) **4B**
know kennen *v.* (2) **1B**; wissen *v.* (2) **1B**
to know each other sich kennen *v.* (3) **1A**
know-it-all Besserwisser, - / Besserwisserin -nen *m./f.* (1) **2A**
Korea Korea *n.* (3) **2B**
Korean (person) Koreaner, - / Koreanerin, -nen *m./f.* (3) **2B**; **(language)** Koreanisch *n.* (3) **2B**

L

labor union Gewerkschaft, -en *f.* (3) **3B**
lake See, -n *m.* (3) **4A**
lamp Lampe, -n *f.* (2) **2A**
land landen *v.* (2) **3B**; Land, -¨er *n.* (2) **3B**
landscape Landschaft, -en *f.* (3) **4A**
laptop (computer) Laptop, -s *m./n.* (2) **4B**
last letzter/letzte/letztes *adj.* (1) **2B**
last name Nachname, -n *m.* (1) **3A**
late spät *adj.* (1) **2A**
to be late sich verspäten *v.* (3) **1A**
laugh lachen *v.* (1) **2A**
laundromat Waschsalon, -s *m.* (3) **2A**
laundry Wäsche *f.* (2) **2B**
to do laundry Wäsche waschen *v.* (2) **2B**
law Gesetz, -e *n.* (3) **4B**
lawyer Rechtsanwalt, -¨e / Rechtsanwältin, -nen *m./f.* (1) **3B**
lay legen *v.* (2) **1B**
lazy faul *adj.* (1) **3B**
leaf Blatt, -¨er *n.* (3) **4A**
learn lernen *v.* (1) **2A**
leather Leder, - *n.* (2) **1B**
leave abfahren *v.* (2) **4A**
lecture Vorlesung, -en *f.* (1) **2A**; Vortrag, -¨e *m.* (2) **2B**
lecture hall Hörsaal (*pl.* Horsale) *m.* (1) **2A**
leg Bein, -e *n.* (3) **1A**
leisure Freizeit *f.* (1) **2B**
lesson Stunde, -n *f.* (1) **1B**
let lassen *v.* (1) **2B**
letter Brief, -e *m.* (3) **2A**
to mail a letter einen Brief abschicken *v.* (3) **2A**
letter of recommendation Empfehlungsschreiben, - *n.* (3) **3A**
lettuce Salat, -e *m.* (1) **4A**
library Bibliothek, -en *f.* (1) **1B**
license plate Nummernschild, -er *n.* (2) **4A**
lie liegen *v.* (2) **1B**
to lie down sich (hin)legen *v.* (3) **1A**
to tell a lie lügen *v.*
light hell *adj.* (1) **3A**; leicht *adj.* (1) **4B**; Licht, -er *n.* (3) **4B**
lightning Blitz, -e *m.* (2) **3A**
like mögen *v.* (1) **4B**; gern (+*verb*) *v.* (1) **3A**; gefallen *v.* (2) **1A**
I would like... ich hätte gern… (1) **4A**; Ich möchte... (1) **4B**
line Schlange, -n *f.* (2) **3B**; Linie, -n *f.*
to stand in line Schlange stehen *v.* (2) **3B**
lip Lippe, -n *f.* (3) **1A**
lipstick Lippenstift, -e *m.* (3) **1A**
listen (to) hören *v.* (1) **2A**
literature Literatur *f.* (1) **2A**
little klein *adj.* (1) **3A**; wenig *adj.* (3) **2A**
live wohnen *v.* (1) **2A**; leben *v.*
living room Wohnzimmer, - *n.* (2) **2A**
load laden *v.* (2) **4B**
location Lage, -n *f.* (2) **3B**
long lang *adj.* (1) **3A**
long-sleeved langärmlig *adj.* (2) **1B**
look schauen *v.* (2) **3A**
to look at anschauen *v.* (2) **3A**
to look for suchen *v.* (1) **2A**
to look forward to sich freuen auf *v.* (3) **1A**
loose weit *adj.* (2) **1B**
lose verlieren *v.* (1) **2B**
to get lost sich verlaufen *v.* (3) **2B**
love lieben *v.* (1) **2A**; Liebe *f.* (2) **1A**
to fall in love (with) sich verlieben (in) *v.* (3) **1A**
to love each other sich lieben *v.* (3) **1A**
loving liebevoll *adj.* (1) **3B**
low niedrig *adj.* (3) **3A**
luggage Gepäck *n.* (2) **3B**
lunch Mittagessen, - *n.* (1) **4B**

M

magazine Zeitschrift, -en *f.* (3) **2A**
mail Post *f.* (3) **2A**
to mail a letter einen Brief abschicken *v.* (3) **2A**
mail carrier Briefträger, - / Briefträgerin, -nen *m.* (3) **2A**
mailbox Briefkasten, -¨ *m.* (3) **2A**
main course Hauptspeise, -n *f.* (1) **4B**
main road Hauptstraße, -n *f.* (3) **2B**
major: to major in studieren *v.* (1) **2A**
make machen *v.* (1) **2A**
makeup: to put on makeup sich schminken *v.* (3) **1A**
mall Einkaufszentrum (*pl.* Einkaufszentren) *n.* (3) **2B**
man Mann, -¨er *m.* (1) **1A**
manage leiten *v.* (3) **3B**
manager Geschäftsführer, - / die Geschäftsführerin, -nen *m./f.* (3) **3A**
map Karte, -n *f.* (1) **1B**; Landkarte, -n *f.* (2) **3B**
city map Stadtplan, -¨e *m.* (2) **3B**
to read a map eine Karte lesen *v.* (2) **3B**
marble Marmor *m.* (2) **2B**
March März *m.* (1) **2A**
marital status Familienstand, -¨e *m.* (1) **3A**
market Markt, ¨-e *m.* (1) **4A**
marriage Ehe, -n *f.* (2) **1A**
married verheiratet *adj.* (1) **3A**
marry heiraten *v.* (1) **3A**
match Spiel, -e *n.* (1) **2B**; passen *v.* (2) **1A**
material Material, -ien *n.* (2) **1B**
mathematics Mathematik *f.* (1) **2A**
May Mai *m.* (1) **2A**
may dürfen *v.* (1) **3B**
maybe vielleicht *adv.* (1) **4A**
mayor Bürgermeister, - / Bürgermeisterin, -nen *m./f.* (3) **2B**
meal Mahlzeit, -en *f.* (1) **4B**
mean bedeuten *v.* (1) 2A; meinen *v.* (1) **2A**; gemein *adj.* (1) **3B**
meat Fleisch *n.* (1) **4A**
mechanic Mechaniker, - / Mechanikerin, -nen *m./f.* (2) **4A**
medicine Medizin *f.* (1) **2A**; Medikament, -e *n.* (3) **1B**
meet (sich) treffen *v.* (1) **2B**; **(for the first time)** (sich) kennen lernen *v.* (3) **1A**
Pleased to meet you. Schön dich/Sie kennen zu lernen. (1) **1A**
meeting Besprechung, -en *f.* (3) **3B**
melon Melone, -n *f.* (1) **4A**
menu Speisekarte, -n *f.* (1) **4B**
Merry Christmas! Frohe Weihnachten! (2) **1A**
message Nachricht, -en *f.* (3) **3A**
Mexico Mexiko *n.* (3) **2B**
Mexican mexikanisch *adj.* (3) **2B**; **(person)** Mexikaner, - / Mexikanerin, -nen *m./f.* (3) **2B**
microphone Mikrofon, -e *n.* (2) **4B**
microwave Mikrowelle, -n *f.* (2) **2B**
midmorning Vormittag, -e *m.* (1) **2B**
midnight Mitternacht *f.* (1) **2A**
mild leicht *adj.* (3) **1B**
milk Milch *f.* (1) **4B**
minority Minderheit, -en *f.* (3) **4B**
minus minus (1) **1B**
mirror Spiegel, - *m.* (2) **2A**
mist Nebel, - *m.* (2) **3A**
modern modern *adj.* (3) **2A**
modest bescheiden *adj.* (1) **3B**
mom Mama, -s *f.* (1) **3A**
Monday Montag, -e *n.* (1) **2A**
on Mondays montags *adv.* (1) **2A**
money Geld *n.* (3) **2A**
month Monat, -e *m.* (1) **2A**
moon Mond, -e *m.* (3) **4A**
mop wischen *v.* (2) **2B**
more mehr *adj.* (2) **4A**
morning Morgen, - *m.* (1) **2B**
in the morning vormittags (1) **2A**
tomorrow morning morgen früh (1) **2B**
mother Mutter, -¨ *f.* (1) **1A**
mother-in-law Schwiegermutter, -¨ *f.* (1) **3A**
mountain Berg, -e *m.* (1) **2B**; (3) **4A**
mouse Maus, -¨e *f.* (3) **4A**
mouth Mund, -¨er *m.* (3) **1A**
move umziehen *v.* (2) **2A**; sich bewegen *v.*
mp3 player MP3-Player, - *m.* (2) **4B**
Mr. Herr (1) **1A**
Mrs. Frau (1) **1A**
Ms. Frau (1) **1A**
much viel *adv.* (1) **4A**
mushroom Pilz, -e *m.* (1) **4A**
musician Musiker, - / Musikerin, -nen *m./f.* (1) **3B**
must müssen *v.* (1) **3B**

my mein *poss. adj.* (1) **3A**
myself mir *pron.* (2) **3A**

N

naïve naiv *adj.* (1) **3B**
name Name, -n *m.* (1) **1A**
to be named heißen *v.* (1) **2A**
What's your name? Wie heißen Sie? *(form.)* / Wie heißt du? *(inf.) v.* (1) **1A**
napkin Serviette, -n *f.* (1) **4B**
natural disaster Naturkatastrophe, -n *f.* (3) **4A**
nature Natur, -en *f.* (3) **4A**
nauseous übel *adj.* (3) **1B**
near bei *prep.* (1) **4B**; nah *adj.* (3) **2B**
neat ordentlich *adj.* (2) **2B**
neck Hals, -¨e *m.* (3) **1A**
necklace Halskette, -n *f.* (2) **1B**
need brauchen *v.* (1) **2A**
to need to müssen *v.* (1) **3B**
nephew Neffe, -n *m.* (2) **4B**
nervous nervös *adj.* (1) **3B**
never nie *adv.* (1) **4A**; niemals *adv.* (2) **3B**
New Year's Eve Silvester *n.* (2) **1A**
newlywed Frischvermählte, -n *m./f.* (2) **1A**
newspaper Zeitung, -en *f.* (2) **3B**
next nächster/nächste/nächstes *adj.* (1) **2B**
next to neben *prep.* (2) **1B**
nice nett *adj.* (1) **3B**
It's nice out. Es ist schön draußen. (2) **3A**
Nice to meet you. Schön dich/Sie kennen zu lernen. (1) **1A**
The weather is nice. Das Wetter ist gut. (2) **3A**
night Nacht, -¨e *f.* (1) **2B**
to spend the night übernachten *f.* (2) **3B**
night table Nachttisch, -e *m.* (2) **2A**
nine neun (1) **2A**
no nein (1) **1B**; kein *adj.* (1) **2B**
no one niemand *pron.* (2) **3B**
nonviolent gewaltfrei *adj.* (3) **4B**
noon Mittag, -e *m.* (1) **2A**
nose Nase, -n *f.* (3) **1A**
not nicht *adv.* (1) **2B**
Do not enter. Keine Zufahrt. (1) **3B**
not bad nicht schlecht (1) **1A**
not much wenig *adj.* (3) **2A**
note Notiz, -en *f.* (1) **1B**
notebook Heft, -e *n.* (1) **1B**
nothing nichts *pron.* (2) **3B**
November November *m.* (1) **2A**
now jetzt *adv.* (1) **4A**
nuclear energy Kernenergie *f.* (3) **4B**
nuclear power plant Kernkraftwerk, -e *n.* (3) **4B**
nurse Krankenpfleger, - / Krankenschwester, -n *m./f.* (3) **1B**

O

ocean Meer, -e *n.* (3) **4A**
October Oktober *m.* (1) **2A**
offer Angebot, -e *n.* (2) **1B**; bieten *v.* (3) **1B**; anbieten *v.* (3) **4B**
office Büro, -s *n.* (3) **3B**
office supplies Büromaterial, -ien *n.* (3) **3A**
often oft *adv.* (1) **4A**
oil Öl, -e *n.* (1) **4A**
old alt *adj.* (1) **3A**
How old are you? Wie alt bist du? (1) **1B**
I am... years old. Ich bin... Jahre alt. (1) **1B**
olive oil Olivenöl, -e *n.* (1) **4A**
on an *prep.;* auf *prep.* (2) **1B**
once einmal *adv.* (2) **3B**
one eins (1) **2A**; man *pron.* (2) **3B**
by oneself allein *adv.* (1) **4A**
one-way street Einbahnstraße, -n *f.* (2) **4A**
onion Zwiebel, -n *f.* (1) **4A**
online: to be online online sein *v.* (2) **4B**
only nur *adv.* (1) **4A**
only child Einzelkind, -er *n.* (1) **3A**
on-time pünktlich *adj.* (2) **3B**
onto auf *prep.* (2) **1B**
open öffnen *v.* (1) **2A**; aufmachen *v.* (2) **4B**; geöffnet *adj.* (3) **2A**
or oder *conj.* (2) **2A**
orange Orange, -n *f.* (1) **4A**; orange *adj.* (2) **1B**
order bestellen *v.* (1) **4A**
organic biologisch *adj.* (3) **4B**
our unser *poss. adj.* (1) **3A**
out draußen *adv.* (2) **3A**; heraus *adv.* (2) **2A**
It's nice out. Es ist schön draußen. (2) **3A**
to go out ausgehen *v.* (1) **4A**
to bring out rausbringen (2) **2B**
outside draußen *prep.* (2) **2A**
outside of außerhalb *prep.* (2) **4B**
oven Ofen, ¨- *m.* (2) **2B**
over über *prep.* (2) **1B**; vorbei *adv.* (2) **3A**
over there drüben *adv.* (1) **4A**
overpopulation Überbevölkerung *f.* (3) **4B**
owner Besitzer, - / Besitzerin, -nen *m./f.* (1) **3B**

P

pack packen *v.* (2) **3B**
package Paket, -e *n.* (3) **2A**
pain Schmerz, -en *m.* (3) **1B**
pajamas Schlafanzug, -¨e *m.* (3) **1A**
pan Pfanne, -n *f.* (2) **2B**
pants Hose, -n *f.* (2) **1B**
paper Papier, -e *n.* (1) **1B**
sheet of paper Blatt Papier (*pl.* Blätter Papier) *n.* (1) **1B**
paperclip Büroklammer, -n *f.* (3) **3A**
paper-goods store Schreibwarengeschäft, -e *n.* (3) **2A**
paragraph Absatz, -¨e *m.* (2) **1B**
parents Eltern *pl.* (1) **3A**
park Park, -s *m.* (1) **1A**; parken *v.* (2) **4A**
No parking. Parkverbot. (1) **3B**
participate mitmachen *v.* (2) **4B**
part-time halbtags *adj.* (3) **3B**
party Party, -s *f.* (2) **1A**
to go to a party auf eine Party gehen *prep.* (3) **2B**
to throw a party eine Party geben *v.* (2) **1A**
pass (a test) bestehen *v.* (1) **1B**
passenger Passagier, -e *m.* (2) **3B**
passport control Passkontrolle, -n *f.* (2) **3B**
password Passwort, -¨er *n.* (2) **4B**
past Vergangenheit *f.* (3) **4A**; nach *prep.* (1) **2A**
pasta Pasta *f.* (1) **4A**
pastries Gebäck *n.* (2) **1A**
pastry shop Konditorei, -en *f.* (1) **4A**
path Weg, -e *m.* (3) **4A**
patient geduldig *adj.* (1) **3B**; Patient, -en / Patientin, -nen *m./f.* (3) **1B**
pay (for) bezahlen *v.* (1) **4A**
to pay by (credit) card mit der Karte bezahlen *v.* (3) **2A**
to pay in cash bar bezahlen *v.* (3) **2A**
peach Pfirsich, -e *m.* (1) **4A**
pear Birne, -n *f.* (1) **4A**
pedestrian Fußgänger, - / Fußgängerin, -nen *m./f.* (3) **2B**
pen Kuli, -s *m.* (1) **1B**
pencil Bleistift, -e *m.* (1) **1B**
people Leute *pl.* (1) **3B**; Menschen *pl.*
pepper Paprika, - *f.* (1) **4A**; Pfeffer, - *m.* (1) **4B**
percent Prozent *n.* (1) **1B**
period Punkt, -e *m.* (1) **1B**
person Person, -en *f.* (1) **1A**; Mensch, -en *m.*
personal persönlich *adj.* (1) **3B**
pet Haustier, -e *n.* (1) **3A**
pharmacy Apotheke, -n *f.* (3) **1B**
phone booth Telefonzelle, -n *f.* (3) **2B**
photo Foto, -s *n.* (1) **1B**
physics Physik *f.* (1) **2A**
picnic Picknick, -s *n.* (3) **4A**
to have a picnic ein Picknick machen *v.* (3) **4A**
picture Foto, -s *n.* (1) **1B**; Bild, -er *n.* (2) **2A**
pie Kuchen, - *m.* (1) **4A**
pigsty Saustall, -¨e *n.* (2) **2B**
It's a pigsty! Es ist ein Saustall! (2) **2B**
pill Tablette, -n *f.* (3) **1B**
pillow Kissen, - *n.* (2) **2B**
pineapple Ananas, - *f.* (1) **4A**
pink rosa *adj.* (2) **1B**
place Ort, -e *m.* (1) **1B**; Lage, -n *f.* (2) **3B**; setzen *v.* (2) **1B**
in your place an deiner/Ihrer Stelle *f.* (3) **2A**
planner Terminkalender, - *m.* (1) **1B**
plant Pflanze, -n *f.* (2) **2A**
plastic Kunststoff, -e *m.* (2) **2B**
plate Teller, - *m.* (1) **4B**
platform Bahnsteig, -e (2) **4A**
play spielen *v.* (1) **2A**
player Spieler, - / Spielerin, -nen *m./f.* (1) **2B**
pleasant angenehm *adj.* (1) **3B**
please bitte (1) **1A**; gefallen *v.* (2) **1A**
Pleased to meet you. Freut mich. (1) **1A**
plumber Klempner, - / Klempnerin, -nen *m./f.* (3) **3B**
plus plus (1) **1B**
police officer Polizist, -en / Polizistin, -nen *m./f.* (2) **4A**
police station Polizeiwache, -n *f.* (3) **2A**
politician Politiker, - / Politikerin, -nen *m./f.* (3) **3B**
pollute verschmutzen *v.* (3) **4B**
pollution Verschmutzung *f.* (3) **4B**
poor arm *adj.* (1) **3B**
pork Schweinefleisch *n.* (1) **4A**
position Stelle, -n *f.* (3) **3A**

post office Post, *f.* (3) **2A**
to go to the post office zur Post gehen *v.* (3) **2A**
postcard Postkarte, -n *f.* (3) **2A**
poster Poster, - *n.* (2) **2A**
pot Topf, -¨e *m.* (2) **2B**
potato Kartoffel, -n *f.* (1) **4A**
pound Pfund, -e *n.* (1) **4A**
a pound of potatoes ein Pfund Kartoffeln (1) **4A**
practice üben *v.* (1) **2B**; Übung, -en *f.*
pregnant schwanger *adj.* (3) **1B**
preparation Vorbereitung, -en *f.*
prepare vorbereiten *v.* (1) **4A**; zubereiten *v.* (2) **3A**
to prepare oneself (for) sich vorbereiten (auf) *v.* (3) **1A**
prescription Rezept, -e *n.* (3) **1B**
presentation Referat, -e *n.* (1) **2A**
preserve erhalten *v.* (3) **4B**
president Präsident, - / Präsidentin, -nen *m./f.* (2) **4B**
federal president Bundespräsident, - / Bundespräsidentin, -nen *m./f.* (2) **4B**
pretty hübsch *adj.* (1) **3A**
pretty well ziemlich gut *adv.* (1) **1A**
principal Schulleiter, - *m.* / Schulleiterin, -nen *f.* (1) **1B**
print drucken *v.* (2) **4B**
printer Drucker, - *m.* (2) **4B**
probably wohl *adv.* (3) **2A**; wahrscheinlich *adv.* (3) **2A**; sicher *adv.* (3) **2A**
problem Problem, -e *n.* (1) **1A**
profession Beruf, -e *m.* (1) **3B**
professional training Berufsausbildung, -en *f.* (3) **3A**
professor Professor, -en / Professorin, -nen *m./f.* (1) **1B**
program Programm, -e *n.* (2) **4B**
promotion Beförderung, -en *f.* (3) **3B**
pronunciation Aussprache *f.*
propose vorschlagen *v.* (3) **4B**
protect schützen *v.* (3) **4B**
proud stolz *adj.* (1) **3B**
psychologist Psychologe, -n / Psychologin, -nen *m./f.* (3) **3B**
psychology Psychologie *f.* (1) **2A**
public öffentlich *adj.* (2) **4A**
public transportation öffentliche Verkehrsmittel *n.* (2) **4A**
pull ziehen *v.* (1) **3B**
purple lila *adj.* (2) **1B**
purse Handtasche, -n *f.* (2) **1B**
push drücken *v.* (1) **3B**
put stellen *v.* (2) **1B**; legen *v.* (3) **1A**; setzen *v.* (3) **1A**
to put away wegräumen *v.* (2) **2B**
to put on anziehen *v.* (2) **1B**

Q

quarter Viertel, - *n.* (1) **2A**
quarter past/to Viertel nach/vor (1) **2A**
question Frage, -n *f.* (1) **1B**
quicksand Treibsand *m.* (3) **4A**

R

rabbit Kaninchen, - *n.* (3) **4A**
rain Regen *m.* (2) **3A**; regnen *v.* (1) **2A**
raincoat Regenmantel, -¨ *m.* (2) **3A**
raise Gehaltserhöhung, -en *f.* (3) **3B**
rarely selten *adv.* (1) **4A**
rather lieber *adj.* (2) **4A**
rating Bewertung, -en *f.* (2) **3B**
razor Rasierer, - *m.* (3) **1A**
read lesen *v.* (1) **2B**
ready fertig *adj.* (3) **3B**
real estate agent Immobilienmakler, - / Immobilienmaklerin, -nen *m./f.* (3) **3B**
realistic realistisch *adj.* (3) **2A**
really wirklich *adv.* (1) **4A**
receive bekommen *v.* (2) **1A**
receiver Hörer, - *m.* (3) **3A**
recess Pause, -n *f.* (1) **1B**
recognize erkennen *v.* (2) **3A**
recommend empfehlen *v.* (1) **2B**
record aufnehmen *v.* (2) **4B**
recycle recyceln *v.* (3) **4B**
red rot *adj.* (1) **3A**
red-haired rothaarig *adj.* (1) **3A**
reference Referenz, -en *f.* (3) **3A**
refrigerator Kühlschrank, -¨e *m.* (2) **2B**
related verwandt *adj.* (3) **2A**
relative Verwandte, -n *m.* (1) **3A**
relax sich entspannen *v.* (3) **1A**
reliable zuverlässig *adj.* (1) **3B**
remember sich erinnern (an) *v.* (3) **1A**
remote control Fernbedienung, -en *f.* (2) **4B**
remove entfernen *v.* (2) **2B**
renewable energy erneuerbare Energie *f.* (3) **4B**
rent Miete, -n *f.* (2) **2A**; mieten *v.* (2) **2A**
repair reparieren *v.* (2) **4A**
repeat wiederholen *v.* (1) **2A**
repetition Wiederholung, -en *f.*
report berichten *v.* (3) **4B**
report card Zeugnis, -se *n.* (1) **1B**
reservation: to make a (hotel) reservation buchen *v.* (2) **3B**
resign kündigen *v.* (3) **3B**
rest sich ausruhen *v.* (3) **1A**
restaurant Restaurant, -s *n.* (1) **4B**
result Ergebnis, -se *n.* (1) **1B**
résumé Lebenslauf, -¨e *m.* (3) **3A**
retire in Rente gehen *v.* (2) **1A**
retiree Rentner, - / Rentnerin, -nen *m./f.* (3) **3B**
review Besprechung, -en *f.* (2) **4B**
rice Reis *m.* (1) **4A**
rich schwer *adj.* (1) **4B**
ride fahren *v.* (2) **2B**; reiten *v.* (1) **2B**
to give (someone) a ride (jemanden) mitnehmen *v.* (3) **2B**
to ride a bicycle Fahrrad fahren *v.* (1) **2B**
ring klingeln *v.* (2) **4B**
rinse spülen *v.* (2) **2B**
rise (sun) aufgehen *v.* (3) **4A**
river Fluss, ¨e *m.* (1) **3B**
rock Stein, -e *m.* (3) **4A**
roll Brötchen, - *n.* (1) **4A**
room Zimmer, - *n.* (1) **1A**
room service Zimmerservice *m.* (2) **3B**
roommate Mitbewohner, - / Mitbewohnerin, -nen *m./f.* (1) **2A**
rug Teppich, -e *m.* (2) **2A**
run laufen *v.* (1) **2B**; rennen *v.* (2) **1A**
Russia Russland *n.* (3) **2B**
Russian (person) Russe, -n / Russin, -nen *m./f.* (3) **2B**; **(language)** Russisch *n.* (3) **2B**

S

sad traurig *adj.* (1) **3B**
salad Salat, -e *m.* (1) **4A**
salary Gehalt, -¨er *n.* (3) **3A**
high/low salary hohes/niedriges Gehalt, -¨er *n.* (3) **3A**
sale Verkauf, -¨e *m.*
on sale im Angebot (2) **1B**
salesperson Verkäufer, - / Verkäuferin, -nen *m./f.* (2) **1B**
salt Salz, -e *n.* (1) **4B**
salty salzig *adj.* (1) **4B**
same gleich *adj.*
Saturday Samstag, -e *m.* (1) **2A**
on Saturdays samstags *adv.* (1) **2A**
sausage Würstchen, - *n.* (1) **4A**
save speichern *v.* (2) **4B**; retten *v.* (3) **4B**
to save the planet den Planeten retten *v.* (3) **4B**
say sagen *v.* (1) **2A**
scarf Schal, -s *m.* (2) **1B**
schedule Stundenplan, -¨e *m.* (1) **2A**; Fahrplan, -¨e *m.*(2) **4A**
scholarship Stipendium (*pl.* Stipendien) *n.* (1) **2A**
school Schule, -n *f.* (1) **1B**
science Naturwissenschaft, -en *f.* (1) **2A**
scientist Wissenschaftler, - / Wissenschaftlerin, -nen *m./f.* (3) **3B**
score Ergebnis, -se *n.* (1) **1B**
screen Bildschirm, -e *m.* (2) **4B**
screen name Benutzername, -n *m.* (2) **4B**
sea Meer, -e *n.* (3) **4A**
seafood Meeresfrüchte *f. pl.* (1) **4A**
season Jahreszeit, -en *f.* (2) **3A**
seatbelt Sicherheitsgurt, -e *m.* (2) **4A**
second zweite *adj.* (1) **2A**
second-hand clothing Altkleider *pl.* (3) **4B**
see sehen *v.* (1) **2B**
See you later. Bis später. (1) **1A**
See you soon. Bis gleich. / Bis bald. (1) **1A**
See you tomorrow. Bis morgen. (1) **1A**
selfish egoistisch *adj.* (1) **3B**
sell verkaufen *v.* (1) **4A**
seminar Seminar, -e *n.* (1) **2A**
seminar room Seminarraum (*pl.* Seminarräume) *m.* (1) **2A**
send schicken *v.* (3) **2A**; abschicken *v.* (3) **3B**
separate (sich) trennen *v.* (3) **1A**
separated getrennt *adj.* (1) **3A**
September September *m.* (1) **2A**
serious ernst *adj.* (1) **3B**; schwer *adj.* (3) **1B**
set setzen *v.* (3) **1A**; **(sun)** untergehen *v.* (3) **4A**
to set the table den Tisch decken *v.* (2) **2B**
seven sieben (1) **2A**

shampoo Shampoo, -s *n.* (3) **1A**
shape Form, -en *f.* (3) **1B**
in good shape fit *adj.* (1) **2B**
to be in/out of shape in guter/schlechter Form sein *v.* (3) **1B**
shave sich rasieren *v.* (3) **1A**
shaving cream Rasierschaum, -¨e *m.* (3) **1A**
she sie *pron.* (1) **1A**
sheep Schaf, -e *n.* (3) **4A**
sheet Laken, - *n.* (2) **2B**
sheet of paper Blatt Papier (*pl.* Blätter Papier) *n.* (1) **1B**
ship Schiff, -e *n.* (2) **4A**
shirt Hemd, -en *n.* (2) **1B**
shoe Schuh, -e *m.* (2) **1B**
shop einkaufen *v.* (1) **4A**
shopping Einkaufen *n.* (2) **1B**
shopping center Einkaufszentrum (*pl.* Einkaufszentren) *n.* (3) **2B**
short kurz *adj.* (1) **3A**; **(stature)** klein *adj.* (1) **3A**
short film Kurzfilm, -e *m.* (3) **2A**
short-sleeved kurzärmlig *adj.* (2) **1B**
shorts kurze Hose *f.* (2) **1B**
shot Spritze, -n *f.*
to give a shot eine Spritze geben *v.* (3) **1B**
shoulder Schulter, -n *f.* (3) **1A**
show zeigen *v.* (2) **1A**
shower: to take a shower (sich) duschen *v.* (3) **1A**
shrimp Garnele, -n *f.* (1) **4A**
shy schüchtern *adj.* (1) **3B**
sibling Geschwister, - *n.* (1) **3A**
sick krank *adj.* (3) **1B**
to get sick krank werden *v.* (3) **1B**
side dish Beilage, -n *f.* (1) **4B**
sidewalk Bürgersteig, -e *m.* (3) **2B**
sign unterschreiben *v.* (3) **2A**; Schild, -er *n.*
silk Seide, -n *f.* (2) **1B**
silverware Besteck *n.* (1) **4B**
since seit (1) **4B**
sincere aufrichtig *adj.* (1) **3B**
Yours sincerely Gruß, -¨e (1) **3B**
sing singen *v.* (1) **2B**
single ledig *adj.* (1) **3A**
sink Spüle, -n *f.* (2) **2B**
sister Schwester, -n *f.* (1) **1A**
sister-in-law Schwägerin, -nen *f.* (1) **3A**
sit sitzen *v.* (2) **1B**
to sit down sich (hin)setzen *v.* (3) **1A**
six sechs (1) **2A**
size Kleidergröße, -n *f.* (2) **1B**
ski Ski fahren *v.* (1) **2B**
skirt Rock, -¨e *m.* (2) **1B**
sky Himmel *m.* (3) **4A**
sleep schlafen *v.* (1) **2B**
to go to sleep einschlafen *v.* (1) **4A**
slim schlank *adj.* (1) **3A**
slipper Hausschuh, -e *m.* (3) **1A**
slow langsam *adj.* (1) **3B**
Please speak more slowly. Sprechen Sie bitte langsamer. (1) **3B**
Slow down. Langsam fahren. (1) **3B**
small klein *adj.* (1) **3A**
smile lächeln *v.* (2) **1A**
smoke rauchen *v.*
No smoking. Rauchen verboten. (1) **3B**
snack Snack, -s *m.* (1) **4B**
snake Schlange, -n *f.* (3) **4A**
sneakers Turnschuhe *m. pl.* (2) **1B**
sneeze niesen *v.* (3) **1B**
snow Schnee *m.* (2) **3A**; schneien *v.* (2) **3A**
so so *adv.* (1) **4A**
so far, so good so weit, so gut (1) **1A**
so that damit *conj.* (3) **2A**
soap Seife, -n *f.* (3) **1A**
soccer Fußball *m.* (1) **2B**
sock Socke, -n *f.* (2) **1B**
sofa Sofa, -s *n.* (2) **2A**
soil verschmutzen *v.* (2) **2B**
solar energy Sonnenenergie *f.* (3) **4B**
solid colored einfarbig *adj.* (2) **1B**
solution Lösung, -en *f.* (3) **4B**
some mancher/manche/manches *pron.* (2) **4B**
someone jemand *pron.* (2) **3B**
something etwas *pron.* (2) **3B**
something else etwas anderes *n.* (3) **2A**
sometimes manchmal *adv.* (2) **3B**
somewhere else woanders *adv.* (1) **4A**
son Sohn, -¨e *m.* (1) **3A**
soon bald (1) **1A**
See you soon. Bis bald.; Bis gleich. (1) **1A**
sorry: I'm sorry. Es tut mir leid. (1) **1A**
so-so so lala (1) **1A**
soup Suppe, -n *f.* (1) **4B**
soup spoon Esslöffel, - *m.* (1) **4B**
Spain Spanien *n.* (3) **2B**
Spanish (person) Spanier, - / Spanierin, -nen *m./f.* (3) **2B**; **(language)** Spanisch *n.* (3) **2B**
sparkling water Mineralwasser *n.* (1) **4B**
speak sprechen *v.* (1) **2B**
to speak about sprechen über; reden über *v.* (2) **3A**
special besonderes *adj.* (3) **2A**
nothing special nichts Besonderes *adj.* (3) **2A**
species Art, -en *f.* (3) **4B**
spelling Rechtschreibung *f.*
spend verbringen *v.* (2) **3A**
spicy scharf *adj.* (1) **4B**
split up sich trennen *v.* (3) **1A**
spoon Löffel, - *m.* (1) **4B**
sport Sport *m.* (1) **2B**; Sportart, -en *f.* (1) **2B**
sprain (one's wrist/ankle) sich (das Handgelenk / den Fuß) verstauchen *v.* (3) **1B**
spring Frühling, -e *m.* (1) **2B**
squirrel Eichhörnchen, - *n.* (3) **4A**
stadium Stadion (*pl.* Stadien) *n.* (1) **2B**
stairs Treppe, -n *f.* (2) **2A**
to go up/down stairs die Treppe hochgehen/heruntergehen *v.* (3) **2B**
stamp Briefmarke, -n *f.* (3) **2A**
stand stehen *v.* (2) **1B**
to stand in line Schlange stehen *v.* (2) **3B**
stapler Hefter, - *m.* (3) **3A**
star Stern -e *m.* (3) **4A**
start starten *v.* (2) **4B**; anfangen *v.* (1) **4A**; beginnen *v.* (2) **2A**
station wagon Kombi, -s *m.* (2) **4B**
statue Statue, -n *f.* (3) **2B**
stay bleiben *v.* (2) **1B**
steal stehlen *v.* (1) **2B**
steering wheel Lenkrad, -¨er *n.* (2) **4A**
stepbrother Halbbruder, -¨ *m.* (1) **3A**
stepdaughter Stieftochter, -¨ *f.* (1) **3A**
stepfather Stiefvater, -¨ *m.* (1) **3A**
stepmother Stiefmutter, -¨ *f.* (1) **3A**
stepsister Halbschwester, -n *f.* (1) **3A**
stepson Stiefsohn, -¨e *m.* (1) **3A**
stereo system Stereoanlage, -n *f.* (2) **4B**
still noch *adv.*; still *adj.*
still water stilles Wasser *n.* (1) **4B**
stomachache Bauchschmerzen *m. pl.* (3) **1B**
stop sign Stoppschild, -er *n.* (2) **4A**
store Geschäft, -e *n.* (1) **4A**
storm Sturm, -¨e *m.* (2) **3A**
stove Herd, -e *m.* (2) **2B**
straight glatt *adj.* (1) **3A**
straight hair glatte Haare *n. pl.* (1) **3A**
straight ahead geradeaus *adv.* (2) **4A**
strawberry Erdbeere, -n *f.* (1) **4A**
stream Strom, -¨e *m.* (3) **4A**
street Straße, -n *f.* (2) **4A**
to cross the street die Straße überqueren *v.* (3) **2B**
striped gestreift *adj.* (2) **1B**
strong stark *adj.* (1) **3B**
student Schüler, - / Schülerin, -nen *m./f.* (1) **1B**; **(college/university)** Student, -en / Studentin, -nen *m./f.* (1) **1A**
studies Studium (*pl.* Studien) *n.* (1) **2A**
study lernen *v.* (1) **2A**
stuffy nose verstopfte Nase *f.* (3) **1B**
style Stil, -e *m.* (2) **1B**
subject Fach, -¨er *n.* (1) **2A**
subway U-Bahn *f.* (2) **4A**
success Erfolg, -e *m.* (3) **3B**
such solcher/solche/solches *pron.* (2) **4B**
suit Anzug, -¨e *m.* (2) **1B**
suitcase Koffer, - *m.* (2) **3B**
summer Sommer, - *m.* (1) **2B**
sun Sonne, -n *f.* (3) **4A**
sunburn Sonnenbrand, -¨e *m.* (3) **1B**
Sunday Sonntag, -e *m.* (1) **2A**
on Sundays sonntags *adv.* (1) **2A**
sunglasses Sonnenbrille, -n *f.* (2) **1B**
sunny sonnig *adj.* (2) **3A**
sunrise Sonnenaufgang, -¨e *m.* (3) **4A**
sunset Sonnenuntergang, -¨e *m.* (3) **4A**
supermarket Supermarkt, ¨-e *m.* (1) **4A**
supposed: to be supposed to sollen *v.* (1) **3B**
surf surfen *v.* (2) **4B**
to surf the Web im Internet surfen *v.* (2) **4B**
surprise überraschen *v.* (2) **1A**; Überraschung, -en *f.* (2) **1A**
sweater Pullover, - *m.* (2) **1B**
sweatshirt Sweatshirt, -s *n.* (2) **1B**
sweep fegen *v.* (2) **2B**
sweet süß *adj.* (1) **3B**
swim schwimmen *v.* (1) **2B**
swimming pool Schwimmbad, -¨er *n.* (1) **2B**
Switzerland die Schweiz *f.* (2) **3A**

Swiss schweizerisch, Schweizer *adj.* (3) **2B**;
(person) Schweizer, - / Schweizerin, -nen *m./f.* (3) **2B**
symptom Symptom, -e *n.* (3) **1B**

T

table Tisch, -e *m.* (1) **1B**
to set the table den Tisch decken (2) **2B**
tablecloth Tischdecke, -n *f.* (1) **4B**
take nehmen *v.* (1) **2B**
to take (a class) belegen *v.* (1) **2A**
to take out the trash den Müll rausbringen (2) **2B**
to take a shower (sich) duschen *v.* (3) **1A**
to take off abfliegen *v.* (2) **3B**
talk reden *v.* (2) **1A**
to talk about erzählen von; sprechen/reden über *v.* (2) **3A**
tall groß *adj.* (1) **3A**
tank top Trägerhemd, -en *n.* (2) **1B**
taste schmecken *v.* (1) **4B**; Geschmack, -¨e *m.* (1) **4B**
taxi Taxi, -s *n.* (2) **4A**
taxi driver Taxifahrer, - / Taxifahrerin, -nen *m./f.* (3) **3B**
tea Tee, -s *m.* (1) **4B**
teacher Lehrer, - / Lehrerin, -nen *m./f.* (1) **1B**
team Mannschaft, -en *f.* (1) **2B**
teaspoon Teelöffel, - *m.* (1) **4B**
technology Technik *f.* (2) **4B**
to use technology Technik bedienen *v.* (2) **4B**
telephone Telefon, -e *n.* (2) **4B**
on the telephone am Telefon (3) **3A**
telephone number Telefonnummer, -n *f.* (3) **3A**
television Fernseher, - *m.* (2) **4B**
tell erzählen *v.* (2) **3A**
to tell a story about erzählen von *v.* (2) **3A**
temperature Temperatur, -en *f.*
What's the temperature? Wie warm/kalt ist es? (2) **3A**
tennis Tennis *n.* (1) **2B**
tent Zelt, -e *n.* (2) **3B**
ten zehn (1) **2A**
terrific großartig *adj.* (1) **3A**
test Prüfung, -en *f.* (1) **1B**
text message SMS, - *f.* (2) **4B**
textbook Lehrbuch, -¨er *n.*; Schulbuch, -¨er *n.* (1) **1B**
thank danken *v.* (1) **2A**
Thank you. Danke. (1) **1A**
Thank you very much. Vielen Dank. (1) **1A**
that das (1) **1A**; dass *conj.* (3) **2A**
the das/der/die
their ihr *poss. adj.* (1) **3A**
then dann *adv.* (2) **3B**
there da (1) **1A**
Is/Are there...? Ist/Sind hier…? (1) **1B**; Gibt es...? (1) **2B**
There is/are... Da ist/sind... (1) **1A**; Es gibt... (1) **2B**
there and back hin und zurück (2) **3B**
over there drüben *adv.* (1) **4A**
therefore also; deshalb *conj.* (3) **1B**
thermometer Thermometer, - *n.* (3) **1B**
these diese *pron.* (2) **4B**
These are... Das sind… (1) **1A**
they sie *pron.* (1) **1A**
thin dünn *adj.* (1) 3A
thing Sache, -n *f.* (1) **1B**; Ding, -e *n.*
think denken *v.* (2) **1A**
to think about denken an *v.* (2) **3A**
to think over überlegen *v.* (1) **4A**
third dritter/dritte/drittes *adj.* (1) **2A**
this das (1) **1A**; dieser/diese/dieses *pron.* (2) **4B**
This is... Das ist… (1) **1A**
three drei (1) **2A**
through durch *prep.* (1) **3B**
throw werfen *v.* (1) **2B**
to throw away wegwerfen *v.* (3) **4B**
thunder Donner, - *m.* (2) **3A**
Thursday Donnerstag, -e *m.* (1) **2A**
on Thursdays donnerstags *adv.* (1) **2A**
ticket Flugticket, -s *n.* (2) **3B**; Fahrkarte, -n *f.* (2) **4A**
ticket collector Schaffner, - / Schaffnerin, -nen *m./f.* (2) **4A**
ticket office Fahrkartenschalter, - *m.* (2) **4A**
tidy ordentlich *adj.* (2) **2B**
tie Krawatte, -n *f.* (2) **1B**
tight eng *adj.* (2) **1B**
time Zeit, -en *f.*; Mal, -e *n.* (2) **3B**
for the first/last time zum ersten/letzten Mal (2) **3B**
the first/last time das erste/letzte Mal (2) **3B**
this time diesmal *adv.* (2) **3B**
What time is it? Wie spät ist es?; Wie viel Uhr ist es? (1) **2A**
times mal (1) **1B**
tip Trinkgeld, -er *n.* (1) **4B**
tired müde *adj.* (1) **3B**
tissue Taschentuch, -¨er *n.* (3) **1B**
to vor *prep.* (1) **2A**; nach; zu *prep.* (1) **4B**; auf, an *prep.* (2) **1B**
in order to um...zu (2) **3B**
to the right/left nach rechts/links (2) **2A**
toast anstoßen *v.* (2) **1A**
toaster Toaster, - *m.* (2) **2B**
today heute *adv.* (1) **2B**
Today is ... Heute ist der ... (1) **2A**
What day is it today? Welcher Tag ist heute? (2) **3A**
toe Zeh, -en *m.* (3) **1A**
together zusammen *adv.* (1) **4A**
toilet Toilette, -n *f.* (2) **2A**
tomato Tomate, -n *f.* (1) **4A**
tomorrow morgen *adv.* (1) **2B**
the day after tomorrow übermorgen *adv.* (1) **2B**
tomorrow morning morgen früh (1) **2B**
too zu *adv.* (1) **4A**; auch *adv.* (1) **1A**
tool kit Werkzeug, -e *n.*
tooth Zahn, -¨e *m.* (3) **1A**
toothache Zahnschmerzen *m. pl.* (3) **1B**
toothbrush Zahnbürste, -n *f.* (3) **1A**
toothpaste Zahnpasta (*pl.* Zahnpasten) *f.* (3) **1A**
tornado Tornado, -s *m.* (3) **4A**
toward in Richtung *f.* (3) **2B**
towel Handtuch, -¨er *n.* (3) **1A**
town Stadt, -¨e *f.* (3) **2B**
town hall Rathaus, -¨er *n.* (3) **2A**
toxic waste Giftmüll *m.* (3) **4B**
track Bahnsteig, -e *m.* (2) **4A**
track and field Leichtathletik *f.* (1) **2B**
traffic Verkehr *m.* (2) **4A**
traffic light Ampel, -n *f.* (3) **2B**
train Zug, -¨e *m.* (2) **4A**
transportation Verkehrsmittel *n.* (2) **4A**
public transportation öffentliche Verkehrsmittel *n.* (2) **4A**
trash Müll *m.* (2) **2B**
to take out the trash den Müll rausbringen (2) **2B**
travel reisen *v.* (1) **2A**
travel agency Reisebüro, -s *n.* (2) **3B**
traveler Reisende, -n *m./f.* (2) **3B**
tree Baum, -¨e *m.* (3) **4A**
trendy angesagt *adj.* (2) **1B**
trip Reise, -n *f.* (2) **3B**
truck LKW, -s *m.* (2) **4A**
truck driver LKW-Fahrer, - / LKW-Fahrerin, -nen *m./f.* (3) **3B**
trunk Kofferraum, -¨e *m.* (2) **4A**
try probieren *v.* (1) **3B**
Give it a try! Probieren Sie mal!
T-shirt T-Shirt, -s *n.* (2) **1B**
Tuesday Dienstag, -e *m.* (1) **2A**
on Tuesdays dienstags *adv.* (1) **2A**
tuition fee Studiengebühr, -en *f.* (1) **2A**
tuna Thunfisch *m.* (1) **4A**
Turkey die Türkei *f.* (3) **2B**
Turkish (person) Türke, -n / Türkin, -nen *m./f.* (3) **2B**; **Turkish (language)** Türkisch *n.* (3) **2B**
turn abbiegen *v.* (3) **2B**
to turn right/left rechts/links abbiegen *v.* (2) **4A**
to turn off ausmachen *v.* (2) **4B**; einschalten *v.* (3) **4B**
to turn on anmachen *v.* (2) **4B**; auschalten *v.* (3) **4B**
turning point Wende, -n *f.* (3) **4B**
twelve zwölf (1) **2A**
twenty zwanzig (1) **2A**
twin Zwilling, -e *m.* (1) **3A**
two zwei (1) **2A**

U

ugly hässlich *adj.* (1) **3A**
umbrella Regenschirm, -e *m.* (2) **3A**
under unter *prep.* (2) **1B**
understand verstehen *v.* (1) **2A**
underwear Unterwäsche *f.* (2) **1B**
undressed: to get undressed sich ausziehen *v.* (3) **1A**
unemployed arbeitslos *adj.* (3) **2A**
unfortunate arm *adj.* (1) **3B**
unfortunately leider *adv.* (1) **4A**
unfurnished unmöbliert *adj.* (2) **2A**
university Universität, -en *f.* (1) **1B**
unpleasant unangenehm *adj.* (1) **3B**
until bis *prep.* (1) **3B**; bis zu *prep.* (3) **2B**
up herauf *adv.* (2) **2A**
to get up aufstehen *v.* (1) **4A**

to go up hochgehen *v.* (3) **2B**
U.S.A. die USA (die) *pl.*; die Vereinigten Staaten *pl.* (3) **2B**
use benutzen *v.* (2) **4A**; bedienen *v.* (2) **4B**
to get used to sich gewöhnen an *v.* (3) **1A**
useful nützlich *adj.* (1) **2A**
useless nutzlos *adj.* (1) **2A**

V

vacancy Zimmer frei *f.* (2) **2A**
vacation Ferien; Urlaub, -e *m.* (3) **3B**
to go on vacation Urlaub machen *v.* (2) **3B**
vacuum staubsaugen *v.* (2) **2B**
vacuum cleaner Staubsauger, - *m.* (2) **2B**
validate entwerten *v.* (2) **4A**
to validate a ticket eine Fahrkarte entwerten *v.* (2) **4A**
valley Tal, -¨er *n.* (3) **4A**
vase Vase, -n *f.* (2) **2A**
vegetables Gemüse *n.* (1) **4A**
verb Verb, -en *n.* (3) **1A**
very sehr *adv.* (1) **4A**
very well sehr gut (1) **1A**
veterinarian Tierarzt, -¨e / Tierärztin, -nen *m./f.* (3) **3B**
visa Visum (*pl.* Visa) *n.* (2) **3B**
visit besuchen *v.* (1) **4A**
vocabulary Wortschatz, -¨e *m.*
volcano Vulkan, -e *m.* (3) **4A**
volleyball Volleyball *m.* (1) **2B**

W

wait warten *v.* (1) **2A**
to wait for warten auf *v.* (2) **3A**
waiter / waitress Kellner, - / Kellnerin, -nen *m./f.* (1) **3B**
Waiter! Herr Ober! (1) **4B**
wake up aufwachen *v.* (3) **1A**
walk Spaziergang, -¨e *m.*
to go for a walk spazieren gehen *v.* (1) **2B**
wall Wand, -¨e *f.* (2) **1B**
want wollen *v.* (1) **3B**
warm warm *adj.* (3) **2A**
wash waschen *v.* (1) **2B**
to wash (oneself) sich waschen *v.* (3) **1A**
washing machine Waschmaschine, -n *f.* (2) **2B**
waste Müll *m.* (3) **4B**; Abfall, -¨e *m.* (3) **4B**
wastebasket Papierkorb, -¨e *m.* (1) **1B**
watch zuschauen *v.* (1) **4A**; anschauen *v.* (2) **3A**
to watch television fernsehen *v.* (2) **4B**
water Wasser *n.*
sparkling water Mineralwasser *n.* (1) **4B**
still water stilles Wasser *n.* (1) **4B**
water pitcher Wasserkrug, -¨e *m.* (1) **4B**
waterfall Wasserfall, -¨e *m.* (3) **4A**
we wir *pron.* (1) **1A**
weak schwach *adj.* (1) **3B**
wear tragen *v.* (1) **2B**
weather Wetter *n.* (2) **3A**
What's the weather like? Wie ist das Wetter? (2) **3A**
Web Internet *n.* (2) **4B**
to surf the Web im Internet surfen *v.* (2) **4B**
Web site Website, -s *f.* (2) **4B**
wedding Hochzeit, -en *f.* (2) **1A**
Wednesday Mittwoch, -e *m.* (1) **2A**
on Wednesdays mittwochs *adv.* (1) **2A**
week Woche, -n *f.* (1) **2A**
weekend Wochenende, -n *n.* (1) **2A**
weigh wiegen *v.* (2) **4B**
welcome (herzlich) willkommen (1) **1A**
You're welcome. Gern geschehen. (1) **1A**
well gut *adv.*
I am (very) well. Mir geht's (sehr) gut. (1) **1A**
I am not (so) well. Mir geht's nicht (so) gut. (1) **1A**
Get well! Gute Besserung! (2) **1A**
well-dressed gut gekleidet *adj.* (2) **1B**
well-known bekannt *adj.* (3) **2A**
wet nass *adj.* (3) **4A**
what was *interr.* (1) **2A**
What is that? Was ist das? (1) **1B**
What's up? Was geht ab? (1) **1A**
when wann *interr.* (1) **2A**
whenever wenn *conj.* (3) **2A**
where wo *interr.* (1) **2A**
where from woher *interr.* (1) **2A**
where to wohin *interr.* (1) **2A**
whether ob *conj.* (3) **2A**
which welcher/welche/welches *interr.* (1) **2A**
white weiß *adj.* (2) **1B**
who wer *interr.* (1) **2A**
Who is it? Wer ist das? (1) **1B**
whom wen *acc. interr.* (1) **2A**; wem *dat. interr.* (1) **4B**
whose wessen *interr.* (2) **4B**
why warum *interr.* (1) **2A**
widow Witwe, -n *f.* (1) **3A**
widower Witwer, - *m.* (1) **3A**
wife Ehefrau, -en *f.* (1) **3A**
win gewinnen *v.* (1) **2B**
wind energy Windenergie *f.* (3) **4B**
window Fenster, - *n.* (1) **1A**
windshield Windschutzscheibe, -n *f.* (2) **4A**
windshield wiper Scheibenwischer, - *m.* (2) **4A**
windy windig *adj.* (2) **3A**
wine Wein, -e *m.* (1) **4B**
winter Winter, - *m.* (1) **2B**
wipe wischen *v.* (2) **2B**
wise weise *adj.* (1) **3B**
wish wünschen *v.* (3) **1A**
to wish (for something) sich (etwas) wünschen *v.* (3) **1A**
with mit *(1)* **4B**
withdraw (money) (Geld) abheben *v.* (3) **2A**
within innerhalb *prep.* (2) **4B**
without ohne *prep.* (1) **3B**
woman Frau, -en *f.* (1) **1A**
wonder sich fragen *v.* (3) **1A**
wood Holz *n.* (2) **2B**
wool Wolle *f.* (2) **1B**
work Arbeit, -en *f.* (3) **3B**; arbeiten *v.* (1) **2A**; funktionieren *v.* (2) **4B**
at work auf der Arbeit (3) **3B**
to work on arbeiten an *v.* (2) **3A**
world Welt, -en *f.* (3) **4B**
worried besorgt *adj.* (1) **3B**
write schreiben *v.* (1) **2B**
to write to schreiben an *v.* (2) **3A**
to write to one another sich schreiben *v.* (3) **1A**

Y

year Jahr, -e *n.* (2) **3A**
yellow gelb *adj.* (2) **1B**
yes ja (1) **1B**; **(contradicting)** doch *adv.* (1) **2B**
yet schon (2) **1B**
yogurt Joghurt, -s *m.* (1) **4A**
you du/ihr/Sie *pron.* (1) **1A**
young jung *adj.* (1) **3A**; jugendlich *adj.* (3) **2A**
your euer/Ihr *poss. adj.* (1) **3A**
youth hostel Jugendherberge, -n *f.* (2) **3B**

Index

Understanding the Index references

The numbers following each entry can be understood as follows:

(2A) 51 = (Chapter, Lesson) page

So, the entry above would be found in Chapter 2, Lesson A, page 51.

About the Authors

Christine Anton, a native of Germany, is Associate Professor of German and Director of the Language Resource Center at Berry College. She received her B.A. in English and German from the Universität Erlangen and her graduate degrees in Germanic Languages and Literatures from the University of North Carolina at Chapel Hill. She has published two books on German realism and German cultural memory of National Socialism, and a number of articles on 19th and 20th century German and Austrian literature, as well as on second language acquisition. Dr. Anton has received several awards for excellence in teaching and was honored by the American Association of Teachers of German with the Duden Award for her "outstanding efforts and achievement in the teaching of German." Dr. Anton previously taught at the State University of New York and the University of North Carolina, Chapel Hill.

Tobias Barske, a native of Bavaria, is an Associate Professor of German and Applied Linguistics at the University of Wisconsin-Stevens Point. He has a Ph.D. in German Applied Linguistics from the University of Illinois at Urbana-Champaign with emphases on language and social interaction as well as language pedagogy. He has also studied at the Universität Regensburg in Germany. Tobias has over 10 years of experience teaching undergraduate and graduate courses at the university level and has earned numerous awards for excellence in teaching.

Jane Grabowski grew up in Germany and has an M.A. in German from Arizona State University. She is currently pursuing her Ph.D. and working on research relating to bilingualism, language contact, and the nature of linguistic evidence. Ms. Grabowski has spent a number of years teaching undergraduate German courses at the university level and enjoys volunteering her time to various translation projects.

Megan McKinstry has an M.A. in Germanics from the University of Washington. She is an Assistant Teaching Professor of German Studies and Co-Coordinator for Elementary German at the University of Missouri, where she received the University's "Purple Chalk" teaching award and an award for "Best Online Course." Ms. McKinstry has been teaching for over twelve years.

Television Credits

page 35 "Shopping in München" By permission of ppme.de.

page 83 "Frauen machen doppelt…" By permission of Telepool GmbH.

page 127 "Urlaub im Grünen..." By permission of Gebietsgemeinschaft Grünes Binnenland.

page 171 "Mercedes" By permission of Daimler AG.

Photography and Art Credits

All images © Vista Higher Learning unless otherwise noted. All Fotoroman photos provided by Xavier Roy.

Cover: (tl, br) Xavier Roy; (tr, bl) Gudrun Hommel.

Front Matter (TAE): T1 (tl, br) Xavier Roy; (tr, bl) Gudrun Hommel; **T7** © Mike Flippo/Shutterstock.com; **T8** © rvlsoft/Shutterstock.com; **T24** © monkeybusinessimages/Big Stock Photo; **T25** © SimmiSimons/iStockphoto.

Front Matter (SE): i (tl, br) Xavier Roy; (tr, bl) Gudrun Hommel; **xi** © Petr Z/Shutterstock.com.

Überblick: xv Xavier Roy; **9** (t) Ray Levesque; (mt, mb) Martín Bernetti; (b) © prism68/Shutterstock.com.

Chapter One: 17 Xavier Roy; **20** Darío Eusse Tobón; **24** © nagelestock.com/Alamy; **25** (l) © H. Brauer/Shutterstock.com; (tr) © vario images GmbH & Co.KG/Alamy; (br) © JTB Photo Communications, Inc./Alamy; **28** (tl) © Palladium/Age Fotostock; (tm) Ana Cabezas Martín; (tr) Pascal Pernix; (bl, bmr) Martín Bernetti; (bml) © Dmitriy Shironosov/Shutterstock.com; (br) Paula Díez; **31** (tl) Nicole Winchell; (tr) © Andrew Park/Shutterstock.com; (bl) © Aspen Stock/Age Fotostock; (bml) © moodboard/Fotolia.com; (bmr) Katie Wade; (br) Martín Bernetti; **37** (tl) Vanessa Bertozzi; (tm) © Corel/Corbis; (tr) © Danilo Calilung/Corbis; (bl, bm) Katie Wade; (br) © pedritobcn/Dreamstime.com; **38** (tl) © rolfbodmer/iStockphoto; (tm, tr, bl, bmr, br) Martín Bernetti; (bml) Darío Eusse Tobón; **42** © Imaginechina/Corbis; **43** (l) © Free Agents Limited/CORBIS; (tr) © Rabsch/laif/Redux; (br) © Splash News/Newscom; **44** (l) © Diego Cervo/123RF; (r) © Artur Bogacki/123RF; **52** (tl, bmr) Martín Bernetti; (tr) © Marc Pinter/Shutterstock.com; (bl) Nicole Winchell; (bml) © Celso Diniz/Shutterstock.com; (br) © silky/Shutterstock.com; **54** (l, r) © arbit/Shutterstock.com; **55** © Javier Larrea/Age Fotostock; **56** (tl) © Hirotaka Ihara/123RF; (tr) © Vaclav Volrab/Dreamstime.com; (m) © Paha_L/Big Stock Photo; (b) Fabián Montoya; **57** (tl) © Enrico Nawrath/dpa/Corbis; (tr) © Maugli/Shutterstock.com; (m) © Tibor Bognár/Age Fotostock; (b) © Bloomberg via Getty Images; **58** © Gordon Welters/laif/Redux; **58–59** (full pg) © Petr Z/Shutterstock.com; **59** (t) © Arnold Morascher/laif/Redux; (b) © Georg Knoll/laif/Redux; **60** © Masterfile; **61** © Sdeva/Dreamstime.com.

Chapter Two: 63 Xavier Roy; **66** © David Hughes/123RF; **70** © F1 ONLINE/SuperStock; **71** (l) © canebisca/Shutterstock.com; (tr) © Bettmann/CORBIS; (br) © Zoonar GmbH/Alamy; **74** © Anopa/Shutterstock.com; **75** (t) © Mark Bowden/iStockphoto; (b) © Zoe Michelle/Big Stock Photo; **77** © Pushkin/Shutterstock.com; **78** (tl) Martín Bernetti; (tr) © Clayton Hansen/iStockphoto; (bl) José Blanco; (bm) Vanessa Bertozzi; (br) © Rolf Fischer/iStockphoto; **86** © Ricardo Miguel/123RF; **90** © BERNINA International AG; **91** (l) © DreamPictures/VStock/Media Bakery; (tr) © INTERFOTO/Alamy; (br) Martín Bernetti; **93** © Photo Network/Alamy; **94** (tl) © Pixtal/Age Fotostock; (tr) Martín Bernetti; (bl) Katie Wade; (bm) Ventus Pictures; (br) © Adam Kazmierski/iStockphoto; **95** © sjlocke/iStockphoto; **100** (tablet) © Petr Z/Shutterstock.com; (hotel) © Phillip Minnis/123RF; **101** Anne Loubet; **102** (t) © Sergey Telegin/Dreamstime.com; (ml) © Hongjiong Shi/Age Fotostock; (mr) © Christian Kober/Robert Harding World Imagery/Corbis; (b) Photo courtesy of National Police of Liechtenstein; **103** (tl) © Richard Wareham Fotografie/Alamy; (tr) © Yvan Reitserof/Fotolia.com; (m) © ROBYN BECK/AFP/Getty Images/Newscom; (b) © GAPS/iStockphoto; **104** © Fotosearch; **105** (t) © Antclausen/Dreamstime.com; (b) © clu/iStockphoto; **106** © Brian McEntire/iStockphoto; **107** © Purestock/Alamy.

Chapter Three: 109 Xavier Roy; **112** © notkoo/Shutterstock.com; **116** © Frank Krahmer/Corbis; **117** (l) © David Ball/Alamy; (tr) © LOOK Die Bildagentur der Fotografen GmbH/Alamy; (br) © Christian Ohde/CHROMORANGE/picture alliance/Newscom; **119** (l) Photo courtesy of Christina Manning; (r) © BananaStock/Jupiterimages; **120** (trl) © Javier Larrea/Media Bakery; (bl) © IT Stock Free/Jupiterimages; (bml) Martín Bernetti; (bmr) © Oredia/Alamy; (br) Nicole Winchell; **126** (tl, tr) Nicole Winchell; (bl) Darío Eusse Tobón; (bml) © Georgios Alexandris/Shutterstock.com; (bmr) © MyasNick/Big Stock Photo; (br) Gudrun Hommel; **134** © Mlenny Photography/iStockphoto; **135** (l) © DeVIce/Fotolia.com; (tr) © Tupungato/Dreamstime.com; (br) © imagebroker.net/SuperStock; **139** (t) © kameraauge/Shutterstock.com; (m) © Elisabeth Holm/Shutterstock.com; (b) © Karel Gallas/Shutterstock.com; **143** (tl, bmr, br) Nicole Winchell; (tr) © Raimund Linke/Media Bakery; (bl) © Lanceb/Dreamstime.com; (bml) © marekuliasz/Shutterstock.com; **145** © Design Pics Inc./Alamy; **146** (t) © imagebroker.net/SuperStock; (ml) © Tibor Bognár/Age Fotostock; (mr) © Clearlens/Fotolia.com; (b) © imagebroker/Alamy; **147** (tl) © david harding/Shutterstock.com; (tr) © Stuart Forster/Alamy; (m) © bronswerk/iStockphoto;

(b) © imagebroker.net/SuperStock; **148–149** (full pg) © Manuel Gutjahr/Getty Images; **149** (l) © imagebroker/Alamy; (m) © Sabine Lubenow/Media Bakery; (r) © INSADCO Photography/Alamy; **150** (left col) © Rob Schoenbaum/ZUMA Press/Newscom; (right col: background) © bloomua/Shutterstock.com; (right col: t/window) © PhotosIndia.com LLC/Alamy; (right col: t/chairs) © Kuttig-RF-Travel/Alamy; (right col: m) © Captblack76/Dreamstime.com; (right col: b) © Nashorn/Dreamstime.com; **151** Pascal Pernix.

Chapter Four: 153 Xavier Roy; **155** (tl, bm) Gudrun Hommel; (tm) © Sascha Burkard/Shutterstock.com; (tr) Nicole Winchell; (bl) Martín Bernetti; (br) © Herb Greene/Big Stock Photo; **156** Nicole Winchell; **160** © Sammlung Rauch/Interfoto; **161** (l) Nicole Winchell; (tr) © Fausto Giaccone/Anzenberger/Redux; (br) © Imaginechina/Corbis; **162** (l) © Emese/Shutterstock.com; (r) © naphtalina/iStockphoto; **164** (t, br) Nicole Winchell; (bl) © Ale Ventura/Media Bakery; (bml) © Camilo Torres/Shutterstock.com; (bmr) Gudrun Hommel; **168** (tl, ml, bl, bml) Gudrun Hommel; (tr) Vanessa Bertozzi; (mml) © idp manchester airport collection/Alamy; (mmr) © Aspen Stock/Age Fotostock; (mr) © Aspen Photo/Shutterstock.com; (bmr) © Olgany/Big Stock Photo; (br) © Jack Puccio/iStockphoto; **170** (tl, tr, bl) Nicole Winchell; (br) Gudrun Hommel; **173** (tl) © Dmitry Kutlayev/iStockphoto; (tm) © Aleksandr Kurganov/Shutterstock.com; (tr, bm) Ray Levesque; (bl) © Greg Nicholas/iStockphoto; (br) © LdF/iStockphoto; **178** © Library of Congress - digital ve/Science Faction/Corbis; **179** (l, br) Nicole Winchell; (tr) © Khabar/Big Stock Photo; **183** (t) © Ijansempoi/Dreamstime.com; (bl) © Lawrence Manning/Corbis; (bml) Mauricio Osorio; (bmr) Vanessa Bertozzi; (br) Gudrun Hommel; **188** © Aspen Stock/Age Fotostock; **189** (tl, tr) © arbit/Shutterstock.com; (b) © Robert Kneschke/Shutterstock.com; **190** (tl) © p.lange/Big Stock Photo; (tr) © Pecold/Shutterstock.com; (m) © Zsolt, Biczó/Shutterstock.com; (b) © Frieder Blickle/laif/Redux; **191** (t) © akg-images/Newscom; (ml) © Ina Van Hateren/123RF; (mr) © Media Bakery; (b) St Elisabeth of Thuringia (married Louis IV, born Princess of Hungary, 1207 (Saros Patak)-17.11.1231 (Marburg)-The benevolence of St Elizabeth.-Miniature by Nikolaus Glockendon, c.1529/30. Kassel, Murhard'sche und Landesbibliothek. Year of Event: 1230. Year Artwork produced: 1529. Technique & material: PAINTING (TECHNIQUE)|MINIATURE (PAINTING). Photo credit: © akg-images; **194** © Wavebreak Media Ltd/Big Stock Photo; **195** © lexan/123RF.